Jack Novick und Kerry Kelly Novick
Symmetrie der Angst

Das Anliegen der Buchreihe Bibliothek der Psychoanalyse besteht darin, ein Forum der Auseinandersetzung zu schaffen, das der Psychoanalyse als Grundlagenwissenschaft, als Human- und Kulturwissenschaft und als klinische Theorie und Praxis neue Impulse verleiht. Die verschiedenen Strömungen innerhalb der Psychoanalyse sollen zu Wort kommen, und der kritische Dialog mit den Nachbarwissenschaften soll intensiviert werden. Bislang haben sich folgende Themenschwerpunkte herauskristallisiert:

Die Wiederentdeckung lange vergriffener Klassiker der Psychoanalyse – wie beispielsweise der Werke von Otto Fenichel, Karl Abraham, W. R. D. Fairbairn und Otto Rank – soll die gemeinsamen Wurzeln der von Zersplitterung bedrohten psychoanalytischen Bewegung stärken. Einen weiteren Baustein psychoanalytischer Identität bildet die Beschäftigung mit dem Werk und der Person Sigmund Freuds und den Diskussionen und Konflikten in der Frühgeschichte der psychoanalytischen Bewegung.

Im Zuge ihrer Etablierung als medizinisch-psychologisches Heilverfahren hat die Psychoanalyse ihre geisteswissenschaftlichen, kulturanalytischen und politischen Ansätze vernachlässigt. Indem der Dialog mit den Nachbarwissenschaften wiederaufgenommen wird, soll das kultur- und gesellschaftskritische Erbe der Psychoanalyse wiederbelebt und weiterentwickelt werden.

Stärker als früher steht die Psychoanalyse in Konkurrenz zu benachbarten Psychotherapieverfahren und der biologischen Psychiatrie. Als das anspruchsvollste unter den psychotherapeutischen Verfahren sollte sich die Psychoanalyse der Überprüfung ihrer Verfahrensweisen und ihrer Therapie-Erfolge durch die empirischen Wissenschaften stellen, aber auch eigene Kriterien und Konzepte zur Erfolgskontrolle entwickeln. In diesen Zusammenhang gehört auch die Wiederaufnahme der Diskussion über den besonderen wissenschaftstheoretischen Status der Psychoanalyse.

Hundert Jahre nach ihrer Schöpfung durch Sigmund Freud sieht sich die Psychoanalyse vor neue Herausforderungen gestellt, die sie nur bewältigen kann, wenn sie sich auf ihr kritisches Potential besinnt.

BIBLIOTHEK DER PSYCHOANALYSE
HERAUSGEGEBEN VON HANS-JÜRGEN WIRTH

Jack Novick und Kerry Kelly Novick

# Symmetrie der Angst

Entstehung und Behandlung des Sadomasochismus
im Kindes- und Jugendalter

Mit einem Vorwort von Leon Wurmser

Psychosozial-Verlag

Titel der Originalausgabe:
Fearful Symmetrie:
The Developement and Treatment of Sadomasochism

Published by arrangement with Paterson Marsh Ltd.

Diese Übersetzung wurde finanziert und gefördert von
Herrn Dipl. Psych. Martin Marzall, Köln.

Bibliografische Information der Deutschen Nationalbibliothek
Die Deutsche Nationalbibliothek verzeichnet diese Publikation in der Deutschen Nationalbibliografie; detaillierte bibliografische Daten sind im Internet über <http://dnb.d-nb.de> abrufbar.

Deutsche Erstveröffentlichung

E-Mail: info@psychosozial-verlag.de
www.psychosozial-verlag.de

Umschlagabbildung: Jacques Stella, »Die Maske«. Motiv aus:
»Die Spiele und Vergnügen der Kindheit«, 1637
Umschlaggestaltung: Christof Röhl
nach Entwürfen des Ateliers Warminski, Büdingen
Übersetzt von Ulrike Nauroth
Bearbeitet von Elisabeth Vorspohl
Satz: Till Wirth
Printed in Germany
ISBN 978-3-89806-224-4

# Inhaltsverzeichnis

Teil IV: Behandlungstechnik

# Vorwort

Der Titel dieses Buches, *Symmetrie der Angst*, stammt aus einem berühmten Gedicht des großen englischen Dichters und Mystikers William Blake *The Tiger*:

> Tyger, tyger, burning bright
> In the forests of the night,
> What immortal hand or eye
> Could frame thy fearful symmetry?[1]

Die »Symmetrie« im vorliegenden Werk bezieht sich auf die fatale Korrespondenz zwischen der Leidenssucht als verhüllter Suche nach grenzüberschreitender Macht (»Macht durch Leiden«) und als verunglückter Sehnsucht nach Beziehung und ihrem Pendant im Quälenmüssen des Anderen. Die »Symmetrie« bezieht sich aber auch auf die Antithese im Inneren: Zwischen der Grausamkeit des inneren Richters und dem Gequältwerden des scham- und schulderfüllten Selbst, was Freud »moralischen Masochismus« nannte. Diese Symmetrie mag sich in ebenso verhängnisvoller Art in der Beziehung mit dem Therapeuten und Analytiker wiederholen, wenn der innere Konflikt sich in sadomasochistischer Verstrickung wiederum veräußerlicht und oft durch fehlerhafte Technik bestätigt wird. Wir alle kennen dies und damit auch das, was Blake in der Fortsetzung des Gedichtes schreibt: »...what dread grasp / Dare his deadly terror clasp?«[2]

Die Probleme des Sadomasochismus in seinen mannigfaltigen Gestalten durchdringen dynamisch alle Psychopathologie und beherrschen, auch phänomenologisch, viele seelische Erkrankungen, obwohl die gegenwärtige Diagnostik in irreführender Einengung seine Bedeutung auf die manifeste Perversion einschränkt. Die ganze Thematik der Charakterperversion, die für die psychologische Arbeit sehr bedeutsam sein könnte, fällt dabei unter den Tisch, namentlich das vertiefte Verstehen der masochistischen Persönlichkeitsstörung.

Das Ehepaar Novick hat sich im Gegensatz dazu seit langer Zeit mit dem Verstehen der komplexen Dynamik hinter den verschiedenen manifesten Formen befasst und, soweit es mir bekannt ist, die beste, da umfassendste, theo-

---

1 Tiger, Tiger, hell leuchtend in den Nachtwäldern, welch unsterbliche Hand oder Auge vermochte deine schreckliche Symmetrie zu gestalten?

2 Welch furchtbarer Griff wagt es, seine tödlichen Schrecken zu umfangen?

retische Formulierung entwickelt. Beide haben viele Jahre an Anna Freuds *Hampstead Clinic* in London mit schwer neurotisch kranken Kindern gearbeitet und und setzen diese Arbeit jetzt in Ann Arbor, Michigan, fort. Die Einsichten, die sie dabei gewonnen haben, haben sie dabei immer auf weite Bereiche der Praxis und Theorie angewendet. In ihrem jetzt glücklicherweise ins Deutsche übersetzten Standardwerk stellen sie ihre theoretische Arbeit zu diesem Thema mit Hilfe ausführlicher Falldarstellungen dar.

Es ist eine besonderes Verdienst von Jack und Kerry Kelly Novick, dass sie den Allmachtsanspruch, der sich hinter der masochistischen Zentralphantasie verbirgt, betonen und ihn in einer mutigen Umkehrung der üblichen Narzissmus- und Aggressionstheorie nicht als ursprünglichen, auf »Entladung« drängenden Grundtrieb, sondern als komplexe Abwehrform in traumatischen Zuständen analysieren.

Ich halte dieses Buch für eines der wertvollsten und klinisch direkt hilfreichsten, die ich in der letzten Dekade gelesen habe. Es ist klar und schön geschrieben und ebenso klar und einsichtig durchdacht. Gerade Erfahrungen mit den schwierigsten unserer Patienten ordnen sich so in große und verständliche Zusammenhänge ein.

An dieser Stelle gebührt aber vor allem Herrn Martin Marzall mein herzlicher Dank dafür, dass die Übersetzung überhaupt zustande gekommen ist und nun endlich vollständig vorliegt. Er bemühte sich unermüdlich und mit großem persönlichen, auch finanziellen Einsatz darum. Ich danke ebenso dem Verleger des Psychosozial-Verlags, Hans-Jürgen Wirth, dass er dieses wichtige Buch einem deutschen Leserkreis zugänglich macht. Es ist ein Meisterwerk, das es verdient, wieder und wieder gelesen und konsultiert zu werden und das seinen Wert nicht verlieren wird.

*Leon Wurmser*
*Towson, U.S.A., im August 2004*

# Widmung

Die einhundert Jahre, die seit Anna Freuds Geburt im Jahre 1895 vergangen sind, umfassen die Lebensdauer der Psychoanalyse. Wir haben Anna Freud als knapp Siebzigjährige 1964 kennen gelernt. In einem Alter, in dem die meisten Menschen daran denken, sich zur Ruhe zu setzen, trat sie in ihre produktivste Phase ein. Wir hatten das große Glück, die folgenden dreizehn Jahre am Anna Freud Centre als Studenten, wissenschaftliche und klinische Mitarbeiter und Supervisoren verbringen zu dürfen, so dass wir Anna Freud in ihren verschiedenen Rollen als Klinikerin, Lehrerin, Theoretikerin und Forscherin kennen lernten.

In ihrem klinischen Genie ließ sich Anna Freud von dem einfachen Grundsatz leiten, die Welt aus der Perspektive des Kindes zu betrachten. In der Psychoanalyse von Kindern fand sie das ideale Material, das die Empathiefähigkeit verbessert. Sie ging davon aus, dass jeder Mensch seine Geschichte hat; jeder Fall hat einen Anfang, eine Mitte und ein Ende, das durch die Bewältigung von Konflikten und durch die Transformation infantiler Befriedigungsweisen erreicht wird. Anna Freud plädierte für bemerkenswert flexible, kreative und humane Techniken und betonte, dass die Übertragung lediglich einen Aspekt der Behandlungsbeziehung definiere. Legendär waren die Klarheit und Prägnanz, die Anna Freuds Lehrtätigkeit auszeichneten. Sie hat nicht nur Generationen von Psychoanalytikern beeinflusst, sondern die Erkenntnisse der Psychoanalyse auch für Pädagogen, Kinderärzte, Anwälte, Juristen und viele andere zugänglich gemacht.

Anna Freud theoretischer Stil, ihre Betonung eines multidimensionalen Verständnisses, ihre Verwurzelung in der Geschichte der Psychoanalyse, ihre empirische Basis und schließlich ihre Überzeugung, dass die psychoanalytische Arbeit mit Kindern einen integralen Bestandteil der Ausbildung von Psychoanalytikern und der Weiterentwicklung der Psychoanalyse bilden sollte, haben all ihre Schüler zutiefst geprägt. In Dankbarkeit und geleitet von dem Wunsch, ihr Lebenswerk zu würdigen, widmen wir dieses Buch dem Gedenken unserer Lehrerin Anna Freud anlässlich ihres einhundertsten Geburtstages.

# Dank

Die in diesem Buch beschriebene Arbeit stützt sich auf zahlreiche Quellen. In den dreißig Jahren, die seit Beginn unserer psychoanalytischen Ausbildung vergangen sind, ist unser Denken im Dialog mit Lehrern, Kollegen, Schülern, Patienten, Freunden und Familienangehörigen stimuliert und bereichert worden. Für Unzulänglichkeiten oder Unklarheiten des Ausdrucks tragen wir die alleinige Verantwortung. Unsere tief empfundene Dankbarkeit aber möchten wir doch all jenen gegenüber zum Ausdruck bringen, die uns – an der Hampstead Clinic (jetzt Anna Freud Centre), am Brent Consultation Centre/Centre for the Study of Adolescence, in der British Psycho-Analytic Society und im Institut der Gesellschaft, am Cassel Hospital, in der Michigan Psychoanalytic Society und in ihrem Institut, in der New York Freudian Society, der Hanna Perkins School und der Allen Creek Preschool – auf dem Weg zur Veröffentlichung dieses Buches begleitet haben.

# Einführung

Den Kapiteln dieses Bandes liegt unsere Arbeit der vergangenen fünfundzwanzig Jahre zugrunde. Zum Teil wurden sie in anderer Version bereits in Fachzeitschriften veröffentlicht, zum Teil in Büchern, die mittlerweile nicht mehr lieferbar sind; einige der Kapitel enthalten bislang unveröffentlichtes Material. Die Psychoanalyse hat sich im Laufe dieses Vierteljahrhundert gewaltig verändert, und auch unser eigenes Denken hat sich weiterentwickelt. Vier ineinander greifende Themen aber haben die Jahre unserer Ansicht nach überdauert: Die Betonung der unverzichtbaren metapsychologischen Erklärung sämtlicher psychologischer Phänomene, die Wichtigkeit des entwicklungspsychologischen Ansatzes, die Annahme, dass analytisches Material von Kindern und Adoleszenten sowie die Beobachtung von Säuglingen, Kleinkindern und Kindern einen wertvollen Beitrag zum Verständnis und zur Technik der Arbeit mit Erwachsenen leisten können, und schließlich eine wachsende Überzeugung von der Rolle, die der Sadomasochismus und sein omnipotenter Kern in jeder Pathologie spielen.

## Der metapsychologische Ansatz

Die Metapsychologie wurde bislang auf zweierlei Arten verstanden: als übergreifende abstrakte Theorie sowie als multidimensionale Beschreibung von Phänomenen. Die amerikanische Psychoanalyse konzentrierte sich vornehmlich auf die abstrakte Formulierung, wie sie von Rapaport und Gill (1959) systematisiert wurde. Als Große Theorie des Geistes wurde die Metapsychologie von Holt (1981), Klein (1976) und anderen Autoren kritisiert, die geltend machten, dass sie sich auf überholte naturwissenschaftliche Konzepte des neunzehnten Jahrhunderts stütze und von der täglichen klinischen Arbeit zu weit entfernt sei. Diese kritischen Einwände hatten zur Folge, dass die Metapsychologie an Bedeutung verlor. Das klassische Gleichgewicht einer multidimensionalen Beschreibung psychischer Phänomene ging verloren und wurde durch eine Verzerrung hin zu einem fast hierarchischen theoretischen Modell ersetzt, in dem der strukturelle Gesichtspunkts eine Vorrangstellung einnimmt und die metapsychologischen Sichtweisen in rivalisierende Theorien zerfielen, die jeweils einen bestimmten Teil des Ganzen betonen. Das Ergebnis waren übermäßige Abstraktion und Vereinfachung.

Die alternative Anwendungsweise – die Metapsychologie als multidimensionale Beschreibung von Phänomenen – ist in Anna Freuds Bezeichnung der Metapsychologie als »Sprache der Psychoanalyse« (1965) erhalten geblieben.

Ihr Konzept eines metapsychologischen Verständnisses schloss die spezifisch psychoanalytische Sicht der Komplexität der zahlreichen inneren und äußeren Einflüsse ein, den Beitrag der verschiedenen Bestandteile der Psyche und des psychischen Funktionierens sowie die Interaktion von Vergangenheit und Gegenwart im Prozess der Persönlichkeitsentwicklung. Ihr Gebrauch der Metapsychologie fand Anwendung im 3. Kapitel ihres Buches *Wege und Irrwege der Kinderentwicklung* (1965). Im vorliegenden Band versuchen wir, komplexe psychische Phänomene auf der Grundlage von Anna Freuds metapsychologischer Sichtweise zu verstehen, das heißt als Phänomene, die überdeterminiert sind und zahlreiche Funktionen in der Persönlichkeit erfüllen.

## Der entwicklungspsychologische Ansatz

Der entwicklungspsychologische Ansatz hat immer einen zentralen Stellenwert innerhalb des psychoanalytischen Denkens eingenommen. Im Jahre 1913 schrieb Freud (1913j): »[...] so ist die Psychoanalyse von allem Anfang an auf die Verfolgung von Entwicklungsvorgängen gewiesen worden« (S. 411). Seine Beschreibung der Entwicklungsabfolge der Angst aus dem Jahre 1926 (Freud, 1926d) sowie die späteren Arbeiten von Anna Freud (1936, 1965), Hartmann (1939, 1952), Hartmann und Kris (1945) und Erikson (1950, 1968, 1982) bestätigten allesamt die für die Mitte des zwanzigsten Jahrhunderts übliche Auffassung, dass die Psychoanalyse in erster Linie eine Psychologie der Entwicklung sei.

In den vergangenen Jahren ist die Anwendung des entwicklungspsychologischen Ansatzes als Element einer umfassenden metapsychologischen Beschreibung in den Hintergrund gerückt. Die in diesem Band versammelten Arbeiten zeigen, dass wir den entwicklungspsychologischen Ansatz nicht als eine Schule des Denkens oder als Theorie verstehen, sondern vielmehr als Art Methode der Organisation klinischer Daten, die einen Kontext oder eine Grundlage für die Untersuchung spezifischer Phänomene bietet. Als solche kann die entwicklungspsychologische Untersuchung jede Theorie in sich aufnehmen und als Basis unterschiedlichster Formulierungen dienen, wie sie beispielsweise von Melanie Klein, Anna Freud, Margaret Mahler, Heinz Kohut oder Daniel Stern erarbeitet wurden.

Der entwicklungspsychologische Ansatz verlangt die Untersuchung von Vorläufern und Konsequenzen klinischer Phänomene und schließt somit jede Übervereinfachung oder Übergewichtung einzelner Faktoren von vorne herein aus. Jedes klinische Phänomen muss in Verbindung mit seiner Vorgeschichte und seinen mutmaßlichen Folgen verstanden werden. Die ihm innewohnenden Kontinuitäten und Transformationen sind aufzuklären.

Die Untersuchung klinischer Probleme hat uns davon überzeugt, dass keine Phase bedeutsamer ist als andere, das heißt, dass frühere Erfahrungen nicht unbedingt wichtiger als spätere sind. Jede einzelne Phase übt Einfluss auf alle anderen Entwicklungsphasen aus und wird von ihnen beeinflusst. Dies gilt auch für die Weiterentwicklung im Erwachsenenalter.

Heuristisch hat es sich für uns als hilfreich erwiesen, den entwicklungspsychologischen Gesichtspunkt auch auf den Behandlungsverlauf anzuwenden. Dies ermöglichte es uns, die Psychoanalyse an jedem Punkte der Behandlung unter dem Aspekt von Phasen, therapeutischen Aufgaben und mit Blick auf die Erfüllung solcher Aufgaben als Ergebnis therapeutischer Interventionen zu betrachten.

## Die Anwendung der Kinder- und Jugendlichenpsychoanalyse auf die Psychoanalyse von Erwachsenen

Die Kapitel dieses Buches enthalten umfangreiches Material aus Kinder- und Jugendlichenanalysen sowie aus der Beobachtung von Säuglingen, Kleinkindern und Kindern. Die Bedeutung von klinischen Daten für die Formulierung theoretischer Konzepte und die anschließende Überprüfung der Theorie und der technischen Konzepte im klinischen Setting standen stets im Mittelpunkt unserer Arbeit. Dies geht unmittelbar auf Anna Freuds »naturwissenschaftlich«-empirischen Ansatz der Theoriebildung zurück. In einer Erinnerung an Anna Freud schrieben wir, dass sie »keinen Gefallen an der Abstraktion um ihrer selbst willen fand; sie mied die Mystik wie auch die trockene Intellektualisierung. Für sie ergab sich die Notwendigkeit einer Theorie unmittelbar aus den Beobachtungen innerhalb und außerhalb des Behandlungszimmers, und die Theorie musste auf diese Beobachtungen anwendbar sein« (Novick und Novick, 1993, S. 59). In unseren frühesten Beiträgen haben wir mit Daten aus der Beobachtung und Psychoanalyse von Kindern gearbeitet, um Konzepte zu klären, die sich – wie etwa die Projektion, das therapeutische Bündnis und die Schlagephantasien – aus der Arbeit mit Erwachsenen ableiten. Dies führte zu behandlungstechnischen Empfehlungen für die therapeutische Arbeit mit erwachsenen Patienten.

## Sadomasochismus und Omnipotenz

Das Motiv für die Abfassung dieser Beiträge war unser Bedürfnis, die Probleme der klinischen Arbeit mit schwierigen Patienten besser zu verstehen. In jedem Kapitel werden Menschen beschrieben, die als schwer gestörte oder ausgeprägt masochistische Individuen, als Borderline-Persönlichkeiten, als schwere Zwangsneurotiker und dergleichen diagnostiziert worden waren. Bei jedem Versuch, ihre Erkrankung zu verstehen, begegneten wir Gemeinsamkeiten hinsichtlich der behandlungstechnischen Probleme, der Ätiologie und der zugrunde liegenden Phantasien, die sich über nosologische Abgrenzungen hinweg setzten. Dies weckte unser Interesse, den Sadomasochismus dieser Patienten zu untersuchen, die Schlagephantasie als seinen Kern, den Omnipotenzwahn als Kern der Phantasie und die Externalisierung als Hauptmechanismus der Entwicklung und des Funktionierens dieser Phantasie. In all den nachfolgenden Kapiteln gehen wir unserer Schlussfolgerung auf den Grund, dass der Sadomasochismus keine separate diagnostische Kategorie darstellt, sondern vielmehr einen integralen Bestandteil jeder Pathologie bildet.

Diese vier Themen klingen in all den Beiträgen, die wir für dieses Buch ausgewählt haben, an. Dennoch haben wir das Buch in vier Teile unterteilt und diese unter folgende Überschriften gestellt: Entwicklungspsychologie der sadomasochistischen Pathologie, die relevanten Mechanismen, klinische Manifestationen des schweren Sadomasochismus und behandlungstechnische Interventionen, die sich für uns als nützlich erwiesen haben.

# I. Teil

# Entwicklung

## 1. Kapitel

## Schlagepphantasien bei Kindern

Die von Freud (1919e) im Jahre 1919 veröffentlichte klassische Studie über Schlagephantasien beruhte auf Rekonstruktionen aus der analytischen Arbeit mit erwachsenen Patienten. Sie unterstrich Freuds Ansichten über die Bedeutung des Ödipuskomplexes; Perversionen und Neurosen wurden als Niederschläge dieses zentralen Komplexes der Kindheit verstanden. In der Schlagephantasie, so Freud, finde das »Wesen des Masochismus« (S. 209) seinen Ausdruck, denn sie stelle sowohl die regressiv verpönte genitale Liebe zum Vater als auch die Strafe für inzestuöse Wünsche dar.

Auf der Grundlage des analytischen Materials erwachsener Patienten rekonstruierte Freud die Entwicklungsschicksale der Schlagephantasie bei Jungen und Mädchen. Er war der Auffassung, dass die Phantasie im Vorschulalter, das heißt keinesfalls später als im fünften oder sechsten Lebensjahr, auftauche. Bei Mädchen lassen sich drei Phasen unterscheiden:

1. »Der Vater schlägt *das mir verhasste* Kind.« Ob dies tatsächlich bereits eine Phantasie darstellt, lässt Freud offen, denn es könne sich, so merkt er an, möglicherweise eher um »Erinnerungen« an »Wünsche« handeln (S. 204). Das Motiv für diese erste Phase der Schlagephantasie ist die Eifersucht des Kindes auf ein Geschwisterkind, das als Rivale empfunden wird. Freud bezweifelt, dass diese erste Phase überhaupt als sexuell zu beschreiben sei, und fasst ihre Bedeutung mit den Worten zusammen: »[Der] Vater liebt dieses andere Kind nicht, *er liebt nur mich.*« (S. 206)
2. »*Ich werde vom Vater geschlagen.*« (S. 204) Diese zweite Phase bezeichnet Freud als Ergebnis beträchtlicher Umwandlungen der ersten. Zwar bleibt der Vater die schlagende Person, aber die geschlagene Person ist immer das

Kind, das die Phantasie hervorbringt. Die Phantasie nun hat »unzweifelhaft masochistischen Charakter« (S. 204) und bringt sowohl die verpönte genitale Liebe zum Vater zum Ausdruck als auch die Strafe für inzestuöse Wünsche. Diese Phase der Phantasie wird nie erinnert; sie ist eine Konstruktion der Analyse und hat in gewissem Sinne, so Freud, »niemals eine reale Existenz gehabt« (S. 204).

3. *Ein Vatervertreter (Lehrer) schlägt Kinder* (gewöhnlich Buben). Diese Phase wird ebenso wie die erste bewusst erinnert. »Der wesentliche Charakter aber, der auch die einfachsten Phantasien dieser Phase von denen der ersten unterscheidet und der die Beziehung zur mittleren Phase herstellt« (S. 205), ist die starke und unzweideutig sexuelle Erregung, die sie begleitet.

Freud erwartete eine parallele Entwicklungssequenz der Schlagephantasie bei Jungen, konnte diese jedoch nicht belegen. Er beschrieb die dritte (bewusste) Phase der Phantasie bei Jungen mit: »Ich werde von der Mutter (später von einer Ersatzperson) geschlagen.« (S. 217) Dieser Phantasie geht die unbewusste Phantasie voraus: »Ich werde vom Vater geschlagen.« Sie entspricht der zweiten Phase beim Mädchen. Daher ist der Ursprung der Schlagephantasie bei beiden Geschlechtern in der ödipalen Bindung an den Vater zu sehen. Freud konnte die erste Phase, in der das Schlagen keine sexuelle Bedeutung besitzt, sondern durch Eifersucht motiviert ist, für den Jungen nicht belegen. Er vermutete jedoch, dass weitere Beobachtungen eine solche parallele Entwicklung möglicherweise bestätigen würden.

Freud beschreibt die Unterschiede zwischen den Geschlechtern und lässt keinen Zweifel daran, dass die Schlagephantasie eher bei männlichen als bei weiblichen Personen auf schwere Störungen verweist. Sein »männliches Material umfasste nur wenige Fälle [...] ohne sonstige grobe Schädigung der Sexualtätigkeit, dagegen eine große Anzahl von Personen, die als richtige Masochisten im Sinne der sexuellen Perversion bezeichnet werden mussten« (S. 217). Freud warnt vor einer Überstrapazierung der Analogie zwischen Mädchen und Jungen und empfiehlt, die Geschlechter getrennt zu betrachten. Auch wenn die Phantasie bei beiden Geschlechtern auf dem Ödipuskomplex beruht, beginnt die Phantasie beim Mädchen mit der »normalen«, beim Jungen jedoch mit der »negativen« ödipalen Einstellung. Darüber hinaus behält der Junge trotz des Wechsels der schlagenden Person in allen Phasen der Phantasie eine passive, feminine Haltung bei. Im Gefolge Freuds neigten die meisten Autoren, die sich mit Schlagephantasien beschäftigt haben, dazu, den Unterschied zwischen den Geschlechtern zu vernachlässigen. Eine Ausnahme macht Marie Bonapartes (1953) Erörterung der Schlagephantasien als normale Stufe in der psychosexuellen Entwicklung des Mädchens.

In seinen späteren Schriften hat Freud weitere Faktoren erörtert. Schlagephantasien repräsentieren demnach nicht nur ödipale Wünsche, sondern auch ein Eingeständnis der Masturbation (1925h). Und schließlich stehen sie für »Kastriertwerden, Koitiertwerden oder Gebären« (1924c, S. 374). Diese Tendenz, die Zahl der Determinanten und Funktionen der Schlagephantasie zu erhöhen, hat sich in der Arbeit der Autoren nach Freud fortgesetzt. Gleichzeitig verschob sich die Betonung von den ödipalen Determinanten der Phantasie zunehmend auf die präödipalen (Bergler, 1938, 1948; Schmideberg, 1948). Kris und andere Autoren (Joseph, 1965) unterstrichen die Ubiquität der Schlagephantasie, ihre multiplen Determinanten und Funktionen, die verschiedenen manifesten Formen und die latenten Bedeutungen der Phantasie sowie das breite Spektrum der diagnostischen Gruppen, in denen sie auftreten kann. Diese Arbeiten beruhten jedoch wie die anderer Autoren weitgehend auf dem analytischen Material erwachsener Patienten. Mit der kinderanalytischen Methode wurde keine systematische Studie auf diesem Gebiet durchgeführt, obwohl zahlreiche Formulierungen die Schicksale der Schlagephantasie in der Kindheit betreffen. Aus diesem Grund haben wir mit Hilfe des umfangreichen kinderanalytischen Materials, das in der Hampstead Clinic in Form von Fallmaterial gesammelt wurde und im »Hampstead Psychoanalytic Index« (Sandler, 1962) klassifiziert wurde, sowie anhand der von Anna Freud (1965) formulierten diagnostischen Maßstäbe und Bewertungen und der wöchentlichen klinischen Berichte der Therapeuten die Rolle der Schlagephantasien in der normalen und pathologischen Entwicklung untersucht. Im Folgenden konzentrieren wir uns ausschließlich auf die Schlagephantasie bei Kindern, die in der Hampstead Clinic behandelt wurden.

Wir stellten fest, dass Schlagephantasien nur in wenigen Fällen eine bedeutende Rolle im analytischen Material von Kindern spielten. Sie waren in lediglich 6 von 111 indizierten Behandlungen dokumentiert. Damit ist ihr universales Auftreten noch nicht widerlegt, aber die Zahlen legen nahe, dass Schlagephantasien nur selten eine signifikante oder erkennbare Rolle spielen. Von Kindern vor der Latenz wurden keine solche Phantasien berichtet; ihr späteres Auftreten betraf fast zu gleichen Teilen prä- und postpubertäre Kinder.

Die Häufigkeit der Phantasie mag davon abhängen, wie wir »Phantasie« definieren. Für uns hat sich Schafers (1968) Vorschlag als hilfreich erwiesen, die Phantasie in einem engen Sinn als bewussten Tagtraum zu definieren. Wir unterscheiden verschiedene Typen des psychischen Inhalts wie Triebbedürfnisse, Theorien und Phantasien. Die Abfuhr eines Triebwunsches kann auf einem Entwicklungskontinuum von der Aktion bis zur Phantasie erfolgen, wobei das Spielen auf diesem Kontinuum eine mittlere Position einnimmt.

Was nun die Schlagephantasien betrifft, so können wir unsere Unterscheidungen folgendermaßen anwenden: Der Schlagewunsch ist eine Triebrepräsentation, die das Bewusstsein erreicht oder nicht erreicht und abgewehrt oder sublimiert werden kann oder als Abkömmling in mehr oder weniger großer Distanz zum ursprünglichen Impuls auftreten kann. Die Schlagephantasie stellt eine Erfüllung in Form des bewussten oder vorbewussten Denkens des sexualisierten Wunsches, zu schlagen oder geschlagen zu werden, dar.

Wir haben diese Formulierungen auf kinderanalytisches Material und auf die Beobachtungen von Kindern im Kindergarten angewandt und dabei eine bestimmte Abfolge der Schlagewünsche beobachtet. Diese Kinder waren normal oder neurotisch, ohne Anzeichen für schwere Störungen. Es gibt ein Stadium, in dem die Beziehungskonzepte fast aller Kinder durch Macht- und Kontrollvorstellungen geprägt sind. Das Schlagen und Geschlagenwerden dient dabei als wichtige Möglichkeit zur Abfuhr aggressiver und feindseliger Impulse. Ein Erwachsener, der sich den Wünschen eines Kindes nicht fügte, wurde heftig verprügelt. Dabei rief das Kind: »Ich schlag dich zusammen, ich kann dich nicht leiden.« Häufig werden diese Impulse an Puppen und Spielsachen ausgelassen, die von ihren kleinen Besitzern fürchterliche Bestrafungen hinnehmen müssen. Die aktive Abfuhr des aggressiven Impulses, zu schlagen und zu überwältigen, geht mit der analen Phase einher. Diese Phase der Entwicklung des Schlagewunsches ähnelt der ersten Phase der von Freud beschriebenen Schlagephantasie: Zu ihren Hauptcharakteristika zählt, dass sie aggressiv ist, nicht sexuell, die Abfuhr durch Aktion erfolgt, die Phantasie der analen Phase adäquat ist und sie bei beiden Geschlechtern auftritt.

Es ist allgemein anerkannt, dass Kinder eine sadistische Theorie des Geschlechtsverkehrs entwickeln (Freud 1908c). Unsere Beobachtungen lassen darauf schließen, dass sie ein »Persistieren« der Konzepte der analen Phase repräsentiert, die auf die Impulse der phallischen Phase »generalisiert« werden (Freud 1933a; vgl. auch Kap. 5). Durch die sadistische Theorie des Geschlechtsverkehrs wird der Schlagewunsch sexualisiert. In der phallischen Phase spielten sowohl Jungen als auch Mädchen Spiele und Fangspiele, in deren Verlauf sie sich gegenseitig schlugen. All diese Aktivitäten waren von starker sexueller Erregung begleitet. In der Behandlung spielten viele Kinder Schul- oder Krankenhausspiele, bei denen die Therapeutin zum Beispiel aufgefordert wurde, die Rolle von »Miss Mary, die das Baby haut«, zu übernehmen; andere Rolle betrafen die grausamen Ärzte, die ihre kindlichen Patienten misshandeln, oder die Cowboys, die Indianer verfolgen und erschießen, oder Polizisten, die Einbrecher fassen.

Bei diesen Spielen wechselten die Kinder zwischen aktiven und passiven Rollen und spielten sowohl die Angreifer als auch die Opfer. Eine diffuse sexuelle Erregung und Masturbationsaktivitäten ließen sich in aller Regel im Zusammenhang mit oder nach diesen Spielen beobachten. Freud (1919e, 1924c) bezeichnete es als einen notwendigen Faktor sowohl der Schlagephantasien als auch der masochistischen Perversionen, dass das Opfer nicht *wirklich* verletzt wird; spielende Kinder versichern sich, dass sie »nur so tun, als ob«. Auf diese Art und Weise werden Triebbefriedigungen akzeptabel gemacht. Masochistische Perversionen im Erwachsenenalter hängen möglicherweise mit einer Fixierung an die Stufe der phallischen Schlagespiele zusammen. Bei den im Spiel zugewiesenen Rollen schien es unerheblich, ob die schlagende Person männlich oder weiblich war, weil Frauen in dieser Phase gewöhnlich noch als phallisch betrachtet werden. So beschrieb ein Kind den Geschlechtsverkehr mit den Worten: »Papa haut Mama, und sie haut ihn.«

Mit dem Gewahrwerden des Geschlechtsunterschiedes erhält das Geschlagenwerden eine weitere Bedeutung. Aus der analen Phase bringt es die Bedeutung der Bestrafung und des Liebesverlusts mit, ab der frühen phallischen Phase repräsentiert es den elterlichen Geschlechtsverkehr, und vom dem Zeitpunkt der Geschlechterdifferenzierung an repräsentiert es die Kastration und die passive feminine Rolle beim Geschlechtsverkehr. Hier findet sich regelmäßig ein Unterschied zwischen Jungen und Mädchen. Jungen beginnen, gegen passive Wünsche und gegen den Wunsch, geschlagen zu werden, anzukämpfen. In ihren Spielen übernehmen sie zunehmend die aktive Rolle. Ein Junge zum Beispiel, der es in der frühen phallischen Phase gleichermaßen aufregend gefunden hatte, Batman zu spielen oder aber den »Bösen«, der geschlagen und ins Gefängnis geworfen wurde, bestand später darauf, die Rolle des Batman zu spielen, während der Therapeut oder eine imaginäre Figur der »Böse« sein musste.

Mädchen, denen es besonders schwer fiel, ihre Penislosigkeit zu akzeptieren, gaben die Schlagespiele entweder völlig auf und regredierten auf die anale Stufe oder verleugneten den Penismangel und übernahmen bei den Schlagespielen die aktive Rolle. Ein Mädchen spielte wiederholt, ein magisches Schwert zu besitzen, mit dem es auf alle Soldaten einhieb, die in sein Land einfallen wollten. Die wachsende Fähigkeit hingegen, die passive Rolle zu übernehmen, gab eine Entwicklung in Richtung der positiven ödipalen Position zu erkennen.

Der Schlagewunsch, die sadistische Theorie vom Geschlechtsverkehr und die phallischen Schlagespiele ließen sich in dieser oder jener Form bei allen Kindern unseres Samples beobachten. Sie scheinen also tatsächlich universal zu sein. Individuelle Unterschiede beruhen auf einer unterschiedlich stark ausgeprägten Intensität des Schlagewunsches, auf individuellen Erfahrungen wie beispielsweise der Beobachtung der Urszene sowie auf der Reaktion des Umfeldes auf den Ausdruck triebhafter Impulse.

Mit beginnendem Niedergang des Ödipuskomplexes und der Bildung des Über-Ichs traten diese Kinder in die Latenz ein. Zu diesem Zeitpunkt erst trat bei einigen wenigen der Mädchen eine Schlagephantasie in strengem Sinn auf. Offenbar determiniert die Wichtigkeit, die dem Schlagewunsch im Zusammenhang mit den ödipalen Konflikten des Mädchens zukommt, ob sich in der Latenz eine Masturbationsphantasie entwickelt, die das Schlagen einschließt. Trat eine solche Phantasie auf, so repräsentierte sie, wie Freud es beschrieben hat, eindeutig sowohl ödipale Strebungen in regressiver Form als auch die entsprechende Bestrafung; die Phantasie äußerte sich aber nicht in der vagen Form einer dritten Person, die er bei erwachsenen Patienten beobachtete. In der Phantasie stellte das Opfer der Schläge bewusst das Kind selbst dar. Ein kleines Mädchen stellte sich vor, eine Sklavin zu sein, die regelmäßig alle vier Stunden von einem Kaiser geschlagen wurde, dessen erste Sklavin zu Tode geprügelt und durch die Patientin ersetzt worden war. Nach und nach wurden sexuelle Erregung und Masturbation von der Phantasie abgelöst; die Wünsche traten nun in zunehmend distanzierter Form zutage und gestalteten inhaltliches Material aus Lese- und Schulbüchern aus. Aschenputtel, Schneewittchen und Dornröschen waren die bevorzugten Inspirationsquellen und illustrierten den Zusammenhang zwischen den Schlagephantasien und den für die Latenz »typischen« Phantasien des Familienromans und der Errettung. Ein kleines Mädchen erzählte mit großem Vergnügen »Sterbegeschichten«; die »Sterbe«variante beruhte auf ihrer Gleichsetzung des Todes mit der Hingabe beim Geschlechtsverkehr. Das Mädchen erzählte von einer »Schneeflockenfrau«, die vom »König der Welt« auserwählt wurde. Als er sie fand, nahm er sie in seine Arme, und sie schmolz dahin. Als diese Mädchen in der Adoleszenz zur Follow-up-Untersuchung erschienen, zeigten sie keine Anzeichen eines ausgeprägten Masochismus. Der Schlagewunsch schien mit der Entwicklung einer adäquaten weiblichen Passivität angemessen sublimiert worden zu sein. Trotz dieser gutartigen Entwicklung können Schlagephantasien möglicherweise im Erwachsenenalter als Abkömmling regressiv intensivierter Schlagewünsche erneut auftreten.

Wenn wir diese Entwicklung mit den Phasen der Schlagephantasie vergleichen, wie sie von Freud rekonstruiert wurden, erkennen wir einen sehr ähnlichen Verlauf: Das Kind entwickelt sich von einem aggressiven Wunsch zu schlagen zu dem sexualisierten Wunsch, zu schlagen oder geschlagen zu werden, und schließlich zu einer Wunscherfüllung in Gestalt einer Masturbationsphantasie, die das Schlagen oder einen Schlageabkömmling einschließt. Der Zeitraum dieser Entwicklung unterschied sich bei dem Material der von uns beobachteten Kinder jedoch von dem Alter, das Freud annahm, denn die Schlagephantasie im eigentlichen Sinn trat erst nach der ödipalen Phase auf. In ähnlicher Weise wird der den ödipalen Wunsch repräsentierende Wunsch, geschlagen zu werden, zu diesem Zeitpunkt bewusst oder kann bewusst gemacht werden. Die Leichtigkeit, mit der die Schlagephantasie der Latenz transformiert, ausgestaltet und vom Schlagewunsch der ödipalen Phase distanziert werden konnte, sowie die zufrieden stellende weitere Entwicklung der Mädchen, bei denen sie auftrat, veranlasst uns zu dem Schluss, dass diese Schlagephantasie eine normale Übergangskomponente der weiblichen postödipalen Entwicklung darstellt und möglicherweise verbreiteter ist, als bisher angenommen wurde.

Bei einer anderen Gruppe von Kindern aber haben wir festgestellt, dass eine Schlagephantasie vor dem Hintergrund einer schweren Störung auftrat. Diese Gruppe bestand aus neun Jungen. Auch wenn diese Kinder in ihrem Funktionieren zu unterschiedlichem Grad beeinträchtigt waren, wiesen sie doch alle multiple und intensive Ängste auf, die sie häufig zu Panikattacken und Wutanfällen veranlassten, zu Passivität führten und zu einer anklammernden Abhängigkeit in einer überaus engen, sadomasochistischen Beziehung zur Mutter. Wir fanden bei diesen Kindern indes keine konstante Beziehung zwischen realen Erfahrungen des Geschlagenwerdens und dem Auftreten von Schlagephantasien.

Die Jungen reproduzierten mit Altersgenossen und in der Behandlung sadomasochistische Beziehungen; einige von ihnen konfrontierten ihre Therapeuten mit Managementproblemen. Ein Junge griff seinen Therapeuten regelmäßig an, um ihn zu Vergeltungsmaßnahmen zu provozieren, während ein anderer Wutanfälle bekam, herumbrüllte und Gegenstände aus dem Fenster warf. Es war oft schwierig, diese Kinder im Behandlungszimmer unter Kontrolle zu halten: Jede Frustration und Versagung seiner Wünsche weckte in einem dieser Jungen angsterfüllte Wut, so dass er kreuz und quer durch die Klinik rannte. Ein anderer Junge drang in die Büros ein und gab sich erst zufrieden, als wir ihm eine Schreibmaschine für den eigenen Gebrauch zur Verfügung stellten. Isolierte Vorkommnisse wie diese sind eigentlich selten und haben normalerweise keine größere Bedeutung, jedoch dauerte dieses gestörte, schwierige Verhalten bei den Kindern dieser Gruppe über längere Zeiträume an. Eine Therapeutin bezeichnete die ersten zweieinhalb Jahre der Behandlung zusammenfassend als »permanenten körperlichen Kampf«. Ihr Patient flehte sie an, ihn an einen Stuhl zu binden und zu schlagen oder sich von ihm festbinden zu lassen. Wenngleich dieses Material inhaltlich den bereits beschriebenen phallischen Schlagespielen ähnelt, fiel der Therapeutin dieses Jungen sowie anderen Therapeuten, die mit ähnlichem Material arbeiteten, auf, dass das Verhalten der Jungen nicht mit sexueller Erregung einherging. Sie erkannten, dass es von Angst getrieben war, fast als ob das Kind das Objekt wirklich »fesseln« und an sich binden wollte, um bei ihm Sicherheit zu finden. Mühsame analytische Arbeit war notwendig, bis die Angst kontrollierbar wurde und Triebimpulse durch Gedanken contained werden konnten.

Die eigentliche Schlagephantasie tauchte erst auf, nachdem sich eine tief greifende Veränderung vollzogen hatte und das sadomasochistische Verhalten innerhalb und außerhalb der Behandlung signifikant zurückgegangen war. Die Phantasien traten in Verbindung mit den nun auftauchenden phallisch-ödipalen Impulsen zutage. In allen Fällen geschah dies während der Pubertät. Die folgende Vignette illustriert den Zusammenhang zwischen der Schlagephantasie und den phallisch-ödipalen Wünschen eines dreizehnjährigen Jungen:

*Nach seinem ersten Samenerguss schilderte der Junge eine Masturbationsphantasie, bei der er zunächst daran dachte, eine Klassenkameradin auszuziehen; das Mädchen verwandelte sich in eine ältere Frau und dann, während seine Erregung wuchs, in das Bild seiner Mutter. Als er einen Höhepunkt erreichte, phantasierte er, dass sein Vater hereinkam, ihn niederdrückte und ihn aufs Gesäß schlug.*

Die Schlagephantasie war bei dieser Gruppe gestörter Kinder nicht vorübergehend, wie oben beschrieben, sondern von einem primitiven, monotonen und repetitiven Charakter. Das Subjekt übernahm dabei immer die passive Rolle, und die schlagende Person entstammte stets dem realen Leben des Kindes; häufig war es der Vater oder eine väterliche Figur. Die Phantasie eines Jungen, der sich vorstellte, dass ihn zwei ältere Jungen aus seiner Schule festhielten und aufs Gesäß schlugen, weist ebendiese Merkmale auf. Diese Phantasie blieb zwei Jahre lang nahezu unverändert erhalten, während die normaleren Kinder ihre Schlagephantasie ständig bearbeiteten und ausgestalteten und die Charaktere allen möglichen Quellen entnahmen, aber keinesfalls dem realen Leben.

Wir können die Schlagephantasie der schwer gestörten Kinder als eine *fixierte Phantasie* bezeichnen, um sie von der normaleren, vorübergehenden Schlagephantasien abzugrenzen und die Tatsache zu unterstreichen, dass sie nach ihrer Bildung einen relativ festen Bestandteil des psychosexuellen Lebens darstellt. Die transitorische Schlagephantasie war von kurzer Dauer und wurde gewöhnlich spontan oder durch die Deutungsarbeit verändert. Die fixierte Phantasie hingegen erwies sich auch jahrelanger Deutungsarbeit gegenüber als hartnäckig. In den Fällen, in denen Follow-up-Daten verfügbar waren, bestand die Schlagephantasie auch nach Beendigung der Behandlung fort.

Die Darstellung von Details aus den Biographien und dem Behandlungsverlauf dieser Kinder könnte als Grundlage für ein Verständnis der Faktoren dienen, die an einer Fixierung der Schlagephantasie beteiligt sind. An dieser Stelle können wir lediglich darauf hinweisen, dass die fixierte Phantasie im Gegensatz zur transitorischen Phantasie nicht dem Muster folgt, das Freud

(1919e) in »Ein Kind wird geschlagen« beschrieben hat. Sie weist eher Übereinstimmungen mit Fallberichten über erwachsene Patienten auf, deren Schlagephantasie im Kontext einer schweren masochistischen Pathologie mit begleitender Ich-Störung stehen (Bak, 1946; Ferber und Gray, 1966; Rubinfine, 1965). Wenn Kinder ihre Schlagephantasie schilderten, endete ihr Bericht normalerweise an dem Punkt, an dem sie geschlagen worden waren, als sei dies das Ende der Phantasie. Die weitere Bearbeitung, insbesondere die Arbeit mit der Übertragungsbeziehung, förderte dann gewöhnlich ans Licht, dass die Phantasie noch eine Fortsetzung hatte. Diese Fortsetzung enthielt die eigentliche libidinöse und narzisstische Lustquelle aus der Phantasie – daher das Zögern der Kinder, sie zu offenbaren. Der Schlussteil repräsentierte eine frühe masochistische Bindung an die Mutter: Eine wichtige Gestalt, häufig eine Frau, empfand tiefes Mitleid mit dem geschlagenen Kind und tröstete es; in zahlreichen Versionen der Phantasie wurde das Kind daraufhin selbst als ein sehr wichtiger und besonderer Mensch betrachtet. Ein Kind phantasierte, dass sich beide Eltern im Anschluss an die Schläge bei ihm entschuldigten und die Mutter seinen Po mit einer schmerzlindernden Salbe eincremte. Ein anderes Kind phantasierte, von Schulkameraden sehr grausam geschlagen zu werden; danach trat der Schuldirektor vor die versammelten Schüler und erklärte ihnen: »Dies ist der außergewöhnliche Junge, der schlecht behandelt worden ist. Noch nie hatten wir an hier einen Jungen, der so viel durchgemacht hat.« Auch wenn unser Material keinen Zweifel daran lässt, dass die Schlagephantasie nicht vor der phallisch-ödipalen Stufe gebildet wird, so sind die primären Determinanten des Schlagewunsches, der in der Phantasie abgeführt wird, präödipal.

## Zusammenfassende Bemerkungen

In unserer Studie zur Rolle der Schlagephantasien in der normalen und pathologischen Entwicklung hat es sich als hilfreich erwiesen, die Phantasie als einen bewussten Tagtraum zu definieren. Natürlich ist es willkürlich, wie man ein Konzept anwendet, doch unserer Meinung nach zeigt unser Vorgehen, wie wichtig es ist, zwischen verschiedenen Arten psychischer Inhalte zu unterscheiden und die Referenten des Begriffs Phantasie einzuschränken. Auf diese Weise stellten wir fest, dass Schlagewünsche und Schlagespiele universal sind, die eigentliche Schlagephantasie aber nur selten auftritt. Darüber hinaus zeigte sich, dass das Material in zwei Gruppen zerfiel, die hinsichtlich der Funktionen und Determinanten der Phantasie signifikante Unterschiede zwischen den Geschlechtern aufwiesen.

Bei Mädchen entwickelte sich ein während der analen Phase auftretender Schlagewunsch zu einem phallischen Schlagespiel und später bei einigen

Mädchen zu einer Schlagephantasie in der Latenz; diese Sequenz entspricht der von Freud (1919e) rekonstruierten Abfolge. Ebenso wie Freud stellten auch wir fest, dass passive Schlagewünsche und Schlagephantasien bei Mädchen sowohl positive ödipale Strebungen als auch eine Bestrafung für inzestuöse Wünsche repräsentierten. Bei Mädchen treten der passive Schlagewunsch und selbst die Schlagephantasie der Latenz häufig als Übergangsphänomen auf. Auch wenn das Vorliegen einer Schlagephantasie bei einem Mädchen die Fortdauer intensiver, auf den Vater gerichteter libidinöser Wünsche signalisiert, kann die Schlagephantasie unter der Voraussetzung, dass die weitere Entwicklung nicht allzu stark beeinträchtigt wird, für einige Mädchen als eine zweite Chance dienen, eine passiv-feminine Haltung und davon altersangemessene, von der Phantasie abgeleitete Wünsche zu entwickeln.

Obwohl die Schlagephantasien bei Mädchen im Zusammenhang mit einer normalen Entwicklung auftraten, konnten wir sie in der Gruppe unserer normalen oder neurotischen Jungen nicht finden. Allerdings traten Schlagephantasien in der Pubertät bei einer Gruppe schwer gestörter Jungen auf. Bei diesen Jungen wurde die Schlagephantasie zum Fixpunkt ihres psychosexuellen Lebens, was auf die multiplen Funktionen und Determinanten der Phantasie zurückzuführen war. Die Schlagephantasie hatte ihren Ursprung in einer frühen sadomasochistischen Beziehung zur Mutter, und wir gelangten zu dem Schluss, dass sie bei Jungen eine schwere Störung in der Ich- und Triebentwicklung signalisiert. Diese Studie über Schlagephantasien bei Kindern führte zu Unterscheidungen zwischen verschiedenen Arten psychischer Inhalte, zu einer getrennten Untersuchung der männlichen und weiblichen Entwicklung und zu der Hypothese, dass zwischen Masochismus und Schlagephantasie ein bedeutsamer Zusammenhang besteht. Die Anwendung dieser Ergebnisse auf die Entwicklung im Erwachsenenalter und auf die Perversion wird im 2. und 3. Kapitel demonstriert.

## 2. Kapitel

# Das Wesen des Masochismus

Auch wenn sich die Krankheitsbilder, mit denen der zeitgenössische Psychoanalytiker konfrontiert ist, mutmaßlich verändert haben, weisen unsere Fälle doch eine große Ähnlichkeit mit Freuds Patienten auf, denn auch er setzte sich in seiner täglichen Arbeit mit masochistischen Phänomenen unterschiedlicher Intensität auseinander. Die in seinem Beitrag über die Schlagephantasien zitierten männlichen Fälle umfassten »eine größere Anzahl von Personen, die als richtige Masochisten im Sinne der sexuellen Perversion bezeichnet werden mussten« (Freud, 1919e, S. 217). Zudem gibt es in allen von Freud veröffentlichten Fällen Hinwese auf Suizide, mit Ausnahme der Analyse des »kleinen Hans« (Litman, 1970; siehe auch 8. Kapitel). Die Schwierigkeiten bei der Konzeptualisierung und technischen Handhabung des Masochismus veranlassten Freud, seine Formulierungen wiederholt zu überarbeiten und schließlich grundlegende Veränderungen an der psychoanalytischen Metapsychologie vorzunehmen.

Seit Freud ist eine Fülle an Literatur zu den theoretischen und klinischen Problemen des Masochismus erschienen. Gute Zusammenfassungen der klassischen Sichtweise bieten Fenichel (1945), Loewenstein (1957), Bieber (1966) und Ferber (1975). Maleson (1984) schreibt, der Begriff »Masochismus« habe »eine verwirrende Bandbreite an Bedeutungen« (S. 325) angenommen und sei in seiner Anwendung wenig präzise. Freud führte den Masochismus grundsätzlich auf einen erotogenen Masochismus zurück. Die Verbindung zwischen sexuellem und moralischem Masochismus wird durch die Schlagephantasie hergestellt; die Moral repräsentiert für den Masochisten einen unbewussten, erneut sexualisierten Wunsch, vom Vater geschlagen zu werden. Auf diese Art und Weise wird »der Ödipuskomplex neu belebt, eine Regression von der Moral zum Ödipuskomplex angebahnt« (Freud, 1924c, S. 382). Somit betonte Freud noch einmal seine frühere These, dass in der Schlagephantasie »das Wesen des Masochismus« Ausdruck finde (1919e, S. 209).

Wenn Freuds Aussage zutrifft, so sollte eine detaillierte Untersuchung der Schlagephantasien auch zu einem umfassenderen Verständnis der komplexen Phänomene des Masochismus führen. In »Das ökonomische Problem des Masochismus« stellte Freud (1924c) den genetischen Gesichtspunkt dar; Loewenstein (1957) verwendete eine entwicklungspsychologische Perspektive, und auch wir werden Schlagephantasien unter dem entwicklungspsychologischen Blickwinkel untersuchen, um eine Entwicklungslinie des Masochismus herauszuarbeiten.

Ein wichtiges Ergebnis unserer Studie über Schlagephantasien bei Kindern war die Erkenntnis, dass es zwei Arten von Schlagephantasien gibt – eine normale transitorische sowie eine *fixierte Phantasie.* Wie im 1. Kapitel beschrieben, trat die transitorische Phantasie häufiger bei Mädchen auf; sie wurde gewöhnlich spontan modifiziert oder konnte durch Deutung leicht aufgelöst werden. Die fixierte Phantasie hingegen wurde zum permanenten Fokus des psychosexuellen Lebens des Kindes und erwies sich Deutungen gegenüber häufig jahrelang resistent. In diesem Kapitel soll die Entwicklung der fixierten Schlagephantasie als Modell dienen, mit dessen Hilfe wir Aspekte einer Entwicklungslinie des Masochismus erörtern werden.

Als Bezugsrahmen dienen uns die Daten aus den Behandlungen von elf Kindern mit Schlagephantasien. Berücksichtigt wird zudem Material aus der Beobachtung von Säuglingen und Kleinkindern sowie aus der Psychoanalyse von Kindern, Adoleszenten und Erwachsenen. Wir beschreiben die Epigenese des Masochismus als *Anpassung* an ein gestörtes Umfeld, als *Abwehr* gegen Aggression und als *Modus der Triebbefriedigung*. Darüber hinaus zeigen wir, dass der Masochismus nicht nur überdeterminiert ist, sondern weiteren Ich-Funktionen dient.

## Erste Lebensjahre

In der Literatur über den Masochismus finden sich zahlreiche Kontroversen. Eine wichtige Frage betrifft die Genese des Masochismus in der präödipalen oder aber ödipalen Phase. Im 1. Kapitel haben wir Material aus Kinderanalysen sowie aus Beobachtungen beschrieben, das zeigte, dass organisierte Schlagephantasien erst postödipal gebildet werden, ihre Determinanten aber auf frühere Entwicklungsstufen zurückverfolgt werden konnten. Der Schlagewunsch, die sadistische Theorie des Geschlechtsverkehrs und die phallischen Schlagespiele konnten in dieser oder jener Form bei allen Kleinkindern beobachtet werden. Die transitorische Schlagephantasie, die bei einigen Mädchen beobachtet wurde, trat postödipal auf und repräsentierte, wie Freud es beschrieb, sowohl regressive ödipale Wünsche als auch die entsprechende Bestrafung. In jedem Fall entsprach die Dynamik der klassischen Formulierung ödipaler Konflikte, die zu einer Regression auf anale Fixierungen rund um Aggression und zum Schlagewunsch führten.

Im Gegensatz dazu leiteten sich die präödipalen Determinanten masochistischen Verhaltens bei den Kindern mit fixierter Schlagephantasie aus Störungen in den ersten Lebensmonaten her.

*Mark nahm seine Analyse im Alter von achteinhalb Jahren auf; später stellte sich heraus, dass er eine fixierte Schlagephantasie hatte. Mark war das zweite von zwei Kindern. Seine Mutter berichtete, dass sie während der Schwangerschaft »wie besessen« gewesen sei von der Sorge über die mögliche Eifersucht des älteren Kindes. Ihre Befürchtungen verstärkten sich nach Marks Geburt derart, dass sie sich gezwungen sah, jegliche Beschäftigung mit Mark einschließlich des Stillens augenblicklich zu unterbrechen, sobald sie an ihr erstgeborenes Kind dachte. Sie beschrieb Marks erstes Lebensjahr als extrem unglücklich; das Stillen verlief sehr unbefriedigend, und Mark war ein quengeliges Baby, das immerzu schrie. Ebenso wie andere Mütter des Samples beschrieb sie sich als depressiv und zutiefst von ihren Sorgen in Anspruch genommen. Sie sei unfähig gewesen, sich über ihr Baby zu freuen.*

Die lust- und freudlose frühe Mutter-Kind-Dyade war für das gesamte Sample mit fixierter Schlagephantasie typisch. Dieses Charakteristikum wiesen auch alle weiteren Fälle mit masochistischer Pathologie auf, die wir später untersuchten und über die Daten aus der frühen sozialen Entwicklung zur Verfügung standen.

Dies steht in einem krassen Gegensatz zu der Vergangenheit von Kindern, bei denen die Schlagephantasie nur vorübergehend auftrat. Obwohl auch in dieser Gruppe über verschiedenartige pathologische Interaktionen während der frühen Lebensphase des Kindes berichtet wurde, fanden beide Partner der Mutter-Kind-Dyade dennoch Freude und Lust aneinander.

*Emmas Mutter schilderte zum Beispiel, dass sie ihrem drei Wochen alten Säugling bereits festere Nahrung gegeben habe; an diesem Muster verfrühter Anforderungen hielt sie während Emmas gesamter früher Kindheit fest. Die frühreifen, positiven Reaktionen des Mädchens vermittelten der Mutter jedoch eine starke Befriedigung, die sie dem Kind in Form von liebevoller Anerkennung und Freude zurückgab. Abkömmlinge dieser für beide Partner lustvollen Interaktion mögen als eine Komponente in die Übertragungsbeziehung eingeflossen sein, als Emma im Alter von vier Jahren in Analyse kam und sich auf eine lustvolle Zusammenarbeit einließ.*

Auch wenn bei der direkten Zurückführung späterer Manifestationen auf Erfahrungen in frühester Kindheit extreme Vorsicht geboten ist, ist es doch wichtig festzuhalten, dass die Therapeuten aller Kinder mit fixierter Schlagephantasie übereinstimmend berichteten, die Behandlungen seien über lange Zeiträume hin mühsam, freudlos und unbefriedigend gewesen.

Störungen in der Lustökonomie zwischen Mutter und Säugling traten in der Vorgeschichte aller Kinder mit fixierter Schlagephantasie auf und wiederholten sich auf spezifischere Art und Weise in der Übertragungsbeziehung während der Analyse. Das klinische Material legt nahe, dass die Verbindungen zwischen der Erfahrung fehlender Lust oder der Unlusterfahrung und den altersangemessenen Entwicklungsbedürfnissen des Säuglings/Kleinkinds bereits sehr früh im Leben geknüpft wurden. In der Übertragungsbeziehung erwachsener Patienten aber ist es aufgrund der vielfältigen Transformationen, die sich im Laufe der Entwicklung bis ins Erwachsenenalter hinein vollziehen, wesentlich schwieriger, die abweichenden Entwicklungen aufzudecken, die in der frühen Kindheit stattgefundenen haben.

*Frau S., eine hochgewachsene, attraktive, geschiedene Frau, kam in Analyse, weil sie die Trauer um ihren verstorbenen Vater nicht bewältigte. Auch wenn sie sehr erfolgreich wirkte, erschien es ihr zunehmend schwierig, die Anforderungen ihres Berufes mit den Bedürfnissen ihrer drei Kinder und ihrem eigenen sozialen Leben in Einklang zu bringen. Bereits früh in der Analyse beschrieb Frau S. eine Schlagephantasie, die sie einsetzte, um zum Orgasmus zu kommen. In dieser Phantasie stellte sie sich ihren Vater vor, der ihr sagte, sie sei böse, sie übers Knie legte und schlug. Erst kurz vor dem Orgasmus wurde ihr die Phantasie bewusst; danach pflegte sie sie wieder zu vergessen. In der Behandlung trat die Phantasie im Zusammenhang mit einer sexualisierten Lust an der gemeinsamen analytischen Arbeit zutage, die von Schmerzen im Gesäßbereich begleitet wurde. Nach der Deutung, die Schmerzen seien offenbar die Voraussetzung dafür, dass sie Lust erleben könne, erinnerte sich Frau S. an ihre Schlagephantasie und erkannte, dass sie diese »schon immer« gehabt hatte.*

*Das nachfolgende Material drehte sich um ihre überstimulierende Beziehung zu ihrem Vater und ihre ungelösten ödipalen Konflikte und neurotischen Kompromisse. Nachdem diese in der Übertragung durchgearbeitet worden waren, konnte sie ihre Trauer um den Vater bewältigen. Als ihre Symptome nach zweijähriger Analyse nachgelassen hatten und Frau S. in allen Bereichen gut funktionierte, wollte sie ihre Behandlung beenden. Trotz der zahlreichen positiven Veränderungen war der Analytiker anderer Meinung, da die Schlagephantasie weiterhin eine zentrale Rolle in Frau S.' Sexualleben spielte. Mit aller Kraft hatte sie sich jedem Versuch widersetzt, analytisches Material mit ihrer Beziehung zu ihrer Mutter in Verbindung zu bringen, insbesondere in der Übertragung.*

*Im Laufe ihrer Analyse hatte Frau S. deutlich zugenommen. Der Analytiker interpretierte dies als Selbstfütterung zur Abwehr ihrer Wünsche und Ängste, die mit einem erneuten Durchleben der mütterlichen Beziehung in der Übertragung zusammenhingen. Frau S. reagierte darauf, indem sie Geschichten aus ihrer Kindheit erzählte, die sie bislang für »unwichtig« gehalten hatte. Ihre Mutter hatte ihr gesagt, sie sei von Geburt an ein »schlechter Esser« gewesen, habe Schwierigkei-*

*ten beim Trinken gehabt und in den ersten vier Lebensmonaten nicht zugenommen. Die Geschichte ihrer Gedeihstörung wiederholte sich später, als Frau S. selbst Mutter wurde. Sie empfand die Beziehung zu ihrer eigenen kleinen Tochter als unbefriedigend und angespannt, und nach vier Monaten wurde bei dem Kind ebenfalls eine Gedeihstörung diagnostiziert. Die Bearbeitung dieses Materials, das sie zuvor nicht zur Sprache gebracht hatte, wirkte auf die Analyse belebend. Nun tauchten in der Übertragung die Schicksale ihrer frühen, quälenden Beziehung zur Mutter auf und konnten als die erste Schicht in der Bildung masochistischer Beziehungen verstanden werden.*

Die Rekonstruktion der frühen Mutter-Kind-Beziehung auf der Grundlage von Analysematerial kann von bestätigen Daten immer profitieren. Deshalb soll an dieser Stelle Material aus der Säuglingsbeobachtung untersucht werden, das mit Lust- und Schmerzerfahrungen im Säuglings- und Kleinkindalter zusammenhängt. Schon sehr früh im Leben kann ein Kind andere Menschen durch ein breites Spektrum an Wahrnehmungsmodalitäten unterscheiden. Teil dieser Fähigkeiten ist die Unterscheidung zwischen Selbst und Nicht-Selbst an der Körpergrenze der Haut. Sie erfolgt an dem Punkt, an dem sich die Haut der Mutter und die des Kindes berühren und als getrennte, aneinandergrenzende Wesenheiten gefühlt werden. Unter normalen Bedingungen findet die Stimulierung von Kleinkindern über zahlreiche Kanäle statt; in einer gestörten Mutter-Kind-Beziehung aber wird die Anzahl der in Frage kommenden Kanäle reduziert. Ein Kanal, der übrig bleiben kann, ist der Hautkontakt, weil er anders als zum Beispiel der Augenkontakt, das Sprechen oder Lächeln nicht von einer psychischen oder emotionalen Synchronizität abhängt.

Wir haben die Entwicklung zweier Babys verfolgt, die später an Haarrupfsucht [Trichotillomanie] erkrankten. Die Entwicklung dieses schmerzsuchenden Symptoms stellt offenbar eine Anpassung an eine gestörte Mutter-Kind-Beziehung dar. Beide Kinder hatte Mütter, die selbst noch Jugendliche waren und keinen Partner hatten; bei beiden wurde im Alter von vier Monaten eine Gedeihstörung diagnostiziert. In dieser Phase litten ihre Mütter unter einer vorübergehenden Depression, in deren Verlauf sie sich von ihrem Baby zurükkzogen. Obwohl die Ätiologie der Gedeihstörung kompliziert und vielschichtig ist, geben detaillierte Beobachtungen, Filme und Interviews gleichwohl auch eindeutige Faktoren zu erkennen.[1]

---

1 Diese Fälle wurden aus einer laufenden Studie über adoleszente Mütter und ihre Babys ausgewählt. Dank schulden wir den weiteren Mitgliedern des Forscherteams, B. Kay und Linn Campbell, Connie Silver und Donald Silver. Die hier vertretene Sichtweise stellt die der Autoren und nicht notwendigerweise die des gesamten Forscherteams dar.

*In Filmen, die die vier Monate alte Nicole während des Fütterns zeigten, versuchte das Baby, die Mutter zwischen den Bissen zu sozialen Interaktionen zu bewegen. Nach jedem Biss schabte ihr die Mutter das Lächeln buchstäblich mit dem Löffel vom Gesicht, bis Nicole schließlich nach dem sechsten Bissen die Stirn runzelte. Dies ist ein gutes Beispiel für eine Interaktion, die Tronick und Gianino (1986) als Unfähigkeit bezeichnet haben, die Fehlabstimmung zwischen Mutter und Kind zu korrigieren. Unsere Beobachtungen zeigten auch den nächsten Schritt, in dem die Mutter ihre Versagensgefühle auf das Baby projizierte: Sie machte deutlich, dass sie Nicole als unfreundlich empfand. Schon bald erkrankte die Mutter an einer Depression, und bei Nicole wurde eine Gedeihstörung diagnostiziert.*

*Durch die Intervention seitens der Mitarbeiter der Einrichtung, in der Mutter und Kind lebten, konnte die Störung beim Füttern schließlich behoben werden, und Nicole nahm zu. Die Auswirkungen der erlebten Asynchronizität aber ließen sich weiterhin beobachten. Tronick und Gianino haben festgestellt, dass Babys depressiver Mütter ihre Beschäftigung mit Menschen und Gegenständen vermindern und vermehrt Copingstrategien zur Aufrechterhaltung der Selbstregulierung einsetzen. Das Kind verzichtet darauf, seinen Zustand der Mutter zu signalisieren, und verlässt sich auf die Selbsttröstung durch Schaukelbewegungen, Rückzug oder Aversion. Nicole begann, sich Haare auszurupfen, zog an den Haaren und zwirbelte sie zwischen den Fingern, bis sie abbrachen – genau an der Stelle ihres Hinterkopfes, mit der sie in der Armbeuge der Mutter lag, dem einzigen verbliebenen Kontaktpunkt zur Mutter. Viele Monate lang war diese Stelle fast kahl; noch im Alter von zweieinhalb Jahren hatte Nicole dort merklich kürzeres und zerrupftes Haar. Dieses Symptom blieb bestehen, obwohl Mutter und Kind insgesamt ausgezeichnete Fortschritte machten, und trat in bestimmten Situationen auf, zum Beispiel wenn die Kindergärtnerin nicht auf eine Frage einging, die Nicole an sie gerichtet hatte.*

Die Trichotillomanie, die Nicole und das andere Baby entwickelten, ist ein Beispiel für die Schmerzsuche als Anpassung an eine krankhafte Situation, ein Versuch, den Rückzug der Besetzung durch die Mutter zu kompensieren. Bei Nicole ist das Bedürfnis nach dem Objekt stärker als das Streben nach Lust. Die Kinder mit Schlagephantasien oder die Kinder mit Trichotillomanie erleben Sicherheit bei einem Objekt, das Schmerz statt Lust hervorruft. Es sind Mütter, die aus unterschiedlichsten Gründen den Bedürfnissen ihrer Kinder keine Aufmerksamkeit widmen können.

Bei den von uns beobachteten Kindern mit Schlagephantasien überwog die Anzahl der Mütter, die unfähig waren, die Hilflosigkeit, Bedürftigkeit und Wut des Kindes zu absorbieren (Orgel, 1974) oder zu containen. Statt dessen gaben sie dem Kind die Schuld und externalisierten ihre eigenen infantilen Affektzustände. Tronick und Gianino vertreten die Ansicht, dass die erfolgreiche gemeinsame Behebung der Fehlabstimmung zwischen Mutter und Kind von diesem als Effektanz, Selbstwirksamkeit, erlebt wird. Möglicherweise handelt es sich um die gleiche Erfahrung, die Winnicott (1953) und andere Autoren als die normale Omnipotenzphase des Kindes beschrieben haben. Winnicott war der Auffassung, dass ein Kind seine normale Omnipotenz lang genug müsse erleben können, bevor es auf sie verzichten kann. Möglicherweise wurde die Phase der normalen Omnipotenz bei den Kindern mit Schlagephantasien durch lange Phasen des Unbehagens und ausbleibender Befriedigung im Säuglings- und Kleinkindalter beeinträchtigt. Diese Kinder wurden sich ihrer Abhängigkeit von ihren Müttern und ihrer Unfähigkeit, irgendeine Kontrolle über den sozialen Bereich auszuüben, allzu früh bewusst. Um sich diesem Dilemma anzupassen, flüchteten sie sich in pathologische Lösungen; so verhielt es sich bei dem elf Monate alten Baby, das Loewenstein (1957) beschrieben hat, um das »protomasochistische« Manöver der »Verführung des Angreifers« zu illustrieren.

Die Art der Intervention in der Mutter-Kind-Therapie, die von Brinich (1984) beschrieben und von Peter Blos (1985) in seiner Diskussion der intergenerationellen Pathologie erläutert wurde, könnte dies Muster korrigieren. In unserem Sample aber stellte sich heraus, dass die Mütter solche Schwierigkeiten in Bezug auf Aktivität, Abhängigkeitsbedürfnisse und Gefühle der Hilflosigkeit hatten, dass sie diese zu lösen versuchten, indem sie diese verhassten, entwerteten Selbstanteile auf ihre Kinder externalisierten. Abels Mutter war kalt und reizbar und zog sich emotional von ihrem weinenden Baby zurück, das in ihren Augen ein erbärmlich hilfloses Kind war. Erics Mutter verleugnete ihre eigenen Kastrationsgefühle und ihre Passivität, indem sie diese Aspekte ihrer Selbstrepräsentanz auf all ihre männlichen Objekte externalisierte. Infolgedessen waren ihr Ehemann und ihr Baby Eric für sie beschädigte, aussichtslose und wertlose Personen.

Statt in einer Beziehung, die auf der sensiblen, wechselseitigen Reparatur unvermeidbarer Fehlabstimmungen beruht, wuchsen die Kleinkinder, die später eine masochistische Pathologie entwickelten, in einem durch quälende Externalisierungen geprägten Milieu heran. Wir können vermuten, dass die Externalisierung von Schuld, Unfähigkeit und entwerteten Selbstanteilen auf das Kind als wesentlicher und früher Beziehungsmodus diente und möglicherweise zur Basis der »Grundstörung« wurde (Balint, 1968), die zur Entwicklung masochistischer Strukturen führte. Unserer Ansicht nach ist die erste Schicht des Masochismus in der frühen Kindheit zu suchen, genauer: in der kindlichen Anpassung an eine Situation, in der Sicherheit nur einer quälenden

Beziehung zur Mutter zu finden ist. Auch Glenn (1984) stellte fest, dass der Masochismus seines Patienten in der Beziehung zu einem »mit Schmerz assoziierten Elternteil« wurzelte (S. 72). Valensteins (1973) Beschreibung von »Individuen, deren Bindung an Schmerz eine ursprüngliche Bindung an Objekte zu erkennen gibt, die als quälend erlebt wurden« (S. 389), trifft auch auf die Patienten unserer im Jahre 1972 vorgenommenen Studie zu (vgl. 1. Kapitel) sowie auf die Patienten, die wir später behandelt haben. Ihre Schlagephantasien verkapselten und perpetuierten die schmerzhafte Objektbeziehung nicht nur lebensgeschichtlich, sondern auch in ihrem Sich-Festhalten am Unglücklichsein in sämtlichen Phasen der Behandlung.

*Mark, dessen frühe Geschichte bereits geschildert wurde, war typisch für diese Gruppe von Kindern mit fixierten Schlagephantasien aus unserem Sample von 1972. Seine Schlagephantasie trat vor dem Hintergrund einer schweren Störung auf. Er wurde aufgrund häufiger Wutausbrüche, überwältigender Panikattakken und multipler Ängste überwiesen und weil er sich in der Schule von anderen Kindern schikanieren ließ. Nachdem er seine anfängliche Angst überwunden hatte, gab er eine chaotische Triebentwicklung mit nicht oder kaum ausgeprägter Phasendominanz zu erkennen. Nebeneinander waren Impulse sämtlicher libidinöser Ebenen aktiv: Seine Ängste nahmen häufig orale Form an, indem er fürchtete, vergiftet oder gefressen zu werden. So behauptete er: »Beim Geschlechtsverkehr frisst die Frau den Mann.« Eine anale Sexualität manifestierte sich in seiner erregten Beschäftigung mit Fäzes und Gesäß und dem Bohren in der Nase. Ebenso wie die anderen Kinder des Samples besaß Mark eine überdurchschnittliche Intelligenz und funktionierte in der Schule angemessen. In der Behandlung stellte sich jedoch schnell heraus, dass seine Realitätswahrnehmung in Bezug auf Selbst- und Objektrepräsentanzen verzerrt war. Mark, ein schlanker Junge mit einer molligen Therapeutin, klagte darüber, zu dick zu sein. Seine Gefühle über sich selbst schwankten zwischen grandiosen Allmachtsphantasien und dem Gefühl völliger Wertlosigkeit.*

*Ebenso wie bei den anderen Kindern der Studie waren die ersten beiden Jahre von Marks Behandlung durch eine unmittelbare Abfuhr von Wünschen in Form von Aktionen gekennzeichnet. Seine Analytikerin sagte: »Sein Verhalten war wild und unkontrolliert, und es gab immer wieder lange Phasen, in denen ich keinen Kontakt zu ihm fand. Er kam zum Beispiel mit einer Spielzeugpistole ins Zimmer gerannt und schrie: ›Okay, ich leg dich um!‹, und feuerte die Kügelchen auf mich ab. Oder er lag auf dem Tisch, spielte mit der Zunge an dem Rotz, der ihm aus der Nase lief, und erzählte mir, er habe keine Freunde. Im nächsten Moment aber brüllte er mich an: ›Du fettes Schwein, dafür wirst du sterben!‹« Als Worte zunehmend besser mit Gefühlen verbunden werden konnten und das Spektrum der Affekte sich erweiterte und auch Lust und Freude umfasste, sagte Mark: »Wenn ich mich gut fühle, fühle ich mich ganz allein; wenn ich mich schlecht fühle, bin ich mit meiner Mutter zusammen.«*

Das Bedürfnis nach Schmerz scheint zum Kern der Persönlichkeit dieser Patienten zu gehören. Es taucht – ob infolge des Umfeldes oder aufgrund konstitutioneller Faktoren, wie manche Autoren vermuten (Olinick, 1964) – bereits früh im Leben auf, bleibt während der gesamten Entwicklung bestehen und macht sich selbst in der Endphase der Analyse noch bemerkbar.

Mary wurde im Alter von achtzehn Jahren nach einem Selbstmordversuch überwiesen. Wir werden ihr in diesem Buch immer wieder begegnen, da bestimmte Aspekte ihrer Entwicklung, ihrer Pathologie und ihrer Therapie unser Verständnis der Arbeit mit sadomasochistischen Problemen unschätzbar bereichert haben. Verschiedene Phasen ihrer Biographie und Teile des analytischen Material sind für die in den einzelnen Kapiteln behandelten Themen relevant; bisweilen ist es auch aufschlussreich, Materialausschnitte unter mehreren verschiedenen Blickwinkeln zu betrachten, aber wir haben uns bemüht, allzu starke Redundanzen zu vermeiden.

*Gegen Ende des ersten Analysejahres beschrieb Marys Analytiker die Patientin als völlig abhängig von ihrer Mutter. Mary verbrachte die Wochenenden und die Abende in ihrem Zimmer und nahm still ihre Mahlzeiten ein. Wenn sie nicht lernte, bestand ihre einzige Aktivität darin, die Möbel in ihrem Zimmer umzustellen oder Stunden mit der Entscheidung zu verbringen, auf welcher Seite ihres Schreibtisches ihre Stifte liegen sollten. Sie war physisch gehemmt und sah wie ein vorpubertärer Junge aus. In jener Phase war die Hauptsorge, dass sie psychotisch werden oder sich das Leben nehmen könnte.*

*Nach sechsjähriger Analyse hatte Mary einen hervorragenden Universitätsabschluss und ein volles Stipendium für ein Aufbaustudium erhalten, in dem sie ebenso hervorragende Arbeit leistete. Sie sah sehr weiblich aus, war ausgesprochen attraktiv, hatte viele Freunde und eine langjährige Beziehung zu einem jungen Mann, der sehr gut zu ihr passte. Sie wollten in eine gemeinsame Wohnung ziehen und planten zu heiraten. Immer wieder hatte sie sich mit ihren Eltern auseinandergesetzt und es schließlich geschafft, dass sich ihre Beziehung veränderte – zum Wohle aller Beteiligter. Die Situation sah also an allen Fronten gut aus, und das Ende der Analyse war in Sicht. Es gab nur noch ein Problem, und dieses äußerte sich in Marys hartnäckiger Schwierigkeit, angenehme Gefühle aufrechtzuerhalten, insbesondere in Gegenwart des Analytikers. Als die Suizidgefahr geringer geworden war, hatte sich gezeigt, dass Marys primäre Pathologie keine Depression war, sondern eine grundlegende, schwere masochistische Störung, in der sowohl ihre Depression als auch ihr suizidales Verhalten aufgingen. Es stellte sich heraus, dass ihr Selbstmordversuch das Ausagieren einer fixierten Schlagephantasie gewesen war. Als die Determinanten von Marys Masochismus durchgearbeitet wurden, konnte sie lustvolle Gefühle über längere Phasen außerhalb der Therapie entwickeln und aufrechterhalten. Sie konnte Stolz und Lust über ihre Fähigkeiten und ihre Kompetenz empfinden und Gefallen an ihrer Attraktivität und ihren sexuellen Aktivitäten finden. Ihre Konflikte um die lustvollen Gefühle konzentrierten sich fast ausschließlich auf die Analyse. Sie fühlte sich wohl, war stolz auf eine Leistung, bis sie zur Tür hereinkam und von einer bedrückten und schlechten Stimmung eingeholt wurde. Mary erklärte ihr Bedürfnis, sich bei ihrem Analytiker schlecht zu fühlen, mit den Worten: »Wenn ich glücklich bin, habe ich das Gefühl, nicht bei Ihnen zu sein«, oder: »Unglücklich zu sein bedeutet, wie Sie zu sein, bei Ihnen zu sein, still und depressiv dazusitzen, und die ganze Welt ist hier in diesem Zimmer«, »Ich erzähle Ihnen von etwas Lustigem, was in der Uni passiert ist, und denke: ›Oh, Sie hätten dabei sein sollen!‹ Und dann wird mir klar, dass Sie nicht da waren, und ich werde traurig und fühle mich allein«; »Manchmal habe ich das Gefühl, dass ich meine beste Zeit nach dem Selbstmordversuch hatte. Alle waren bei mir, liebten mich und hatten Mitleid mit mir.«*

In diesem Kapitel werden wir untersuchen, wie die kindliche Beschäftigung mit dem Schmerz im Laufe der Entwicklung transformiert wird. Was wir aber auf der frühesten Ebene beschreiben, ist eine gelernte Assoziation. Das klinische Material unserer masochistischen Patienten bestätigt die Auffassung, zu der Stern ([1985] 1992) durch die Säuglingsbeobachtung gelangte: »Die reale Gestalt der interpersonalen Realität, gekennzeichnet durch interpersonale Invarianten, bestimmt den Entwicklungsverlauf mit. Die Bewältigungsfähigkeiten entwickeln sich in Form realitätsbezogener Anpassungen« (S. 355). Wie Mary es formulierte: »Mich schlecht zu fühlen ist etwas, das ich kenne; es ist sicher, es ist der Geruch von Zuhause.«

Tronick und Gianino (1986) demonstrierten die Stabilität der frühkindlichen Coping-Stile, und Escalona (1968) zeigte, dass tendenziell eher das fehlangepasste kindliche Verhalten überdauert. Die Assoziation von Mutter und Unlust führt daher zum frühen Erwerb eines autoplastischen – statt alloplastischen – Modus, innere und äußere Reize zu bewältigen. Auf diese Weise entsteht ein Muster der Abfuhr durch das Selbst, das Auswirkungen auf alle weiteren Entwicklungsphasen haben wird.

## KLEINKINDALTER

Unter dem Blickwinkel der masochistischen Pathologie spielt das Kleinkindalter eine entscheidende Rolle für die Determinierung der Qualität aggressiver Impulse und die Fixierung des Musters, nach dem sie bewältigt werden. Die normalen Entwicklungsaufgaben, Aktivitäten und Wünsche des Kleinkindes geben Gelegenheit, konstruktive Abwehrmechanismen und ein gesundes Selbstgefühl zu entwickeln, Effektanzgefühle, Freude und Sicherheit, liebevolle Beziehungen zu konstanten Objekten und eine beträchtliche Erweiterung der Ich-Kontrolle über Motilität und Kognition. All diese Entwicklungserrungenschaften sind von einer angemessenen Triebmischung abhängig. In der Literatur zum Masochismus, selbst in Freuds Schriften, werden die Begriffe der Fusion, der Libidinisierung und der Bindung häufig austauschbar verwendet. Wir halten es jedoch für wichtig, zwischen ihnen zu unterscheiden: die Triebfusion verweist auf eine Transformation beider Triebe durch eine Mischung, in der die Aggression zu einem gewissen Grad durch die Libido neutralisiert wird, wobei Energie für andere Zwecke, etwa die Abwehrbildung oder Sublimierung, frei wird. Die Libidinisierung geht mit der Entwicklung einer masochistischen Pathologie einher, wenn aggressive Impulse oder Schmerzerfahrungen sexualisiert werden; beide Triebe werden nicht transformiert. Die Bindung ist die strukturelle Hemmung der direkten Abfuhr. Ein auffälliges Merkmal aller Kinder mit einer fixierten Schlagephantasie war das Ausmaß ihres primitiven aggressiven Verhaltens, das offenbar nicht mit libidinösen Anteilen vermischt war.

*Während des gesamten ersten Jahres seiner Analyse warf Mark die Spielsachen durchs Zimmer, schmiss sie die Treppe hinunter oder aus dem Fenster. Er schrieb an die Wände, versuchte die Ablageschränke und Schließfächer gewaltsam zu öffnen und das ganze Zimmer zu verwüsten. Sein unkontrolliertes Verhalten veranlasste die Therapeutin, ihn zurückzuhalten, woraufhin er sich bitter beschwerte, dass sie ihn angreife. Seine psychische Welt schien beherrscht von Phantasien über Angriffe und Gegenangriffe, denn er füllte die Sitzungen mit seinen Klagen über Lehrern, Altersgenossen, seine Bruder und seine Eltern, die angeblich allesamt auf ihm herumgehackten.*

*Mary wechselte zwischen einem leeren Schweigen und überwältigender, omnipotenter Wut. Ihre Phantasien waren primärprozeßhaft organisiert, und in ihren Träumen dominierten Bilder unkontrollierter, explosiver Zerstörung. Das zentrale Bild in einem Traum war etwa, dass immer wieder auf einen Mann eingestochen wurde, bis von ihm nur noch eine amorphe Masse aus Fleisch und Blut übrig war. In einem späteren Traum wurde in einem mit Babys gefüllten Raum herum geschossen, bis alles nur noch Schmutz und Dreck war. Als Mary später zu diesen Träumen assoziieren konnte, war ein wiederkehrendes latentes Thema ihre anale Aggressivität, mit der sie ihre Mutter zerstören würde, die in der Realität ungemein viel Zeit mit der gründlichen Reinigung der Badezimmer verbracht hatte.*

Wie bereits Furman (1985) betonte, schützt die Mutter als Hilfs-Ich das Kind vor übermäßiger libidinöser und aggressiver Stimulation. Unsere Daten bestätigen die Erkenntnisse anderer Autoren (Brinich, 1984; Orgel, 1974; Rubinfine, 1965), dass Mütter von Masochisten scheinbar weniger als üblich in der Lage sind, die Aggression ihrer Kinder zu containen und so eine Triebmischung zu fördern. Das Resultat ist eine ungemischte, primitive, allmächtige Aggression des Kindes. Statt die kindlichen Impulse und Ängste mit Hilfe ihrer eigenen libidinösen Besetzung zu containen und zu modifizieren, intensivierten die Mütter unseres Samples die kindliche Aggression durch ihre körperliche Aufdringlichkeit, durch die Einschränkung normaler Unabhängigkeits- und Autonomiebestrebungen und indem sie lustvolle Spiele des Kindes mit »Schmutz« und seine Erkundungen der Umwelt unterbrachen.

Darüber hinaus lösten die Mütter ihre eigenen Konflikte mit triebhaften Impulsen durch Externalisierung auf die Kinder. Bei Marys Mutter handelte es sich hierbei um einen lebenslangen Prozess, der selbst während Marys Behandlung noch andauerte.

*Marys Mutter bestand zum Beispiel darauf, dass Familienmitglieder und Gäste das Haus stets durch die Hintertür betraten und ihre Schuhe auszogen, damit sie den hellen Teppichboden nicht beschmutzten. Sie putzte ständig und beschuldigte andere, Schmutz und Unordnung zu machen. Mary »vergaß« einmal, ihre Schuhe auszuziehen, und wurde von Schamgefühlen überwältigt, die sie in ihren Assoziationen damit in Verbindung brachte, als Kleinkind eingekotet zu haben. Im Erstgespräch nach Marys Selbstmordversuch lautete die einzige Klage der Mutter, dass sich Mary vier Jahre zuvor einer Gruppe von Mädchen angeschlossen hatte, die ein verlassenes Haus mit Eiern bewarfen. Trotz der Zeit, die seither vergangen war, und der Tatsache, dass ihr Kind fast gestorben war, konzentrierte sich ihre Aufmerksamkeit ganz auf Marys »Vandalismus«, wie sie es nannte. In der Analyse erzählte Mary von ihrem anhaltend schlechten Gefühl wegen des Vorfalls und ihrer Angst, dass die Polizei ihr womöglich doch noch auf die Schliche kommen würde.*

*Die Mutter von Frau S. hatte eine schillernde Vergangenheit mit sexuellen Beziehungen zu Männern, die für ihre eigene Familie nicht akzeptabel waren. Frau S. berichtete, dass sie als Kind offen masturbiert habe. Sie erinnerte sich zwar nicht mehr daran, wie die Mutter damals reagiert hatte, erzählte aber, dass diese ihren Freunden noch in der Gegenwart unter großem Gelächter von Frau S.'s »absolut unkontrollierbarer kindlicher Sexualität« erzählte. Seit ihrer frühen Adoleszenz war Frau S. promiskuitiv und brachte sich selbst in Gefahr, indem sie sich sexuell ausnutzen ließ, was sie der Mutter erzählte. In der Analyse wurde deutlich, dass Frau S.'s sexuelles Verhalten in der Kindheit und im Erwachsenenalter eine Internalisierung der mangelnden mütterlichen Impulskontrolle repräsentierte – mit dem Ergebnis, dass Frau S. sich selbst hasste und Selbstmordgedanken hatte.*

Mary und Frau S. hatten wie die Kinder mit fixierten Schlagephantasien in frühester Kindheit eine Tendenz zur autoplastischen Stressbewältigung entwickelt. Im Kleinkindalter verbindet sich der Einsatz des Selbst bei der Wiederherstellung der Homöostase mit den mütterlichen Externalisierungen; auf diese Weise entsteht der Mechanismus, Aggression gegen das Selbst zu richten.

Alle Kinder unseres Samples versuchten, ihre Aggression zu bewältigen, indem sie jegliches Anzeichen für Feindseligkeit in der Beziehung zur Mutter verleugneten und darum kämpften, das idealisierte Bild einer liebevollen und perfekten Mutter aufrechtzuerhalten. Dies schloss die Verleugnung der mütterlichen Kastration ein, die Bak (1968) als wichtigen Faktor bei Perversionen betrachtet. Die Weigerung, Unvollkommenheiten der Mutter anzuerkennen, war mit einer Omnipotenz des Denkens verbunden, da die Unzulänglichkeiten der Mutter auf die eigene Aggression zurückgeführt wurden.

*Mark hatte das Gefühl, dass ihm sein Penis nicht gehöre; wenn seine Mutter keinen hatte, musste er ihn ihr gestohlen haben. Er empfand sein Defäzieren als gefährlichen aggressiven Akt (ein Resultat seiner eigenen Wünsche und der Haltung seiner Mutter) und bestand darauf, dass seine Mutter so etwas Schreckliches wie Defäzieren niemals tun könne – er war der einzige auf der Welt, der defäzierte, und infolgedessen gab es niemanden, der böser war als er.*

Deutlich wird, dass der defensive Aspekt des zugrunde liegenden Masochismus, der in der Schlagephantasie Ausdruck findet, auf die Unterwerfung des Kindes unter eine bedrohliche Umwelt folgt und sie noch verstärkt. Die anfängliche Akzeptanz der mütterlichen Externalisierungen (schmutzig, abhängig, aggressiv), die den Objektverlust verhindern soll, wird zu einer aktiven Internalisierung, mit deren Hilfe das Kind sein Bild einer liebevollen, schützenden, perfekten Mutter aufrechtzuerhalten versucht, die vor der zerstörerischen Wut seines analen Sadismus sicher ist. Was die Abwehrfunktion betrifft, so kann man den Masochismus als Versuch verstehen, die gegen die Mutter gerichteten destruktiven Wünsche jeder Entwicklungsstufe abzuwehren. Die Mechanismen, die dabei zum Einsatz gelangen, sind die Verleugnung, Verschiebung, Internalisierung und – über die Internalisierung – die Wendung der Aggression gegen den eigenen Körper.

Die Aktivität all dieser Abwehrmechanismen wird in der Gestalt der späteren Schlagephantasie erkennbar. Alle Schlagephantasien enthielten die Aussage: »Ich bin ein böser Junge« – implizit, indem sie Bestrafung einschlossen, oder auch explizit. Mark stellte sich vor, dass seine strenge Tante väterlicherseits ins Zimmer käme; er zöge sich aus und sagte: »Ich bin ein böser Junge«, woraufhin sie ihn schlagen würde. Obwohl das Material der Jungen zeigte, dass sie ihre Mütter als bedrohliche Objekte erlebten, und trotz der Tatsache, dass die Mütter im realen Leben tatsächlich häufig die strafenden Personen waren, schlug in den Phantasien üblicherweise der Vater oder ein Repräsentant des Vaters. Hier wird eine Verschiebung der Aggression von dem bedrohlicheren, aber wichtigeren Primärobjekt auf den Vater erkennbar.

Wenn die Kinder ihre Schlagephantasie schilderten, hielten sie üblicherweise inne, sobald sie berichtet hatten, wie sie geschlagen worden waren. Die weitere Arbeit aber zeigte, dass dies nicht das Ende der Phantasie war, sondern deren eigentliches Ziel darin bestand, das Objekt zu zwingen, die präödipalen, libidinösen und narzisstischen Bedürfnisse des Patienten zu befriedigen – daher das Zögern seitens der Kinder, mehr zu offenbaren. Analysen von Adoleszenten, die einen Selbstmordversuch begangen haben, zeigen, dass die phantasierte Reaktion des Objekts von entscheidender Bedeutung für die Ziele des Selbstmords ist (siehe 8. Kap.). Mary stellte sich vor, nach ihrem Selbstmord umherzuschweben und zu sehen, wie leid es allen tat, wie schuldig sie sich fühlten und wie sie ihre ganze Aufmerksamkeit darauf richteten, all ihre Wünsche zu befriedigen. Die defensiven Bemühungen, die Mutter-Kind-Beziehung von der omnipotenten Aggression durch Verschiebung und Wendung der Aggression gegen das Selbst zu befreien, stellen den kindlichen Beitrag zu dem gemeinsamen Versuch dar, eine »purifizierte Lustdyade« zu erschaffen (siehe 12. Kap.).

Die Mütter der Kinder, die eine Schlagephantasie entwickelten, waren durch ihre Externalisierungen psychisch intrusiv. Da sie den Körper ihres Kindes zur aktiven Befriedigung der eigenen Bedürfnisse bis in die Vorpubertät oder in die Adoleszenz hinein überbesetzten, waren sie auch physisch intrusiv. Anna Freud (1960) hat beschrieben, dass die Störung der Mutter stärkere Auswirkungen auf das Kind hat, wenn die Pathologie in der Phantasie nicht contained werden kann, sondern agiert wird.

*Eine Mutter untersuchte den Anus und die Ausscheidungen ihres Kindes ständig auf Anzeichen für Würmer. Marks Mutter wischte ihm den Po ab, bis er elf Jahre alt war; sie hörte erst damit auf, als Mark nach dreijähriger analytischer Arbeit fähig war, ihr das Eindringen ins Bad zu verwehren.*

*Mary zeigte in ihrer Analyse gelegentlich eine kognitive Unsicherheit, die in krassem Gegensatz zu ihrer hohen Intelligenz stand. Die Bearbeitung dieser Zustände ermöglichte es ihr, sich an eine Stimme zu erinnern, die sie fragte: »Bist du sicher?«. Dieser Satz wurde zu einem Signal ihrer symptomatischen Unsicherheit auf vielen Ebenen. Spezifische Assoziationen führten jedoch zu einer Rekonstruktion der mütterlichen Handhabung ihrer Sauberkeitserziehung, die auf eine für Mary schockierende Weise bestätigt wurde, als sie erlebte, wie die Mutter ihre kleine Enkelin ständig fragte, ob sie zur Toilette müsse. Wenn das Kind verneinte, fragte Marys Mutter: »Bist Du sicher?«, woraufhin sie schnell in die Windel der Enkelin schaute und zu Mary bemerkte: »Du musst Dich vergewissern.«*

In der normalen Entwicklung geht die Selbstrepräsentanz aus der Körperrepräsentanz hervor und enthält diese in sich. Diese Integration beginnt mit der Erfahrung der Lust am eigenem Körper, der von einem liebevollen Objekt umsorgt wird. Kinder mit Schlagephantasien haben keine Integration von Körper und Selbst erlangt. Sie erlebten ihren Körper so, als sei er von der Mutter in Besitz genommen und ihrer Kontrolle unterworfen worden. Infolgedessen wurde die präödipale omnipotente, gegen die Mutter gerichtete Aggression abgewehrt und durch Angriffe auf den eigenen Körper ausgedrückt.

*Frau S. schämte sich wegen ihrer Brüste und hatte eine solche Abneigung gegen diesen Körperteil, dass sie ihre Kinder nicht stillen konnte. Als dies in der Analyse untersucht wurde, schien es keine reale Grundlage für ihre negativen Gefühle zu geben, da die Entwicklung ihrer Brust in jeder Hinsicht normal verlaufen war. In einer späteren Analysephase trat in Träumen und Assoziationen Frau S.s Gefühl zutage, dass ihre Brüste nicht ihr selbst gehörten. Der fehlende Stolz auf ihren eigenen Körper und ihre Unfähigkeit, ihre Kinder zu stillen, war ihre Möglichkeit, ihre Wut und Enttäuschung über die Unfähigkeit ihrer eigenen Mutter, sie zu stillen, auszudrücken.*

Autoaggressives Verhalten im Säuglingsalter, wie es von Cain (1961) berichtet wurde, sowie unsere Studie über Selbstmordfälle bestätigen diese Erkenntnis (siehe 8. Kap.).

Eine weitere Folge des intrusiven Interaktionsmodus ist die kindliche Überbesetzung des rezeptiven Modus. Dies berührt ein wesentliches theoretisches Problem – das Verhältnis von Masochismus und Passivität. Maleson

(1984) bemerkt dazu, dass viele Analytiker Masochismus und Passivität weiterhin gleichsetzten, wie es ursprünglich auch Freud tat. Eine Unterscheidung zwischen Passivität und Rezeptivität könnte sich als hilfreich erweisen. Aus unserer Sicht stellt die Passivität eine Qualität des Ichs dar, die in ihren extremen pathologischen Manifestationen mit dem Erleben einer unaufmerksamen Bezugsperson verbunden ist. Ein Jugendlicher, der seit frühester Kindheit unter der elterlichen Unfähigkeit, seinen Bedürfnissen und Gefühlen über längere Zeit Aufmerksamkeit zu widmen, gelitten hatte, wies keine Symptome einer masochistischen Pathologie auf, wohl aber eine extreme Passivität in sämtlichen Lebensbereichen. Masochisten sind in höchstem Maße rezeptiv und bereit, jeden Reiz der Außenwelt aufzunehmen – von subtilsten Veränderungen der mütterlichen Stimmung bis hin zu dem, was ein homosexueller Patient als seinen Wunsch nach einem »Faust-Fick« beschrieb. Masochisten sind in ihrem Streben nach Schmerz und Versagen sehr aktiv, unter anderem deshalb, weil sie die rezeptive Beziehung zu einem intrusiven Objekt aufrechtzuerhalten versuchen. Mary zum Beispiel ertrug die spöttischen Bemerkungen darüber, dass sie ihre Haare so kurz wie ein Schuljunge trug, noch mit neunzehn Jahren. Erst nach mehrjähriger Analyse offenbarte sie, dass ihre Mutter ihr die Haare schnitt.

Wir haben erläutert, wie die Aggression des Kleinkindes verstärkt wird, wenn Triebmischung und Integration in der Mutter-Kind-Beziehung nicht gefördert werden. Darüber hinaus werden die normalen Impulse in Richtung Getrenntheit und Unabhängigkeit, die gegen Ende der analen Phase auftreten, sowohl von der Mutter als auch vom Kind als Aggression erlebt. Der Kampf um Autonomie findet zunächst im Bereich der körperlichen Aktivität statt – die Mütter der Kinder aus unserer Gruppe bekämpften jede Unabhängigkeit des Kindes und reagierten auf normale Selbstbehauptung wie auf einen Angriff. Diese Kinder verloren den Kampf um Autonomie und fühlten, dass ihre Mütter sie lediglich als hilflose, anale Objekte benötigten. Mutter und Kind waren in einer intensiven Beziehung gefangen, die vom Kind so erlebt wurde, als brauche jeder Partner den anderen zum Überleben und zur Befriedigung. Das Kind fürchtete nicht nur den Verlust der Mutter – seine Schuldgefühle resultierten vorwiegend aus dem normalen Wunsch nach Getrenntheit und unabhängigem Funktionieren. Mark sagte etwa: »Jedes Mal, wenn ich etwas Gutes ohne meine Mutter tue, denke ich, dass sie sterben wird.« Das Schlagen in der später gebildeten Phantasie könnte folglich auch als Bestrafung für den Wunsch gesehen werden, sich von der Mutter zu trennen. In der Phantasie blieb die Ungezogenheit, für die die Kinder geschlagen wurden, gewöhnlich eher vage. Wir haben aber häufig festgestellt, dass die Phantasie auf altersangemessenes Verhalten, auf Unabhängigkeitswünsche oder auf Leistungen folgte.

*Mark wollte mit vierzehn Jahren an einer Klassenfahrt teilnehmen und war besorgt, dass seine Mutter traurig und unruhig sein würde, was dann auch tatsächlich der Fall war. Er hoffte, mit Mädchen flirten zu können, und schaffte es zunächst auch, sich mit einem Mädchen, das er mochte, zu unterhalten. Doch noch bevor die Reise richtig angefangen hatte, phantasierte Mark, dass ihn der Schulleiter wegen des Flirtens schlagen würde – den Rest der Zeit beschäftigte er sich mit seiner Phantasie und nahm an keinen sozialen Aktivitäten teil.*

Auch wenn dies eine starke Ähnlichkeit mit einer Bestrafung für einen ödipalen Wunsch aufzuweisen scheint, zeigte nachfolgendes Material eindeutig, dass Marks Flirt einen Bruch der Objektbindung an seine Mutter repräsentierte, und für diese Illoyalität wurde er bestraft.

Auf ähnliche Weise wurden andere altersangemessene Aktivitäten während der gesamten Entwicklung als aggressive Attacken auf die Mutter erlebt und konnten nur unter Bedingungen durchgeführt werden, die jede normale Bewegung hin zu Unabhängigkeit und getrenntem Funktionieren vereitelten. Zum Beispiel konnten mehrere der Jungen, einschließlich Mark, in der Adoleszenz nicht mit den Händen masturbieren, sondern rieben ihr Genital an der Bettwäsche, so dass die Mutter die beschmutzten Laken sehen und reinigen musste. Statt in einer intimen Handlung befriedigt zu werden, die die Mutter ausschloss, wurden die genitalen Impulse in einer Form abgeführt, die einen analen Beziehungsmodus mit der Mutter wiederherstellte. Die abhängige Rezeptivität, die eine zentrale Stellung im Masochismus und in der Schlagephantasie einnimmt, kann demnach als Abwehr der Aggression verstanden werden, die der Aktivität, der Getrenntheit und einem unabhängigen Funktionieren zugeschrieben wird.

Die Schmerz suchende Anpassung des Kindes an eine pathologische frühe Beziehung bleibt in der analen Phase als vorrangiger Modus bestehen, das Objekt anzuziehen und zu behalten. Die aggressiven Impulse der analen Phase werden durch die defensive Wendung der Aggression gegen das Selbst bewältigt, die eine Zerstörung des Objekts verhindert und eine Abfuhr der Aggression gegen die internalisierte, verhasste Mutter erlaubt. Unserer Ansicht nach sind die Anpassungs- und Abwehrmotive für den Masochismus, der der Schlagephantasie zugrunde liegt, präödipal; das masochistische Verhalten des Kindes vermittelt bis zu diesem Zeitpunkt noch keine sexuelle Lust, sondern dient als Mittel, mit dessen Hilfe das Kind zu überleben und andere passive libidinöse Wünsche zu befriedigen versucht. Das klinische Bild aller Kinder unseres 1972er Sample war präödipal. Sie begannen die Behandlung auf einem analen Funktionsniveau, auf dem das erregte Betrachten, Riechen und Abwischen des

Anus sowie die Vorstellung, auf andere Personen zu defäkieren und mit Fäzes zu schmieren im Vordergrund standen. Einer der Jungen spielte noch im Alter von neun Jahren mit seinem Kot und versteckte ihn, und manche Jungen masturbierten anal. Das Ich dieser Kinder war kaum in der Lage, die Abfuhr der analen Triebimpulse zu kontrollieren; die Abwehrsysteme waren gravierend beeinträchtigt, wobei primitive Abwehrformen – Verleugnung und die gesamte Bandbreite der Externalisierungen einschließlich der Triebprojektion – dominierten oder ausschließlich eingesetzt wurden. Kämpferische Beziehungen waren in der Familie, in der Schule sowie in der Behandlung die Regel. Es ist offenkundig, dass diese Kinder ihre bereits bestehende Pathologie in die phallisch-ödipale Phase mitnehmen; daher werden sie diese Phase auch ganz anders als normale Kinder erleben. Die phallisch-ödipale Phase ist für die Sexualisierung des Masochismus von entscheidender Bedeutung.

## Phallisch-ödipale Stufe

Die Art der kindlichen Theorie über den elterlichen Geschlechtsverkehr übt einen tiefgreifenden Einfluss auf die Entwicklung des Masochismus und die spätere Schlagephantasie aus. Sadistische Theorien des Geschlechtsverkehrs sind universal; bei normalen Kindern bestehen sie jedoch neben anderen Theorien, während für die hier beschriebenen Kinder die Annahme, dass sich die Eltern beim Geschlechtsverkehr schlagen oder verletzen, die sicherste verfügbare Theorie darstellt. Ebenso wie das Geschlagenwerden in der Schlagephantasie die sicherste Form repräsentiert, mit dem Objekt in Beziehung zu treten, wird die sadistische Theorie des Geschlechtsverkehrs anderen, bedrohlicheren Vorstellungen – etwa der Theorie von chaotischen, unkontrollierbaren Vorgängen (Niederland, 1958) oder von gegenseitiger Verstümmelung, Kastration usw. – vorgezogen. Diese Sichtweise entspricht auch Niederlands Ansicht, dass die sadistische Theorie des Geschlechtsverkehrs sowie die Schlagephantasie dazu dienen, unorganisierte, erschreckende Erfahrungen mit der Urszene oder entsprechende Vorstellungen über sie zu strukturieren. Für diese Patienten stellt die Urszene keine rekonstruierte Hypothese oder Metapher für den universalen Ausschluss von elterlichen Aktivitäten dar, sondern eine fortdauernde Realität, weil die Eltern von Patienten mit masochistischer Pathologie offenbar nicht in der Lage sind, die Kinder vor wiederholten überwältigenden Erfahrungen zu bewahren. Vielmehr drängen sie solche Erfahrungen den Patienten häufig geradezu auf. Am Abend, bevor ein dreizehnjähriger Junge zur Analyse kommen sollte, ließen seine Eltern die Tür des Schlafzimmers offen. Der Junge kam herein und sah seine Eltern beim Geschlechtsverkehr, die Mutter auf dem Vater. Am folgenden Tag, noch vor seiner ersten Sitzung, brach sich der Patient beim Ballspielen den Arm. Die Analyse zeigte, dass dies nur das letzte innerhalb einer ganzen Reihe von traumatischen Ereignissen war, denen er durch seine Mutter ausgesetzt wurde und die stets selbstverletzendes Verhalten nach sich zogen. Furman (1984) hat darauf hingewiesen, dass suizidale Patienten infolge der elterlichen Pathologie traumatischen Situationen ausgesetzt waren.

Die phallische Erregung dieser Phase und der Wunsch, am sadistischen elterlichen Geschlechtsverkehr teilzuhaben, lassen das ursprüngliche Mittel zum Zweck werden. Sich zu unterwerfen, zu leiden, geschlagen und gedemütigt zu werden repräsentiert nun die weibliche rezeptive Position im Geschlechtsverkehr der Eltern. Der Wunsch, diese Position einzunehmen, wird zum Triebmotiv des Masochismus, zur Anregung und Begleiterscheinung der phallischen Masturbation. In dieser Phase findet eine entscheidende Transformation statt, wenn die schmerzhaften Erfahrungen der präödipalen Eltern-Kind-Interaktion libidinös besetzt werden und für das Kind die Teilhabe am elterlichen Geschlechtsverkehr repräsentieren.

Zu den starken Motiven des Masochismus aus früheren Entwicklungsphasen gesellt sich nun der Wunsch, das normale ödipale Ausgeschlossensein und die Erniedrigung und Wut darüber zu vermeiden. Oftmals wirken die Eltern auf jeder Entwicklungsebene der pathologischen Beziehung aktiv mit. Ihre Beteiligung an der mangelhaften Lösung des Ödipuskomplexes trägt zum Erhalt des Ich-Defekts bei, den wir als »Allmachtswahn« bezeichnet haben. Dieser Ich-Defekt spielt für das charakteristischerweise hohe Angstniveau masochistischer Patienten eine wichtige Rolle.

Bei den Kindern mit Schlagephantasien war Triebmaterial aus allen Stufen der libidinösen Entwicklung bewusstseinsfähig. Die Kinder waren überzeugt, diese Impulse weder für sie selbst noch für irgend jemandem anderen kontrollierbar waren. Sie waren sicher, dass die Ziele ihrer Triebe befriedigt werden konnten und würden; dass die Realität anders aussah, schien an dieser Überzeugung nichts zu ändern. Mark war im Alter von dreizehn Jahren überzeugt, dass seine Mutter Geschlechtsverkehr mit ihm haben wolle. Eine der Ursachen für diese Haltung war das Fehlen einer angemessenen Abwehrorganisation, was bedeutete, dass seine innere Kontrolle unzulänglich war. Keines der Kinder hatte das Stadium erreicht, in dem sich ein strukturiertes Über-Ich entwickelt. Die äußere Kontrolle fehlte auch insofern, als die Väter dieser Kinder absolut ungeeignet waren, als starke, schützende Identifikationsobjekte zu dienen. Zwei Väter waren gestorben, zwei hatten einen psychotischen Zusammenbruch erlitten, und zwei waren in der Armee, als ihre Kinder klein waren. Die übrigen schienen in der Familie keine positive Rolle zu spielen und waren offenbar allzu abhängig von den Müttern. Diese wurden umgekehrt ausnahmslos als mächtige, dominierende Frauen beschrieben, die in ihren Familien mehr oder weniger deutlich das Regiment führten.

Auffällig war die kollusive Beteiligung der Eltern an der Befriedigung unangemessener Wünsche. Mehrere Kinder dieser Gruppe wurden bis zu einem Alter von elf oder zwölf Jahren im elterlichen Bett geduldet; anderen wurde beim Gang zur Toilette bis zum Alter von sieben oder acht Jahren geholfen; die meisten Kinder beherrschten ihre Familie mit ihren Wutausbrüchen; in zwei Fällen bestand ernste Gefahr für Geschwisterkinder.

*Mark warf seinen Vater, der darauf mit depressivem Rückzug reagierte, regelmäßig aus dem Ehebett. Als Mark in der Adoleszenz Interesse an Mädchen zeigte, bekam sein Vater akute Angst und behauptete dann, dass er homosexuell sei, obgleich dies offenkundig nicht ausagiert wurde.*

*Soweit sie zurückdenken konnte, hatte Frau S. als Kind lange Abende damit verbracht, auf dem elterlichen Bett vor dem Fernseher zu liegen, während der Vater ihren Körper streichelte. Sie berichtete von ihrer kindlichen Vorstellung, dass die Mutter zu ihren Gunsten auf den Vater verzichtet habe, während sie die anderen Kinder für sich behielt.*

Rubinfine (1965) vertrat die Auffassung, solche Eltern seien unfähig, die kindliche Aggression zu containen und zu begrenzen – ein Punkt, der durch unser Material immer wieder bestätigt wurde.

*Als man Alberts Mutter riet, sich konsequent zu verhalten, um seinem wilden Verhalten Grenzen zu setzen, weigerte sie sich mit der Begründung, dass sie den Jungen nicht aus der Fassung bringen wolle. Als Albert im Teenageralter verärgert reagierte, wenn der Vater Ansprüche auf seine Frau geltend machte, schlug die Familie als Lösung vor, dass Albert und seine Mutter gemeinsam in eine Wohnung ziehen und der Rest der Familie zu Hause wohnen bleiben sollte.*

Sowohl der Allmachtswahn als auch die libidinöse Besetzung schmerzhafter Erfahrung bestehen im Krankheitsbild erwachsener Patienten fort. Eine neurotische, berufstätige Frau, die ihre Schlagephantasie in zahlreichen ungeeigneten Beziehungen auslebte, berichtete einen Traum, in dem sie ihren Vater heiratete. In ihren Assoziationen offenbarte sie, dass sie immer noch glaubte, ihren Vater wirklich heiraten zu können – niemand könne sie daran hindern, sich ihre Wünsche zu erfüllen. Ein Student mit Schlagephantasien hatte als Kind immer wieder Einläufe bekommen. In der Analyse dachte er viele Jahre lang mit Vergnügen daran zurück und erinnerte sich an die ältere Schwester, die seiner Meinung nach eifersüchtig zugeschaut hatte. Er sagte, er fühlte sich als etwas Besonderes, da er der einzige in der Familie sei, der sich einer solch exklusiven Beziehung zur Mutter erfreuen konnte. Sein Wunsch nach einem vom Analytiker verabreichten Einlauf war ein zentrales Thema der Übertragung. Erst nach vielen Jahren analytischer Arbeit konnte er beginnen, die Wut anzuerkennen und nachzuempfinden, die durch diese extreme körperliche Intrusion der Mutter in ihm geweckt worden war. In seiner frühen Adoleszenz kaufte seine Mutter ihm grelle lila Shorts – seiner Meinung nach ein Zeichen für ihre exklusive Beziehung. Erst nachdem die libidinöse Besetzung der Einläufe durchgearbeitet worden war, erinnerte er sich daran, dass ihn andere Jungen wegen der »Schwuchtelhose« verhöhnt hatten.

## Übergang zur Latenz

Phantasien und Ängste über Schmerz und Leiden sind ebenso wie der Wunsch zu schlagen universal. Mit beginnender Lösung des Ödipuskomplexes und der Bildung des Über-Ichs gelangen Kinder in die Latenz. Erst an diesem Punkte tauchte eine vorübergehende Schlagephantasie bei einigen Mädchen unseres Samples auf. Sie repräsentierte unzweifelhaft sowohl ödipale Wünsche in regressiver Form als auch die Bestrafung für diese Wünsche, wie es Freud beschrieben hat. Sexuelle Erregung und Masturbation wurden nach und nach von der Phantasie abgetrennt, und die Wünsche traten in zunehmend distanzierter Form zutage. Wir kamen in unserer Studie zu dem Schluss, dass es sich bei dieser vorübergehenden Schlagephantasie um eine Komponente der normalen postödipalen Entwicklung bei Mädchen handelt, die möglicherweise häufiger ist, als allgemein angenommen wird. Patientinnen mit einer Schlagephantasie sind möglicherweise in einer Behandlung oder außerhalb auf diesen postödipalen Moment der Entwicklung regrediert. Wie im Falle von Frau S. beschrieben, kann eine Unterscheidung zwischen einer transitorischen und einer fixierten Phantasie allein anhand der klinischen Kriterien der Dauer und Zentralität der Phantasie sowie anhand der Qualität der Übertragungsbeziehung getroffen werden.

Dagegen durchliefen die Kinder, die später eine fixierte Schlagephantasie entwickelten, keine Latenzzeit, in der sich ihre Ich-Entwicklung hätte konsolidieren können, so dass sie in diesen Jahre entweder präödipale und ödipale sadomasochistische Impulse agierten oder durch lähmende Hemmungen und schwere Zwangssymptome eingeschränkt waren. So berichtete eine eigentlich intelligente und kreative Frau mit einer fixierten Schlagephantasie, die ursprünglich aufgrund wiederholten beruflichen Versagens in Analyse gekommen war, dass sie in ihrer Schulzeit aufgehört hatte zu lernen und ihre Zeit mit Phantasien über bevorstehende Zerstörungen verbrachte, die sie durch die rituelle Wiederholung magischer Phrasen unter Kontrolle hielt.

Das Auftauchen der fixierten Phantasie bei der Gruppe gestörter Jungen traf mit dem Beginn der Pubertät zusammen und folgte in allen Fällen auf die erste Ejakulation. Pubertäre Veränderungen drücken den Phantasien von befriedigenden infantilen Impulsen generell den Stempel der Realität auf. Erst aufgrund der durch jahrelange Analyse geförderten strukturellen Veränderung konnten die Kinder unseres Samples ein Phantasieventil als Alternative zur Aktion entwickeln. Die Fähigkeit, Impulse in der Phantasie zu containen, stellt eine Entwicklungserrungenschaft dar. Jugendliche, die weniger Glück haben, agieren ihre Impulse durch Selbstverletzungen oder Suizid.

Unsere Kinder und Erwachsenen nutzten die fixierte Schlagephantasie für wichtige Ich- und Über-Ich-Funktionen, die sich normalerweise in der Latenz entwickelt hätten, wenn diese Patienten in der Lage gewesen wären, eine Latenzphase zu erreichen. Diese Funktionen waren Angstkontrolle, Stabilisierung der »Repräsentanzenwelt« (Sandler und Rosenblatt, 1962) und Abwehr von direkter Triebentladung. Die transitorische Schlagephantasie, die nur bei Mädchen festgestellt wurde, trennte sich immer stärker von beängstigenden ödipalen Wünschen ab. Die *fixierte* Schlagephantasie hingegen stellte die harmloseste Form des Wunsches dar; Variationen des Themas schlossen häufig unheilvollere Phantasien über Suizid, Selbstverstümmelung und Tod mit ein.

*Abel hatte Phantasien, von älteren Jungen, Pop-Sängern und Fußballspielern geschlagen zu werden, masturbierte jedoch auch mit Phantasien, in denen sein Penis und seine Hoden Verbrennungen erlitten oder auf andere Art und Weise beschädigt wurden. Weitere Phantasien bei der Masturbation schlossen Tod und Suizid ein; gegen Ende der Adoleszenz, einige Jahre nach Beendigung der Analyse, unternahm Abel tatsächlich einen Selbstmordversuch.*

In Abels Fall sowie bei den anderen Jungen mit fixierter Phantasie war eine Verringerung der Angst zu beobachten, wenn die Schlagephantasie eingesetzt wurde. Phantasien über Tod oder Verstümmelung wurden hingegen bald zum Gegenstand eines ständigen, angsterfüllten Grübelns und riefen überwältigende Angst und Panik hervor. Man könnte sagen, dass diese Jungen anstelle einer Angst, zerstört oder beschädigt zu werden, eine lustvolle Phantasie, geschlagen zu werden, bildeten. Auf diese Weise wurde die Angst sexualisiert.

In den Frühphasen der Behandlung dieser Kinder war es häufig nicht klar, wer in dem ständigen Fluss der Externalisierungen, Internalisierungen und Verwirrungen mit dem Objekt wen repräsentierte. In kurzer Folge konnte das Kind sowohl zum mächtigen, angreifenden Objekt als auch zum Opfer des

Angriffs werden. In der Schlagephantasie selbst wurde jedoch eine klare Unterscheidung zwischen Selbst und Objekt aufrechterhalten. Der Patient war immer das Opfer, und die schlagende Person entstammte stets dem realen Leben des Kindes; häufig handelte es sich um den Vater oder jemand aus der Kategorie der Vaterrepräsentanten. Diese Charakteristika wies zum Beispiel die Phantasie eines Jungen auf, der sich vorstellte, von zwei älteren Jungen aus seiner Schule festgehalten und aufs Gesäß geschlagen zu werden. Über die nächsten beiden Jahre hinweg blieb die Phantasie im Grunde unverändert, im Gegensatz zu den ständigen Bearbeitungen der Phantasieproduktionen von Kindern mit transitorischen Schlagephantasien, in denen die Charaktere von überall her, nur nicht aus dem realen Leben, stammten. Nach unserer Auffassung setzt die Bildung einer fixierten Phantasie nicht nur ein gewisses Maß an stabilen Repräsentanzen voraus, sondern scheint auch ihrerseits einen Beitrag zum Erhalt der Stabilität innerhalb der chaotischen Repräsentanzenwelt dieser Kinder zu leisten.

Trotz positiver Veränderungen bestand die »Illusion der Allmacht« in diesen Fällen scheinbar unverändert fort. Nach sechsjähriger Behandlung war Mark nach wie vor der Auffassung, seine Todeswünsche würden das Objekt zerstören. Die Arbeiten von Lamb (1976), Abelin (1980, 1985) und anderen haben die Bedeutung des Vaters für die präödipale Entwicklung des Kindes unterstrichen. Bei den von uns untersuchten Kindern mit fixierter Schlagephantasie gelang es den Vätern in keiner Entwicklungsstufe, ihre notwendigen Funktionen wahrzunehmen. Wie R. Furman (1986) so eindrücklich beschreibt, besteht die anfängliche Rolle des Vaters darin, den Primat der Mutter-Kind-Beziehung zu schützen und zu unterstützen. Marks Vater reagierte auf die Schwangerschaft seiner Frau mit intensiver Eifersucht und bestätigte damit die pathologischen Phantasien der Mutter über die Folgen, die das neue Baby für die anderen Familiemitglieder haben würde. Marys Vater zog sich während der Schwangerschaft und in ihrem ersten Lebensjahr ganz in sein Berufsleben zurück und tauchte nur gelegentlich auf, um dem Umgang der Mutter mit dem Baby zu kritisieren. In Bezug auf das Kleinkindalter beschreibt Furman die Bedeutung des Vaters als Quelle zusätzlicher Liebe für das Kind und Unterstützung für das erwachsene Ich der Mutter.

*Marks Vater war ebenso unordentlich und unkontrolliert wie sein kleiner Sohn. Statt stolz auf Marks beginnende Autonomie zu sein und sie zu fördern, externalisierte er ebenso wie seine Frau die entwerteten analen Aspekte seiner Persönlichkeit. Als Mark in die Pubertät kam und die Analyse ihm half, sich Impulsen der ödipalen Stufe anzunähern, konnte er auf keine zuverlässige, liebevolle elterliche Beziehung als innere Ressource zurückgreifen, die ihn in seinem Kampf um Kontrolle seiner inzestuösen Wünsche unterstützt hätte. Nach jeder Leistung, die er als aggressiven Angriff auf das Objekt erlebte, musste er sofort herausfinden, ob seine Analytikerin noch lebte.*

In Bezug auf diesen »Allmachtswahn«, den fortgesetzten Mangel an innerer und äußerer Kontrolle, wurde eine der wichtigen Funktionen der Schlagephantasie erkennbar. Auf der Basis des von den Kindern gelieferten Materials, des Zeitpunkts des Auftretens der Phantasie sowie ihres Inhalts war es offensichtlich, dass die schlagende Person in der Phantasie einen ersehnten idealen Vater repräsentierte, eine starke männliche Gestalt, die der Erfüllung omnipotenter libidinöser und zerstörerischer Wünsche Grenzen setzen würde. Die Väter all dieser Patienten waren völlig ungeeignet, um als starke, schützende Identifikationsobjekte zu dienen. In der Phantasie war die schlagende Person ein Vater oder ein Vaterrepräsentant, der als mächtige Figur das Kind strafte, häufig um es daran zu hindern, einen verbotenen Wunsch zu befriedigen. Mark phantasierte, mit einer Besucherin mittleren Alters ins Bett gehen zu wollen. Bevor er dies jedoch tun konnte, kam sein Vater dazwischen, packte ihn und schlug ihn. In der Realität war sein Vater ein passiver, ineffektiver Mann, der ihn nicht daran hinderte, ins Bett der Mutter zu kommen, wann immer er dies wollte. Statt die Repräsentanz eines starken Vaters zu internalisieren, um ein Über-Ich aufzubauen und unangemessene Impulse mittels angemessener Mechanismen wie Verdrängung, Reaktionsbildung, Verschiebung und insbesondere Sublimierung abzuwehren, nutzten diese Kinder die Schlagephantasie zur Begrenzung und Kontrolle der Triebabfuhr und der Befriedigung omnipotenter Wünsche. Die fixierte Schlagephantasie trat an die Stelle eines Über-Ichs, das sich normalerweise in der Latenz hätte aufbauen sollen.

Ein ähnliches Ergebnis wurde auf anderem Wege bei den Patientinnen mit fixierter Schlagephantasie erzielt. Die Väter der Mädchen setzten ihre Verunglimpfung der Mütter fort bzw. intensivierten sie und verwickelten sich ab der ödipalen Phase in überstimulierenden Beziehungen mit ihren Töchtern, so dass ein starker bisexueller Konflikt sowie intensiver Penisneid eine Komponente in der masochistischen Pathologie dieser Patientinnen war. Die Mädchen waren wie die Jungen nicht in der Lage, ein autonomes Über-Ich zu internalisieren. Darüber hinaus wurde die entwertete Mutter nicht als weibliches Ich-Ideal genutzt. Mary sah zu Beginn der Behandlung wie ein Junge aus und tat ihre drei festen Vorsätze kund: Sie wolle nie einen Freund haben, nie heiraten und keine Kinder bekommen.

## Behandlungsbehandlungstechnische Implikationen

Im Jahre 1909 schrieb Freud an Jung, dass er sich in seiner Praxis in der Hauptsache mit dem Problem des verdrängten Sadismus bei seinen Patienten befasse und es als häufigste Ursache für das Scheitern der Therapie betrachte: »Beste Rache am Arzt mit Selbstbestrafung. Der Sadismus wird mir überhaupt immer wichtiger« (Freud, 1974a, S. 293). Noch in seiner letzten Arbeit erklärt Freud (1940a), dass »wir uns« in der Behandlung masochistischer Patienten »besonders unzulänglich finden« (S. 106). Wir weisen darauf hin, dass auch der »Wolfsmann« eine fixierte Schlagephantasie hatte und somit unserem Sample hätte zugeordnet werden können (Blum 1974).

Alle Kinder mit fixierter Schlagephantasie waren über viele Jahre in Analyse. Bei einigen war die Veränderung im beobachtbaren Verhalten und Funktionieren beachtlich. Offensichtliche Manifestationen sadomasochistischer Beziehungen mit Altersgenossen oder Erwachsenen verschwanden; sie schienen gut zurechtzukommen und sogar sehr unabhängig zu funktionieren. Häufig geschah es gegen Ende der Analyse, dass das Kind die Existenz einer Schlagephantasie zunächst andeutete und sie dann offenbarte. Die Analyse hatte die Entwicklung bestimmter Ich-Funktionen gefördert, insbesondere solcher, die zum Einsatz der Phantasie als Abfuhrmöglichkeit notwendig waren, und einige der präödipalen Determinanten des Masochismus bearbeitet. Die Bildung einer Schlagephantasie in der Pubertät wurde auf der Basis dieser Entwicklung möglich. Follow-up-Untersuchungen zeigten jedoch, dass einige dieser Jungen gegen Ende der Adoleszenz einen psychotischen Zusammenbruch hatten, einige einen Selbstmordversuch unternahmen und wiederum andere in einer unterwürfigen, abhängigen Beziehung zu einer überwältigenden Mutter gefangen blieben. Unsere Erkenntnisse über die verschiedenen Determinanten der fixierten Schlagephantasie und die multiplen Ich-Funktionen, denen sie diente, legen einige behandlungsbehandlungstechnische Empfehlungen nahe, die die weitere Entwicklung dieser Fälle unterstützen können.

So lässt die Tatsache, dass die Schlagephantasie an die Stelle wichtiger Ich-Funktionen trat, den Schluss zu, dass die Deutung der Triebdeterminanten vor der Bearbeitung der Ich-Pathologie nicht effizient sein wird. Wichtig ist insbesondere die Konzentration auf den »Allmachtswahn«; wenn der Patient die Fähigkeit zur Kontrolle der Triebabfuhr entwickeln und internalisieren kann, ist er auf eine masochistische Phantasie möglicherweise nicht mehr unbedingt angewiesen. Die Arbeit könnte sich dann den Determinanten des zugrundeliegenden Masochismus zuwenden und besondere Aufmerksamkeit den drei in dieser Abhandlung hervorgehobenen Aspekten widmen – den adaptiven und defensiven Motiven und den Triebwünschen. Die masochistischen Verhaltensweisen und Phantasien des Patienten könnten dann als Versuch gesehen werden, 1. eine präödipale Objektbindung an die Mutter zu erhalten, 2. das Objekt vor seinen destruktiven Wünschen zu schützen und 3. an einer sadomasochistischen sexuellen Beziehung teilzuhaben.

*Wie bereits bemerkt, regierte Marks Mutter mit zunehmendem Kummer und letztlich mit einer Depression auf seine adoleszenten Separationsstrebungen. Eine gründliche Analyse seiner omnipotenten aggressiven Phantasien reichte nicht aus, um Mark die Trennung von seiner Mutter zu erleichtern. Zusätzlich musste seine Verleugnung der Realität der Probleme, die seine Mutter schon vorher im Zusammenhang mit dem Verlassenwerden gehabt hatte, durchgearbeitet werden. Als er sah, wie heftig sie reagierte, als sein Bruder auszog, um zu studieren, kam er nicht mehr umhin, ihr feindseliges Bedürfnis zu registrieren, alle Personen in ihrem Umfeld zu kontrollieren. Daraufhin konnte sich die Arbeit wieder auf seine Wünsche richten, die Mutter zur Kontrolle herauszufordern, um auf diese Weise die narzisstisch befriedigende Illusion aufrechtzuerhalten, dass sie sich aus Liebe an ihn klammere.*

*Während ihrer ersten beiden Analysejahre, vom achtzehnten bis zum zwanzigsten Lebensjahr, war Mary von ihrer Mutter völlig abhängig. Ein Großteil der Arbeit konzentrierte sich in dieser Zeit auf Marys Schmerz und Wut sowie darauf, dass sie ihren Ärger über ihre Mutter und jede ärgerliche Äußerung auf vielerlei Weise abwehrte. Die nachfolgende Veränderung in ihrem Abwehrsystem, die insbesondere ihre kindliche Abhängigkeit betraf, befähigte sie, aktiver und unabhängiger zu werden. Schließlich war Mary imstande, ihre Mutter wegen ihres intrusiven Verhaltens zur Rede zu stellen. Die Mutter brach in Tränen aus, lief weg und kam erst nach Stunden zurück. Mary zog schließlich in eine eigene Wohnung. Als sie zum ersten Mal übers Wochenende nach Hause kam, zog sich ihre Mutter in die Mansarde zurück und weigerte sich, Mary zu begrüßen. Die Häufung solcher Vorfälle machte es Mary unmöglich, ihre Verleugnung aufrechtzuerhalten, und sie begann, in den Sitzungen häufiger über die »Seltsamkeit« ihrer Mutter zu sprechen. Als sie sich an ihren Vater wandte, um sich die Realität ihrer Wahrnehmungen bestätigen zu lassen, wurde sie enttäuscht. Er unterstützte ihre gesunde Ich-Entwicklung keineswegs, sondern erklärte, dass sie sich offenbar in »irgendein Mutter-Tochter-Spiel« verstrickt hätten. An diesem Punkte erkannte Mary, dass die ganze Familie über Jahre gemeinsam daran gearbeitet hatte, die Pathologie der Mutter zu verdecken. Mary erlebte danach eine Phase der Lust an ihren unabhängigen*

*Aktivitäten; sie sprach davon, zwischen sich und der Mutter eine »Mauer zu errichten«, um Gefühle der richtigen Person zuschreiben zu können. Sie hatte früher ihre panische Angst vor Gewittern beschrieben. In dieser Phase der Behandlung erkannte Mary jedoch, dass nicht sie selbst, sondern ihre Mutter solche Angst hatte. Mary sah den Blitzen sogar gerne zu. Nachdem diese Unterscheidung getroffen war, ließ sich Marys Anteil an der fortbestehenden infantilen Bindung wesentlich einfacher bearbeiten.*

Die weiterhin bestehende präödipale Bindung stellt das größte Hindernis der Weiterentwicklung dar. Um die Bindung zu durchbrechen, muss sich der Patient nicht nur seiner inneren Konflikte, sondern auch der Pathologie der Mutter bewusst werden – insbesondere ihres feindseligen Widerstandes gegen Entwicklungsfortschritte. Er muss sich nicht nur seinen eigenen zerstörerischen Wünschen stellen, sondern auch seine Verleugnung der mütterlichen Feindseligkeit gegenüber seiner Unabhängigkeit aufgeben. Ehe nicht die präödipale Bindung zwischen Mutter und Kind durchbrochen wird, ist nur wenig Veränderung in der basalen Störung des Patienten zu erwarten.

Die Bearbeitung der grundlegenden Motive muss von der Arbeit an der Ich-Pathologie begleitet werden, zum Beispiel der Fortdauer des omnipotenten Denkens und der Unfähigkeit, Triebimpulse zu mischen.

*Über einen gewissen Zeitraum trat im vierten Jahr von Marys Analyse Material zutage, das zeigte, wie sie auf vielerlei Weise versuchte, die Illusion von der Macht ihrer Wünsche aufrechtzuerhalten. Wenn etwas Gewünschtes nicht eintrat, redete sie sich selbst ein, dass sie es nicht stark genug gewünscht habe. An Straßenecken pflegte sie auf die Ampel zu blicken und sich zu wünschen, dass die Farbe wechselte; wenn dies – wie nicht anders zu erwarten – geschah, jubelte sie innerlich über ihre Macht. Die Arbeit hieran ermöglichte es, dass Material über eine weitere Determinante ihrer Omnipotenz zutage trat. Es war die fehlende Mischung ihrer aggressiven Impulse, was diese ungebunden und unkontrolliert wüten ließ. Daher führte jedes Gefühl des Ärgers in Gedanken, in der Phantasie oder im Traum sofort zur vollständigen, blutigen Vernichtung. Über viele Jahre hinweg waren Marys Träume gefüllt mit Bildern von Verstümmelungen, schrecklichen Toden und Zerstörung. Nachdem ihre Liebe zu ihren jüngeren Bruder Anerkennung fand, träumte sie von einem Baby, was zu einer Phantasie führte, in der sie zu ihrem wütenden Baby sagte: »Es ist in Ordnung, ich liebe dich trotzdem.«*

Rückblickend wird angesichts des Zeitpunktes des Auftretens der Schlagephantasie bei den Kindern unseres Samples und aus den Follow-up-Daten deutlich, dass einige der Behandlungen vorzeitig beendet wurden. Die Errungenschaft der Phantasieentwicklung verdeckte die fortdauernde masochistische Pathologie, die in der Schlagephantasie verkapselt war. Dieser Versuch der Befriedigung von Bedürfnissen aus allen Entwicklungsstadien konnte den inneren und äußeren Anforderungen des Lebens nicht standhalten. Daher sollten die Indikationen für eine Beendigung der Analyse bei diesen Patienten sehr sorgfältig untersucht werden.

## Schlussfolgerungen

Die Formulierung einer Entwicklungslinie des Masochismus hat uns einer Definition des Begriffs näher gebracht. Valenstein (Panel, 1981) stellte fest, dass der Masochismus in Diskussionen leicht zerredet werden könne (S. 674). Grossman (1986) verfasste eine historische Untersuchung des Begriffs und gelangte zu dem Ergebnis, dass er nur in einer reduzierten Form Anwendung finde. Maleson (1984) schlägt eine breite Definition vor, die die bestehende Verwendung des Begriffs anerkennt und alle Verhaltensweisen, Gedanken, Phantasien und Symptome oder Syndrome erfasst, die durch subjektiv empfundenen Schmerz gekennzeichnet sind, der unnötig, übertrieben oder selbst herbeigeführt ist. Leider setzt diese Definition voraus, dass man beurteilt, was als unnötiger oder übertriebener Schmerz zu gelten hat. Sie führt auch zu der Sichtweise, dass die Entscheidung für eine Erfahrung oder Handlung, die möglicherweise mit Schmerz verbunden ist – etwa die Geburt eines Kindes oder die Selbstaufopferung –, zwangsläufig masochistisch sei. Wir haben keinerlei zwangsläufige Beziehung zwischen femininen Funktionen und Masochismus beobachten können.

Diese Definition ist nicht nur zu unpräsize, sondern ignoriert auch den bedeutenden Unterschied zwischen einer normalen und einer masochistischen Beziehung zum Schmerz. Im Rahmen eines adaptiven Wachstums muss ein Kind lernen, Schmerz in einem gewissen Umfange zu ertragen. Paradoxerweise können Masochisten, die schmerzhafte und erniedrigende Erfahrungen aktiv suchen, realen, mäßigen Schmerz nicht aushalten.

Maleson schlägt jedoch auch eine enge Definition vor, die die Begriffsverwendung auf Zustände körperlichen oder psychischen Leidens beschränkt, bei denen eine klare Verbindung zu sexueller, genitaler Erregung aufgezeigt werden kann. Die Erfahrung von Schmerz und Leiden rechtfertigt die Schlussfolgerung, dass das Verhalten masochistisch ist, ebenso wenig wie manifeste genitale Erregung. Wir denken, dass die von uns beschriebene Arbeit eine angemessenere Definition zulässt: Masochismus ist das aktive Streben nach psychischem oder physischem Schmerz, Leiden oder Erniedrigung im Dienste der Anpassung, der Abwehr und Triebbefriedigung auf oraler, analer und phallischer Stufe.

Masochismus ist ein klinisches Konzept, und seine Definition verlangt konkrete Beobachtungsreferenten, um von Wert zu sein. Wir schlagen als Datengrundlage der Definition die Übertragung und Gegenübertragung in der analytischen Situation vor. Die ständige Suche des Patienten nach Schmerz oder Erniedrigung wird auch in der Übertragung zutage treten – häufig in subtilen Reaktionen auf Deutungen. Die Gegenreaktion des Therapeuten liefert unter Umständen den ersten Hinweis auf eine zugrunde liegende masochistische Phantasie des Patienten. Der Therapeut fühlt möglicherweise einen Impuls, sich sarkastisch, ungeduldig oder provozierend zu verhalten. Weniger subtile Reaktionen können andere Formen annehmen: Zuspätkommen, das Vergessen von Terminen, Einschlafen, Drängen auf Beendigung usw. Die epigenetische Schichtung des Masochismus und seine vielfachen Funktionen tauchen innerhalb der Übertragungsbeziehung auf und müssen in diesem Kontext bearbeitet werden.

Man hat lange Zeit darüber debattiert, ob die Determinanten des Masochismus präödipal oder ödipal seien und ob die zugrunde liegenden Konflikte in erster Linie die Triebbefriedigung betreffen oder mit dysfunktionellen Modi des Umgangs mit traumatischen Objekten zusammenhängen. Durch die spezifische Untersuchung der Entwicklung der Schlagephantasien haben wir die Determinanten des Masochismus im allgemeinen zu beleuchten versucht. Unserer Meinung nach sind nicht nur Abkömmlinge jeder Phase im Masochismus erkennbar, sondern auch das schmerzsuchende Verhalten, das in der frühesten Kindheit beginnt und sich in jeder nachfolgenden Phase einschließlich der ödipalen und postödipalen verändert. Postödipal werden masochistische Impulse als bewusste oder unbewusste Phantasien organisiert, die fixiert und resistent sind gegenüber Veränderungen durch Erfahrung oder Analyse; sie dienen multiplen Ich-Funktionen und nehmen die Form, wenn auch nicht notwendigerweise den Inhalt, einer Schlagephantasie an. In den Phantasien ist das Subjekt ein unschuldiges Opfer, das durch Leiden die Wiedervereinigung mit dem Objekt erlangt, die aggressive Zerstörung und den Verlust des Objekts abwehrt, narzisstischen Schmerz vermeidet und Triebbefriedigung durch phantasierte Beteiligung an der ödipalen Situation findet. Suizidalität, masochistische Perversionen, bestimmte Formen der Hypochondrie und psychosomatischer Erkrankungen sowie moralischer Masochismus haben eine *basale Phantasiestruktur* gemeinsam. Unserer Meinung nach handelt es sich bei dieser Phantasiestruktur um das »Wesen des Masochismus« (Freud 1919e, S. 209).

## 3. Kapitel

# Masochismus und Allmachtswahn aus entwicklungspsychologischer Perspektive[1]

Freud war nicht der erste viktorianische Erforscher der menschlichen Sexualität im Allgemeinen und der Perversionen im Besonderen. Krafft-Ebing veröffentlichte seine *Psychopathia Sexualis* im Jahre 1886. Vieles von dem, was Freud (1905d) in seinen *Drei Abhandlungen zur Sexualtheorie* über sexuelle Abweichungen und über den Sadomasochismus schrieb, findet sich bei Krafft-Ebing. Gegen Ende dieses Beitrags nahm Freud jedoch explizit einen entwicklungspsychologischen Standpunkt ein und entwarf eine klare und originäre Perspektive auf das Individuum. Wie hilfreich der entwicklungspsychologische Ansatz ist, zeigt sich in den Arbeiten von Loewenstein (1957), Cooper (1988), Glenn (1984), Galenson (1988), Panel (1985), Sugarman (1991) und Valenstein (1973).

Auch wir hielten es für sinnvoll, den Masochismus unter entwicklungspsychologischem Blickwinkel zu untersuchen. Indem wir die Entwicklung der fixierten Schlagephantasie als Modell zur Klärung von Aspekten der Entwicklung des Masochismus benutzten, gelangten wir zu einer Definition, die die Komplexität masochistischer Phänomene betonte und bestätigte, dass der Masochismus am sinnvollsten als Resultat einer multideterminierten, epigenetischen Sequenz von schmerzsuchenden Verhaltensweisen verstanden wird, die im Säuglingsalter und in frühester Kindheit beginnen und zu Phantasien führen, die nach dem Vorbild der Schlagephantasie ausgestaltet werden und zahlreiche Funktionen erfüllen. Brenman (1952) und Brenner (1959) beschrieben die Bedeutung einer Konzeptualisierung des Masochismus, die multiple Determinanten und Funktionen berücksichtigt. Brenner wies darauf hin, dass viele Autoren den Masochismus nur »einseitig« betrachten (S. 202), und demonstrierte den behandlungsbehandlungstechnischen Nutzen der multiplen Sichtweise bzw. des metapsychologischen Ansatzes bei der Behandlung solcher Störungen. Im Einklang mit dieser metapsychologischen Sicht des Masochismus betrachten wir die Vielzahl der Ansätze nicht als Beweis dafür, dass das Konzept des Masochismus mittlerweile überholt und nutzlos sei (Grossman, 1986; Maleson, 1984). Ebenso wenig lassen sich die vielen verschiedenen Determinanten und Funktionen, die in der Literatur über den Maso-

[1] Eine frühere Version dieses Kapitels wurde bei der Tagung der American Psychoanalytic Association, New York, Dezember 1988, vorgetragen.

chismus beschrieben werden, unserer Meinung nach verschiedenen diagnostischen Gruppen zuordnen, die in der Schwere der Fälle vom normalen Masochismus bis hin zum Masochismus des Psychotikers reichen, wie von Kernberg (1988), Simons (1987) und Maleson (Panel 1991) vorgeschlagen.

Analysen masochistischer Patienten sind aufgrund des selbstzerstörerischen Charakters der Pathologie und ihrer komplexen Verankerung in sämtlichen Entwicklungsphasen langwierig und mühsam. Helen Meyers (1988) schrieb dazu:

> »Die Behandlung masochistischer Charakterprobleme galt lange als eine der schwierigeren analytischen Herausforderungen. Die Hartnäckigkeit masochistischer Tendenzen und ihr selbstschädigender Charakter im Leben und in der Behandlung sowie die damit verbundenen Gegenübertragungsreaktionen sind wichtige Aspekte dieser Schwierigkeit.« (S. 17)

Veränderung und Wachstum scheinen mit diesen Patienten schwerer erreichbar, was die Frage nach der Natur des Widerstandes aufwirft. Bei unseren Untersuchungen masochistischer Patienten zeigten sich Abkömmlinge aller Phasen; wie ein roter Faden aber, der die Fixierungsstellen auf oraler, analer und phallisch-ödipaler Stufe miteinander verbindet, gibt es einen Allmachtswahn, der das frühere und gegenwärtige Funktionieren der Patienten beeinflusst. Wir werden die Beziehung zwischen dem Allmachtswahn und dem Masochismus im Folgenden untersuchen, um zu zeigen, dass die Allmacht des Denkens und Handelns einen entscheidenden Bestandteil des Widerstandes bildet, der bei masochistischen Patienten eine so herausragende Rolle spielt.

Jede Diskussion über die Allmacht sollte mit Ferenczis Abhandlung »Entwicklungsstufen des Wirklichkeitssinnes« (1913) beginnen, in denen es in Anlehnung an Freuds (1911b, 1915c, 1916–1917f) metapsychologische Formulierungen über die zwei Prinzipien des psychischen Geschehens heißt, dass alle Kinder in der glücklichen Illusion der Allmacht lebten, an der sie irgendwann wirklich teilhatten – sei es auch nur im Mutterleib. Ferenczis Formulierung hat Analytiker von Mahler bis Melanie Klein beeinflusst. Mahler sah den Gipfel der Allmacht in der Übungsphase und beschrieb den Schmerz, den das Kind empfindet, sobald es in der Wiederannäherungsphase realisiert, dass es nicht auf magische Art und Weise omnipotent ist, sondern relativ klein, hilflos, schwach und allein ist (Mahler et al., 1975). Diese Formulierung folgt Freuds Sichtweise, dass das Kind durch die wiederholte Erfahrung von Enttäuschung, Frustration und Befriedigungsaufschub gezwungen ist, die Realität der äußeren Welt anzuerkennen. Ferenczi sprach von »diese[m] fast unheilbaren Größenwahn der Menschheit« (vgl. S. 231), und

Freud bemerkte, dass sich das Realitätsprinzip erst durchsetze, »wenn ein Kind die vollständige psychische Loslösung vom Elternteil erlangt« habe (vgl. 1915, S. 220). Diese Aussage bezieht sich, wie Pumpian-Mindlin (1969) meint, auf die Vollendung der adoleszenten Entwicklung. Die psychoanalytische Sichtweise war also, dass das Kind mit dem Gefühl der Allmacht geboren wird und sich nur langsam und zögerlich, unter Einwirkung des Versagens des magischen allmächtigen Systems, der Realität zuwendet und sie akzeptiert. Die meisten modernen Psychoanalytiker sprechen von der infantilen Omnipotenz als einem psychischen Zustand, der für die ersten achtzehn Lebensmonate charakteristisch ist, für jene Phase also, die Piaget (1952, 1954) als sensomotorische beschrieb.

Zwischen dem Zustand der Allmacht, den die Theorie dem Säugling und Kleinkind zuschreibt, und den klinischen Manifestationen von Allmachtsphantasien im Erwachsenenalter besteht eine merkwürdige Diskrepanz. Das glückliche, zufriedene Kind, das sicher in Mutters Armen geborgen und von bewundernden Erwachsenen umgeben ist, befindet sich angeblich in einem Zustand kindlicher Allmacht, einer glückseligen Illusion, das Zentrum des Universums und mit der Macht ausgestattet zu sein, jeden Menschen dazu zu bewegen, seine Bedürfnisse zu befriedigen. Wenn wir aber von den Omnipotenzphantasien unserer Patienten sprechen, geht es mitnichten um solche seligen Tagträume, sondern um feindselige Phantasien von vollständiger Kontrolle über andere (Kernberg, 1988; Panel, 1990; Panel; 1991b), von der rücksichtslosen Verleugnung realer Gegebenheiten und der Weigerung, sie zu anzuerkennen. Allmachtsphantasien werden häufig durch offene oder verdeckte feindselige Handlungen bestätigt. Chasseguet-Smirgel stellte eine Zusammenfassung ihrer Sichtweise der Perversion beim Masochismus-Panel im Jahre 1988 vor und beschrieb Allmachtsphantasien als »Mord an der Realität«. Sie bezog sich dabei zum Beispiel auf die Weigerung des Perversen, Generationsunterschiede zu akzeptieren, sowie auf das konstante Bedürfnis, die Potenz des Vaters zu zerstören, den Phallus auf eine Kotstange zu reduzieren und die Prägenitalität zu idealisieren, um die Genitalität des Vaters verdrängt zu halten (Chasseguet-Smirgel, 1984, 1985). Das Bild, das man aus den Beschreibungen von Analytikern über die Allmachtsphantasien erwachsener Patienten erhält, ist das eines wütenden, feindseligen Tyrannen, dessen Verhalten von Neid genährt wird und die Kompensation für Hilflosigkeits- und Schamgefühle darstellt — keineswegs das Bild des sicher geborgenen, strahlenden Säuglings, den Freud (1914c) als »*His Majesty the Baby*« bezeichnete (S. 157). Rekonstruktionen auf der Basis klinischen Materials erwachsener Patienten führten zu Spekulationen über infantile Formen der Allmacht und die Transformationen, die in die erwachsene Allmachtsphantasie einmünden. Eine systematische Studie über die Epigenese der Omnipotenz aber, die sich auf das Analysematerial von Kleinkindern, Kindern und Adoleszenten und auf die Beobachtungen von Säuglingen und Kleinkindern sowie auf klinisches Material aus Erwachsenenanalysen stützt, steht bis dato noch aus.[2] Auf der Grundlage solchen Materials werden wir eine vorläufige Beschreibung als Arbeitsmodell für die Epigenese der Allmacht vorstellen.

Wir stellten fest, dass alle unsere behandelten masochistischen Patienten – Kinder, Jugendliche und Erwachsene – den Ich-Defekt eines pervasiven Allmachtswahn aufwiesen. Als sie in Behandlung kamen, hatten die entmischten, primitiven Hassgefühle und die überstimulierten libidinösen Impulse dieser Patienten mit ihrem fragilen Abwehrsystem und defizitären Über-Ich interagiert und den Wahn erzeugt, dass nur sie selbst mächtig genug seien, um ihre Allmachtsimpulse zu hemmen, und dies nur durch den Rückgriff auf masochistische Maßnahmen wie das Abtöten ihrer Gefühle, das Provozieren von Angriffen oder den Versuch, sich zu töten. Während ihrer langen Analysen, in denen die aus sämtlichen Entwicklungsstufen resultierenden Konflikte aufgelöst wurden, konnten wir die Schicksale ihrer Omnipotenz zurückverfolgen.

## Entwicklung

Auf der Grundlage der allgemeinen Erfahrung und der Ergebnisse der Säuglingsbeobachtung können wir einen zufriedenen, freudigen affektiven Dialog der »hinreichend guten« Mutter-Säugling-Dyade beschreiben. Die »hinreichend gute« Mutter ist in der Lage, sich ihrem Baby hingebungsvoll zu widmen, während der »hinreichend gute« Säugling von Geburt an differenziert auf die realen markanten Merkmale seiner Betreuungspersonen reagieren kann. Das Neugeborene besitzt eine angeborene Fähigkeit, vorprogrammierte empathische Reaktionen in der Bezugsperson zu wecken. Dies setzt ein komplexes Transaktionssystem zwischen dem Kind und der Mutter in Gang, in dem die Bindung durch »kontingente Reaktionen der Mutter« gefördert wird (Demos, 1985, S. 556; Silver 1985). Die Herstellung eines solchen Bindungssystems kann

---

[2] Die analytischen Daten, die als Grundlage für unsere Arbeit über den Masochismus dienten, bestanden aus sechs von 111 indizierten Fällen, die am Anna Freud Centre behandelt wurden, aus fünf weiteren Fällen am Anna Freud Centre, aus elf Fällen am Centre for Research in Adolescence sowie aus neunzehn Fällen von Kindern, Heranwachsenden und Erwachsenen, die von den Autoren privat behandelt wurden. All diese Patienten entsprachen unserer Definition der masochistischen Störung und wurden in Analysen mit vier bis fünf Wochenstunden behandelt.

durch zahlreiche Faktoren beeinträchtigt werden. Koliken, körperliche Krankheit oder Behinderung des Säuglings sowie Depression, Angst, Psychose oder innerer Rückzug der Mutter können zu Unterbrechungen der lustvollen Interaktionen zwischen Mutter und Kind führen. Die frühe Kindheit der schwer masochistischen Patienten, die wir untersucht haben, war von Geburt an durch massive Störungen der Lustökonomie belastet. In vielen Fällen konnte dies überhaupt erst durch eine lange, schmerzliche, frustrierende und verwirrende Interaktion zwischen Patient und Therapeut rekonstruiert werden, in deren Rahmen der Analytiker in eine Position gedrängt wurde, in der er sich hoffnungslos, inkompetent und ineffizient fühlte. Dies war häufig der erste Hinweis auf eine biographische Vorgeschichte, die für die Bildung eines Allmachtswahns relevant war.

Normalerweise wird die reale Fähigkeit des Kindes, eine angemessene Reaktion in der Mutter hervorzurufen, zur Grundlage seiner Gefühle der Kompetenz, Effektanz und eines realistischen positiven Selbstwertgefühls. Die Fähigkeit der Mutter-Kind-Paares, unvermeidliche Brüche in der empathischen Bindung zu reparieren, ist eine ebenso wichtige Quelle für Kompetenzgefühle und Selbstachtung. Ein Spektrum positiver Gefühle von Zufriedenheit bis lustvoller Freude wird mit diesen kompetenten Interaktionen assoziiert und initiiert, bestärkt und kennzeichnet die empathische Interaktion. Somit hängt Lust von der Fähigkeit beider Partner ab (und wird von ihr reguliert), den Anderen realistisch wahrzunehmen und mit ihm zu reagieren. In dieser Interaktion können beide Beteiligte erleben, welche Wirkung sie auf den Anderen ausüben. Als unsere Patienten Säuglinge waren, waren ihre angeborenen Fähigkeiten, die benötigten Reaktionen hervorzurufen, häufig ineffektiv. Alle masochistischen Patienten wurden vorübergehend geliebt und umsorgt, jedoch auf eine Art und Weise, die ihr Vertrauen in die eigene Fähigkeit, eine Reaktion auszulösen, untergrub. Ihre großen Augen trafen nicht auf den bewundernden, freudigen Blick der Mutter, sondern begegneten einer leeren, depressiven Trostlosigkeit. Ihre Mütter lächelten nur, wenn sie aus ihrem depressiven Zustand oder ihrer Angst auftauchten und ihnen nach einem Lächeln zumute war, nicht jedoch in Reaktion auf das Lächeln des Kindes. Die einzige Konstante in ihrem Leben voller Unberechenbarkeit war die Erfahrung des Spektrums der Reizbarkeit. Auf diese Art und Weise assoziierten diese Patienten ihre Mütter schließlich mit Schmerz, wie Glenn (1984) und Valenstein (1973) es beschrieben haben. So erklärte ein Patient: »Unglücklichsein ist der Geruch von Zuhause.«

Unter dem Einfluss solch extremer und häufiger Enttäuschungen wendeten sich diese Patienten in frühester Kindheit von ihren angeborenen Fähigkeiten, effektiv mit der realen Welt zu interagieren, ab und setzten stattdessen das Erleben von ohnmächtiger Wut und Schmerz ein, um auf magische Art und Weise ihre chaotischen Erfahrungen vorherzusagen und zu kontrollieren. Weil es ihnen nicht gelang, dank ihrer realitätsorientierten Fähigkeit eine empathische Anpassung herbeizuführen, waren die Kinder gezwungen, sich in eine imaginäre Welt zu flüchten, in der Sicherheit, Bindung und omnipotente Kontrolle auf magische Weise mit Schmerz assoziiert waren.

Die frühe Kindheit ist eine Phase, in der sich dem Kind mehr und mehr Gelegenheiten bieten, seine Fertigkeiten und Kontrollfähigkeiten zu entwikkeln und zu praktizieren, da es ihm zunehmend besser gelingt, Spannungszustände zu regulieren, seine Nahrung selbständig zu sich zu nehmen und sich anzuziehen; es lernt, sich selbst zu schützen, und erlangt Kontrolle über seine Ausscheidungsvorgänge. Die Fähigkeiten der Eltern, Selbstbehauptungsimpulse in angemessene Kanäle zu lenken und Aggression zu absorbieren (Furman, 1985; Orgel, 1974), sind entscheidend für das wachsende Vertrauen des Kleinkindes in seine neu erlangten Fähigkeiten und für seine Lust an ihnen. Unsere masochistischen Patienten traten nicht nur mit wenig Vertrauen in ihre eigenen Fähigkeiten ins Kleinkindalter ein; auch weitere Gelegenheiten zu kompetenter Interaktion wurden abgeblockt und frustriert. Da Selbstbehauptungsstrebungen von den Eltern als aggressiv erlebt und interpretiert wurden und Kanäle für eine angemessene Aggressionsabfuhr nicht zur Verfügung gestellt wurden, wurde das frustrierte Kind in der Tat aggressiv. Bemühungen, Selbstvertrauen zu erwerben, wurden von den Müttern als Trotz und Machtkampf erlebt. Die Externalisierungen und die physische Intrusivität der Mütter verwehrte es diesen Kindern, ein Gefühl der Kontrolle über den eigenen Körper und das Gefühl zu entwickeln, ihn zu besitzen.

Im Kleinkindalter der masochistischen Patienten führten aversive oder ärgerliche Reaktionen auf die fehlende Empathie der Mutter zu einer Spiral aus Wut, Schuldgefühlen und Schuldzuweisung, so dass diese Kinder am Ende das omnipotente Gefühl entwickelten, für den Schmerz, Ärger, die Hilflosigkeit und die Unzulänglichkeit der Mutter verantwortlich zu sein. Die Intensität der Wut beider Beteiligter war eine konstante Bestätigung der Allmacht, und da die Mutter so empfunden wurde, als besitze sie den Körper und die Psyche des Kindes, wurden Angriffe auf das Selbst zur mächtigen Waffe für Angriffe auf die Mutter. Das anhaltende Versagen seitens der Mutter, das angemessene Bedürfnis des Kindes nach Kompetenzinteraktion zu befriedigen, weckten in diesem ein Gefühl intensiver, ohnmächtiger Wut, das durch omnipotente Phantasien der Kontrolle, Errettung und potentiellen Zerstörung abgewehrt wurde.

Das allmähliche Gewahrwerden, dass es mysteriöse elterliche Aktivitäten gibt, von denen es ausgeschlossen ist und an denen teilzunehmen es nicht fähig ist, stellt für jedes Kinder eine narzisstische Kränkung dar. Die Kinder jedoch, die mit einer positiven Selbstachtung in die ödipale Phase eintreten können – weil sie durch effektive Interaktionen mit der realen Welt Kompetenzgefühle erwerben konnten –, fühlen sich durch die ödipale Enttäuschung nicht völlig vernichtet. Sie haben das besitzergreifende Anklammern an die Mutter überwunden und sind fähig, auf freudige Weise mit dem Vater, mit anderen Erwachsenen, Geschwistern und Altersgenossen zu interagieren. Sie freuen sich an körperlichen und kognitiven Aktivitäten und sind stolz darauf, gehen in ihren Phantasiespielen auf und können sich über längere Zeiträume allein amüsieren. Ihre Fähigkeit, infantile Wünsche abzuwehren und aufzugeben, erzeugt eine innere Unterscheidung zwischen zurückgewiesenen Babywünschen aus der Vergangenheit und erwachseneren aktuellen und zukunftsorientierten Wünschen des Vorschulkindes; das heißt, den Kindern wird bewusst, dass sie »groß werden« und sich auf einem Wege fortschreitender Entwicklung befinden (A. Freud, 1965, 1970). Mit einem solchen Gefühl kann das Kind anfangen, Befriedigungen aufzuschieben, sich zu fügen und den Gedanken zu akzeptieren, dass ödipale Wünsche in verschobener Form in der Zukunft befriedigt werden können. Kerry K. Novick (1988) hat in einem Beitrag über Schwangerschaft und Kindererziehung die Fähigkeit eines kleinen Mädchens illustriert, die ödipale Niederlage und Erniedrigung zu verarbeiten, indem es eine adaptive Verschiebung von einem Schwangerschaftswunsch hin zu dem Wunsch, Kinder aufzuziehen, vornahm und dies in Puppenspielen mit Altersgenossen umsetzte. Die Empathiefähigkeit der Mutter und die sensible gemeinsame Reparatur unvermeidlicher Kontaktunterbrechungen sind in der ödipalen Phase weiterhin mindestens ebenso wichtig wie zuvor. Die Eltern müssen ihr Kind vor übermäßiger Erregung schützen; sie setzen angemessene Grenzen und vermitteln sexuelle Information zum rechten Zeitpunkt und in einer Form, die das Kind aufnehmen kann. Die liebevolle Achtung, die die Eltern dem Kind und einander entgegenbringen, unterstützt die Modifizierung der aggressiven kindlichen Sexualtheorien, die alle Kinder aufgrund ihrer eigenen körperlichen Erfahrungen entwickeln. Für normale Kinder ist die Versagung ihrer ödipalen Wünsche deshalb zwar schmerzhaft, jedoch nicht traumatisch, sondern dient als Ansporn für den weiteren Entwicklungsfortschritt.

Masochistische Patienten hingegen besaßen als Kleinkinder kein Polster der Selbstachtung und hatten auch keine verlässlichen Erwachsenen, an die sie sich wenden konnten. Diese Kinder waren in einer exklusiven und angsterfüllten Bindung an die Mutter gefangen, weil nur sie ihre Sicherheit und ihr Überleben zu garantieren schien. Die Väter waren üblicherweise abwesend oder allzu gestört, um als alternative Objekte zu dienen. Der ödipale Ausschluss, der die Anerkennung der realen körperlichen Unterschiede zwischen den Geschlechtern sowie zwischen Kindern und Erwachsenen erzwingt, wurde als ein weiteres Unvermögen erlebt, als Unfähigkeit, Objekt zu der gewünschten Reaktion zu veranlassen, und belebte alle früheren Momente des Scheitern neu, so dass das Kind hilfloser Panik und Wut ausgeliefert war. Lichtenberg (1989) hat die kindliche »aversive Reaktion« auf schmerzliche Erfahrungen beschrieben; in späteren Phasen wendet es sich im Zorn von der Mutter ab. Dieser Flucht oder Abkehr entspricht eine innere Repräsentanz, die zum Vorläufer der Verleugnung der schmerzhaften Realität wird. Für unsere masochistischen Patienten war die Verleugnung ein überaus wichtiger Abwehrmechanismen. Sie wurde durch eine omnipotente Phantasie aufrechterhalten, in der alles Schmerzhafte in ein Zeichen für besondere Gunst, für Einzigartigkeit und magische Kraft verwandelt wurde. Unangemessener körperlicher Umgang mit dem Kind, etwa das häufige Verabreichen von Einläufen, häufige Reinigung und Kontrolle von After und Fäzes, Baden und Waschen des Genitalbereichs, das Schlafen mit dem Schulkind in einem Bett, wurde in der Phantasie in einen triumphalen ödipalen Sieg verkehrt, in ein Zeichen der Allmacht der kindlichen Forderungen und seiner Macht, die Mutter zu zwingen, alle seine Bedürfnisse zu befriedigen.

Die zusätzlichen Informationen, die uns über die Schwierigkeiten der Eltern der von uns behandelten Kinder zur Verfügung standen, bestätigten, dass die Eltern weder Grenzen setzen noch unangemessene Forderungen verweigern konnten. Rubinfine (1965) hat die Ansicht vertreten, dass solche Eltern unfähig seien, die kindliche Aggression zu begrenzen und zu containen, ein Aspekt, der durch unser Material reichlich Bestätigung fand und auch mit den Rekonstruktionen übereinstimmt, zu denen Chasseguet-Smirgel ([1985] 1981) und ihre Kollegen in der Behandlung erwachsener Patienten gelangten. Chasseguet-Smirgel beschrieb »die sehr häufig verführerische Haltung und die Komplizenschaft der Mutter dem Kind gegenüber« (S. 19f.).

Eine Vielzahl komplexer Faktoren trägt in der phallisch-ödipalen Phase dazu bei, den Masochismus zu intensivieren, mit Libido zu besetzen und zu organisieren. Wir betonen hier jedoch lediglich jene Faktoren, die für den Aspekt der Allmacht relevant sind. Die Kollusion der Bezugspersonen mit dem kindlichen Bedürfnis, den ödipalen Ausschluss zu verleugnen, bestätigt nicht nur das Gefühl omnipotenter Macht, sondern fügt ihm eine neue Qualität hinzu, die zum Maßstab für alle weiteren Errungenschaften wird. Der omnipotente ödipale Triumph scheint schnell und mühelos; deshalb wird fortan jede Leistung, die Zeit und Mühe erfordert, abgewertet. Die Überzeugung, dass alles leicht gehen müsse, wird zur wichtigen Komponente bei der Bildung des Ich-Ideals und bildet ein Körnchen Wahrheit in der Latenzphantasie, dass es tatsächlich eine Zeit gegeben habe, in der alle Wünsche sofort befriedigt wurden und Mutter und Kind wirklich eine »purifiziert Lustdyade« waren (siehe 12. Kap.). Smith (1977) nannte dies die »Goldene Phantasie« und zeigte, wie sie sich auf verschiedenerlei Weise als signifikanter Widerstand in der Behandlung manifestieren kann.

Auch für das glücklichste Kind ist der Übergang zur Latenz schmerzhaft und schwierig, weil es auf infantile Objekte und Wünsche verzichten, Abwehrmechanismen entwickeln, Kontrollen internalisieren und Verantwortung für ein weitaus größeres Spektrum an Aktivitäten übernehmen muss. Die Latenz ist die Zeit, in der das Kind sich erfolgreich darin üben kann, die endlosen Möglichkeiten von Kompetenzinteraktion in der realen Welt zu genießen. Noch unter dem Eindruck der schmerzlichen ödipalen Niederlage entwickelt das normale Kind Phantasien von Ehre und Ruhm, um die Kluft zwischen seinem realen und seinem idealen Selbst zu schließen. Solche Tagträume führen das Kind zurück zur Kompetenz als Quelle der Lust und Selbstachtung. Lust wird nicht nur bei Leistungen erleben, sondern auch bei der Übung solcher Ich-Funktionen, die Leistung ermöglichen, das heißt, das Arbeiten wird ebenso lustvoll wie der Lohn. So entwickelt das Kind durch diese Kompetenzinteraktionen Sublimierungen, die adaptivste und gratifizierendste Abwehr, die uns zur Verfügung steht.

Keiner der masochistischen Patienten, die wir beobachten konnten, hatte eine normale Latenzphase durchlaufen. Auch Patienten, die beachtliche Leistungen aufzuweisen hatten, fanden daran wenig Freude. Die wichtigen Aufgaben der Latenz, nämlich die Internalisierung von Kontrolle und von Quellen der Lust, wurden nicht bewältigt; Gelegenheiten, infantile Wünsche in akzeptable Sublimierungen zu transformieren, blieben ungenutzt. Für diese Kinder bestand die Lücke nicht zwischen dem realen und dem idealen Selbst, sondern zwischen der realen und der idealen Mutter-Kind-Beziehung. Phantasien waren nicht darauf gerichtet, die realen Fähigkeiten des Selbst voranzutreiben, sondern den Schmerz und die Unangemessenheit der Mutter-Kind-Beziehung zu leugnen und zu transformieren. Unfähig, mit Hilfe ihrer realen Fähigkeiten angemessene Reaktionen in der Mutter auszulösen, fielen diese Kinder zurück in omnipotente Kontrollphantasien, um ihre Selbstachtung aufrechtzuerhalten.

In *Totem und Tabu* (1912–13a) erklärt Freud, dass er die Bezeichnung »Allmacht der Gedanken« von einem »an Zwangsvorstellungen leidenden Mann« übernommen habe, und erläutert: »Der Fortbestand der Allmacht der Gedanken tritt uns bei der Zwangsneurose am deutlichsten entgegen« (S. 106). Er bezog sich auf den »Rattenmann« (Freud, 1909d), und es ist interessant zu sehen, dass der schwere Ausbruch der Zwangsneurose bei diesem Patienten ebenso wie beim »Wolfsmann« (Freud, 1918b [1914]) in der Latenzphase stattfand. Beide Fälle weisen interessante Parallelen zur Vergangenheit und Symptomatik unserer masochistischen Patienten auf. Wir wissen, dass der »Wolfsmann« eine fixierte Schlagephantasie hatte (Blum, 1974); der »Rattenmann« hatte zwanghafte Suizidimpulse, die er kaum meistern konnte. Interessant wäre die Untersuchung der Verbindung zwischen Zwangssymptomen und Masochismus. Eine Verbindung scheint in dem Allmachtswahn zu bestehen, der sich bei unseren Patienten in einer primitiven Religiosität und damit zusammenhängendem zwanghaften Denken zeigte. Viele der Kinder waren ursprünglich überwiesen worden, weil sie geärgert und schikaniert wurden; sie waren sehr gehemmt und wiesen eine Fülle zwangsneurotischer Rituale und Symptome auf. Die Zwanghaftigkeit stellte den Versuch dar, die als allmächtig erlebten Wutgefühle und Todeswünsche abzuwehren. In vielen Fällen beinhaltete die Zwanghaftigkeit eine »Abmachung« mit Gott. Dafür, dass Gott die Mutter oder den Vater leben ließe, versprach das Kind, auf eine besondere, üblicherweise schmerzhafte Art und Weise etwas zu tun oder zu sagen. Das Ritual beinhaltete häufig auch ein Opfer; mehrere Kinder boten Gott an, ihm ihr eigenes Leben oder etliche Lebensjahre zu schenken, damit er im Gegenzug einen Elternteil oder beide Eltern am Leben erhalte. Viele unserer erwachsenen masochistischen Patienten beschrieben eine ähnliche Zwanghaftigkeit in der mittleren Kindheit. Im Falle der Kinder fielen diese zwangsneurotischen Mechanismen schon bald nach Beginn der Behandlung in sich zusammen und wurden von einer überwältigenden Wut überschwemmt.

Die offensichtliche Diskrepanz zwischen dem wilden Verhalten der Kinder und dem relativ gut funktionierenden oder überkontrollierten Verhalten erwachsener masochistischer Patienten, das in der Literatur beschrieben wird, verschwindet, wenn wir die Latenz unserer erwachsenen masochistischen Patienten untersuchen. Wie bereits erwähnt, beschrieben die erwachsenen Patienten eine ähnliche Zwanghaftigkeit für das mittlere Kindesalter, schilderten ihre Kindheit darüber hinaus aber auch als eine Zeit, in der sie unschuldige Opfer waren und von Altersgenossen, Geschwistern und Erwachsenen unfair behandelt wurden. Unserer Ansicht nach wird in vielen Fällen das Bild der Kindheit durch die Kraft der erwachsenen masochistischen Phantasie geformt, für die es notwendig ist, dass die Patienten als unschuldiges Opfer eines sadistischen Angriffes gesehen werden. Die Realität ihrer Latenz hatte wahrscheinlich große Ähnlichkeit mit der Latenzphase jener Kinder, die im Schulalter in Analyse kamen und bei denen zwangsneurotische Rituale mit wildem Verhalten und feindseligen Gedanken wechselten.

Die Literatur über Re-Analysen bestätigt diese Sichtweise. Tyson (Panel, 1983) berichtete von der Analyse eines 28jährigen Studenten, der depressiv wirkte, in seiner Beziehung zu einer Frau blockiert war und seine Dissertation nicht fertig stellen konnte. Er gab sich häufig für alles Schlechte die Schuld.

Sylvia Brody hatte ihn als Kind analysiert. Beim Lesen des Fallberichts fiel ihr auf, dass der Patient mit keinem Wort seine extreme Impulsivität in der Kindheit erwähnt hatte. Die Mutter-Kind-Beziehung war schwierig gewesen, und er hatte schon früh Verhaltensstörungen gezeigt. Er war wild, unkontrolliert, gierig, sadistisch und ein Bettnässer. Im Kindergarten gaben psychologische Tests zu erkennen, dass seine Impulsivität in eine Psychose ausarten könnte. Ähnliches berichtete Ritvo (1966) über die Re-Analyse von Frankie, den er als zurückgezogenen, freudlosen Erwachsenen mit schweren Einschränkungen der Liebesfähigkeit und einer Fixierung auf seine infantile Beziehung zur Mutter beschrieb. Bornstein (1949), die ihn als Kind analysiert hatte, berichtete, dass Frankie regelmäßig in wildes, unkontrolliertes Verhalten verfiel, andere Menschen attackierte und schrie: »Fass mich nicht an, ich ergebe mich!«

Eine weitere Entstellung der Erinnerung, die bei unseren erwachsenen Patienten durch die masochistischen Phantasien bewirkt wurde, bewirkte, dass sie ihre Kindheit rückblickend gerne düsterer sahen, als sie vermutlich gewesen war. Wie bereits erwähnt, waren ihre Eltern mitunter, wenn auch nur vorübergehend und in Reaktion auf ihre eigenen Bedürfnisse statt auf die des Kindes, fürsorglich und gütig. Dies beraubte die Kinder der Erfahrung der Effektanz, bot jedoch eine gewisse Quelle libidinöser Zufuhr. Trotz der Unfähigkeit der Patienten, ihre Leistungen tatsächlich als eigene zu sehen, zeigten viele von ihnen bemerkenswerte Fähigkeiten und Talente, an denen sie sich aber kaum erfreuen konnten. Der wichtigste Aspekt in diesem Zusammenhang ist der, dass diese Patienten während ihrer Latenz so fest in einem magisch allmächtigen System verankert waren, dass sie jede Leistung, jede Begabung oder positive elterliche Handlung auf ihre Allmacht und nicht auf Arbeit zurückführten. Daher wurde die Arbeit, wie zuvor betont, gering geschätzt, ihre Wirksamkeit verleugnet und Leistungen nur daran gemessen, wie leicht andere gezwungen werden konnten, die Arbeit zu tun. Wenn solche Werte und Ziele im Ich-Ideal konsolidiert waren, wirkte sich dies in spezifischer Weise auf das Arbeitsbündnis in der Behandlung aus. Bei unseren erwachsenen masochistischen Patienten zeigte sich entweder, dass sie nur widerstrebend arbeiteten oder sich scheinbar ungemein bemühten, ohne dass Wesentliches dabei herauskam, oder dass sie die Arbeit zu pervertieren und den Analytiker zu verführen versuchten, alle Arbeit alleine zu tun. All diese hartnäckigen Formen des Widerstandes resultieren teils aus dem Allmachtswahn, der operierte, als sich in der Latenz jene Persönlichkeitsanteile herausbildeten, die das Selbstwertgefühl regulieren. Als Ausdruck omnipotenter Kräfte repräsentierten Leistungen dann auch den zerstörerischen, vernichtenden Triumph über andere, so dass sie häufig Hemmungen und ein Verhalten nach sich zogen, das Bestrafung provozieren sollte.

Für Kinder, die in der Latenz und bis in die Adoleszenz hinein analysiert wurden, repräsentierte die Bildung der masochistischen Phantasie eine Leistung, eine Alternative, die dem Agieren in Form von Suizid oder einem anderen selbstzerstörerischen Verhalten vorzuziehen war. Ein lebendiges Beispiel für die Regression von dieser Position findet sich in Blums (1980) Beschreibung eines Patienten, der akut paranoid wurde, als er seine Schlagephantasie nicht länger aufrechterhalten konnte. Die masochistische Phantasie folgte bei den Jungen als organisierte, bewusste Masturbationsphantasie der ersten Ejakulation. Die bewusste Phantasie hatte eine stabilisierende Wirkung; während der frühen Adoleszenz konnte vorübergehend ein angemessenes Funktionieren aufrechterhalten werden. Jeder unserer masochistischen Patienten hatte jedoch — unabhängig davon, ob er als Kind oder Erwachsener behandelt wurde — eine extrem gestörte späte Adoleszenz. Die Sequenz der manifesten Pathologie folgte üblicherweise der Unfähigkeit, sich von der Mutter zu trennen, fußte jedoch auf dem Scheitern an Aufgaben der früheren Adoleszenz, nämlich der Inbesitznahme des eigenen Körpers und der Integration der reifen Sexualität ins Selbstbild (Laufer und Laufer, 1984). Eine psychoanalytische Untersuchung der Suizidsequenz bei einer Gruppe von Teenagern (siehe 8. Kap.) zeigte, dass in jedem Fall eine bewusste Allmachtsphantasie vorlag: Die Phantasie, durch die Selbstzerstörung alle Wünsche befriedigen zu können. Weitere Studien könnten die Hypothese überprüfen, dass sich die erwachsene Form der masochistischen Phantasie mit ihrer Omnipotenzkomponente erst in der Adoleszenz konsolidiert.

Zur masochistischen Phantasie gehört mehr als die Allmacht, aber der Allmachtswahn stellt einen notwendigen Bestandteil dar. Der klassischen Sichtweise zufolge wird das Kind durch das Scheitern der Omnipotenz gezwungen, sich der Realität zuzuwenden. Unserer Ansicht nach zwingt das Scheitern an der Realität das Kind, sich auf omnipotente Lösungen zu verlassen. Kompetenz wurzelt in der Abstimmung zwischen den kindlichen Signalen und den Reaktionen der Mutterfigur. Wiederholte misslungene Abstimmungen sind frustrierend, und führen, wie die Säuglingsforschung gezeigt hat, schon bald zum Ausdruck von Hilflosigkeit und Verwirrung (Papousek und Papousek, 1975). Schon nach dem ersten Lebensmonat lässt sich beobachten, dass ein solches Scheitern der Abstimmung Signale des Unbehagens oder psychischen Schmerzes nach sich zieht, denen schon bald Zeichen des Ärgers folgen, etwa die Abwendung des Blickes. Danach folgt die Verleugnung der Schmerzquelle; diese Verleugnung wird durch die Transformation des Schmerzes aufrechterhalten, der zunächst in ein Zeichen der Bindung verwandelt wird und daraufhin zusätzlich in ein Zeichen der Besonderheit und unbegrenzten zerstörerischen Kraft und schließlich in ein Zeichen der absoluten Ebenbürtigkeit mit den ödipalen Eltern und der allmächtigen Fähigkeit, die Eltern zur Befriedigung aller infantilen Wünsche zwingen zu können. Bis zum Schulalter hat sich das magische Omnipotenzssystem konsolidiert, und die Möglichkeit eines alternativen Systems der kompetenten Interaktion mit der Realität wird vom Kind untergraben, weil es jede reale Leistung auf omnipotentes magisches Verhalten zurückführt.

In der Latenz kann dieser Allmachtswahn aufrechterhalten werden, doch in der Adoleszenz wird es immer schwieriger, die Realität zu leugnen, ihr auszuweichen oder sie zu entstellen, ohne zu eskalierenden selbstzerstörerischen Verhaltensweisen zu greifen, die Jugendliche unter Umständen einsetzen, um ihre brüchig werdende Allmachtsphantasie zu stützen. Wenn der Patient bereits einen Selbstmordversuch unternommen hat, wird er sich unter Umständen viele Jahre an die Möglichkeit einer solchen omnipotenten Tat klammern. Es ist sogar zu bezweifeln, dass sie jemals vollständig aufgegeben wird. In der letzten Woche einer erfolgreichen achtjährigen Analyse berichtete der adoleszente Patient, dass »alte Gefühlen und Gedanken wieder hochkämen«. Sie bezogen sich auf den beinahe tödlichen Autounfall, aufgrund dessen er ursprünglich zur Behandlung gekommen war.

Die Analyse masochistischer Heranwachsender zeigt, dass die größte Bedrohung für das Allmachtssystem die Erfahrung von Kompetenz und Lust ist, insbesondere in getrennten, geschlechtsspezifischen Aktivitäten der Erwachsenen wie der genitalen Sexualität. Die Lust hat keinen Platz im Allmachtssystem, außer als geheimer Aspekt des sadistischen Triumphes, und bewirkt, dass sich der Masochist — wie ein Patient es formulierte — fühlt »wie ein Ruderboot, das ins Meer gestoßen wird«. Er fühlt sich normal und nicht länger »besonders«. Erwachsene Lustgefühle bedrohen die seit langem aufrechterhaltene Verleugnung der Unterschiede zwischen Kindern und Erwachsenen und öffnen die Tore für primitiven Neid und ohnmächtige Wut. Die Adoleszenz ist eine Zeit des Abschieds, und die notwendige Aufgabe, auf infantile Objekte und Wünsche zu verzichten, stellt einen schmerzhaften und mühlseligen Prozess dar. In der Behandlung ist der masochistische Patient immer wieder mit der Aufgabe konfrontiert, auf sein omnipotentes Selbst zu verzichten. Ein Hauptwiderstand gegen Veränderung und gegen eine Beendigung der Analyse ist das Bedürfnis, sich bis zum Schluss an eine Illusion der Allmacht zu klammern. Es reicht nicht aus, die Determinanten des Masochismus auf jeder Ebene zu bearbeiten und sie durchzuarbeiten, solange nicht der rote Faden des Allmachtswahns bis zu seinen Wurzeln zurückverfolgt wird und der Patient beginnen kann, ein alternatives System der Befriedigung durch kompetente Interaktion aufzubauen.

In diesem Abschnitt haben wir versucht, die Entwicklung von Phantasien destruktiver Omnipotenz zu beschreiben und zu zeigen, dass ein solcher

Allmachtswahn sowohl zur Abwehr gegen Gefühle hilfloser Wut und Demütigung dient als auch eine Quelle pathologischer Selbstachtung darstellt. Als solcher trägt er zum Widerstand des Masochisten gegen eine Veränderung durch Erfahrung oder Analyse bei. Diese Schlussfolgerung steht im Einklang mit der Betonung der narzisstischen Elemente des Masochismus (Bergler, 1949; Cooper, 1984, 1986, 1988; Eidelberg, 1934 [Panel, 1956], 1958, 1959; Freud, 1919e, Lampl-de Groot, 1937). Wir halten diesen Aspekt jedoch nur für eine von vielen Funktionen der masochistischen Störung.

Dies ist eine vorläufige Beschreibung der Epigenese der Allmacht und ihrer Beziehung zum Masochismus. Als solche sollte sie anhand von klinischem Material überprüft werden, und wir rechnen damit, dass dies zu weiteren Modifikationen des Modells führen wird. Wir haben dieses Modell des überdeterminierten Masochismus und der Allmacht auf die Arbeit mit Kindern, Heranwachsenden und Erwachsenen angewendet. In neueren Arbeiten haben auch andere Autoren die Anwendung des Modells beschrieben, und zwar auf die Analyse einer schweren masochistischen Perversion (Wurmser, 1990, 1993), auf die stationäre Behandlung von Frauen mit Ess-Störungen (Lerner, 1993), auf multiple Persönlichkeitsstörung (Lerner und Lerner, 1995), auf die Analyse zweier Fälle von neurotischer Depression (Blos, 1991), auf das Verständnis der Depression (Markson, 1993), auf die Arbeit mit Patienten, die sich selbst verstümmeln (Daldin, 1988), auf die Literaturkritik (Hanly, 1993) und auf Darbietungsprobleme von Musikern (Nagel, 1994, 1995). Offen bleibt jedoch die Frage, ob diese Formulierung des Masochismus nur auf ein Segment des diagnostischen Spektrums anwendbar ist, insbesondere auf die schwerer gestörten Masochisten wie etwa Individuen mit sadomasochistischer Persönlichkeitsstörung (Kernberg [Panel, 1991a]; Maleson [Panel, 1991a], Simons, 1987). Cooper fasste das Panel über Sadomasochismus 1991 dahingehend zusammen, dass der nosologische — im Gegensatz zum dynamisch-ökonomischen — Ansatz illustriert wurde. Unsere Konzeptualisierung des Masochismus setzt eine zugrunde liegende Dynamik voraus, die allen Formen der masochistischen Pathologie gemeinsam ist.

## Behandlung

Bei erwachsenen Patienten stellen die Omnipotenzabkömmlinge sämtlicher Entwicklungsphasen, die eine wichtige Komponente zur masochistischen Phantasie bilden, während der gesamten Analyse eine Hauptquelle des Widerstandes dar. Zu Beginn der Behandlung ist der Widerstand gegen das Eingeständnis und die Verbalisierung aggressiver und libidinöser Triebabkömmlinge bei einem breiten Patientenspektrum feststellbar. Bekannte Gründe hierfür sind Schuldgefühle, Angst und Scham. Der masochistische Patient aber entwickelt zusätzliche Angst- und Schuldgefühle aus der tiefen Überzeugung, dass diese Impulse allmächtig seien und in der Realität zur Zerstörung des Objekts oder des Selbst führten.

*Frau T. war eine schlanke, blasse, geschiedene Dreißigjährige, die aufgrund von drei schweren Selbstmordversuchen den größten Teil ihrer Adoleszenz im Krankenhaus verbracht hatte. In Zeiten von Stress hörte sie auf zu essen, rupfte sich büschelweise Haare aus und glaubte, an jedem Menschen, dem sie begegnete, Zeichen der Feindseligkeit zu entdecken. In einer frühen Phase der Analyse schwankte sie zwischen hilflosen Tränen und selbstgerechter Wut. War die Wut gegen den Analytiker gerichtet, so umklammerte Frau T. ihren Körper, biss die Zähne zusammen und schlug sich zuweilen auf die Oberschenkel, statt über ihren Zorn und seine Ursachen zu sprechen. Der Analytiker griff ihre Befürchtung auf, ihr Ärger sei so mächtig, dass niemand sie aufhalten könne. Frau T. erklärte daraufhin, sie sei in der Tat mächtig, sie habe ihre Mutter in den Selbstmord getrieben und wenn sie nur wolle, könne sie die Couch hochheben und durchs Fenster werfen. Frau T. benutzte diese Phantasie eines allmächtigen Selbst, um panische Angst und Hilflosigkeit abzuwehren und den Analytiker in der Übertragung sowie die Geisteskrankheit ihrer Mutter, die sie in der Vergangenheit erlebt hatte, zu kontrollieren. In diesen frühen Sitzungen gab sie die reale Möglichkeit, eine Veränderung herbeizuführen, indem sie die Ursachen ihrer Wut untersuchte, preis, um die omnipotente, phantasierte Kontrolle über sich und den Analytiker aufrechterhalten zu können.*

In der mittleren Phase der Analyse — in der es zu bedeutsamen Veränderungen kommt — konzentriert sich der Widerstand auf die mit der Lust verbundene Gefahr und die damit einhergehende Bedrohung des Allmachtssystems. Dies ist nicht lediglich eine negative therapeutische Reaktion, das heißt ein durch Erfolg gewecktes Schuldgefühl. Es ist ein verzweifeltes Festklammern an den Schmerz. Der Schmerz ist der Affekt, der die omnipotente Abwehr aktiviert, Schmerz ist das magische Mittel zur Befriedigung aller Wünsche, und Schmerz rechtfertigt die allmächtige Feindseligkeit und Rache, die der masochistischen Phantasie innewohnen.

*Frau A. war ein Single von Mitte dreißig mit glänzendem Verstand und kam in Analyse, weil ihr Leben in beruflicher und persönlicher Hinsicht an einem toten Punkt angekommen zu sein schien. Es stellte sich schnell heraus, dass sie männliche Freunde, die eigentlich zu ihr passten, sowie männliche und weibliche Vorgesetzte zu negativen Reaktionen provozierte und damit die Möglichkeit des beruflichen Weiterkommens und einer dauerhaften Beziehung zunichte machte. Die ersten drei Jahre ihrer Analyse, zu der sie fünfmal pro Woche erschien, bestanden aus Beschwerden darüber, dass sie von jedermann falsch behandelt, eingeschätzt und verstanden wurde, einschließlich des Analytikers. Die masochistische Darstellung ihrer selbst als unschuldiges Opfer des Angriffes durch andere beinhaltete viele Elemente, einschließlich der Projektion ihrer eigenen feindseligen Impulse. Sie diente jedoch auf praktische Art auch als Bemäntelung ihrer allmächtigen, phantasmatischen Kontrolle über andere: Wenn sie die Richtung und die Auswirkung des Angriffes manipulierte, fühlte sie sich sicher und stark, immun gegen die angsterregende narzisstische Erniedrigung, die sie befürchtete, sobald sie es riskierte, sich selbst oder andere, so wie sie wirklich waren, zu sehen. Mit der Zeit übernahm sie eine gewisse Verantwortung dafür, wie Personen ihr gegenüber reagierten, und begann, sich anders zu verhalten. Positive Resultate stellten sich sowohl in ihrem beruflichen als auch in ihrem gesellschaftlichen Leben ein und standen im Einklang mit ihren außerordentlichen Fähigkeiten und ihrer Attraktivität. Als die Erfolge jedoch anhielten, begannen ihr Gesicht und ihr Körper ausgelaugt zu wirken, ihre Stimme wurde flach, und sie sprach davon, wieder einmal alles zerstören zu wollen. Sie sagte, sie fühle sich wie Aschenputtel im Schloss. Der schöne Prinz hatte sie geheiratet, es regnete Geschenke, aber mit jedem weiteren gestapelten Goldbarren fühlte sie sich schlechter; irgend etwas fehlte. Sie vermisste das zerrissene, dreckige, verknitterte Kleid, sie vermisste es, den bösen Stiefschwestern und der Stiefmutter dienen zu müssen, sie vermisste es, neben der Asche zu schlafen. Hier handelt es sich um die Umkehr des Themas der Aschenputtelgeschichte, in der die Erniedrigung und das Leiden im ersten Teil zur Errettung und zum freudigen Triumph des glücklichen Endes führen. In Frau A.'s Version ließ das glückliche Ende sie einsam und verletzlich werden. Sie sehnte sich nach der Sicherheit, dem Trost und der Macht, die sie aus der Opferposition bezogen hatte. All ihre Erfolge und die Lust, die sie über ihre Arbeit und ihre Beziehungen zu empfinden begann, machten sie verletzlich und hilflos und raubten ihr die Kontrolle. Sie sagte, die Lust hinge von anderen ab, aber das Elend liege ganz in ihrer Kontrolle. Ein Opfer zu sein — wie Aschenputtel — verlieh ihr ein Gefühl der Macht. In dieser Position war der Zorn gerechtfertigt und gab ihr das Recht zu tun, was immer sie wollte, insbesondere in der Übertragung, wo der Schmerz des Opfers sie an den Analytiker band, sie mit der masochistischen Übertragungsmutter vereinte, Wut auf ihre Mutter abwehrte und ihre Demütigung und das Gefühl, nicht geliebt zu werden, in einen Triumph darüber transformierte, auf jeder Entwicklungsstufe etwas Besonderes zu sein. An diesem Punkte der Analyse durchlebte Frau A. erneut die Wahl, der sie viele Male zuvor in ihrem Leben gegenüber gestanden hatte, wenn sie mit inneren und äußeren Bedrohungen ihres narzisstischen Gleichgewichts umzugehen versuchte. Die Aschenputtel-Phantasie repräsentierte eine omnipotente Abwehr zum Erhalt ihrer Selbstachtung. Die nächste Stufe bestand für sie darin, innerlich den Konflikt zwischen den konkurrierenden Quellen der Befriedigung, Lust und narzisstischen Befriedigung zu durchleben — zwischen der masochistischen Allmachtsphantasie einerseits und den der Realität angepassten, kompetenten Leistungen andererseits.*

Es dauert Jahre, um die vielen Determinanten und Funktionen des Masochismus durchzuarbeiten. Der Beginn einer Beendigungsphase trifft häufig auf Widerstand, weil – zumindest in der Behandlung – der Allmachtswahn aufrechterhalten werden soll.

*Herr M. begann seine Analyse damit, dass er sich auf die Couch legte und den Analytiker bat, ihn zu schlagen, um es hinter sich zu bringen. Er lebte in einem Zustand permanenten körperlichen und psychischen Schmerzes, und es gab nicht einen Lebensbereich, in dem er angemessen funktionierte. Zehn Jahre später war er nach allen üblichen analytischen und äußeren Kriterien soweit, die Behandlung zu beenden, weigerte sich aber noch jahrelang, wirklich aufzuhören. Er hielt sich für den ältesten Patienten des Analytikers und deshalb für seinen Liebling. Zudem waren die Opfer, die er brachte, um sich der Analyse zu unterziehen und seine Gefühle zu offenbaren, für das Wohlbefinden und das Glück des Analytikers unabdingbar. Wie er es schon in der Kindheit mit der depressiven Mutter getan hatte, so stellte er sich auch nun vor, den Zauberschlüssel zum Herzen des Analytikers zu besitzen – wie könnte er auch nur daran denken wegzugehen, wenn er so dringend gebraucht wurde? Er war der Ansicht, dass er für seine Probleme keine Analyse mehr brauche; dennoch gäbe es keinen Grund, eine Situation zu beenden, in der er es genoss, sich so wichtig zu fühlen, und von der Weisheit des Analytikers profitieren konnte. Er leugnete, dass ihn die Analyse ganz real Zeit und Geld kostete; da das Honorar über mehrere Jahre nicht angehoben worden war, schien es, als komme er umsonst. Auch wenn die Analyse ein Drittel seines Nettolohnes schluckte, hielt er sie wie die Kosten für Nahrungsmittel für eine notwendige, nicht zu vermindernde Ausgabe. Durch eine Spaltung seines Ichs mit gleichzeitiger Verleugnung und Anerkennung der Realität hatte der Patient seine Analyse in eine sadomasochistische Perversion verwandelt. Herr M's Glaube an seine entscheidende Bedeutung für den Analytiker stellte den roten Faden innerhalb seiner sadomasochistischen Phantasie dar, und er benutzte dieses Bild von seinem allmächtigen Selbst, um die hilflose Angst und Panik angesichts der Vorstellung, dem Analytiker nichts zu bedeuten, abzuwehren. Die Aufrechterhaltung seines*

*Allmachtswahns war für ihn wichtiger als der reale Preis, den es ihn finanziell und zeitlich kostete, in Analyse zu bleiben, oder als die Vergnügungen, die ihm dadurch entgingen. Trotz aller äußerlichen Fortschritte konnte die Beendigungsphase nicht beginnen, solange durch die Analyse nicht die Entwicklung eines inneren Konflikts zwischen den realistischen und den omnipotent-phantasmatischen Quellen seines Selbstwertgefühls gefördert und bearbeitet wurde. Sein Widerstand gegen die Vorstellung, auf die Beendigung hinzuarbeiten, ließ erst dann nach, als seine tiefen Ängste und seine Wut im Zusammenhang mit seiner frühen Beziehung zur Mutter nach und nach als omnipotente Abwehr gedeutet werden konnten.*

Wir haben zuvor bereits zwei verschiedene Systeme der Regulation des Selbstwertgefühls beschrieben. Jedes System beginnt in der frühesten Kindheit, verändert jede nachfolgende Phase und wird durch diese verändert. Das normale oder realitätsangemessene System beruht auf der durch die kompetente Interaktion des Säuglings mit der Mutterfigur gewonnenen Zufriedenheit und bildet sich zu einem ausgereiften, auf der Realität basierenden System heraus, in dem Handlungen innerhalb eines Kontextes der Prüfung und Anerkennung der Grenzen und Möglichkeiten des Selbst und der äußeren Welt eingeschätzt werden.

Das zweite System wird in Reaktion auf Erfahrungen von Hilflosigkeit, Frustration und Wut entwickelt und schließt den Wahn einer allmächtigen Kontrolle im Kontext einer sadomasochistischen Phantasie ein. Feindselige, Allmachtsphantasien entstammen unserer Ansicht nach diesen infantilen Wurzeln. Die anfängliche passive Erfahrung des dysphorischen Affekts wird bewältigt, indem sie in eine Phantasie triumphaler Macht transformiert wird. Der Allmachtswahn schließt die Vorstellung ein, dass das Individuum seinen Schmerz und sein Leiden zur Kontrolle der Handlungen und Gefühle anderer einsetzen könne sowie zur Verleugnung und Vermeidung von durch die Realität auferlegten Beschränkungen – Geschlechter- und Generationenunterschiede, das Verstreichen der Zeit und die Unvermeidlichkeit und Allgegenwart des Todes. Eines der Ziele unserer Behandlung besteht darin, dem Patienten zu helfen, sich des von ihm benutzten Systems bewusst zu werden, der Art und Weise ins Auge zu sehen, wie sein Allmachtssystem die Realität seiner Fähigkeiten und Leistungen zerstört, und schließlich zu erkennen, dass der Verzicht auf die Omnipotenz als Quelle der Selbstachtung ihn nicht mit nichts zurücklässt. Wenn der Patient durch kompetente, empathische und liebevolle Interaktionen mit anderen mühsam mit alternativen Quellen der Selbstachtung in Berührung kommt, taucht ein Konflikt zwischen den Systemen auf. An diesem Punkte beginnt die Analyse trotz der Tendenz zu häufigen Regressionen auf sadomasochistische Muster unter Umständen eher der Arbeit mit klassischen Neurosen zu ähneln.

Joyce McDougall (1985) unterschied zwischen libidinösen Problemen, bei denen das Individuum das Verbotene anstrebt, und narzisstischen Problemen, bei denen es das Unmögliche anstrebt. Sie beschrieb letzteres als den omnipotenten Versuch, die Gedanken und Handlungen anderer Personen zu kontrollieren, das Unbestreitbare zu leugnen, das Unvereinbare zu versöhnen, das Objekt zu zerstören und dennoch zu erhalten, zu sterben und dennoch ewig zu leben. Dem masochistischen Patienten zu helfen, die Unmöglichkeit seiner Omnipotenzphantasien zu akzeptieren, stellt ein großes und häufig unüberwindbares Hindernis bei der Arbeit dar. Masochistische Patienten sind überzeugt, dass ihnen nichts bleiben werde, wenn ihnen ihre Magie genommen wird. Shengold (1989a) beschrieb König Lears magische Erwartungen, das Unerreichbare zu erlangen und in seiner Tochter Cordelia seine vollkommene Mutter zu finden. Auf ihre Weigerung, seinen Omnipotenzansprüchen nachzukommen, antwortet er: »Aus nichts kann nichts entstehen.« Dazu Shengold: »Lear reagiert mit Hass und verstößt sie« (S. 230). Shengolds exzellente Erklärung folgt der klassischen Auslegung. Hinzuzufügen wäre, dass die Allmacht in Lear in Zusammenhang mit Gefühlen ohnmächtiger Wut angesichts des Todes wiederauflebte. Um die unerbittliche Macht der Zeit und des Todes zu verleugnen, gibt er seine reale königliche Macht aus der Hand. Die Gesamthandlung der Tragödie kann als fortgesetzter Versuch gesehen werden, die Anforderungen der Realität zu verleugnen. Mit der letztendlichen Akzeptanz wird er wieder zum reifen Mann, der den Wert dessen, was er hatte, begreift und die größere Macht der Natur und des Schmerzes durch unwiederbringlichen Verlust anerkennt. Shengold (1989a) hielt den Wandel mit den Worten fest:

> »In den bewegendsten Zeilen des Stückes – und vielleicht der gesamten Literatur – beklagt Lear die tote Cordelia. Durch seinen Verlust und sein Leiden hat er den vollen Sinn dessen, was es bedeutet zu lieben, erfasst und kann daher den Verlust als Mann statt als kleines Kind fühlen. Lear sagt zum Leichnam Cornelias: ›...thou'lt come no more, Never, never, never, never, never!‹
>
> Die fünffache Wiederholung des ›nothing‹ in der ersten Szene, voll von zerstörerischer Wut und Verleugnung, ist durch Liebe und Akzeptanz der tragischen Realität in die fünffache Wiederholung ›never‹ der letzten Szene verwandelt worden. Das wiederholte ›never‹ hämmert die schmerzliche Intensität und die panische Angst des irreversiblen Verlusts ein [...]« (S. 233).

So wie die Omnipotenz eine Abwehr darstellt, die die Beziehungen des Subjekts zu anderen aufrechterhält, wehrt die sadomasochistische Phantasie als ganze auch den vollständigen Rückzug von den Objekten in einen Zustand ab, den Krystal (1988) als »Alexithymie« bezeichnet hat und den Patienten häufig als »tot sein« charakterisieren. Dieser Zustand ist gefährlicher als der Masochismus, und deshalb können wir die Schwierigkeiten, mit dem masochistischen Charakter und dem omnipotenten Widerstand, den er hervorruft, umzugehen, vielleicht auch dem Überlebenswert zuschreiben, den er für den Patienten hatte.

## 4. Kapitel

# Postödipale Transformationen: Latenz, Adoleszenz und Pathogenese[1]

Die Piazza Signoria in Florenz ist ein wunderschöner Platz im Stile der Renaissance, umgeben von Palästen und gepflastert mit Steinen aus dem fünfzehnten Jahrhundert. In jüngster Zeit wurde die Schönheit für den Besucher jedoch durch Baugerüste und -zäune verdeckt. Bei Restaurationsarbeiten am Pflaster entdeckten Arbeiter mittelalterliche und römische Pflastersteine sowie Steine aus vorrömischer Zeit. Die Florentiner haben sich in Parteien gespalten, die allesamt versuchten, die größere Bedeutung einer der historischen Schichten gegenüber den anderen nachzuweisen. Im Rahmen einer Abendgesellschaft in den Hügeln über Florenz erhielten die anwesenden Psychoanalytiker eine wunderschön gravierte Einladung zu einer Demonstration, die die Restaurierung des Renaissance-Pflasters und die Überdeckung der anderen Schichten rechtfertigen sollte. Für Analytiker sind solche Kontroversen nichts außergewöhnliches, denn bestimmte Analytiker sind zu bestimmten Zeiten für die überragende Bedeutung spezifischer Entwicklungsphasen eingetreten. Es gibt die Ödipalisten und die Präödipalisten, unter ihnen Verfechter frühkindlicher Einflüsse oder der Entwicklungsaufgaben des Kleinkindalters wie Separation-Individuation oder Konflikte der späteren analen Phase. Ebenso wie es Touristen gibt, die die Piazza Signoria nun meiden, gibt es auch Analytiker, die sich mit Fragen der Entwicklung generell nicht auseinandersetzen wollen, sondern sich konsequent auf das Hier und Jetzt konzentrieren.

Das Interesse der Psychoanalyse galt stets der Erinnerung – angefangen von den frühesten Versuchen, schwierige Überreste der Vergangenheit abzureagieren bis hin zu zeitgenössischen Diskussionen über die Beschaffenheit der Übertragungsneurose und die Relevanz der Rekonstruktion (Blum, 1980; Curtis, 1983; Friedman, 1983; Reed, 1990, 1993; Renik, 1990; Sandler, 1992). Ein zentraler Grundsatz lautete jedoch immer, dass die Vergangenheit in der Gegenwart weiterlebt. Aber von welcher Vergangenheit sprechen wir? Im Jahre 1914 schrieb Freud (1914d), dass er und Breuer sich ursprünglich auf den aktuellen Konflikt und die ihn auslösende Ursache hatten konzentrieren wollen. Aufgrund eines Vorgangs aber, den er als »Regression« bezeichnete,

1 Dieses Kapitel ist der Erinnerung an Robert Kabcenell gewidmet, unter dessen Vorsitz eine frühere Fassung im Februar 1991 als Annual Child Analysis Lecture in der New York Psychoanalytic Society vorgetragen wurde.

bewegten sich die Assoziationen des Patienten weg vom Schauplatz der Gegenwart hin zur Beschäftigung mit der Vergangenheit: »Diese Regression führte immer weiter nach rückwärts, zuerst schien es, regelmäßig bis in die Zeit der Pubertät, dann lockten Misserfolge wie Lücken des Verständnisses die analytische Arbeit in die dahinterliegenden Jahre der Kindheit, die bisher für jede Art von Erforschung unzugänglich gewesen waren« (S. 47). So hatte, beginnend mit Freud, die analytische Suche immer weiter zurück in die Vergangenheit geführt. 1978 schrieb Anna Freud, dass die psychoanalytische Theorie über die Ursachen der Pathologie »ziemlich ungeordnet überwechselte von der ödipalen Periode als verantwortlicher Konstellation zur Mutter-Kind-Beziehung zu Beginn des Lebens; zur Phase der Separation und Individuation im 2. Lebensjahr (M. Mahler); zu den narzisstischen Störungen (Kohut); zu den entwicklungsbedingten Versagungen und Beeinträchtigungen (Nagera)« (S. 2721).

Valenstein (1989) schrieb, dass der erweiterte Anwendungsbereich der psychoanalytischen Praxis die Aufmerksamkeit auf die »beginnende neonatale und infantile Entwicklungsphase« gelenkt habe (S. 434) und dass die Daten aus der Säuglingsbeobachtung es erleichtert hätten, diese Phase zu rekonstruieren – eine Sichtweise, die von vielen geteilt wird. Autoren, die ihr widersprechen, etwa Arlow (1991) und Rangell (1989), messen der Entwicklung in der ödipalen Phase größeres Gewicht bei.

Auch wenn Freud der ödipalen wie den präödipalen Phasen eine zunehmende Bedeutung zumaß, blieb er bei seiner Auffassung, dass die entscheidenden Determinanten der erwachsenen Pathologie postödipaler Natur sind. Wiederholt beschrieb er postödipale Transformationen früher Erfahrungen. In seinen *Drei Abhandlungen zur Sexualtheorie* (1905d) betitelte er den Abschnitt über die Adoleszenz mit »Die Umgestaltungen der Pubertät«. Sowohl das Konzept der Transformation als auch die Beibehaltung der Wichtigkeit postödipaler Veränderungen gehen bei der unendlichen Regression auf die frühesten Ursachen verloren.

Die Auswirkung der Suche nach immer früheren Ursachen führt in Verbindung mit der Sichtweise, dass die postödipale Entwicklung eine Rekapitulation frühkindlicher Erfahrungen darstelle, dazu, dass erwachsenen Erinnerungen an Latenz und Adoleszenz hauptsächlich als defensive Deckerinnerungen gesehen werden. Diese Konzeptualisierung hat eine tiefgreifende Wirkung auf die Technik. Welche Folgen aber hätte es für unser Verständnis und unseren Umgang mit dem Material erwachsener Patienten, wenn wir Freuds frühere Sichtweise beibehielten, dass in der Latenz und Adoleszenz wichtige Umgestaltungen stattfinden?

Im folgenden werden wir uns auf jene – normalen und pathologischen – Umgestaltungen konzentrieren, die sich während der Latenz und Adoleszenz vollziehen. Wir möchten betonen, dass diese Betonung vor dem Hintergrund eines Modells zu sehen ist, in dem jede Phase – von der frühen Kindheit bis ins hohe Alter hinein – wichtigen Beiträge zur normalen wie zur pathologischen Entwicklung leistet. Dieses Modell wurde im Rahmen unserer Arbeit über den Masochismus sowie in unserer jüngeren Studie über Masochismus und Omnipotenz verwendet, in der wir die Schichtung omnipotenter Lösungen für die Konflikte der jeweiligen Entwicklungsphasen betonten (siehe 2. und 3. Kap.). Die Determinanten der Erkrankung im Erwachsenenalter finden sich unserer Ansicht nach nicht in einem Urknall am Beginn der Zeit, sondern in einer Reihe von Umgestaltungen, die frühere Determinanten sowohl verändern als auch beibehalten.

Betrachten wir zunächst die Transformationen, die sich in der Mitte der Kindheit ereignen, um zu einer genaueren Definition ihrer Rolle als Resultat der präödipalen und ödipalen Entwicklung zu gelangen und ihren Einfluss auf den Verlauf der nachfolgenden Entwicklung in Adoleszenz und Erwachsenenalter zu verfolgen. Zu diesem Zweck soll zunächst das Material eines Kindes vorgestellt werden, das seine Analyse im Alter von fünf Jahren begann und uns damit Einblick in die zu untersuchenden Transformationen gestattete. Danach soll die Rolle von Erinnerungen an Latenz und Adoleszenz im Rahmen der Analyse mehrerer erwachsener Patienten beschrieben werden, um behandlungstechnische Implikationen unserer Erkenntnisse über die postödipale Entwicklung des Kindes darzulegen.

*Oliver, ein 5 3/4 Jahre alter englischer Junge, kam in einer Phase in Analyse, in der seine Eltern einen erbitterten Streit über das Sorgerecht ausfochten. Er war das zweite von zwei Kindern und schien heftig auf die Trennung und insbesondere auf den Sorgerechtsstreit zu reagieren. Er war ein hochintelligentes, freundliches Kerlchen und sagte dem Analytiker, dass er Hilfe benötige, da seine Eltern sich hätten scheiden lassen und er mit seinen Gefühlen nicht allein zurecht komme. Er sagte, sein hauptsächliches Gefühl sei der Wunsch, mehr Zeit mit seinem Vater zu verbringen, und dass ein Junge dies tun sollte. Sobald sich das Gespräch aber seinem Vater zuwandte, wechselte er sehr geschickt das Thema. Wurde er auf diesen Widerstand aufmerksam gemacht, setzte er eine unschuldige Miene auf und sagte zum Analytiker: »1+1=2, 2+2=4, 4+4=8«, usw. Seine Neugier und hohe intellektuelle Begabung standen der therapeutischen Arbeit als Verbündete zur Seite, und nach kurzer Zeit wollte er als Assistent des Analytikers nicht nur die Planeten im Weltraum erforschen, sondern auch den inneren Raum. Er beriet die Tierhandpuppen bei ihren Schwierigkeiten mit streitenden und getrennten Eltern und schrieb Listen mit seinen Assoziationen zu seinen Träumen, um die Hauptthemen zu entdecken. Gleichzeitig konnte dieser brillante Junge einfach nicht still sitzen; er drehte Kreise im Zimmer, berührte die Wände, sprang vom Mobiliar und hielt seinen Penis fest, sobald er von sich selbst sprach. Er war extrem angespannt und ängstlich, fürchtete sich vor Monstern und war offensichtlich unfähig, sein Verhalten in der Schule, zu Hause und bisweilen auch in seinen Sitzungen zu kontrollieren. Sein Intellekt war der eines 12jährigen, die Intensität und die Unfähigkeit aber, sich zu beherrschen, waren die eines Kleinkindes. Furman (1980) hat die zentrale Bedeutung der Externalisierung als Abwehr in der Latenz beschrieben; dieser Prozess war für einen Großteil von Olivers Verhalten kennzeichnend. Er konnte nur selten direkt über seine Gefühle sprechen, sondern drückte sie eher im täglichen Spiel mit Tierpuppen aus, wobei die Mutterpuppe, die Vaterpuppe und eine sechsjährige Puppe seine augenblicklichen Konflikte agierten. Oliver selbst benahm sich wie ein Kleinkind, das Intentionalität, Begehren oder Verantwortung verleugnen konnte. Er schien kein Schamgefühl, kein Schuldgefühl und keine Reue zu verspüren.*

*Oliver nannte die Puppe, die den Jungen darstellte, Fred. Der erste Widerstand, dem sich der Analytiker und sein Assistent Oliver gegenüber sahen, bestand darin, dass Fred nicht den geringsten negativen Kommentar über seinen Vater duldete. Die sechsjährige Puppe Fred wechselte in diesen Momenten sofort das Thema, war ärgerlich auf die Mutter statt auf den Vater oder ließ die beiden erneut heiraten, so dass er nicht zwischen ihren Forderungen in Bezug auf seine Loyalität und Treue hin und her gerissen wurde. Die Loyalitätskonflikte waren überwältigend. Oliver sagte, seiner Meinung nach sei dies der Grund, weshalb Fred so böse auf seine Eltern sei und insbesondere auf die Vaterpuppe, die ständig Kritik an der Mutter übe. Oliver sagte Fred, er werde ihm helfen, indem er ein Schild für ihn anfertigte, auf dem zu lesen stand: »Alle sollten auf Freds Seite sein.« Dem fügte er das allgemeine Motto hinzu: »Alle sollten sich einig sein!« Die weitere Bearbeitung von Freds Befürchtung, dass sein Hass sich als stärker erweisen würde als seine Liebe, und seiner Angst vor der Rache des Vaters ermöglichten es Oliver, Fred zu gestehen, dass auch er selbst sehr wütend auf seinen Vater sei.*

*Aber das Geständnis seiner Wutgefühle war zunächst zuviel für Oliver. Nach langen Ferien mit seiner Mutter träumte er von einem Schmetterling, einem Monarch. Er erzählte dem Analytiker, der Traum habe ihn sehr aufgeregt, da die Schmetterlingsflügel an Olivers Händen wuchsen. Als seine Assoziationen von »Monarch« zu »König« zu »Papa« führten, war Oliver vollständig überwältigt. Völlig außer sich rannte er im Zimmer umher und kreischte panisch, dass Flügel aus seinem Rücken wüchsen. Der Analytiker konnte kaum verstehen, was Oliver sagte, verstand schließlich doch, dass Oliver das Gefühl hatte, selbst der Schmetterlings-Papa zu sein, das unschuldige Opfer des Furcht einflößenden Therapeuten, der als der gemeine Junge, der Schmetterlings-Papas umbringt, erlebt wurde. Nach einiger Zeit beruhigte die Deutung der Projektion seiner Todeswünsche Oliver genügend, so dass er seine intensive Angst bearbeiten und sich von seinem traumatischen Erleben des Traumes erholen konnte. Oliver begann, seine Ambivalenz zu containen, und sprach von seinen »Plus-Minus-Gefühlen« für seinen Analytiker und seinen Vater.*

*Ein Bestandteil von Olivers Idealisierung seines Vaters war seine Ansicht, dass nur sein Vater sein wildes Verhalten kontrollieren und containen könne. Wenn sein Vater nicht mehr absolut mächtig war, musste Oliver sein Verhalten selbst unter Kontrolle bringen. Als ein Schulkamerad einmal gemein zu Oliver war, sagte er zu ihm, dass er nicht mehr sein Freund sei. Der Lehrer bekam die Bemerkung mit und sagte Oliver, er müsse sich entschuldigen, da seine Worte sehr unfreundlich gewesen seien. Oliver schlug daraufhin sofort seinen Kopf gegen eine Tür. Die gleiche Reaktion zeigte er fortan eine kurze Zeit lang auf die geringste Ermahnung seitens des Lehrers oder der Mutter. Oliver sagte seinem Analytiker, er bestrafe sich selbst, bevor jemand anderer es tun könne, und habe eine so harte Strafe verdient. An diesem Punkte tauchte eine neue Tierpuppe in Olivers Analyse auf. Es war ein Richter, jedoch ein sehr schlechter Richter, der Menschen nicht nur für ihre kriminellen Handlungen verurteilte, sondern bereits für wütende Gedanken. Oliver sagte, die Richterpuppe solle zurück zur Richterschule gehen und lernen, dass zwischen Gedanken und Taten ein Unterschied bestehe.*

*In dieser Zeit lernte Oliver auch etwas über die Wichtigkeit, einen »inneren Polizisten« zu haben, sowie über den Unterschied zwischen einem guten und einem schlechten Polizisten. Er fing an, die Mutter gegen die ständige Kritik des Vaters zu verteidigen, und schlug dem Vater vor, ebenfalls einen Analytiker aufzusuchen, um sich bei der Bewältigung seiner wütenden Gefühle helfen zu lassen. Olivers Empfehlung kam beim Vater gar nicht gut an, so dass der Junge sich kurz darauf in der Position sah, sich zwischen der Therapie und seinem Vater entscheiden zu müssen. Sein Vater sagte ihm, er solle mit dem Analytiker nicht über seine Gefühle sprechen; dies seien Angelegenheiten, die in der Familie bleiben sollten. Oliver fand jedoch einen Weg, die Instruktion seines Vaters, die er für falsch hielt, zu umgehen. Er setzte das Spiel mit den Tierpuppen einfach fort, brachte aber unverhohlen zum Ausdruck, dass die Puppen seine Gefühle gegenüber seinen Eltern repräsentierten. Sein Spiel diente nicht länger der defensiven Externalisierung, sondern wurde zu einem adaptiven Manöver zum Schutze seines emotionalen Wohlbefindens.*

*Vorübergehend gelang es Oliver, eine direkte Konfrontation zu vermeiden. Sein Vater beschwor jedoch bald eine Krise herauf, indem er sich weigerte, Olivers legitimen Wunsch, einer Sportmannschaft beizutreten, zu unterstützen.*

*Der Kampf war lang und schmerzhaft. Olivers Monster kehrten zurück, und seine Regressionen waren häufig und schwer. In den Sitzungen wie auch zu Hause externalisierte er sein Über-Ich und versuchte den Analytiker dazu zu provozieren, sein infantiles Verhalten zu kontrollieren und zu containen. Schließlich re-internalisierte er ein Über-Ich, das in der Lage zu sein schien, zwischen angemessenen und unangemessenen elterlichen Verfügungen zu unterscheiden. Es war anpassungsfähiger geworden, weniger gebunden an seine Objekte, und er teilte seinem Vater mit, dass er seiner eigenen Meinung nach nichts falsch mache, wenn er Kricket spiele.*

*Kurz darauf eröffnete Oliver seiner Mutter, dass er etwas beichten müsse: In den letzten drei Nächten habe er auch nach seiner Schlafenszeit noch gelesen. Er war aber nicht in einem panischen Zustand, verletzte sich nicht selbst und sagte auch nicht, dass er sterben wolle, wie er es zuvor getan hatte. Er fühlte sich einfach schlecht, weil er gegen die Abmachung verstoßen hatte. Dies war kurz vor seinen jährlichen Sommerferien mit dem Vater. In der Vergangenheit war Oliver von diesen Besuchen stets angespannt, ängstlich, regressiv und provozierend zurückgekehrt; sein Vater hatte die Zeit zu zweit häufig dazu verwendet, sowohl die Mutter als auch den Analytiker zu kritisieren. Aber dieses Mal kehrte Oliver glücklich und liebevoll zurück. Zum ersten Male erzählte er von dem Spaß, den er mit seinem Vater gehabt habe, sagte aber auch, wie glücklich es ihn mache, seine Mutter und seinen Analytiker wieder zu sehen.*

Dieses Material aus der Analyse eines Latenzkindes zeigt eine Entwicklung von Struktur und Funktion, die tiefgreifende Veränderungen in Olivers Persönlichkeit einschloß. Seit seiner Geburt hatte er unter den Auswirkungen der elterlichen Uneinigkeit gelitten. Sein Vater hatte stets mit seiner Mutter konkurriert, sich in die Versorgung der Kinder eingemischt und so die Intimität und Bindung zwischen Mutter und Kind gestört. Dieses Muster setzte sich in Olivers gesamter Kindheit fort und hatte gravierende Folgen für seine Objektbeziehungen und sein Selbstgefühl.

In der ödipalen Phase waren Olivers Konflikte ungewöhnlich verzerrt. Seine Liebe zu seiner Mutter stand nicht im Zeichen der Imitation des Vaters und der späteren Rivalität mit ihm, sondern bedeutete für Oliver einen Verzicht auf den Vater, der die bedrohliche Konsequenz nach sich zog, dass ihn dieser aus Rache verlassen würde. Dies störte seine Identifizierung mit seinem Vater und die Internalisierung des Über-Ichs.

Mit der Analyse seiner Todeswünsche, einer realistischeren Wahrnehmung seiner Eltern und einer Integration seiner Ambivalenz trat Oliver in die Latenz ein. Nun konnten wir die durch die Aktion seines sich integrierenden Über-Ichs hervorgerufene Transformation beobachten. Der zuvor passiv erlebte, von der Umwelt aufgezwungene Loyalitätskonflikt wurde nun zu einem selbsterzeugten Vehikel für seine aggressiven Impulse, einem internalisierten Konflikt und deshalb zu einer Quelle intensiver Schuldgefühle. Daraufhin konnten wir in Olivers Material die zentrale Stellung und den alles beherrschenden Charakter der Über-Ich-Bildung und des Konflikts in dieser Phase erkennen.

Anhand der Daten aus der Säuglingsforschung und aufgrund einer erhöhten Aufmerksamkeit für die präödipale Entwicklung konnten Vorläufer des Über-Ichs identifiziert werden. Kontingentes Lernen und die Internalisierung elterlicher Verbote beginnen in der frühen Kindheit. Aber erst durch das Zusammentreffen kognitiver, emotionaler und sozialer Weiterentwicklungen zwischen dem fünften und dem siebten Lebensjahr taucht eine qualitativ neue Kristallisierung der Selbstregulierung auf. R. und P. Tyson (1990) haben die Literatur über die frühe Internalisierung von Verboten zusammengefasst und sind zu dem Schluss gelangt, dass »der Erwerb der Über-Ich-Autonomie mehr voraussetzt als die Identifizierung mit strafenden elterlichen Introjekten« (S. 219). Sie betonten die Internalisierung von elterlichen Werten und Moralvorstellungen sowie die Identifizierung mit diesen inneren Regelwerken. Wir würden dem hinzufügen, dass das postödipale Kind beginnt, den schützenden und das Selbstgefühl stärkenden Wert des Festhaltens an inneren abstrakten Prinzipien zu schätzen. Das präödipale Kind will keinen Ärger bekommen; das postödipale Kind möchte fair sein und das Richtige tun. Eine Neunjährige formulierte dies folgendermaßen: »Es fühlt sich gut an, gut zu sein.« In gewisser Hinsicht gleicht die Psyche vielleicht einem Reisepass — überquert man eine Grenze, so wird der Pass unauslöschlich mit dem Einreiseort gestempelt. Nach Eintritt in die Latenz wird der psychische Apparat bleibend transformiert und schließt dann die Elemente der Intentionalität, der Entscheidungsmöglichkeit, der Verantwortung und des Schuldgefühls ein. Jede nachfolgende mentale Aktivität ist von dieser Transformation gekennzeichnet, die stets berücksichtigt werden muss.

In Olivers Fall richteten sich die Deutungen zunächst auf die präödipale Angst, die er in Verbindung mit seinen Impulsen erlebte. Er hatte Angst davor, dass seine Mutter oder sein Vater ihn verlassen würden oder dass der Vater sich für Olivers Todeswünsche rächen könnte. Er fühlte sich nicht wie ein schlechter Junge, sondern hatte schreckliche Angst davor, dass seine Wünsche, wenn sie entdeckt würden, zu einem Desaster führen würden. Nach und nach führte diese analytische Arbeit zur Weiterentwicklung und zur Konsolidierung seines Über-Ichs. Postödipal führten diese Impulse zum internalisierten Konflikt, und Deutungen mussten Schuldgefühle und deren Abwehr mit berücksichtigen. Als er zu lange aufgeblieben war, um zu lesen, befürchtete

Oliver, mit seinem Ungehorsam den Zorn seiner Mutter zu wecken. Noch stärker aber beunruhigte es ihn, dass er gegen eine Abmachung verstoßen hatte; er bewältigte sein Schuldgefühl, indem er die Schuld externalisierte und seiner Mutter vorwarf, dass er früher ins Bett müsse als seine Freunde. Erst nach Eintritt in die Latenz schloss seine Erfahrung auch das Wissen um richtig und falsch mit ein sowie Konflikte, denen die Identifizierung mit internalisierten Standards zugrunde lag.

Dies ist kein neues Konzept; es ist seit Freud in unserer Theorie enthalten und wurde von etlichen modernen Autoren weiter ausgearbeitet. So schrieb Furman (1980) über den Externalisierungsvorgang in der Latenz, und Shapiro (1977, 1981) bestätigte erneut die Rolle des Ödipuskomplexes als Kernkonflikt. Doch wie bereits erwähnt, gibt es auch eine starke Gegentendenz zur immer früheren Suche nach den Ursachen der Pathologie und zur Vernachlässigung der Rolle, die die Latenz sowie die Erfahrungen und Umgestaltungen der Adoleszenz in der Analyse Erwachsener spielen. In den Theorien, die am frühen Trauma orientiert sind, wird die Rolle der Entscheidung, der Intentionalität und des Schuldgefühls für die Neurosenentstehung und das spätere pathologische Funktionieren verleugnet oder ignoriert.

Von den meisten Analytikern aber werden die Manifestationen des Schuldgefühls nicht ignoriert. Über-Ich-Konflikte machten lange Zeit den Großteil der analytischen Arbeit aus. Aber wir vertreten die Ansicht, dass die Deutung der Entscheidung, der Intentionalität, der Verantwortung und der Schuldgefühle am effektivsten ist – und vielleicht überhaupt nur effektiv sein kann –, wenn sie im Kontext des Materials der Latenzphase erfolgt. Deutungen von Konflikten, die sich aus früheren Impulsen herleiten, werden berechtigt sein, aber unter Umständen entscheidende innere Aspekte vernachlässigen, wenn sie verfrüht gegeben oder als vollständig betrachtet werden, obwohl sie die Schicht der Erfahrungen und der Entwicklung in der Latenz nicht berücksichtigen. Wir wollen dies anhand von Material aus mehreren Behandlungen von erwachsenen Patienten illustrieren.

*Frau A., eine dreiunddreißigjährige geschiedene Frau, hatte bereits im Vorschulalter wiederholte familiäre Erschütterungen erlebt. Ihre masochistische Phantasie, das unschuldige Opfer gestörter Eltern zu sein, spann sich um die elterliche Scheidung, die sie im Alter von zweieinhalb Jahren miterlebt hatte, sowie um den langen Krankenhausaufenthalt der Mutter, die wegen einer schweren Depression stationär behandelt worden war, als Frau A. knapp dreieinhalb Jahre alt war. Weitere assoziierte Geschichten, in denen sie sich selbst als Opfer sah, waren in ihre zentrale masochistische Phantasie eingegangen. Insbesondere erzählte sie von einem geliebten, warmherzigen irischen*

*Kindermädchen, dem gekündigt worden war, weil Frau A.s Mutter den Verdacht hatte, dass die Kinderfrau heimlich dem Vater zuarbeite und ihm dabei helfe, das alleinige Sorgerecht für Frau A. einzuklagen. Lange Zeit konzentrierte sich die analytische Arbeit auf die multiplen Determinanten und Funktionen ihrer masochistischen Pathologie, was zu bedeutsamen Veränderungen in ihrem Funktionieren führte.*

*Trotz jahrelanger Deutungsarbeit, einschließlich der detaillierten Analyse ihrer Über-Ich-Konflikte, blieben Frau A.s Reaktionen auf Trennungen problematisch. Sie wurden auf die unterschiedlichste Art im Zusammenhang mit ihren Loyalitätskonflikten und ihren Schuldgefühlen darüber gedeutet, jemand anderen als die Analytikerin zu lieben oder das Kindermädchen statt der Analytiker-Mutter zu lieben. Sowohl die Analytikerin als auch die Patientin hatten das Gefühl, dass diese Deutungen zwar zuträfen, aber dass noch ein Element fehle.*

*In einer späteren Analysephase, in der die Analytikerin Frau A.s gestelzten Assoziationsstil mit einer möglichen Spielhemmung in der Kindheit in Verbindung brachte, begann die Patientin, sich daran zu erinnern, wie und mit wem sie als Kind gespielt hatte. Ihre Erinnerungen führten sie zurück zu glücklichen Spielen mit dem irischen Kindermädchen. Zuvor waren Frau A.s Zeitangaben vage gewesen und hatten eher darauf schließen lassen, dass das Kindermädchen eingestellt worden sei, als die Mutter zum ersten Mal ins Krankenhaus ging, das heißt, als Frau A. etwa drei Jahre alt war. Der Analytikerin fiel der Altersunterschied in den Erinnerungen auf, und Frau A. bestätigte, dass das Kindermädchen in ihrem zweiten Schuljahr eingestellt worden sei, als sie sieben Jahre alt war. Die Analytikerin wiederholte die früheren Deutungen ihrer Schuldgefühle, das Kindermädchen anstelle der Mutter zu lieben, fügte aber hinzu: »Und mit sieben Jahren wussten Sie es besser.«*

*Frau A. schien zu erstarren, hielt den Atem an, entspannte sich wieder und weinte zehn Minuten lang. Dann gewann sie ihre Haltung wieder, erinnerte sich daran, dass sie gewusst hatte, dass alle ihre Freunde ihre Mütter liebten, sogar die, die auch ihre Kindermädchen liebten. Sie hatte sich schlimm und gemein gefühlt, weil sie Mrs. Riley und nicht ihre Mutter liebte und wünschte, die Mutter würde wieder fort gehen. Die Wirkung der Deutung war tiefgreifend. Bis zu diesem Punkt hatten alle Erinnerungen der Patientin an ihre Kindheit im Einklang mit ihrer masochistischen Phantasie gestanden, das unschuldige Opfer der mütterlichen sadistischen Angriffe zu sein. Nun begann sie, sich an Zeiten zu erinnern, in denen sie ihre Mutter zu rasender Wut provoziert hatte. Sie hatte genau gewusst, wie sie ihre Mutter und ihren älteren Bruder verrückt machen konnte, und begann sich an das Gefühl der Macht und an die Schadenfreude zu erinnern, die sie überkamen, wenn die beiden ihre Beherrschung verloren.*

*Einen Monat darauf konnte sie sich zum ersten Mal erfolgreich trennen. Sie schrieb der Analytikerin: »Gestern dachte ich daran, Ihnen einen Brief zu schreiben und Ihnen mitzuteilen, wie es mir geht. Es geht mir sehr gut, ich fühle mich sehr gut und sehr stolz darauf, wie die Dinge diesmal für mich laufen. Ich habe das Gefühl, dass wir diesmal über einige Dinge geredet haben, Mrs. Riley/Schuldgefühle usw., die zentral sind für das, was mit mir geschieht, wenn ich Sie nicht sehe — und sei es nur für einen Tag.«*

Bei Oliver führten intensive Loyalitätskonflikte und Todeswünsche erst nach Eintritt in die Latenz zu Schuldgefühlen. Die Vignette aus der Analyse von Frau A. illustriert, dass die Latenz präödipalen Erfahrungen nicht nur den Stempel der Schuld aufdrückt, sondern – und dies ist vielleicht noch entscheidender – dass die Deutung der Schuldgefühle im Kontext der Rückgewinnung und Rekonstruktion postödipaler Ereignisse am effektivsten ist. Solange sich Frau A.s Assoziationen auf präödipale Ereignisse und Angelegenheiten beschränkten, konnte sie ihre Über-Ich-Konflikte erfolgreich abwehren. In Olivers Fall war die Deutung der Schuldgefühle bis zum Eintritt in die Latenz irrelevant. Die erwachsene Patientin Frau A. hingegen hatte die Latenz durchlaufen und mit der heftigen Über-Ich-Kritik während dieser Phase gekämpft. Übertragungsdeutungen ihrer Über-Ich-Konflikte ergaben für sie erst einen Sinn, nachdem typische Abwehrmechanismen der Latenz, etwa die Externalisierung der Über-Ichs, angesprochen worden waren. Des weiteren bestätigte Frau A.s verzerrte Erinnerung an ihre Kindheit unsere Erkenntnis (siehe 3. Kap.), dass die Erinnerungen erwachsener Patienten durch die defensiven Transformationen der Latenz und Adoleszenz geprägt sind, die wiederum in der erwachsenen Pathologie eine defensive Funktion erfüllen.

Entwicklungsbedingte Umgestaltungen sind dem klassisch psychoanalytischen Konzept des Abkömmlings bzw. Derivats bereits inhärent; für uns schließt die vollständige Deutung grundsätzlich den Ursprung eines Konflikts, seine entwicklungsbedingten und defensiven Transformationen sowie seine aktuellen Manifestationen innerhalb und außerhalb der Übertragung mit ein. Übertriebene Vereinfachungen können zu der Annahme einer Eins-zu-eins-Entsprechung zwischen früherer und gegenwärtiger Erfahrung führen. Diese eindeutig unhaltbare Annahme ist eine der Ursachen für die Diskussion über die epistemologische Grundlage der Rekonstruktion und hat viele Autoren bewogen, einen einstigen Eckpfeiler der psychoanalytischen Technik abzulehnen. Curtis (1983) verwies auf das abnehmende Interesse an der Rekonstruktion und beschrieb sehr elegant die Komplexität der Rekonstruktionstechnik einschließlich der vielen Fragen, die sie aufwirft, und der Gefahren sowohl der falschen Anwendung als auch der ausschließlichen Konzentration auf die

Gegenwart. Sandler (1992) hat den anhaltenden Trend, sich auf die Konstruktion des aktuellen psychischen Funktionsstils des Patienten statt auf die Rekonstruktion der Vergangenheit zu konzentrieren, zusammenfassend dargestellt. Wir lehnen die Rekonstruktion nicht ab, sondern vertreten die Auffassung, dass die entwicklungsbedingten, den einzelnen Phasen adäquaten Umgestaltungen dem Analytiker – wie wir es an Olivers Entwicklung in der Latenz sahen – helfen können, Rekonstruktionen zu verfeinern, so dass – wie es bei Frau A. der Fall war – aktuelle Konfliktmanifestationen geklärt und mit ihren Wurzeln in der Vergangenheit verbunden und Erinnerungen wiedererlangt werden können und eine der Wahrheit in höherem Maß entsprechende Lebensgeschichte konstruiert werden kann. Reed (1993) hat die Bedeutung einer erhöhten Spezifität beschrieb, und Blum (1980) betonte nicht nur den klinischen Wert der Rekonstruktion, sondern trat ebensowie wir für die Einbeziehung der postödipalen Erfahrung ein.

*Herr C. war Mitte dreißig und verbrachte innerhalb wie außerhalb der Analyse viel Zeit damit, seine Unschuld zu beteuern und auf das sadistische Verhalten von anderen zu verweisen. In seinen Erinnerungen wurde er stets abgelehnt und vernachlässigt. In einer ergreifenden Geschichte wurde er draußen auf den Stufen zurückgelassen, während seine Mutter einkaufen ging. Der Hund des Nachbarn wurde von einem Auto überfahren, als er einem Ball hinterherlief, und Herrn C. wurde die Schuld daran gegeben, weil er den Ball hatte auf die Straße rollen lassen. In den Sitzungen schilderte er häufig extrem sadistische Phantasien über den Analytiker, aber sie kamen passiv über seine Lippen, wie ein Ball, der dem unsicheren Griff des Kleinkindes entgleitet. Herr C. sagte, diese Phantasien glichen einer Landschaft, die man aus einem sehr schnellen Zug beobachtet; er berichte nur, was er in der Landschaft seiner Psyche sehe. Etwas an seiner Passivität, an seiner Verleugnung jeder feindseligen Absicht und vielleicht auch an der Verärgerung des Analytikers selbst führte die Analyse noch einmal zurück zu der Geschichte mit dem Hund. Der Analytiker fragte, wie alt Herr C. wohl war, als es passiert sei. Herrn C.s Angabe blieb vage: »Irgendwann bevor ich in die Schule kam.« Als er aber die Straße und das Haus noch einmal vor seinem psychischen Auge sah, besann er sich plötzlich darauf, dass die Familie erst gegen Ende seines ersten Schuljahres in jenes Haus eingezogen war. »Ich kann nicht jünger als sechs Jahre gewesen sein, vielleicht war ich schon sieben.« Der Analytiker wies darauf hin, dass die Erinnerung ursprünglich in eine Zeit datiert worden war, in der er nicht verantwortlich gemacht werden konnte, mit sechs oder sieben Jahren aber seien die Folgen seiner Handlung für ihn bereits absehbar gewesen. Nun erinnerte sich Herr C. daran, wie sehr er den Hund gehasst hatte. Er war eifersüchtig gewesen, weil er das Gefühl hatte, dass die Nachbarn ihren Hund mehr liebten, als seine Eltern ihn liebten. Man hatte ihm eingetrichtert, den Ball nicht auf die Straße zu werfen, weil der Hund hinterherlaufen und überfahren werden könnte. Er hatte es absichtlich getan, um an allen, die gemein zu ihm waren, einschließlich des Hundes, Rache zu nehmen. Mit der genauen Datierung des Ereignisses in der Latenz konnte Herr C. seinen Sadismus und seine eigene schuldbewusste Reaktion auf seine sadistischen Wünsche nicht länger verleugnen, und die Arbeit konnte fortschreiten.*

Als wir die Abfolge von Olivers Kämpfen mit Über-Ich-Konflikten in der Latenz zusammengefasst haben, beschrieben wir einen Moment, in dem sein Ich überwältigt wurde und er sich in einem traumatischen Zustand befand. Dies geschah in Reaktion auf seinen Traum vom Schmetterling, dem »Monarchen«. Wurde hier ein früheres Trauma wiederbelebt? Todeswünsche und Feindseligkeit waren zweifellos auch vor der Latenz präsent, und Oliver hatte zu Beginn der Behandlung einen enormen Widerstand gegen jegliche Aufdeckung negativer, dem Vater geltender Gefühle gezeigt. Hatten Wut und Todeswünsche Olivers fragileres präödipales Ich irgendwann überwältigt, so dass das Vorkommnis in der Analyse eine Wiederholung eines präödipalen Traumas in der Übertragung darstellte? Diese Möglichkeit stünde im Einklang mit der Vorstellung, dass das zu einem früheren Zeitpunkt Geschehene einflussreicher sei, dass wir nach dem infantilen Trauma suchen sollten und dass postödipale Traumata Wiederholungen früherer Traumata darstellten. In Olivers Fall gab es jedoch keinen Hinweis auf ein frühes Trauma. Am wichtigsten war die Tatsache, dass es zuvor kein Anzeichen für eine traumatische Reaktion gegeben hatte, obwohl Kritik und Ärger bezüglich des Vaters und des Analytikers im Rahmen der Behandlung bereits einige Zeit vor dem Traum zutage getreten waren. Erst als Trennungsängste und Todeswünsche nach der Konsolidierung eines Über-Ichs auftauchten, kam es zu dem Trauma.

Ehe Freud die infantile Sexualität beschrieb, lag seiner Theorie der Neurosenentstehung das Konzept der Nachträglichkeit zugrunde. Anfangs bezog sich diese Theorie speziell auf die Pubertät. Sie besagt, in kurzen Worten, dass eine Kindheitserfahrung unter Umständen wenig Einfluss besitzt, solange die Erinnerung nicht mit späteren sexuellen Impulsen verbunden wird. In seinem »Entwurf einer Psychologie« (1950c [1895]) schrieb Freud: »Überall findet sich, dass eine Erinnerung verdrängt wird, die nur *nachträglich* zum Trauma geworden ist« (S. 448). Freud (1918b) verwendete diese Theorie später, um die Verbindung zwischen dem Angsttraum des »Wolfsmannes« im Alter von vier Jahren und seiner Beobachtung der Urszene mit achtzehn Monaten herzustellen. Auf die Zweifel, ob ein Kind mit eineinhalb Jahren den Vorgang und seine

Bedeutung verstehen könne, entgegnete Freud in einer Fußnote: »Ich meine, er verstand ihn zur Zeit des Traumes mit 4 Jahren, nicht zur Zeit der Beobachtung. Mit 1 1/2 Jahren holte er sich die Eindrücke, deren nachträgliches Verständnis ihm zur Zeit des Traumes durch seine Entwicklung, seine sexuelle Erregung und seine Sexualforschung ermöglicht wurde« (S. 64, Anm. 4). Die Theorie der Nachträglichkeit wird in der amerikanischen psychoanalytischen Literatur heutzutage nur noch selten erwähnt oder verwendet. 1989 aber bezog Modell im Rahmen seiner theoretischen Untersuchung der verschiedenen Realitätsebenen im psychoanalytischen Setting sowohl die Nachträglichkeit mit ein als auch die von Freud (1886) beschriebene Neuordnung und Umschrift der Erinnerungen. Zuvor hatte bereits Greenacre (1950) mit einer ähnlichen Überlegung in ihrem Beitrag über vorpubertäre Traumata bei Mädchen gearbeitet. Im Rahmen einer Falldiskussion stellte sie fest, dass »die Besetzung mit Angst erst unter dem Einfluss späterer Ereignisse stattfand« (S. 217).

Aus unserer Sicht kann das Ich auch in der Latenz traumatisch überwältigt werden, weil die Bildung des Über-Ichs eine zusätzliche machtvolle Quelle schädlicher Stimulierung sein kann. Eltern können den Einfluss potentiell traumatischer äußerer Stimulierungen zwar abmildern, jedoch sind sie kaum in der Lage, innere Angriffe des Über-Ichs abzuschwächen. In der Behandlung von Frau A. führte die Bearbeitung ihrer Schuldgefühle, die sie empfand, weil sie Mrs. Riley und nicht ihre Mutter liebte, zu einer Neuformulierung ihrer Lebensgeschichte. Sie begann, sich zu fragen, ob das traumatische Ereignis in ihrem Leben vielleicht weder die elterliche Scheidung, die sie mit 2 1/2 Jahren erlebt hatte, noch der Zusammenbruch der Mutter und deren Krankenhausaufenthalt gewesen war, den sie im Alter von drei Jahren miterlebt hatte, sondern vielmehr ihr überwältigendes Schuldgefühl im Alter von sieben Jahren. So wichtig die frühen schmerzlichen Ereignisse für den Verlauf ihrer Geschichte und die Prägung ihrer Persönlichkeit auch gewesen waren – ihre Entwicklung war dadurch nicht zum Stillstand gekommen. Ihr Ich hatte sich weiterentwickelt, und in der Analyse fielen ihr neue lustvolle Erinnerungen an ihre Großeltern und andere Menschen ein. Möglicherweise hatten die früheren Verlusterfahrungen und ihre Wutgefühle das Ich erst vollständig überwältigt, als das Schuldgefühl in der Latenz hinzu kam. Die Folge dieses Traumas war, dass sie die wichtigen Entwicklungsaufgaben der Latenz nicht angehen konnte. In ihrer Analyse ermöglichte dies Verständnis ihrer Geschichte eine Verlagerung von der masochistischen Position des unschuldigen Opfers traumatogener Eltern hin zu einer Position, in der sie die Vorstellung akzeptieren konnte, dass ihre Aufgabe nun darin bestand, die Arbeit der Latenz und Adoleszenz zu leisten und den Entwicklungsweg wieder aufzunehmen – gleichgültig, was ihr angetan worden war.

Olivers Material illustriert einige der adaptiven Umgestaltungen der Latenzperiode. Wie bereits erwähnt, stellt die Bildung des Über-Ichs eine der Hauptaufgaben der Latenz dar. Das Ziel besteht in der Etablierung einer relativ autonomen und angemessenen Quelle der Selbstregulation und des Selbstwertgefühls. Die Latenzphase ist eine sichere Bühne zum Experimentieren und für Verhandlungen mit dem Über-Ich, da das körperlich noch nicht voll entwickelte Kind seine Triebimpulse nur in der Phantasie und im Spiel befriedigen kann. Oliver schickte sein Gewissen, die Puppe, in die Richterschule, damit sie lernen konnte, ein vernünftigerer Richter zu werden.

Moderne Beobachtungen (vgl. Shapiro und Perry, 1976) zeigen, dass die Latenz mit einem steten Anstieg des Hormonspiegels und einer genitalen Weiterentwicklung einhergeht. Aber die Überwindung des Ödipuskomplexes und der Eintritt in die Latenz führen zu Veränderungen hinsichtlich der Abfuhrkanäle für Triebimpulse. Ein großer Teil dieser Veränderungen besteht in der zunehmenden Verschmelzung und Integration von Aggression und Libido. Teils aufgrund seiner Identifizierung mit dem Analytiker sowie mit anderen empathischen Objekten konnte Oliver seinen Zorn in seine liebevollen Gefühle integrieren. Er sagte Fred – als siebenjähriger Puppe –, dass es in Ordnung sei, wütend auf den Vater zu sein, da man ihn trotzdem liebe.

Alle Entwicklungspsychologen und Psychoanalytiker beschreiben bedeutsame kognitive Veränderungen in der Latenz. Mahon (1991) betonte die »kognitive Revolution« (S. 628), die in dieser Zeit in der sich entwickelnden Psyche stattfindet. Wir haben Veränderungen der Quellen des Selbstwertgefühls von der allmächtigen Manipulation der Objekte hin zur Lust an der Einübung kognitiver Fähigkeiten beschrieben. In der späteren Latenz werden Arbeit und Spiel aus sich selbst heraus zu Quellen der Befriedigung, unabhängig von einem Resultat (siehe 3. und 13. Kap.). Olivers kognitive Begabung war lange vor Eintritt in die Latenz offenkundig, wurde jedoch in seine Loyalitätskonflikte mit hineingezogen. Ständig stellte er Kenntnisse zur Schau, die er vom Vater erworben hatte, jedoch widerstrebte ihm das Lernen auf Gebieten, die dem Vater gleichgültig waren bzw. für die er wenig Interesse aufbrachte. Oliver zeigte wenig Lust zu lernen und setzte seine hochgradigen intellektuellen Fähigkeiten zum Erhalt des idealisierten Bildes seines Vaters ein. Er konnte seine eigenen Interessen erst verfolgen, nachdem die analytische Arbeit zu einer Abnahme der Intensität der Loyalitätskonflikte geführt hatte. Nun konnten die normalen Veränderungen der Latenz hinsichtlich der Bedeutung und des Einsatzes kognitiver Kompetenzen stattfinden.

Die Latenz ist auch eine Zeit, in der sich das Kind weg von der relativ ausschließlichen Bindung an die Eltern hin zu wichtigen Beziehungen mit Altersgenossen und anderen Erwachsenen bewegt. Die neuen Objektbeziehungen üben einen solchen Einfluss aus, dass sogar die scheinbar zum Stillstand gelangte Therapie eines Latenzkindes noch Veränderungen herbeiführen kann. Die oben erwähnten normalen Transformationen wie die Bildung des Über-Ichs, die Veränderungen der Trieborganisation, die kognitive Weiterentwicklung und die neuen Objektbeziehungen ermöglichen tiefgreifende Transformationen bezüglich der Art und des Einsatzes der Phantasien, bezüglich der Fähigkeit, Aufschub und Frustration zu tolerieren, eine größere Widerstandskraft und Fähigkeit, an widrigen Umständen zu wachsen, statt unter der Last zu desintegrieren.

Eine Sensibilität für die Transformationen der Latenz kann dem Erwachsenenanalytiker auf vielerlei Arten helfen. Wir haben zunächst das Timing der Deutungen von Schuldgefühlen erörtert und die Auffassung vertreten, dass diese im Kontext auftauchender Erinnerungen an die Latenz am wirksamsten sind. Zweitens haben wir gesagt, dass die frühere Pathologie in der Latenz so transformiert wird, dass die Latenzpathologie keine direkte Rekapitulation der früheren Störung darstellt, sondern eine Umgestaltung in eine neue und normalerweise komplexere pathologische Struktur. Zuweilen können die Transformationen der Latenz frühere pathogene Stresserfahrungen zu einer traumatischen Intensität anwachsen lassen.

Es gibt einen dritten Aspekt, der die Aufmerksamkeit des Erwachsenenanalytikers verdient, und zwar das Ausmaß und die Einflusskraft der fortschreitenden, adaptiven Transformationen der Latenz. Manchmal kann eine frühere Pathologie auch ohne Therapie in ein besser angepasstes Funktionieren transformiert werden (Anthony, 1987). Zumindest bietet die Latenz Alternativen zu pathologischem Funktionieren, die zu einem früheren Zeitpunkt noch nicht verfügbar waren. Für Kinderanalytiker ist es im Umgang mit Eltern ausgesprochen hilfreich und behandlungstechnisch entscheidend, progressive Kräfte aufmerksam wahrzunehmen, die Selbstbehauptung in der Aggression des Latenzkindes zu erkennen, die Liebe in seiner feindseligen Unordnung und die Stärke in seinem sturen Schweigen.

*Herr G. war ein brillanter Wissenschaftler und auf seinem Gebiet weltweit anerkannt, aber er war – nach eigenen Worten – »ein selbstsüchtiger Widerling, der jedem auf die Nerven ging«. Er tyrannisierte seine Frau, seine Kinder, seine Angestellten und schien seinen Sadismus ohne jegliches Schuldgefühl, ohne Reue und ohne jeden Konflikt zu genießen. Er kam nur deshalb in Analyse, weil seine Frau gedroht hatte, ihn zu verlassen, wenn er sich wegen seines missbräuchlichen Verhaltens nicht in Behandlung begebe. Er war wie ein unerzogenes Kind, das keinen Grund sah, sich anders zu benehmen. Alle seine Erinnerungen an die Kindergarten- und Schulzeit betrafen sadistische Dinge, die er seinen jüngeren Brüdern, seiner Mutter oder seinen Lehrern zugefügt hatte. Eines Tages erinnerte er sich mit Schadenfreude daran, wie er auf Betten gehüpft war, bis diese kaputt waren. Bis weit in die Schulzeit hinein hatte er sich auf diese Weise vergnügt. Der Analytiker zog es vor, keine Bemerkung zu dem offensichtlichen sadistischen Triumph zu machen, sondern vielmehr die kinästhetische Lust des Auf- und Abspringens anzusprechen. Herr G. wirkte verblüfft – er hatte einen Kommentar über sein zerstörerisches Verhalten erwartet. Dann erinnerte er sich jedoch zum ersten Mal an andere Erfahrungen aus der Schulzeit, etwa wie er einen Grasabhang hinunter gerollt war. Seine Stimme wurde weich und warm, als er die Gerüche, die Sonne, den blauen Himmel beschrieb und die Lust, mit den anderen Kindern zusammen zu sein. Diese Erinnerung aus der Latenz an eine andere Lustquelle, die ihn nicht einsam und von seiner Umwelt gehasst da stehen ließ, stellte den entscheidenden Zugang zu seiner bis dahin scheinbar undurchdringlichen sadistischen Abwehr her.*

Die Feststellung, dass Herrn G.s sadistisches Verhalten eine Abwehr von Gefühlen der Hilflosigkeit aus seiner frühesten Kindheit darstellte, wird den Leser ebenso wenig überraschen wie unser Hinweis, dass frühere Abwehrmechanismen im Zuge der Latenz zu einem starren, komplexen Abwehrsystem ausgearbeitet wurden, das Teil seines Charakters wurde, eine notwendige Komponente seines Selbstbildes und eine Quelle des Selbstwertgefühls. Bereits früh betrachteten Freud und seine Mitarbeiter die Latenz als Synonym für die Abwehrkonsolidierung und Charakterbildung. Es ist eine psychoanalytische Binsenweisheit, dass der Widerstand erwachsener Patienten sich auf das Abwehrsystem und die Charakterzüge stützt, die sich in der Latenz konsolidieren. Infolgedessen sollte die Widerstandsanalyse Latenzphänomene berücksichtigen, aber dies ist nur selten der Fall. Wie bereits erwähnt, wurde die postödipale Umgestaltung stets anerkannt, gerät aber scheinbar dennoch in Vergessenheit. Mit unserem Hinweis wird also das Rad nicht neu erfunden, sondern lediglich auf seine Existenz aufmerksam gemacht. Gray (1982) beschrieb einen Entwicklungsverzögerung zwischen analytischem Wissen über die Abwehranalyse und der tatsächlichen Anwendung dieses Wissens in der Behandlung. Busch (1992, 1995) schrieb über den Widerstand gegen Analysewiderstände und bemerkte, dass Analytiker gemeinhin scheinbar den Einsatz dramatischer Tiefendeutungen unbewusster Wünsche vorzögen. Führt man diesen Gedanken fort, so gelangt man zu dem Schluss, dass es einen Widerstand gegen die Analyse der Latenz – die Zeit, in der viele Abwehrhaltungen gefestigt werden – gibt und eine Bevorzugung von Deutungen und Rekonstruktionen frühkindlicher Konfigurationen. Mit den Sandlers (1984) gesprochen, könnte man auch sagen, dass die Tendenz besteht, das Gegenwarts-Unbewusste zu umgehen und zu versuchen, das Vergangenheits-Unbewusste zu deuten.

Wir nehmen Übereinstimmungen zwischen dem Widerstand des Erwachsenen und den Abwehrsystemen der Latenz an, weil die Analyse von Latenzkindern in erster Linie aus der Abwehranalyse besteht, mit gelegentlichen dramatischen Deutungen oder Rekonstruktionen. Diese Abwehrmechanismen können als alloplastisch klassifiziert werden, wie es für die Externalisierung und die Provokation gilt, und als autoplastisch wie die massive Verdrängung, die durch nüchterne Zwanghaftigkeit gestützt wird. Die Gegenreaktion des Analytikers auf Externalisierungen ist häufig Wut, die Gegenreaktion auf Besetzungsabzug häufig Langeweile und überwältigende Schläfrigkeit. Dies sind Reaktionen auf narzisstische Kränkungen, die nur schwer mit unserer analytischen Haltung zu vereinbaren sind. Vielleicht bezog sich Winnicott (1965) auch auf die Analyse der Abwehrmechanismen der Latenz, als er sagte: »Indem ich analysiere, trachte ich danach, dass ich am Leben bleibe, dass es mir weiterhin gut geht, dass ich wach bleibe ...« (vgl. 166).

Ein vierter Grund dafür, den Beitrag der Latenz zur Entwicklung unserer Patienten zu verstehen, ist der, dass die progressiven Transformationen der Latenz nach unserer klinischen Erfahrung für die adaptive Bewältigung der Adoleszenz unentbehrlich sind. Die Umgestaltungen der Adoleszenz sollen im folgenden kurz beleuchtet werden.

In der Literatur finden sich verstreute Hinweise auf die Bedeutung des Einbezugs von Erfahrungen der Adoleszenz bei erwachsenen Patienten (siehe zum Beispiel A. Freud, 1958; Jacobson, 1964). In jüngerer Zeit hat dieser Aspekt neuerlich Aufmerksamkeit geweckt (vgl. zum Beispiel Feigelson, 1976; Goettsche, 1986; Isay, 1975; Jacobs, 1987; Renik, 1990). In einigen unserer früheren Arbeiten haben wir bereits betont, dass adoleszente Muster der Beendigung als Variante der Beendigungsphase in Erwachsenenanalysen auftauchen können (Novick, 1982b, 1988, 1990). Wir haben dies als die Entwicklungsaufgabe der Adoleszenz beschrieben, das omnipotente Selbst aufzugeben.

Selbst die normalen Lösungen präödipaler und ödipaler Konflikte schließen die Bildung typischer, auf begrenztem Wissen und begrenzten Fähigkeiten beruhender Latenzphantasien ein. Unrealistische, omnipotente Phantasielösungen werden unter Umständen über die Jahre der Latenz hinweg aufrechterhalten, jedoch machen es die Veränderungen der Adoleszenz zunehmend schwierig, die Realität zu verleugnen, zu verzerren oder zu vermeiden. Die Realität des adoleszenten Wachstums und die Fähigkeit, Wünsche nun in die Tat umzusetzen, verlangen die Transformation früherer Phantasielösungen. Die Bewältigung der Adoleszenzaufgabe, den erwachsenen Körper in Besitz zu nehmen, verlangt den Verzicht auf die Phantasie, Mann und Frau zugleich sein zu können. Das Erleben genitaler Lust macht die Annahme ödipaler

Gleichheit unhaltbar und verlangt die Anerkennung von Generationsunterschieden. Die Entwicklung einer getrennten Identität steht im Widerspruch zur Phantasie der Unentbehrlichkeit für das Primärobjekt. Die Akzeptanz der Realität in Bezug auf Zeit, Entscheidungen und persönliche Beschränkungen setzt den Verzicht auf die Phantasie voraus, nie erwachsen und alt werden zu müssen, sterben zu müssen, Entscheidungen treffen und Verzicht leisten zu müssen. Alle Entwicklungsaufgaben der Adoleszenz verlangen eine Transformation der Beziehung zu Realität und Phantasie, als Teil der Integration des erwachsenen Körpers und des Selbst. Ein Scheitern in diesem Stadium hat tiefgreifende Auswirkungen auf das Funktionieren des Erwachsenen. Im Folgenden wollen wir kurz Material aus der Endphase der Analyse einer Adoleszenten vorstellen, um zu zeigen, wie diese Problematik zutage tritt. Im Anschluss daran kehren wir zu einer späteren Phase in Frau A.s Behandlung zurück, um die Auswirkungen der gescheiterten Transformationen der Adoleszenz auf die spätere Entwicklung der Patientin zu untersuchen.

*Als Terry in der Spätadoleszenz in Analyse kam, war sie depressiv und übergewichtig und konsumierte Alkohol und Drogen. Nach einer tumultreichen, gelegentlich alarmierenden, letztlich jedoch erfolgreichen Behandlung, die insgesamt viereinhalb Jahre dauerte, erreichte sie in gegenseitigem Einvernehmen mit der Analytikerin die Beendigungsphase. Sie hatte im Verlauf der Analyse hart an ihrer alles beherrschenden Tendenz gearbeitet, auf jede Art von Konflikt oder Frustration mit magischem Denken zu reagieren. Im letzten Jahr war eine Fülle an ödipalem Material in verschobener und abgeleiteter Form sowie als Übertragung aufgetaucht. Obwohl wertvolle Arbeit geleistet worden war und Terry in Bezug auf Realitätsprüfung und Reichtum ihres Gefühlslebens enorme Fortschritte erzielt hatte, blieb fast bis zum Ende der Eindruck bestehen, dass sie sich an eine geheime Phantasie klammerte, die sie unangetastet lassen wollte. Zu Beginn der letzten Analysewoche machte sie der Analytikerin Vorwürfe, sie führe die Beendigung nicht angemessen durch, gebe ihr nicht, was sie wolle, und sei letztlich doch nicht anders als ihre Mutter.*

*Auch am nächsten Tag beschwerte sich Terry, dass sie die Arbeit der Beendigung ganz alleine machen müsse und es leid sei, nicht nur ihre eigenen Grenzen zu setzen, sondern auch die der Analytikerin, indem sie ihre eigene Neugierde beherrsche. Ihre Assoziationen zu diesem Gefühl förderten eine Reihe von Phantasien über den Ehemann und die Kinder der Analytikerin zutage, ihr Bewusstsein des Konflikts in Bezug auf ihre mögliche Eifersucht und ihren Groll darüber, ihre Neugierde und ödipalen Übertragungswünsche hemmen zu müssen. Die Analytikerin griff die verbliebene Omnipotenzphantasie auf – Terrys Festhalten am letzten Rest magischer Kontrolle, das in dem*

*Gedanken steckte, dass es nur ihrer Hemmung zu verdanken sei, dass sie der Analytikerin nicht den Partner abnahm – und ihre Weigerung, die Realität anzuerkennen, dass ihre Wünsche keinen Einfluss darauf hatten, dass die Analytikerin mit diesem Mann verheiratet war. Terry setzte diese magische Phantasie ein, um von der Hilflosigkeit angesichts der Realität des Endes ihrer Behandlung nicht überwältigt zu werden. Als sie dies anerkennen konnte, fühlte sie sich frei, ihre Traurigkeit als angemessenes Gefühl zu erleben, und überlegte, dass sie nach der Analyse am meisten diese Möglichkeit, ihre Gefühle fühlen zu dürfen, vermissen werde.*

Das vorgestellte Material aus der letzten Woche von Terrys Analyse beleuchtet die oben erwähnte Realitätsproblematik in beispielhafter Weise. Die Arbeit in diesem spezifischen Bereich der Ich-Entwicklung hat sich als entscheidend für die Wiederaufnahme der progressiven Entwicklung aller unserer Analysanden aus dieser Altersgruppe erwiesen. Wenden wir uns nun der Arbeit mit erwachsenen Patienten zu, um zu untersuchen, wie Abkömmlinge von adoleszenten Konflikten mit der Realität auftauchen und welche behandlungsbehandlungstechnischen Ansätze wir in diesen Fällen vorschlagen.

In der Analyse von Frau A., der 33jährigen geschiedenen Frau, deren präödipale Entwicklung signifikant beeinträchtigt worden war, stellten wir fest, dass die Einbettung von Über-Ich-Deutungen in den Kontext einer Erfahrung aus der Latenzperiode sich als nützlich zu erweisen schien.

*Gegen Ende ihrer Analyse begann Frau A., sich aktiv auf die Aufnahme an einer weiterbildenden Schule vorzubereiten. Sie kam mit dem Lernen bestens voran, doch als das Datum der Aufnahmeprüfung näher rückte, setzte sowohl innerhalb als auch außerhalb der Behandlung eine massive Regression ein. Diese war gekennzeichnet von einem wütenden Versuch, ihren Körper und ihre Psyche nicht länger als eigenen Besitz anzuerkennen und dem Analytiker die Verantwortung für ihre Handlungen zuzuweisen. Dies war nicht neu, da die Externalisierung von Schuld, Intentionen und Verantwortung in ihrer Analyse als Abwehrmechanismen im Vordergrund gestanden hatte; aber der Widerstand war nun intensiver als zuvor. Während sie auf der Couch lag, war ihre Wut spürbar, ihre Beine zitterten und ihr Kiefer war fest zusammengepresst. Sie beschuldigte den Analytiker, nicht fürsorglich zu sein und keinen Anteil zu nehmen. Um ihn vor ihrer starken Wut zu schützen und ihre Externalisierungen zu stärken, beschwor sie erneut das Bild ihrer launenhaften, intrusiven, depressiven und kontrollierenden Mutter herauf. Dies waren Kindheitserinnerungen, aber das Wiederauftauchen von Suizidphantasien verriet, dass der unmittelbare Auslöser ein Abkömmling der Adoleszenz war. Diese Phantasien bezogen sich auf ihre vorangegangenen drei ernsthaften Selbstmordversuche, die sie als siebzehnjährige College-Studentin unternommen hatte. Der Analytiker erläuterte, dass ihre Allmachtsüberzeugungen möglicherweise durch die aktuelle Aufnahmeprüfung mit der Realität konfrontiert würden, so wie es auch geschehen war, als sie das Elternhaus verließ, um aufs College zu gehen. Ihr Zusammenbruch in der Adoleszenz war ihre Möglichkeit gewesen, die zentrale Aufgabe zu umgehen, nämlich die Integration ihrer Kindheitsphantasien mit ihrer Realität als Adoleszente. Zunächst reagierte Frau A. mit einem Wutausbruch, wie sie es nannte, und vermied es geflissentlich, über ihre Adoleszenz zu sprechen. Sie bezog alles zurück auf ihre Kindheit.*

*Dann, nach Wochen ungemein schwieriger Sitzungen, kam Frau A. herein und sagte: »Gestern ging es mir besser – es war eine gute Sitzung. Es hilft, über die Realität zu reden.« Ihre folgenden Assoziationen bestätigten, dass die Konfrontation mit der Realität des Analyseendes und ihres bevorstehenden Weggangs auf eine weiterbildende Schule ihre omnipotenten, phantasmatischen Überzeugungen sowohl ins Licht rückten als auch in Frage stellten. Als die Adoleszenzaufgabe, der sie hatte ausweichen wollen, weiter bearbeitet wurde, begann sie den Konflikt zwischen der magischen und der realistischen Denkweise wahrzunehmen. Sie fühlte und lebte noch in ihrer magischen Welt, trat jedoch auch gelegentlich einen Schritt zurück und stellte beispielsweise fest: »Es ist verrückt – wem tue ich eigentlich weh, wenn ich Mist baue – nicht Ihnen, nicht meiner Mutter, nur mir selbst.« Über ihre Adoleszenz sagte sie: »Meine einzige Realität war damals das Bedürfnis, perfekt zu sein. Jetzt weiß ich, was das bedeutete. Es bedeutete, alles zu kontrollieren, die Zeit anzuhalten, Veränderungen anzuhalten, ein kleines Mädchen zu bleiben, das zu wissen glaubte, wie es die Gefühle der Mutter kontrollieren konnte.«*

Mit diesen Illustrationen betonen wir die Rolle der Realität bei der Transformation von Latenzphantasien in der Adoleszenz. Wir denken darüber hinaus, dass die erwachsene Persönlichkeit wesentlich dadurch geprägt wird, ob die Realität im Rahmen der Adoleszenzentwicklung verleugnet, verzerrt oder integriert wurde. Winnicott hat den Einfluss der Realität der körperlichen Reife in der Adoleszenz auf seine charakteristisch poetische Weise mit den treffenden Worten beschrieben: »Es ist wertvoll, die Phantasien der Adoleszenz mit denen der Kindheit zu vergleichen. Wenn in der kindlichen Phantasie Tod enthalten ist, so enthalten die Adoleszenzphantasien Mord« (1969, S. 752).

Im Laufe der Jahre haben wir versucht zu zeigen, dass die Kinderanalyse einen wertvollen Beitrag zur weiteren Entwicklung der psychoanalytischen Technik und Theorie leistet. Bei all unseren Arbeiten haben wir den Beitrag präödipaler, ödipaler und postödipaler Phänomene betont. In diesem Kapitel haben wir uns auf die Latenz und die Adoleszenz konzentriert. Wir haben zu zeigen versucht, dass die Aufmerksamkeit für Elemente der Latenz sowohl das Timing der Deutungen als auch das Verständnis der Faktoren der Neurosenentstehung und der verfügbaren gesunden Kräfte in der Persönlichkeit des Patienten beeinflussen kann. Die Aufmerksamkeit für Phänomene der Adoleszenz wirft ein Licht auf die Schwierigkeiten des erwachsenen Patienten, die Realität der Adoleszenz mit den Phantasielösungen, die er als Kind für präödipale und ödipale Konflikte fand, in Einklang zu bringen. Der Ausgang des adoleszenten Ringens mit der Realität zeigt sich in beobachtbaren Symptomen in der Pathologie des Erwachsenen, beispielsweise in Perversionen, oder aber in versteckten Phantasien über und Erwartungen an die Analyse. Unsere klinischen Erkenntnisse bestätigen unsere Annahme, dass keine Phase Vorrang vor einer anderen hat, die frühere Phase nicht zwangsläufig wichtiger ist als die spätere, und dass es keine perfekte Rekapitulation oder Wiederbelebung der Vergangenheit in der Gegenwart geben kann.

Die Vergangenheit transformiert die Gegenwart und wird von ihr transformiert. Wir können die Vergangenheit nie direkt kennen lernen, daher die anhaltende Relativierung der Rekonstruktion. Aufgezeigt werden sollte hier, dass das Wissen um die von der frühen Kindheit bis ins Erwachsenenalter phasenspezifischen Umgestaltungen uns einen weiteren Zugang zu den Determinanten und Funktionen der gegenwärtigen Pathologie des Patienten eröffnet, die Spezifität genetischer Deutungen verbessert und die Exaktheit der notwendigen analytischen Rekonstruktionsarbeit für den Patienten wie auch für den Analytiker glaubwürdiger werden lässt.

Als die Fresken der Sixtinischen Kapelle restauriert wurden, kam es zu einer großen Kontroverse über die Exaktheit der Farben. Eine ähnliche Debatte verzögerte die Reinigung und Restaurierung der Masaccio-Fresken der Brancacci-Kapelle in Florenz, da es keinerlei Möglichkeit gab, die Originalfarbtöne zu bestimmen. Im Zuge der Arbeitsvorbereitungen wurde ein Altar vor einem Fenster der Kapelle weggerückt. Freigelegt wurden so zwei gemalte Medaillons am Fensterrahmen, die über Jahrhunderte vor Dreck und Farbverlust geschützt gewesen waren und daher in den Originalfarben leuchteten. Eines war von Masolino gemalt worden, das andere von seinem brillanten Schüler Masaccio. Die Originalfarben waren zu sehen, und zutage trat der Wandel von der Gotik zur Renaissance. Kinder- und Jugendlichenanalysen können unsere Medaillons sein.

# Teil II:

# Mechanismen

## 5. Kapitel

## Projektion und Externalisierung[1]

Die Projektion war eines der ersten Konzepte, das Freud entwickelte. Bereits 1895 nahm er eine detaillierte Analyse vor. Wie komplex der Gegenstand ist, zeigen die beträchtliche Verwirrung und Uneinigkeit in Bezug auf Bedeutung und Anwendbarkeit des Terminus, die trotz seiner langjährigen Verwendung bis heute bestehen. »Projektion« ist einer der häufiger verwendeten Termini der psychoanalytischen Literatur und taucht insbesondere in klinischen Präsentationen mehr. Von einigen Autoren wird das Konzept als Grundlage für die gesamte klinische Arbeit angesehen. Rapaport (1944) zum Beispiel erklärt, dass die fundamentalen psychoanalytischen Postulate des psychischen Determinismus und der Kontinuität ein Konzept wie das der Projektion voraussetzen.

In der zeitgenössischen Literatur bezeichnet der Begriff unterschiedliche Prozesse wie Verschiebung, Generalisierung, Wiederaufleben in der Übertragung, Externalisierung sowie einige Vorgänge der adaptiven Bemeisterung. Projiziert wird demnach eine Fülle von Entitäten: Triebe, Introjekte, Aspekte des Selbst, Affekte, Empfindungen und Strukturen wie das Über-Ich und Es. Angeblich manifestiert sich die Projektion auf so verschiedenen Gebieten wie dem Spiel, dem künstlerischen Schaffen, der Religion, in Projektionstests und im Verfolgungswahn. In dieser unpräzisen Verwendung mangelt es dem Terminus an Erklärungskraft, und wichtige klinische Unterscheidungen werden verwischt. Rycrofts (1968) Definition der Projektion – »das Verstehen eines

1 Eine frühere Version dieses Kapitels wurde im Rahmen der Jahrestagung der Association of Child Psychotherapists im März 1969 in London vorgestellt. Die vorliegende Fassung wurde bei einer Tagung der Hampstead Clinic im Juli 1969 vorgetragen.

inneren Bildes als objektive Realität«–spiegelt die gegenwärtige breite Verwendung des Terminus wider. In dieser Definition lebt die präanalytische Verwendung wieder auf (Feigenbaum 1936); sie zeigt exemplarisch, in welch hohem Maß Freuds präzise psychoanalytische Formulierungen und Differenzierungen auf diesem Gebiet verloren gegangen sind.

Es hat Versuche gegeben, einige der als Projektion bezeichneten Vorgänge zu differenzieren. Insbesondere das Konzept der Externalisierung erfuhr zunehmende Aufmerksamkeit (Brodey, 1965; Rapaport, 1944, 1950, 1952; Weiss, 1947). Dies hat jedoch zu einer weiteren terminologischen Schwierigkeit geführt, da diejenigen, die über Externalisierung schreiben, dazu neigen, den Terminus synonym mit Projektion zu verwenden, und es ist unklar, ob die Externalisierung als Variante der Projektion, als von ihr zu unterscheidender Vorgang oder als übergeordneter Vorgang mit der Projektion als Variante verstanden wird. Exemplifiziert wird die gegenwärtige Situation durch die Definitionen der Projektion und Externalisierung im Glossar psychoanalytischer Begriffe von Moore und Fine (1967):

> »*Projektion* – ein Vorgang, durch den ein schmerzlicher Impuls bzw. eine schmerzliche Vorstellung der äußeren Welt zugeschrieben wird.« (S. 24).

> »*Externalisierung* – Ein Begriff, der im Allgemeinen auf die Tendenz bezogen wird, eigene Triebwünsche, Konflikte, Stimmungen und Denkweisen (kognitive Stile) in die äußere Welt zu projizieren. Sie ist erkennbar bei kleinen Kindern, die sich in der Dunkelheit vor Ungeheuern fürchten, bei Primitiven, für die der Dschungel von bösen Geistern bewohnt ist, oder beim Paranoiker, der um sich herum nur Verfolger sieht. Die Externalisierungsfähigkeit kann auf konstruktive Weise in der Kunst, Poesie, Literatur usw. zum Tragen kommen. Sie ist auch die Grundlage für den Rorschach-Test.« (S. 39).

Unser Interesse an diesem Gegenstand rührt daher, dass wir auf klinischer Ebene Unterscheidungen treffen, die wir im Rahmen der geläufigen Terminologie nicht klar fassen und vermitteln können. Die begrifflichen Schwierigkeiten lassen sich zum Teil zu den vielen Missverständnissen zurückverfolgen, die bezüglich Freuds Verwendung des Projektionsbegriffs bestehen. Freud selbst fand sein Konzept unklar und tat wiederholt die Absicht kund, ihm eine eigene Arbeit zu widmen (1911c, 1915e).[2] So erhellend eine solche Studie gewesen

[2] Strachey vertritt die Auffassung, dass es sich hier um eine der »verlorenen« metapsychologischen Schriften handeln könnte.

wäre – in den existierenden Schriften über die Projektion bleibt eine entscheidende Quelle der Verwirrung bestehen, die den aktuellen Gebrauch des Terminus weiter beeinträchtigt. Freud verwendete »Projektion« auf zwei verschiedene Arten, die wir als den psychologischen und den mechanischen Bezug der Projektion beschreiben wollen. »Projektion« ist ein präanalytischer Begriff mit vielen Verbindungen zu anderen Gebieten. Die wörtliche Bedeutung ist: »nach vorne werfen« – daher der Gebrauch für den mechanischen Prozess, bei dem ein Bild auf eine Leinwand geworfen wird. Die Verwendung des Projektionsbegriffs für psychische Prozesse stellt eine metaphorische Anwendung des mechanischen Modells dar, so als ob die Psyche mit einem Kinoprojektor vergleichbar sei, der innere Bilder auf die weiße Leinwand der äußeren Welt projiziert.

Parallel zur fortlaufenden Ausarbeitung eines psychologischen Konzepts für den »Vorgang oder Mechanismus« der Projektion verwendete Freud vom ersten bis zum letzten Gebrauch des Terminus eine deskriptive mechanische Metapher. Dies wird zum Beispiel in seiner Abhandlung »Über Deckerinnerungen« (1899a) deutlich. In Bezug auf die Verschmelzung zweier Reihen von Phantasien bemerkt Freud, dass sie »aufeinander projiziert« werden (S. 546). Ähnlich schreibt er 1936: »Aber diese beiden Motivierungen sind im Grunde das nämliche, die eine nur eine Projektion der anderen« (1936a, S. 253). Ein letztes Beispiel soll Freuds expliziten Gebrauch des Terminus in einem deskriptiv mechanischen Sinne – und nicht als psychischen Mechanismus oder Vorgang – illustrieren. In den *Vorlesungen zur Einführung in die Psychoanalyse* (1916-1917a) schreibt er über Melancholie, dass das Objekt »im Ich selbst errichtet, gleichsam auf das Ich projiziert« werde: »Ich kann Ihnen hier nur eine *bildliche Schilderung*, nicht eine topisch-dynamisch geordnete Beschreibung geben« (S. 443; Hervorhebung N. und N.).

Dieses Zitat verdeutlicht, dass Freud, wenn er den Begriff Projektion im mechanischen Sinne benutzte, das betreffende Phänomen beschrieb und nicht erklärte; hingegen war das psychologische Konzept der Projektion als Erklärung gedacht. Der mechanisch-deskriptive und der psychologisch-erklärende Gebrauch des Begriffs werden häufig gemeinsam in ein und demselben Beitrag verwendet, und ohne eine genaue Unterscheidung der beiden bleibt die vorgestellte Theorie mehrdeutig und oft widersprüchlich. Wenn eine Differenzierung erfolgt, wird deutlich, dass die zwei Bezüge des Terminus für unterschiedliche Zwecke verwendet werden. Wie zu einem späteren Zeitpunkt gezeigt werden soll, durchläuft das psychologische Konzept eine fortschreitende Modifizierung, so dass es sich letztendlich auf die Abwehrmechanismen bezieht. Der mechanische Bezug der Projektion bleibt eine »bildliche Schilderung« und unterstreicht in erster Linie die Belege für die fundamentalen psychoanalytischen Annahmen des psychischen Determinismus und der Kontinuität. Dies gilt insbesondere für die Phänomene, die Freud unter der Projektion »endopsychischer« Perzepte zusammenfasste. Im Jahre 1897 schrieb er an Fließ:

> »Kannst Du Dir denken, was ›endopsychische Mythen‹ sind? Die neueste Ausgeburt meiner Denkarbeit. Die unklare innere Wahrnehmung des eigenen psychischen Apparates regt zu Denkillusionen an, die natürlich nach außen projiziert werden und charakteristischerweise in die Zukunft und in ein Jenseits. Die Unsterblichkeit, Vergeltung, das ganze Jenseits sind solche Darstellungen unseres psychischen Inneren. Meschugge? Psychomythologie.« (Freud-Fließ, 1985, S. 311).

Die Betonung liegt hier auf der Projektion nicht als erklärendem Vorgang, sondern als Synonym für Widerspiegelung. In nachfolgenden Erörterungen der Projektion endopsychischer Wahrnehmungen betont Freud (1901b, 1911b, 1912–13a) die nicht defensive Verlegung der strukturellen Bedingungen der Psyche in die äußere Welt (1912–13a, S. 112). In jedem Fall spürt er die innere Quelle für die äußere Manifestation auf und verwendet den Terminus Projektion nur, um hervorzuheben, dass es sich um Reflexionen innerer Phänomene handelt. So betont er: »Die Lehre von der Belohnung im Jenseits für den [...] Verzicht auf irdische Lüste ist nichts anderes als die mythische Projektion dieser psychischen Umwälzung« (Freud, 1911b, S. 236) infolge des Ersatzes des Lustprinzips durch das Realitätsprinzip.

Dieser Gebrauch des Begriffs Projektion ähnelt seiner gegenwärtigen Anwendung in den Gebieten der Kunst, Religion, projektiven Tests, Kinderphantasien – in der Tat alles Oberflächenmanifestationen innerer Phänomene. Es ist diese Reflexion der inneren in der äußeren Welt, die Rapaport als die »Projektionshypothese« bezeichnete (1944). Die Verwendung der Projektion auf diese Art und Weise ist legitim, jedoch sollte betont werden, dass es sich um einen präanalytischen, nichtpsychologischen und in erster Linie deskriptiven Gebrauch handelt. Unserer Ansicht nach sollte diese Verwendung daher nicht fortgesetzt werden, da sie zu einer Situation führt, in der alle Oberflächenmanifestationen unter die Projektion fallen, was zu einem Verlust der spezifisch psychoanalytischen Bezugspunkte des Terminus führt und dem Konzept jeglichen Erklärungswert entzieht. Statt von der »Projektionshypothese« könnte man von einer »Expressionshypothese« sprechen, um die Existenz kausaler und entwicklungsgeschichtlicher Verbindungen zwischen Oberflächenphänomenen der einzelnen Person (Phantasien, Verhalten, kreative Handlungen usw.) und verborgenen Strukturen, Funktionen und Inhalten der

Psyche zu unterstreichen (vgl. A. Freud, 1965). Es soll betont werden, dass Oberflächenmanifestationen sämtliche psychischen Vorgänge widerspiegeln bzw. ausdrücken können, einschließlich der Abwehrmechanismen, zu denen auch der Mechanismus der Projektion gehören kann. Hauptthema dieser Arbeit ist die klinische Bedeutung der Unterscheidung verschiedener psychischer Vorgänge, da jeder einen eigenen behandlungstechnischen Ansatz verlangt. Wenn bei allen Oberflächenphänomenen von Projektionen gesprochen wird, wie es gegenwärtig geschieht, wird die Tatsache verdunkelt, dass Abwehrmechanismen behandlungstechnisch ganz anders zu handhaben sind als Manifestationen anderer innerer Prozesse.

Es gibt jedoch weitere klinische und theoretische Gründe für die vorgeschlagene Unterscheidung. Auch wenn die Unterscheidung zwischen der Projektion als deskriptivem Terminus und der Projektion als psychologischer Erklärung in Freuds Schriften relativ deutlich wird, ist dies in der aktuellen Literatur nicht der Fall. Daher werden Oberflächenreflexionen innerer Vorgänge nicht nur als Projektionen beschrieben (was, wie bereits bemerkt, einen legitimen, jedoch verwirrenden Gebrauch darstellt), sondern werden zugleich auch mit der Projektion begründet. Dies wird besonders auf dem Gebiet der Empathie deutlich, wo die Kommunikation zwischen Kind und Mutter, zwischen Patient und Therapeut, auf Vorgänge der Projektion zurückgeführt wird (Jacobson, 1964; Klein, 1955). Dies führt zu einer Gleichsetzung von Ausdruck und Kommunikation, die unserer Ansicht nach das Erkennen von Widerständen des Patienten gegen die Kommunikation erschwert. Das Verständnis der psychischen Zustände des Säuglings oder des Patienten seitens der Mutter bzw. des Therapeuten muss weder die kindliche Absicht des Kommunizierens noch den Gebrauch des Projektionsmechanismus einschließen. Richtige Folgerungen lassen sich häufig aus äußerem Verhalten ableiten, noch ehe der Säugling die Fähigkeit zu kommunizieren entwickelt, und auch gegen die Absicht des Patienten, Kommunikation zu vermeiden.

Ein ähnliches Thema betrifft die Konzeptualisierung des Projektionsprozesses in Begriffen von Triebmodi und -zielen (Abraham, 1924; Jeffe, 1968; Malin und Grotstein, 1966). Es wird gesagt, dass Kommunikation durch einen projektiven Prozess geschieht, bei dem der Patient etwas ausspuckt bzw. entleert, was der Therapeut dann aufnimmt. Hier handelt es sich um die Konkretisierung eines Vorganges, der, wie Freud (1912–13a) wiederholt betonte, im Wahrnehmungssystem stattfindet und daher eine Phantasie bzw. Phantasie-Repräsentanz einschließt. Einem Patienten mitzuteilen, er habe etwas *in* den Therapeuten hinein gelegt (z. B. Klein, 1955; Lush, 1968), bedeutet, sich mit seiner Allmachtsphantasie zu verschwören, ihr den Stempel der Realität aufzudrücken und dem Therapeuten eine Erklärung für das Ausleben von Gegenübertragungsgefühlen zu liefern.

Doch zurück zu Freuds Sicht der Projektion: Wird der oben erörterte mechanische Gebrauch ausgeschlossen, finden wir eine psychologische Theorie der Projektion und verwandter Mechanismen, die fortgeschrittener ist als viele aktuelle Denkansätze zu diesem Thema. Unter der allgemeinen Überschrift der Projektion fasste Freud fünf zusammenhängende, aber unterscheidbare Anwendungen des Konzepts zusammen. Wir beschreiben sie wie folgt:

1. Projektion als früher und für die Entwicklung des Selbst grundlegender Mechanismus
2. Generalisierung – ein Aspekt animistischen Denkens
3. Zuschreibung von Ursache oder Verantwortung an die äußere Welt
4. Externalisierung von Aspekten des Selbst
5. Projektion von Trieben oder eigentliche Projektion

Diese Unterscheidungen sollten unserer Meinung nach bei jedem Ansatz, die Mechanismen begrifflich zu fassen, die die subjektive Verteilung innerer Phänomene auf die Außenwelt betreffen, berücksichtigt werden. So ließe sich eine historische Konsistenz erreichen, deren Fehlen zu Missverständnissen führt. Wichtiger noch – die Differenzierungen, die Freud vornahm, basieren auf klinischen Unterscheidungen, die verschwimmen, wenn diese Phänomene unter einer weiten Überschrift zusammengefasst werden.

Im Folgenden werden wir zunächst Freuds Sichtweisen zu den ersten drei der oben aufgeführten Kategorien zusammenfassen und Kommentare unsererseits hinsichtlich ihrer Anwendbarkeit auf aktuelle klinische und theoretische Fragen hinzufügen. Der zweite Abschnitt wird dann die Bedeutung der Unterscheidung zwischen der Externalisierung von Aspekten des Selbst und der Projektion von Trieben in den Mittelpunkt stellen.

## Projektion als früher und für die Entwicklung des Selbst grundlegender Mechanismus

Es ist allgemein anerkannt, dass Integration und Differenzierung zu den Hauptaufgaben gehören, mit denen ein sich entwickelnder Organismus konfrontiert wird. So muss das Kind allmählich zwischen Selbst und Außenwelt unterscheiden lernen. Veröffentlichungen auf dem Gebiet der Entwicklungspsychoanalyse und -psychologie enthalten zahlreiche Konzeptualisierungen, wie eine solche Differenzierung in den verschiedenen Phasen vor sich gehen kann. Es gibt etwa den handlungsorientierten Unterscheidungsmodus (Piaget, 1936), und Freud beschreibt die Differenzierung auf der Grundlage des

Lustprinzips (1915c). Aus der Sicht des erwachsenen Beobachters führen solche Unterscheidungsmodi anfangs zu falscher, unrealistischer Differenzierung zwischen Selbst und Objekt, aber normalerweise wird dies durch Erfahrung allmählich korrigiert.

Viele Autoren, besonders kleinianischer Orientierung, bezeichnen diese anfängliche falsche Unterscheidung als Projektion. Sie betrachten die Projektion als Vorgang, der von Geburt an stattfindet und der, gemeinsam mit der Introjektion, den primären Mechanismus darstellt, der zur Strukturbildung führt (Heimann, 1952; Klein, 1932). Ob die Projektion auch vor der Strukturbildung, insbesondere vor einer minimalen Unterscheidung zwischen Selbst und äußerer Welt, stattfinden kann, ist eine kontrovers diskutierte Frage. So schreibt zum Beispiel Waelder ([1951] 1980), »dass ein endgültiger Nachweis dieser frühen Manifestationen noch aussteht« (S. 182). Anna Freud verwies bereits im Jahre 1936 auf die durch die kleinianische Theorie der Projektion aufgeworfenen logischen Probleme, als sie schrieb: »Ebenso könnte man meinen, Projektion und Introjektion seien Methoden, die auf der Sonderung von Ich und Außenwelt beruhen. Die Ausstoßung aus dem Ich und Zuordnung zur Außenwelt könne erst dann für das Ich erleichternd wirken, wenn es gelernt habe, sich selbst nicht mehr mit der Außenwelt zu verwechseln« (S. 241).

Befürworter der Projektionstheorie im Sinne eines neonatalen Mechanismus berufen sich bei ihrer Sichtweise auf Freuds Schriften, insbesondere auf »Triebe und Triebschicksale« (1915c) und »Metapsychologische Ergänzung zur Traumlehre« (1916–17f). In dieser Phase sah Freud die Projektion in der Tat als wichtigen Vorgang in der frühen Entwicklung des Selbst. Unter der Dominanz des Lustprinzips werden Objekte, die eine Quelle der Lust sind, inkorporiert, und ein Teil des eigenen Selbst, der Unlust hervorruft, wird in die äußere Welt projiziert, um so ein »purifiziertes Lust-Ich« zu schaffen (1915c, S. 228).

Befürworter beider Seiten vernachlässigen jedoch zwei wichtige Punkte bei dieser kontroversen Debatte. In allen genetischen Aussagen zur Projektion postuliert Freud zumindest eine minimale Strukturbildung bzw. Ich-Organisation vor Auftreten der Projektion. Das purifizierte Lust-Ich, das durch Projektion und Introjektion entsteht, ist *kein* primärer Ich-Zustand. Nach Freud gibt es ein ursprüngliches Lust-Ich, mit Instinkten besetzt und in gewissem Grade in der Lage, diese selbst zu befriedigen. Es interessiert sich nicht für die Außenwelt. Dieses ursprüngliche Lust-Ich ist, als Konsequenz der Erfahrung, dann gezwungen, die Realität anzuerkennen, und wird damit zum »anfänglichen Real-Ich, *welches Innen und Außen nach einem guten objektiven Kennzeichen unterschieden hat*« (1915c, S. 228; Hervorhebung N. und N.).

Erst nach Entwicklung der Fähigkeit, zwischen Innen und Außen zu unterscheiden, kommen die Vorgänge der Projektion und Introjektion ins Spiel und leiten die dritte Phase des Ichs ein, das »purifizierte Lust-Ich«. [3]

Zweitens ist anzumerken, dass die meisten Autoren nicht bemerken, dass Freud in seinen späteren Schriften den frühen Prozess explizit von der eigentlichen Projektion unterscheidet. In *Jenseits des Lustprinzips* beschrieb Freud (1920g) den gleichen Vorgang nicht als Projektion, sondern als »Herkunft der Projektion« (S. 29). In seinen zahlreichen späteren Untersuchungen auf dem Gebiet der frühen Ich- Entwicklung verwendet er nicht den Terminus Projektion, sondern Formulierungen wie »der Außenwelt zuschieben« (1930a, S. 424).

Da jede Aussage über die frühesten Entwicklungsstadien hypothetischen Charakter hat, ist die Frage nach dem Auftreten der Projektion vor der Strukturbildung in erster Linie eine theoretische. Wir können den klaren Formulierungen Freuds wenig hinzufügen, möchten aber betonen, dass es bedeutungslos und verwirrend hinsichtlich Ursache und Motivation (Rapaport, 1960) ist, vor der Entwicklung des Selbst und der Unterscheidung von Innen und Außen von Vorgängen zu sprechen, die die subjektive Zuteilung von inneren Phänomenen zur Außenwelt einschließen.

## Generalisierung

Mit der Unterscheidung des Selbst von der äußeren Welt wird die kindliche Sicht der äußeren Welt und insbesondere seiner Objekte zum Teil dadurch bestimmt, was das Kind von sich selbst weiß und fühlt. Es erlangt ein Bewusstsein für sich selbst und schreibt ganz *natürlich* dem Objekt ähnliche Charakteristika zu. Dies stellt eine primitive, animistische Art zu denken dar, angemessen für das relativ egozentrische Entwicklungsstadium des Kindes. In der aktuellen Literatur wird dies häufig als Resultat der Projektion beschrieben (Eidelberg, 1968; Fenichel, 1945; Jacobson, 1964).

1901 stellt Freud explizit die Verbindung zwischen »anthropomorphem« Denken und Projektion her, dem dynamischen Mechanismus, den er als grundlegend bei der Paranoia entdeckte. In *Totem und Tabu* (1912–13a) führte er diesen Gedankengang fort. Die Abhandlung enthält seine genaueste Untersuchung des Animismus. Die Zurückführung der eigenen Charakteristika des primitiven Menschen auf die äußere Welt geschieht angeblich durch Projektion. In der gleichen Arbeit findet sich jedoch eine andere, genauere Erklärung des

[3] Bereits in einer früheren Abhandlung (1911b), in der Freud den Ersatz des Lust-Ichs durch das Real-Ich beschrieb, postulierte er die Existenz einer minimalen Strukturierung bei der Erklärung früher defensiver Prozesse.

Animismus, die den Mechanismus der Projektion nicht voraussetzt: Der Animismus stellt ein »Denksystem« dar (S. 96), das natürlich für primitive Stadien der Menschheit und des Individuums ist. Es umfasst die Zurückführung von durch den primitiven Geist *bewusst wahrgenommenen* inneren Eigenschaften auf die äußere Welt. Das animistische System bedient sich der Technik der Magie und ist eng mit der narzisstischen Phase der libidinösen Entwicklung und dem Prinzip der Allmacht der Gedanken verbunden (ebd., S. 105f.).

Es scheint so, dass Freud sich für die zweite Alternative entschied, da er in seinen späteren Abhandlungen zu primitivem Denken nicht auf die Projektion als dynamische Erklärung zurückgreift. In der Tat betont er 1927, die Projektion sei keine Erklärung, sondern lediglich eine Beschreibung des Geschehens. Seine klarste Beschreibung des Vorgangs beim animistischen Denken befindet sich in »Das Unbewusste« (1915e), wo er ihn als »Identifizierung« bezeichnet:

> Das Bewusstsein vermittelt jedem einzelnen von uns nur die Kenntnis von eigenen Seelenzuständen; dass auch ein anderer Mensch ein Bewusstsein hat, ist ein Schluss, der per analogiam auf Grund der wahrnehmbaren Äußerungen und Handlungen dieses anderen gezogen wird, um uns dieses Benehmen des anderen verständlich zu machen. (Psychologisch richtiger ist wohl die Beschreibung, daß wir ohne besondere Überlegung jedem anderen außer uns unsere eigene Konstitution, und also auch unser Bewusstsein, beilegen, und daß diese Identifizierung die Voraussetzung unseres Verständnisses ist.) Dieser Schluß – oder diese Identifizierung – wurde einst vom Ich auf andere Menschen, Tiere, Pflanzen, Unbelebtes und auf das Ganze der Welt ausgedehnt und erwies sich als brauchbar, solange die Ähnlichkeit mit dem Einzel-Ich eine überwältigend große war, wurde aber in dem Maße unverlässlicher, als sich das andere vom Ich entfernte. [...] Aber auch, wo die ursprüngliche Identifizierungsneigung die kritische Prüfung bestanden hat, bei dem uns nächsten menschlichen Anderen, ruht die Annahme eines Bewusstseins auf einem Schluss und kann nicht die unmittelbare Sicherheit unseres eigenen Bewusstseins teilen. (S. 267f.)

Im Interesse terminologischer Klarheit würden wir diesen Prozess als »Generalisierung« bezeichnen.[4] Freud folgend sehen wir diesen Vorgang als natürliche Denkweise an, nicht als eigentlichen Abwehrmechanismus der Projektion

[4] Durch den Gebrauch dieses Terminus in der Mathematik, Philosophie und der akademischen Psychologie besitzt er üblicherweise die Konnotation des abstrakten Denkens des Sekundärprozesses. Die lexikalische Definition der »Generalisierung« gibt jedoch genau den Sinn des zur Diskussion stehenden Prozesses wieder:

– das Kind behält die bewusste Wahrnehmung dessen, was es der äußeren Welt zuschrieb. Die Verallgemeinerung ist die wichtigste Art und Weise, in der das Kind Unbekanntes begreift, und bleibt in gewissem Maße das ganze Leben lang erhalten. Beispiele sind Legion: So bieten etwa die von Freud (1908c) beschriebenen frühkindlichen Sexualtheorien dafür deutliche Illustrationen.

Die Differenzierung von Generalisierung und Projektion ist auf vielen Gebieten von theoretischer Bedeutung.[5] Nach unserer Auffassung liegt ihre größte Bedeutung jedoch in den klinischen und behandlungsbehandlungstechnischen Implikationen. Umfangreiche Manifestationen der Verallgemeinerung über ein gewisses Alter hinaus spiegeln üblicherweise eine Schwäche des Ichs wider, die auf fehlende Reife, fehlerhafte Entwicklung oder auf Regression zurückzuführen ist.

*Zum Beispiel wurde Kevin, ein 11jähriger Junge, der aufgrund von zwangsneurotischen Ritualen an eine Erziehungsberatungsstelle überwiesen wurde, als Neurotiker diagnostiziert, dessen Hauptkonflikt um die Aggression kreiste. Im Rahmen der Psychotherapie zeigte er schon sehr bald bewusste Ängste, von seinem Therapeuten angegriffen zu werden. Diese wurden als Projektionen gesehen und gedeutet bzw. als ein weiterer Versuch, die Erkenntnis der eigenen aggressiven Impulse gegen das Objekt abzuwehren. Das Kind war schon bald nicht mehr zu kontrollieren und wurde an die Hampstead Clinic zur analytischen Behandlung überwiesen. Nach Beginn der Analyse wurde schnell deutlich, dass sich die Angst, vom Therapeuten getötet zu werden, nicht auf eine Projektion gründete, sondern auf die Verallgemeinerung der eigenen bewussten*

---

a) der Prozess des Verallgemeinerns, d. h. man gelangt von besonderen zu allgemeinen Annahmen oder Aussagen

b) quasi-konkret: eine allgemeine Folgerung

c) der Prozess des Sich-Ausdehnens über jeden Teil.

Wir nehmen an, dass die Generalisierung auf jeder Ebene psychischen Funktionierens stattfindet. Die Unterscheidung des animistischen Denkens von anspruchsvollen logischen Folgerungen geschieht durch den Einsatz weiterer Funktionen wie Urteilsvermögen und Realitätsprüfung.

[5] So wurde etwa häufig angenommen, dass die Projektion für Freud eine zentrale Rolle bei der Bildung des Über-Ichs spielte. Dies ist nicht der Fall. Freud schrieb die Strenge des Über-Ichs nicht der Projektion aggressiver Wünsche auf das nachfolgend introjizierte Objekt zu, sondern drei anderen Faktoren, von denen einer die natürliche Annahme des Kindes war, dass es und der Vater ähnliche aggressive Wünsche gegeneinander hegten. Dies wird am deutlichsten in Das Unbehagen in der Kultur (1930a, S. 488f.) beschrieben.

*Wünsche gegen alle männlichen Objekte; Kevin wünschte sich, ein beneidetes männliches Objekt zu töten, und er nahm einfach an, das Objekt hege die gleichen Wünsche ihm gegenüber.*

*In diagnostischer Hinsicht lenkte dieser Einsatz der Verallgemeinerung die Aufmerksamkeit des Therapeuten auf andere Zeichen einer Ich-Schwäche. Letztlich bestätigte sich die Borderline-Diagnose. Diese neue Sicht führte zu einer Modifikation der Behandlungstechnik. Trotz der positiven Veränderungen im ersten Analysejahr blieb die Verwendung der Generalisierung unverändert bestehen. An einem gewissen Punkt war es möglich, sich auf diesen pathologischen Funktionsmodus zu konzentrieren. Der Therapeut half dem Kind daraufhin, die notwendigen Strukturen zur Hemmung der Generalisierung zu entwickeln. Indem er den Therapeuten als Hilfs-Ich benutzte, konnte Kevin allmählich akzeptieren, dass er die Gedanken oder Gefühle des Objektes nicht kennen konnte (es sei denn, sie wurden ihm auf die ein oder andere Art mitgeteilt) und dass das Objekt ihm daher nicht unbedingt ähnlich war, sondern durchaus Gedanken oder Gefühle haben konnte, die sich von seinen eigenen unterschieden. Anzumerken ist, dass Kevin auch nach Hemmung der Verallgemeinerung seine eigenen aggressiven Wünsche bewusst waren, es jedoch zu einer bedeutsamen Veränderung in ihrer Intensität und Qualität kam. Erst viel später in der Behandlung, nach entscheidenden Fortschritten in der Ich-Entwicklung, konnte Kevin die eigentliche Projektion einsetzen, um die bewusste Erkenntnis der eigenen aggressiven Impulse abzuwehren.*

Auch wenn in diesem Fallbeispiel der Kontrast zwischen einem Funktionsmodus und einem Abwehrmechanismus betont wurde bzw. zwischen der Generalisierung und der Projektion, so geschah dies in dem Bewusstsein, dass nach einer strukturellen Hemmung früher Modi diese sehr wohl zum Zweck der Abwehr neu eingesetzt werden können. Zur Abwehr wird die Generalisierung häufig gegen schmerzliche Affekte im Zusammenhang mit einer Trennung eingesetzt und stellt eine phantasierte Verschmelzung von Selbst- und Objektrepräsentanzen dar. Kevin bestand in einem späteren Stadium der Analyse etwa darauf, dass der Therapeut die gleichen Wünsche und Gedanken wie er selbst hätte. Es zeigte sich, dass diese Beharrlichkeit eine Abwehr der Einsamkeit in der Phantasie darstellte. So sagte er etwa: »Oh, ich wünschte, Sie würden das Gleiche denken, dann wäre ich nicht allein.«

Manifestationen des defensiven Einsatzes der Verallgemeinerung werden häufig als Projektionen bezeichnet – dies nicht nur von kleinianischen Autoren, sondern auch von eher klassisch orientierten Autoren wie Edith Jacobson ([1964] 1973). Sie schreibt: »Die Begriffe Introjektion und Projektion [...] beziehen sich auf psychische Prozesse, deren Ergebnis es ist, dass Selbstimagines Züge von Objektimagines annehmen und vice versa« (S. 57). Diese Sichtweise verdunkelt ein wichtiges klinisches Phänomen: Bei den Verschmelzungsphantasien stellt das mutmaßlich Projizierte kein schmerzliches persönliches Charakteristikum dar, das vom Selbst geschieden werden und der äußeren Welt zugeschrieben werden muss, sondern eine bewusste innere Erfahrung, die ausgeweitet und mit dem Objekt *geteilt* wird. [6]

## Zuschreibung von Ursache oder Verantwortung

Während der langen Zeit, in der ein Kind von seinen Eltern abhängig ist, schreibt es ihnen häufig die Verantwortung für seine Gedanken, Handlungen und Gefühlszustände zu. Allmählich wird sich das Kind seiner wachsenden Fähigkeit, die eigenen Wünsche in die Tat umzusetzen und so innere und äußere Bedingungen zu verändern, bewusst und übernimmt bzw. verinnerlicht damit Verantwortung für gewisse eigene Handlungen und Gedanken. Anna Freuds (1965) Beschreibung der Entwicklungslinie in Richtung körperlicher Unabhängigkeit liefert ein Modell für die notwendigen Schritte zur Verinnerlichung von Verantwortung.

Der erste von Freud diskutierte Typus der Projektion ist die Zuschreibung von Ursachen an die äußere Welt, und dieser Typus bleibt für ihn eine wesentliche Kategorie (1950c [1895], 1909d, 1910k, 1911c, 1918b [1914], 1925h). Er wendet ihn für die Abwehr von Selbstvorwürfen an bzw. später, im Rahmen der Strukturtheorie, für die Abwehr von Schuld- und Schamgefühlen. In seinen Beispielen lässt sich erkennen, dass die Vorstellung oder der Impuls im Bewusstsein beibehalten, die Verantwortung dafür jedoch außerhalb lokalisiert wird.

In der klinischen Praxis lassen sich hierzu viele Beispiele finden, insbesondere bei der Arbeit mit Kindern. Häufig geschieht es nach einer Zeit der Abwehranalyse bzw. wenn der Triebabkömmling in der Handlung oder in Gedanken auftaucht, dass ein Kind sagt: »Sie haben mich das tun lassen«, oder: »Sie haben den Gedanken in meinen Kopf gesetzt.« Die phallisch-ödipalen Wünsche eines Heranwachsenden zeigten sich folgendermaßen: »Sie wollen, dass ich die Beine meiner Mutter anschaue.« Es ist bemerkenswert, dass diese Kategorie der Projektion wenig erörtert wird: Sie ist ein übliches klinisches

---

[6] Eine Untersuchung des genetischen Zusammenhangs zwischen der Generalisierung und der Projektion wäre interessant. Nach unserer Auffassung stellt die Generalisierungsfähigkeit einen notwendigen Vorläufer für den späteren Einsatz des Abwehrmechanismus der Projektion dar.

Phänomen und repräsentiert Freuds erste Konzeptualisierung der Projektion als Abwehr.[7]

Im vorstehenden Abschnitt widmeten wir uns der theoretischen und klinischen Bedeutung der Unterscheidung von Anwendungen des Projektionsbegriffs auf defensive und nicht-defensive Prozesse. Im Zusammenhang mit Freuds Verwendung der Projektion sollte die zunehmende Beschränkung der Anwendung des Terminus hervorgehoben werden sowie der Ausschluss von Phänomenen, die anfangs unter die Projektion fielen, und die zunehmende Charakterisierung der Projektion als Abwehr. Unserer Ansicht nach wäre es hilfreich, wenn der Terminus »Externalisierung« als allgemeine Überschrift für alle Prozesse akzeptiert würde, die zur *subjektiven Zuschreibung innerer Phänomene an die Außenwelt* führen.[8] Als allgemeiner Begriff bezöge sich die Externalisierung dann auf Prozesse, die normal oder pathologisch, angepasst oder fehlangepasst sein könnten. Eine solche Verwendung wäre ähnlich dem aktuellen Gebrauch des Begriffs »Internalisierung«, unter dem verschiedene Vorgänge zusammengefasst werden: Introjektion, Identifizierung usw.

Freud differenzierte drei Arten der defensiven Projektion. Bereits erörtert wurde die defensive Externalisierung bzw. die Zuschreibung von Ursachen an die Außenwelt. In diesem Abschnitt werden wir uns nun auf die Differenzierung zwischen der Externalisierung eines Triebes und der Externalisierung eines Aspekts der Selbstrepräsentanz konzentrieren, die wir von Freud herleiten. Unserer Ansicht nach sollte der Terminus »Projektion« für den erstgenannten Prozess, also für die *Triebprojektion*, reserviert bleiben.

Auch wenn wir uns bewusst sind, dass die Unterscheidung zwischen Trieb- und Selbstrepräsentanz eine willkürliche ist, zumal beide Elemente sehr eng miteinander verbunden sind – zum Beispiel werden Aspekte der Selbstrepräsentanz durch den Trieb »gefärbt« –, lässt sich alles in allem sagen, ob ein spezifisches Phänomen eher mit der Triebrepräsentanz oder mit einem Aspekt der

---

7 Diese Kategorie ist von so großer Bedeutung, dass sie eine eigene Studie verdient. Die Internalisierung und Externalisierung von Verantwortung ist am anschaulichsten in der Kinderanalyse zu beobachten. Als Ausgangspunkt könnte Anna Freuds Kapitel »Der Kinderanalytiker als äußerer Vertreter innerer Instanzen« ([1965] 1968, S. 48f.) sein. Eine solche Studie würde die Erörterung der Verbindung von Übertragung und Externalisierung einschließen, das Behandlungbündnis und die Internalisierung von Verantwortung, aber auch die Externalisierung von Strukturen wie Es und Über-Ich.

8 Dies ist eine Modifizierung der in einem früheren Aufsatz vertretenen Sichtweise (Novick und Hurry, 1969), bei der die Externalisierung auf defensive Prozesse beschränkt blieb.

Selbstrepräsentanz verbunden ist. So gibt es einen Unterschied zwischen den Aussagen: »Ich bin ein wütender Mensch«, oder: »Ich ärgere mich über Dich (hasse Dich).« Die erste Aussage ist eine Bewertung der Selbstrepräsentanz, die zweite eine Triebäußerung.

Ab 1911 kennzeichnete Freuds Verwendung des Terminus Projektion in erster Linie und fast durchgehend eine reflexive Triebabwehr. Im Zusammenhang mit Schreber (Freud, 1911c) beschrieb er etwa eine paranoide Abwehr der Homosexualität, bei der *unbewusster Hass* projiziert werde. Die unbewusste Aussage: »Ich hasse ihn ja«, wurde in den bewussten Gedanken: »Er hasst (verfolgt) mich«, transformiert (1911c, S. 299). In seinen späteren Schriften (insbesondere 1922b [1921]) verband Freud die Triebprojektion mit der Abwehr ambivalenter Konflikte. Zum letzten Mal verwendete er den Terminus Projektion in diesem Sinne 1931 bei der Erklärung der Furcht eines Mädchens, von der Mutter umgebracht zu werden, die auf die Projektion eigener feindseliger Wünsche zurückzuführen war. [9]

Wenngleich der »Fall Schreber« als Hauptbezugspunkt für die Erörterung der Projektion als Abwehr herangezogen wird, wird nicht allgemein anerkannt, dass Freud im gleichen Aufsatz einen weiteren Typus der defensiven Projektion explizit unterscheidet. Er schrieb, dem Satze: »ich (ein Mann) liebe ihn [einen Mann]«, könne auch durch einen anderen Satz widersprochen werden: »Nicht *ich* liebe den Mann – *sie* liebt ihn ja« (S. 301). Hier entfällt die Projektion, »weil mit dem Wechsel des liebenden Subjekts der Vorgang ohnedies aus dem Ich herausgeworfen ist. Dass die Frau die Männer liebt, bleibt eine Angelegenheit der äußern Wahrnehmung« (S. 301). Wir bezeichnen diesen Typus der Projektion als »Externalisierung eines Aspekts der Selbstrepräsentanz«. [10]

Wir werden die Prozesse der Externalisierung von Aspekten des Selbst und die Triebprojektion unter zwei Blickwinkeln diskutieren, zum einen dem der Entwicklung des Individuums, zum anderen dem der Auswirkungen auf die einzelne Person, wenn sie das Ziel von Externalisierungen anderer wird.

---

9 Auch 1936 nimmt Freud (1936a) auf die Projektion Bezug, wobei sie im oben beschriebenen mechanischen Sinne verwendet wird. Vgl. dazu auch die posthum veröffentlichten »Ergebnisse, Ideen, Probleme« ([1941f] 1938).

10 Da es sich um einen etwas schwerfälligen Ausdruck handelt, wird im Folgenden häufig der Einfachheit halber kurz von »Externalisierung« gesprochen. Aus dem Zusammenhang erschließt sich dem Leser, dass hier vom spezifisch defensiven Prozess der Externalisierung eines Aspekts der Selbstrepräsentanz die Rede ist und nicht von den verschiedenen Spielarten der Externalisierung.

## Externalisierung von Aspekten der Selbstrepräsentanz

Mit dem Auftauchen des Selbst aus dem Zustand der anfänglichen Vermischung von Innen und Außen sieht sich das Kind der extrem schwierigen Aufgabe gegenüber, die verschiedenen dissonanten Komponenten des sich entwickelnden Selbst zu integrieren. Angesichts der schnellen Abfolge der körperlichen und psychischen Veränderungen, die bei Kindern zwischen acht und achtzehn Monaten stattfinden, wird uns bewusst, dass die Anforderungen, die an deren relativ schwache Integrationsfunktion gerichtet werden, weitaus größer als in jeder anderen Zeit des Lebens sind. Zusätzlich zu den Integrationsanforderungen durch das eigene körperliche und psychische Wachstum sind die Erwartungen des Objekts an das Kind auch schnellen Veränderungen unterworfen, und diese Erwartungen werden dem Kind vermittelt. (Nur in der Adoleszenz muss ein Individuum mit Veränderungen umgehen, die integrative Forderungen eines Ausmaßes, das sich dem der frühen Kindheit annähert, beinhalten.) Die frühesten Konflikte, denen sich das Kind bei seinen Bemühungen um Integration gegenübersieht, stehen im Zusammenhang mit der Existenz dissonanter, scheinbar unvereinbarer Aspekte des Selbst. Diese Konflikte werden intensiviert, nachdem einige Aspekte eine narzisstische Wertschätzung durch das eigene Vergnügen des Kindes einerseits und, noch wichtiger, durch die Reaktion der Eltern auf den ein oder anderen Aspekt andererseits erfahren. Die weniger geschätzten Aspekte werden unter Umständen dyston. Ihre Erhaltung innerhalb der Selbstrepräsentanz wird zu einem narzisstischen Schmerz – etwa dem Gefühl der Demütigung – führen. Ein Kleinkind, das häufig fällt, weint nicht nur aufgrund des körperlichen Schmerzes, sondern auch aufgrund der Demütigung, da es sich nicht in der Lage sieht zu laufen. Eine Lösung besteht darin, diesen Aspekt des Selbst zu *externalisieren*, etwa die Puppe oder das Baby zu demjenigen werden zu lassen, der unfähig ist zu laufen, und so die narzisstische Erniedrigung zu umgehen. In diesem Stadium der Entwicklung ist eine solche Externalisierung normal und zugleich adaptiv. Sie ist adaptiv, da sie die Intensität des gegenwärtigen Konflikts genügend vermindert, um eine progressive Entwicklung zu gestatten. Nachdem sich das Selbstbild des Kindes auf einer höheren Ebene stabilisiert hat (durch die Festigung von Ich-Fähigkeiten, Verstärkung durch die Funktionslust und durch die allgemeine Verminderung der Intensität früherer Triebabkömmlinge), kann es ohne Bedrohung viele der zuvor externalisierten Aspekte adaptiv integrieren. Das Kind, das voll und ganz in der Lage ist zu laufen, kann es sich ohne Gefühl der Demütigung erlauben, wieder zu krabbeln.

Die Externalisierung kann aber auch auf andere Art und Weise adaptiv sein.

Sie kann als Sprungbrett auf dem Wege zur Identifizierung verwendet werden.[11] Das Selbst wird durch sich ändernde Ich-Fähigkeiten und Triebziele ständig neu geformt. Neue Formen des Selbst können auf Zeitgenossen oder im Spiel auf imaginäre Figuren, erfundene Charaktere usw. externalisiert werden. Neben dem defensiven Aspekt bietet dieser Vorgang auch die Möglichkeit einer sogenannten versuchsweisen Realitätsprüfung, bei der das Kind durch das Objekt der Externalisierung die Auswirkungen und Reaktionen auf diese neue Form des Selbst einschätzen kann. Im Lichte dieser Auswirkungen und Reaktionen ist es dann möglicherweise in der Lage, diesen neuen eigenen Aspekt zu akzeptieren.

Die flüchtige Externalisierung von Phänomenen stellt daher einen normalen defensiven Vorgang dar und kann, insbesondere in gewissen Phasen, adaptiv sein. Die extreme und bleibende Verwendung dieser Abwehr in jedem Lebensalter kann jedoch ernsthafte pathologische Wirkungen zeigen. Sie kann zu einer sehr eingeschränkten Persönlichkeit führen, bei der wichtige Aspekte des Selbst dauerhaft abgespalten und nicht verfügbar sind.

Es handelt sich um eine Abwehr, die nicht *primär* gegen die Triebe oder objektbezogene Ängste gerichtet ist, sondern gegen den narzisstischen Schmerz durch die Akzeptanz abgewerteter Aspekte des Selbst. Objektbeziehungen sind bei diesem Vorgang nur sekundär involviert. Die Externalisierung kann sogar auch als Abwehr von Objektbeziehungen eingesetzt werden.

## Die eigentliche Projektion

Der Abwehrmechanismus der *eigentlichen Projektion* ist etwas grundlegend Anderes. Er wird von einer Reihe phantasierter Gefahren in Gang gesetzt, die auf Triebäußerungen zurückgehen. Es handelt sich um die Abwehr eines spezifischen Triebabkömmlings, der auf ein Objekt gerichtet ist. Daher muss eine entscheidende strukturelle Entwicklung stattgefunden haben, bevor sie überhaupt eingesetzt werden kann oder muss. Unter anderem muss es zu einer Kanalisierung der Triebenergien auf ein spezifisches Ziel hin gekommen sein und zur vollen Ausbildung der Fähigkeit, eine Beziehung zu einem ganzen Objekt einzugehen. Daneben muss die Ich-Entwicklung ausreichend sein, um Triebabkömmlinge mit den Ich-Fähigkeiten zur Bildung von objektgerichteten Phantasien zu integrieren. Daher wird der Einsatz der Projektion unserer Auffassung nach erst zu einem späteren Zeitpunkt möglich als die Externalisierung – in einer Phase, nachdem sich die Fähigkeit entwickelt hat, Objekte in

[11] Diese Ausführungen entsprechen einem von Anna Freud während einer Konferenz der »Clinical Concept Group« eingebrachten Vorschlag.

der Phantasie bis zu dem Punkt zu manipulieren, an dem ein ursprünglich objektgerichteter Triebabkömmling dem Objekt subjektiv zugeschrieben werden kann, während das Selbst als Ziel dieses Triebabkömmlings erlebt wird.

Als transitorisches Phänomen kann der Einsatz der Projektion an gewissen Punkten der Entwicklung normal sein. Aber im Gegensatz zu anderen Prozessen der Externalisierung besitzt er einen relativ geringen adaptiven Wert. Die Projektion kann insofern als adaptiv gesehen werden, als sie einen Versuch repräsentiert, Objektbindungen herzustellen, aufrechtzuerhalten oder zurück zu gewinnen, wenn auch in verzerrter Form, und daher die Herausbildung einer Objektbeziehung ankündigen kann. Wie Freud (1911c) bemerkte, könnte die Projektion einen Versuch darstellen, Objekte nach einem psychotischen Rückzug neu zu besetzen. Vom Standpunkt des Beobachters aus zeigt sich die Projektion als Abwehr jedoch bemerkenswert ineffektiv hinsichtlich der Vermeidung von Angst, außer dass sie die mögliche tatsächliche oder phantasierte Flucht von der scheinbaren Gefahrenquelle möglich macht. Im Gegensatz zur Externalisierung von Aspekten des Selbst, die schmerzliche Affekte erfolgreich abstellen kann, kann die Projektion das Subjekt zur ständigen Beute der Angst werden lassen. Während die Externalisierung von Aspekten des Selbst als eine *relativ* einfache einstufige Abwehr gesehen werden kann, stellt die Projektion häufig die letzte Stufe in einer Reihe von Abwehrmaßnahmen dar und kann aus sich selbst heraus den Einsatz weiterer Abwehrmaßnahmen bedingen, wie etwa die Verkehrung des Affekts.

## Klinische und behandlungstechnische Implikationen

Anna Freuds Erörterung der Externalisierung und insbesondere der behandlungstechnischen Implikationen einer Unterscheidung zwischen Externalisierung und Übertragungsphänomenen hat unsere Überlegungen beträchtlich bereichert.

Die zuvor getroffene Unterscheidung zwischen dem Funktionsmodus und der Abwehr geschah in erster Linie aus klinischen und behandlungstechnischen Erwägungen. Aus ähnlichem Grunde erscheint uns eine Unterscheidung zwischen den oben beschriebenen beiden Typen der Externalisierung notwendig. Der extensive Einsatz der jeweiligen Abwehr steht in Verbindung mit bzw. führt zu schwerer Ich-Pathologie. Jedoch hängt die Externalisierung enger mit einer Beeinträchtigung der Integrationsfunktion zusammen, während die Projektion mit einer Abwehrschwäche gegenüber den Trieben verbunden ist. Der extensive Einsatz der Externalisierung von Aspekten des Selbst weist auf eine schwere narzisstische Störung mit einer sehr frühen Fixierungsstelle hin, der extensive Einsatz der Projektion auf einen schweren Konflikt hinsichtlich der Triebäußerungen mit späterer Fixierungsstelle, möglicherweise in Verbindung zur analen Phase.

Häufig ist in der Behandlung jedoch der vorübergehende Einsatz beider Vorgänge zu beobachten. Zuweilen kann es schwierig sein, aufgrund der oberflächlichen Manifestationen zu unterscheiden, welche Prozesse aktiv sind – üblicherweise wird dies jedoch entsprechend der beschriebenen Differenzierungskriterien möglich. Ein Kind kann etwa sagen, der Therapeut sei eine unordentliche, unkontrollierte Person. Da es sich hier um eine Externalisierung und nicht um eine Verallgemeinerung, eine Verschiebung, usw. handelt, ist es hilfreich einzuschätzen, ob in erster Linie der unordentliche Aspekt der Selbstrepräsentanz externalisiert wird oder ob es sich um einen Triebabkömmling handelt (etwa um den Wunsch, den Therapeuten zu beschmutzen), der projiziert wird. Man kann feststellen, ob die Abwehr im Kind Angst oder Erleichterung hervorruft. Angst wäre ein Indiz für das Wirken der Projektion, wobei der Trieb dem Therapeuten zugeschrieben wird und das Kind sich selbst als Objekt des Wunsches des Therapeuten, nämlich zu beschmutzen, erlebt. Hier würde es keine Erleichterung geben, sondern den von Angst getriebenen Wunsch, der Situation zu entfliehen. Im Gegensatz dazu kommt es zu einer Erleichterung, wenn die Externalisierung das Resultat des kindlichen Bedürfnisses ist, sich eines narzisstisch schmerzhaften Selbstbildes zu entledigen, da es in diesem Fall das Objekt nicht in Beziehung zu sich selbst bringt, es als anders wahrnimmt und als etwas, das ignoriert, entwertet oder mit Verachtung gestraft werden kann.

Wir haben dieses Beispiel gewählt, um die Schwierigkeiten zu unterstreichen, die im Zusammenhang mit der Unterscheidung zwischen den Prozessen auftreten können, und um auf die entsprechenden Gefühlszustände und Haltungen des Kindes als wertvolle Indikatoren hinzuweisen. Sehr häufig kann besonders in Kinderanalysen eine Unterscheidung der Vorgänge auch auf der Grundlage des Grades an Übereinstimmung zwischen Externalisierung und Realität getroffen werden. Im Falle der Projektion ist eine gewisse Passung immer vorhanden – das heißt, das Projizierte hat immer irgendeine Grundlage in der Realität. So gibt es zum Beispiel keine Beziehung ohne Ambivalenz, so dass die kindliche Projektion feindseliger Impulse immer einen Kern der Wahrheit berührt. In der Tat macht das Kind die Projektion häufig an einem realen Ereignis fest, beispielsweise an einer ausgefallenen Sitzung. Dagegen gibt es unter Umständen nur eine sehr kleine – oder aber gar keine – Übereinstimmung zwischen einer externalisierten dystonen Selbstrepräsentanz und der Realität. Das Vorschulkind, das behauptet, der Therapeut sei dumm, könne nicht lesen oder unabhängig funktionieren, leugnet eindeutig die Realität des Therapeuten und benutzt ihn einfach, um einen eigenen Aspekt zu externalisieren.

Ist die Differenzierung einmal gelungen, so ergibt sich daraus, dass die Deutung der Externalisierung von Aspekten des Selbst sich auf das Bedürfnis, narzisstischen Schmerz abzuwehren, konzentrieren muss, die Deutung der Projektion hingegen auf das Bedürfnis, die Angst im Zusammenhang mit Triebäußerungen abzuwehren.

*Michael, ein 14jähriger Junge, verbrachte einen großen Teil der ersten Analysephase damit, extrem herablassend, sarkastisch und spöttisch gegenüber seinem Analytiker zu sein. Das Material wurde absichtlich auf eine konfuse Art und Weise präsentiert, so dass der Analytiker häufig im Dunkeln gelassen wurde und sich in Bezug auf Fakten irrte. Dies hätte als direkter Ausdruck der Aggression seitens des Patienten verstanden werden können oder als Versuch, einen erwarteten Angriff des Analytikers abzuwehren, eine auf Projektion beruhende Erwartung. Michaels Affekt und das nachfolgende Material wiesen jedoch eindeutig darauf hin, dass er sich mit dem mächtigen, arroganten Vater identifizierte und den »kleinen Mike«, der häufig ausgelacht oder ignoriert worden und in seiner Verwirrung allein gelassen worden war, externalisierte.*

*Der Analytiker ging erfolgreich mit dieser Abwehr um, indem er die Art und Weise, wie er vom Patienten gesehen wurde, zunächst verbalisierte: wie er als dummer kleiner Junge angesehen wurde, und wie schmerzhaft es sein musste, auf eine solche Weise behandelt zu werden. Michael antwortete: »Wie ein behinderter Achtjähriger«, und konnte sich dann an die früheren schmerzlichen Erfahrungen in der Obhut eines herablassenden Vaters erinnern, der ihn wegen seines Unwissens auslachte. Der Therapeut konnte das Andauern dieses Bildes in Michaels gegenwärtiger Selbstrepräsentanz aufgreifen sowie seinen Versuch, eine Wiederholung der Erniedrigung durch Externalisierung abzuwehren. Die Verwendung dieses Mechanismus verringerte sich daraufhin entscheidend. Michael konnte die Tatsache akzeptieren, dass er etwas nicht wissen konnte, ohne dafür gedemütigt zu werden, und er konnte vor allen Dingen zum Analytiker als realem Objekt eine Beziehung eingehen.*

*Mit Auftreten der objektgerichteten Wünsche gegenüber dem Analytiker manifestierte sich die eigentliche Projektion als Abwehr. Michaels Material und insbesondere sein nonverbales Verhalten deuteten klar auf die Furcht vor einem Angriff hin. Zu bemerken ist, dass Michael bei der Externalisierung von Aspekten des Selbst nicht mit Angst, sondern mit Erleichterung reagierte. »Du hast Probleme, nicht ich«, pflegte er zu sagen, schien sich jedoch auf die Sitzungen zu freuen. Die Projektion wurde dann jedoch zur Abwehr seiner feindseligen Wünsche eingesetzt, so dass die analytische Situation angstgeladen wurde und Michael häufig aus den Sitzungen weglief oder erst gar nicht erschien. Während der Sitzung konzentrierte er sich auf die realen Faktoren, die als Zeichen einer Feindseligkeit seitens des Therapeuten erleben werden konnten, wie die Absage einer Sitzung, die mangelnde Bereitschaft, eine Sitzung zu verlegen, oder auf den scheinbaren Angriff durch eine Deutung.*

*Der Analytiker widersprach der Auffassung des Patienten hinsichtlich dieser realen Vorgänge nicht, akzeptierte sie als im Bereich des Möglichen liegend und bemerkte, dass nicht Abneigung oder fehlende Aufmerksamkeit des Therapeuten gefürchtet werde, sondern dessen mutmaßlicher Wunsch, dem Patienten Schmerz zuzufügen oder ihn möglicherweise zu töten. Michael stimmte ohne weiteres zu, dass er dies befürchtete, so dass der Analytiker dann die magische Gleichsetzung von Wunsch und Tat als Hauptfaktor hinter der Intensität der Angst aufgreifen konnte. Diese Arbeit an der Allmacht der Gedanken führte zu einer signifikanten Verminderung der Angst des Patienten und zur erneuten Etablierung des therapeutischen Bündnisses. Des weiteren tauchten jetzt Michaels eigene aggressive Wünsche allmählich im Bewusstsein auf. Die Konzentration auf die einseitige Betonung nur einer — der feindseligen — Seite des Therapeuten ermöglichte die Aufdeckung von Michaels starken Konflikten hinsichtlich der Ambivalenz. Damit verschwanden auch die Projektionen.*

## Die Auswirkungen von Externalisierungen und Projektionen der Eltern auf das Kind

Externalisierungen und zuweilen auch Projektionen kommen relativ häufig innerhalb der Familie vor. Erst der extensive und unflexible Einsatz dieser Mechanismen seitens der Eltern deutet auf pathologische Prozesse hin. Im Folgenden soll die Wirkung des pathologischen Einsatzes von Externalisierung bzw. Projektion durch die Eltern auf das Kind untersucht werden. Es handelt sich hier um ein sehr komplexes Thema, so dass nur einige der wichtigsten Erkenntnisse mit Hilfe von ausgewählten Aspekten zweier Fälle dargestellt werden können.

*1. Tommys Mutter war eine Frau, die ihre Sicht von sich als kastriert, beschädigt und unordentlich nicht integrieren konnte. Im Laufe ihres Lebens suchte sie nach Objekten, auf die sie diesen dystonen Aspekt externalisieren konnte. Daher waren alle ihre männlichen Objekte, einschließlich ihres Ehemannes, extrem unordentliche, beschädigte und unterlegene Personen. Vom Moment seiner Geburt bis zur Aufnahme der Behandlung im Alter von elf Jahren wurde Tommy von seiner Mutter stets als beschädigtes, unordentliches und dummes Kind wahrgenommen. Diese Sicht von Tommy stand in keinerlei dynamischem Zusammenhang mit stellvertretenden Befriedigungen ihrer eige-*

*nen primitiven Impulse, im Gegenteil: Sie hatte wenig mit dem Kind zu tun und hielt es in der größtmöglichen Entfernung von sich, vergaß den Jungen zuweilen oder verlor ihn sogar.*

*Zur Zeit seiner Überweisung war Tommy das Paradebeispiel für das, was häufig als eine »self-fulfilling prophecy« bezeichnet wird. Es gab eine exakte Übereinstimmung mit dem Muster der mütterlichen Externalisierung. Obwohl psychologische Tests auf eine normale Intelligenz schließen ließen, blieb er in allen Schulfächern zurück. Er war ein regrediertes, einkotendes Kind, das seinen Nasenschnodder aß und wenig Beherrschung über seine Triebäußerungen besaß. Am auffälligsten war die relative Abwesenheit von Angst oder Schuld im Zusammenhang mit den Triebäußerungen. Was klar hervortrat, war das Vorhandensein einer schweren narzisstischen Störung mit psychischem Schmerz und einem Konflikt, der in der Akzeptanz des abgewerteten Selbst und in der Unfähigkeit, positive Aspekte in sein bewusstes Selbstbild zu integrieren, wurzelte.*

*Außerhalb des unmittelbaren familiären Umfeldes wehrte Tommy den narzisstischen Schmerz fast ausnahmslos durch Externalisierungen ab. Trotz seiner sichtbaren Erleichterung nach der Externalisierung des abgewerteten Teils seiner selbst konnte er sich noch nicht als schlau, kompetent usw. ansehen. Ein relativ angemessenes, wenngleich schwankendes Funktionsniveau konnte nur durch bewusste Nachahmung erreicht werden – eine Art von Pseudo-Identifizierung mit den Altersgenossen, die die positiven Qualitäten zeigten, die er bei sich selbst nicht akzeptieren konnte. Wie er später sagte: »Wenn ich so tat, als sei ich John, konnte ich ein Tor machen, war ich jedoch ich selbst, fiel ich nur in den Dreck.«*

*In der Familie gab es kaum die Notwendigkeit, das abgewertete Selbst zu externalisieren, da seine Rolle des abgewerteten, beschädigten Objekts mit den Bedürfnissen aller Familienmitglieder vereinbar war, insbesondere mit denen der Mutter. Der Hauptgrund für die Akzeptanz der mütterlichen Externalisierung lag in der – auf irgendeiner Ebene vorhandenen – Erkenntnis, dass die Mutter trotz ihrer Entfernungsmanöver ein solches entwertetes Objekt benötigte und dass er, wenn er diesem Bedürfnis nicht entsprochen hätte, hilflos einer primitven Verlassenheitspanik ausgeliefert gewesen wäre.*

*Der Vater spielte bei Tommys pathologischer Entwicklung eine wichtige Rolle, indem er keine alternative Lösung bot. Er verstärkte die Wirkung der mütterlichen Pathologie, indem er auf parallele Art und Weise die gleichen Mechanismen einsetzte. Der Vater sah Tommy als dumm, mädchenhaft und beschädigt an und sagte ihm dies auch häufig. Psychiatrische Interviews mit dem Vater offenbarten das Ausmaß, in dem diese Sicht auf Externalisierungen dystoner Aspekte seiner selbst beruhte.*

*Als Tommy allmählich Fortschritte machte, ließ sich das Ausmaß erkennen, in dem seine Akzeptanz der elterlichen Externalisierungen ein Kernfaktor bei der Aufrechterhaltung des familiären Gleichgewichts gewesen war. Langsam wurde sich Tommy der Tatsache bewusst, dass sie, wie er selbst sagte, »mir das Schlechte aufbürden und sich dann selbst gut fühlen«. Als er langsam seine primitive Verlassenheitsangst überwand und anfangen konnte, positive Aspekte in sein Selbstbild zu integrieren, drehte sich sein Material in erster Linie um die Traurigkeit der Mutter, das Chaos im Haus, die Verrücktheit der Familienmitglieder und seine eigenen intensiven Schuldgefühle, die er in diesem Zusammenhang empfand. Wichtig ist, dass er sich nicht schuldig fühlte, weil er das neue Funktionsniveau erreicht hatte, sondern weil er seiner Familie das benötigte Vehikel für die Externalisierung entzogen hatte. Bis zu einem gewissen Grad bezog sich dies Material auf Tommys eigene Gefühle, Ängste und Phantasien, aber es spiegelte in erheblichem Maße auch die Realität wider.*

*Als Tommys positive Entwicklung nicht mehr zu übersehen war, geriet die Familie in einen Zustand des Ungleichgewichts und des Chaos. Der Vater blieb in Panik und Verwirrung im Bett. Die Mutter wurde depressiv, ungepflegt und total desorganisiert. Sie sah sich bewusst als nutzlos und ungeliebt und begab sich verzweifelt auf die Suche nach einem neuen Objekt, auf das sie erneut externalisieren konnte.*

*Es gab noch ein weiteres Kind in dieser Familie, George, drei Jahre älter als Tommy. Bis zu der Zeit, als Tommy entscheidende Fortschritte zu machen begann, schien George ein Junge mit einem gut strukturierten Ich zu sein und in vielen Bereichen effizient zu funktionieren. In den Augen der Familie, einschließlich Tommy, war George fast ein Genie. Nun wurde George zum neuen Ziel der mütterlichen Externalisierung dystoner Aspekte gewählt, und schon bald war das familiäre Gleichgewicht wiederhergestellt – allerdings auf einer umgedrehten Grundlage: Tommy wurde nun fast als Genie angesehen und George als das dumme, unordentliche und beschädigte Kind.*[12] *Tommy, der nun nicht mehr das vorrangige Bedürfnis der Mutter erfüllte, musste mit der Tatsache zurechtkommen, dass er in der eigenen Familie zum Außenseiter wurde. Er sagte: »Ich fühle mich überflüssig. Es geht mir gut, aber keiner nimmt von mir Notiz.«*

*2. Mollys Mutter war eine Frau, die ihre eigene Aggression nie hatte tolerieren können. Von Kindheit an hatte die Projektion eine Hauptrolle in ihrer Abwehr*

[12] Die wechselnden Rollen der beiden Brüder stellen ein höchst komplexes Phänomen dar, das neben dem familiären Gebrauch der Externalisierung mit vielen Faktoren verbunden ist. Ein ausführlicherer Bericht über die beiden Brüder ist bei Novick und Holder (1969) zu finden.

*gespielt. Ihre Reaktion auf alle Objekte war Angst, und sie war besessen von dem Gedanken, dass ihre Eltern sie ermorden würden. In Bezug auf ihr eigenes Kind setzte sie die Projektion noch vor der Geburt ein, indem sie bewusst Angst davor hatte, das Ungeborene würde sie umbringen und von innen her auffressen. Die Projektionen wurden über die kindliche Entwicklung hinweg fortgesetzt. Ein überaus pathogenes Merkmal in ihren Projektionen war das Ausmaß, in dem sie an Mollys phasentypisch aggressiven Impulsen festgemacht wurden. Mollys frühe Entwicklung verstärkte die phasenbezogenen aggressiven Konflikte der Mutter. Als Molly in der oralen Phase war, befürchtete die Mutter, Molly wolle sie verschlingen. Als Molly die positive ödipale Stufe erreicht hatte, nahm die anhaltende mütterliche Projektion von Todeswünschen die Form an, dass sie befürchtete, Molly wolle sie töten, um ihren Ehemann zu besitzen.*[13]

*Die extensive Verwendung der Projektion ließ die Mutter zum Opfer der ständigen Angst werden, Molly hasse sie nur und wolle sie töten. Dieses Bild des Kindes agierte als ein weiterer Stimulus für aggressive Wünsche und bedrohte damit die mütterliche Abwehr noch mehr. Sie benötigte deshalb sekundäre Abwehrmechanismen, die nur aufrechterhalten werden konnten, wenn das Kind die gleichen Mechanismen einsetzte, das heißt, die Wut verleugnete, den Hass auf andere Objekte verschob und reaktiv die »liebevollen« Aspekte der Beziehung betonte – und dies tat Molly. Sie und ihre Mutter verbrachten viel Zeit damit, sich gegenseitig ihrer Liebe zu versichern, tauschten häufig besänftigende Geschenke aus und verleugneten gegenseitig die Aggression des jeweils Anderen. Häufig sprachen sie über ihre Abneigung gegenüber einem gemeinsamen Objekt, auf das sie ihre Aggression verschoben hatten.*

*Im Gegensatz zu Tommys Vater verstärkte Mollys Vater insgesamt nicht die Wirkung der mütterlichen Pathologie. Das Band zwischen Mutter und Molly war allerdings so eng, dass der Vater ein relativer Außenseiter blieb.*

*Molly wurde im Alter von 12 Jahren wegen einer Schulphobie und schwerer Schlaf- und Ess-Störungen an die Klinik überwiesen. Während der diagnostischen*

---

[13] In diesem Kapitel konzentrieren wir uns einzig und allein auf die Rolle der Projektion in der pathologischen Mutter-Kind-Beziehung. Natürlich ist diese Beziehung äußerst komplex und schließt andere Elemente ein wie die Wiederbelebung der mütterlichen Objektbeziehungen, insbesondere die frühkindliche Beziehung zur eigenen Mutter. Generell ist es wichtig, zwischen Phänomenen, die in Verbindung zur Wiederbelebung vergangener Objektbeziehungen stehen, und der eigentlichen Projektion zu unterscheiden (A. Freud, 1965; Waelder, 1951). In diesem Falle wurde jedoch die Projektion sowohl innerhalb wie außerhalb des Rahmens der wiederbelebten Objektbeziehung zur Abwehr eingesetzt.

*Untersuchung waren alle Beobachter extrem beeindruckt von ihrer Identifizierung mit der mütterlichen Abwehr. Der Hauptkonflikt bezog sich auf die Aggression gegenüber der Mutter. Trotz der Schwere der Pathologie wies nichts auf einen primären Defekt des Ichs oder auf einen narzisstischen Defekt hin.*

*Schon bald nach Beginn der Behandlung war erkennbar, wie ineffizient und instabil das Abwehrsystem war. Primitive aggressive Durchbrüche traten auf, jedes Mal gefolgt von einer Intensivierung der mit der Mutter geteilten Abwehrmechanismen. Erst mit der Analyse des gemeinsamen Abwehrsystems konnte Molly sich ihrer Angst vor der Aggression bewusst werden. An diesem Punkte wurde die Rolle der Projektion in ihrer Erkrankung zunehmend offenkundig. Während Mollys eigene aggressive Wünsche weiterhin relativ gut abgewehrt werden konnten, intensivierte sich die Angst vor der Zerstörung durch die Mutter. Mit Panik in ihrer Stimme sagte Molly etwa: »Sie hasst mich, sie wird mich umbringen, sie wird mich bei lebendigem Leibe essen.« Die weitere Analyse zeigte klar die weitgehend projektive Natur dieser Ängste.*

*Dieser Fall umfasst ein Paradoxon, das unter Einbeziehung des pathologischen Einflusses der mütterlichen Projektionen verstehbar wird. Mollys Ich- und Über-Ich-Entwicklung waren verfrüht. So konnte sie bereits mit elf Monaten sprechen (einschließlich vollständiger Sätze). Trotz dieser frühreifen Entwicklung blieben Mollys Abwehrmechanismen vollständig abhängig vom Vorhandensein des Objekts und bildeten lediglich einen brüchigen Überbau, der primitive und unabweisbare aggressive Wünsche überlagerte. Aber dies konnte als eine direkte Folge der extensiven mütterlichen Verwendung der Projektion verstanden werden. Indem sie ihre aggressiven Wünsche auf das Kind projizierte, belebte sie Mollys Wünsche stets aufs neue, intensivierte sie und machte sie dem Kind bewusst. Die normale Entwicklung der Triebäußerungen von direkten und primitiven hin zu distanzierteren und weniger konfliktträchtigen Formen wurde extrem beeinträchtigt. Die Entwicklung autonomer und adaptiver Abwehrmechanismen wurde behindert, und dem Kind blieb keine andere Wahl, als primitive Abwehrmechanismen (wie die Projektion) einzusetzen und die von ihm der Mutter aufgezwungenen Abwehrmechanismen zu akzeptieren.*

*Nachdem die prägenitale und ödipale Feindseligkeit gegenüber der Mutter durchgearbeitet worden war, begann Molly, unabhängig zu funktionieren. Die Mutter reagierte auf die positiven Veränderungen ihres Kindes mit wiederholten Versuchen, das alte, gemeinsame Abwehrsystem wiederherzustellen. Als diese Bemühungen fehlschlugen, reagierte sie extrem verstört; sie projizierte ihre feindseligen Wünsche weiterhin auf das Kind, wurde sich aber der eigenen Aggression zunehmend bewusst. Sie hatte panische Angst davor, ihre Wünsche womöglich auszuleben und das Kind umzubringen. Sie wurde von Schuldge-*

*fühlen überwältigt, wurde zunehmend gestört und unternahm mehrere Selbstmordversuche. Eine Zeit lang verminderte die Behandlung die Intensität ihrer Störung, jedoch setzte sie – anders als Tommys Mutter, die auf die positiven Veränderungen ihres Sohnes mit einer Verschiebung des Objekts ihrer Externalisierungen reagiert hatte – ihr grundlegendes Muster der Projektion auf Molly ungeachtet der Veränderungen fort, die sich in ihrem Kind vollzogen hatten. Und während Tommys Veränderung Auswirkungen auf das gesamte familiäre Gleichgewicht hatte, beeinflusste Mollys Veränderung die Familie nur sekundär durch die Folgen der zunehmenden mütterlichen Distanzierung.*

Die Untersuchung dieser und ähnlicher Fälle führte zu den folgenden allgemeinen Schlussfolgerungen:

1. Kinder, die Objekte der mütterlichen Externalisierungen sind, wie es bei Tommy der Fall war, zeigen relativ wenig Angst oder Schuldgefühle hinsichtlich ihrer Triebäußerungen. Stattdessen manifestiert sich eine schwere narzisstische Störung mit psychischem Schmerz und Konflikt, die in der Akzeptanz des abgewerteten Selbst und der Unfähigkeit, positive Aspekte in das bewusste Selbstbild zu integrieren, wurzelt. Es besteht eine primäre Beeinträchtigung der Integrationsfunktion des Ichs, der Aufrechterhaltung des Selbstwertgefühls und der Entwicklung einer angemessenen Selbstrepräsentanz.
   Auf der anderen Seite sind bei Kindern, die — wie beispielsweise Molly — zu Objekten der Projektion werden, die Ich-Funktionen und die narzisstische Besetzung nur sekundär an der Pathologie beteiligt. In diesen Kindern wecken Triebäußerungen starke Angst und intensive Schuldgefühle. Die Triebe werden durch die mütterlichen Projektionen ständig verstärkt, und die Entwicklung eines autonomen und adaptiven Abwehrsystems wird beeinträchtigt. Es entsteht ein brüchiger Überbau, der auf der Identifizierung mit dem primitiven Über-Ich und dem Abwehrsystem der projizierenden Mutter errichtet ist.
2. Der extensive Einsatz von Projektion oder Externalisierung dieser Kinder kann als transgenerationeller Effekt gesehen werden, der über die Identifizierung mit der mütterlichen Abwehr hinausgeht.
3. Der extensive Gebrauch von Projektion oder aber Externalisierung seitens der Mutter hängt nicht nur von deren schwerer Pathologie, sondern auch von unterschiedlichen Mustern der Familiendynamik ab. Extensive Externalisierungen hängen mit einem pathologischen Familiengleichgewicht zusammen, einem geschlossenen System (Brodey, 1965), in dem alle Familienmitglieder voneinander abhängige Rollen spielen. Eine Veränderung irgendeines Familienmitgliedes beeinflusst alle anderen Mitglieder und

beeinträchtigt das Gleichgewicht der gesamten Familie. Die Projektion hingegen verweist auf eine starke dyadische Bindung, üblicherweise zwischen Mutter und Kind. Eine Veränderung des Kindes zeigt unmittelbaren Einfluss auf die Mutter und nur sekundäre Auswirkungen auf die übrigen Familienmitglieder.

## Zusammenfassung

Wir haben in diesem Kapitel einen ersten Versuch unternommen, einige der Probleme in einem sehr komplexen Bereich genauer zu untersuchen – Probleme hinsichtlich der subjektiven Zuschreibung innerer Phänomene an die Außenwelt. Wir haben zunächst zwischen Prozessen, die ähnliche Oberflächenmanifestationen haben können – etwa Verschiebung und Übertragung und frühe Differenzierungsprozesse – und der Externalisierung unterschieden. Innerhalb der Kategorie der Externalisierung haben wir zudem zwischen verschiedenen Funktionsmodi unterschieden, zum Beispiel zwischen Generalisierung und Abwehr. Im Zusammenhang mit defensiven Externalisierungen haben wir die Zuschreibung von Ursachen, die Externalisierung von Aspekten der Selbstrepräsentanz und die Externalisierung von Trieben, das heißt, die Projektion im eigentlichen Sinn, beschrieben. Die letzten beiden Phänomene wurden detailliert erörtert und ihre unterschiedlichen Merkmale vor dem Hintergrund der individuellen Entwicklung und der Familiendynamik betrachtet.

## 6. Kapitel

# Varianten der Übertragung in der Analyse eines Adoleszenten [1]

Kontinuität und Veränderung ziehen sich wie rote Fäden durch das komplexe Gewebe des Lebenszyklus. In Veröffentlichungen zum Thema wird häufig entweder die Kontinuität oder die Veränderung betont. Autoren, die die Veränderung hervorheben, charakterisieren die Entwicklung als eine Abfolge von eigenständigen Phasen oder Stadien, wobei jedes Stadium eine notwendige Grundvoraussetzung für die nachfolgenden darstellt, sich dabei jedoch von allen anderen unterscheidet. Die Betonung der Unterschiede zwischen den Entwicklungsstadien wird zuweilen vom gleichen Autor mit der Sicht in Einklang gebracht, dass es eine grundlegende Kontinuität zwischen Vergangenheit und Gegenwart gibt, zwischen Kind und Erwachsenem. Die Bedeutung der Vergangenheit als Determinante des späteren Verhaltens stellt ein Axiom der psychoanalytischen Theorie dar. Die Annahme der Kontinuität in der Entwicklung ist den klinischen Konzepten der Fixierung, der Regression und vor allem dem Konzept der Übertragung inhärent.

Die beiden Stränge der Kontinuität und des Wandels, der Ähnlichkeit und der Unterschiede in den Entwicklungsphasen erzeugen im heranwachsenden Individuum Spannungen und stellen Autoren, die sich mit dem Thema beschäftigen, vor die Aufgabe, zu einer Synthese zu finden. Wenngleich die psychoanalytische Theorie beide Sichtweisen umfassen kann – und auch umfasst –, so wird tendenziell häufig die eine oder die andere Position hervorgehoben. Im Extremfall kann jede der beiden Sichtweisen zu unhaltbaren Grundannahmen führen. Das Verständnis der Entwicklung als Kontinuum, in dem nur wenige fundamentale Unterschiede zwischen Erwachsenem und Kind existieren, kann zur unkritischen Anwendung der Techniken der Erwachsenenanalyse auf jüngere Patienten führen. Anna Freud stellte Melanie Kleins Annahme in Frage, dass das kindliche Spiel mit der freien Assoziation erwachsener Patienten gleichgesetzt werden könne. Freuds Misserfolg im »Fall Dora« wurde von einigen Kritikern darauf zurückgeführt, dass er seine Technik nicht den Erfordernissen der Behandlung einer Heranwachsenden anpasste. Im anderen Extrem zeigt sich gegenwärtig eine Tendenz zur Überbetonung der Entwik-

---

[1] Vorgetragen auf dem 32. Internationalen Psychoanalytischen Kongress in Helsinki, Juli 1981.

klungsunterschiede, so dass die intensive therapeutische Arbeit mit Kindern und Heranwachsenden als grundverschieden von der Psychoanalyse betrachtet wird. Viele Autoren weisen darauf hin, dass eine Mehrheit der Adoleszenten die Behandlung vorzeitig abbricht. Diejenigen, die bleiben, sind angeblich nicht in der Lage, eine solide Übertragung oder Übertragungsneurose zu entwickeln, und nur sehr wenige Heranwachsende erreichen den Punkt der Beendigung im gegenseitigen Einverständnis. Blos (1980) fasste seine jahrelangen Erfahrungen mit Heranwachsenden in der Aussage zusammen, dass eine Übertragungsneurose nicht vor Abschluss der Adoleszenz ausgebildet werden könne, eine Bemerkung, die der zuvor von Berman vertretenen Ansicht entspricht, dass der Heranwachsende »nicht die Fähigkeit besitzt, zu regredieren und eine Übertragungsneurose zu entwickeln« (Panel, 1972). Diese üblicherweise vertretene, pessimistische Sicht wird von einer Bemerkung, die Anna Freud zugeschrieben wird, unterstrichen: »Wir müssen unter Umständen der Tatsache ins Auge sehen, dass Adoleszente nicht wirklich analysierbar sind« (Panel, 1972, S. 135). Dabei sollten wir uns jedoch ins Gedächtnis rufen, dass Freuds revolutionäre Entdeckung der zentralen Rolle der Übertragung in der Analyse auf der Behandlung Doras, einer Heranwachsenden, basierte. In seinem Nachtrag zum Fallbericht formulierte Freud jene Übertragungstheorie, die in der psychoanalytischen Behandlung Erwachsener bis zum heutigen Tage Anwendung findet.

Wir werden im Folgenden klinisches Material aus der Analyse eines Fünfzehnjährigen vorstellen, die fünfmal pro Woche über einen Zeitraum von viereinhalb Jahren stattfand, um die Diskussion der Übertragung und ihrer Ähnlichkeiten und Unterschiede in der Psychoanalyse von Jugendlichen und Erwachsenen zu erleichtern.

Daniel, das jüngste Kind südafrikanischer Eltern, war angeblich bis zum Tode seiner Mutter, den er im Alter von zehn Jahren erlebte, ein lebhafter, normaler Junge gewesen. Seit Beginn der Analyse klagte Daniel darüber, dass seine Eltern und Schwester Dinge vor ihm geheim hielten und ihn täuschten. Dies war in der Tat seine Erfahrung beim Tode der Mutter gewesen. Sie war eine Zeit lang krank gewesen, aber alle seine Fragen und Sorgen wurden ignoriert und die Schwere der Krankheit verleugnet. Kurz vor ihrem Tod wurde er zu Verwandten geschickt, ohne zu wissen, warum, und erfuhr erst nach der Beerdigung von ihrem Tod. In seinem Kummer und seiner Trauer erfuhr er keine Hilfe. Er sagte: »Wen kümmern schon die Gefühle einer zehnjährigen Rotznase?« Anscheinend gab es für alle wenig Möglichkeit zu trauern. Wie aufgrund des analytischen Materials rekonstruiert und später durch den Vater bestätigt wurde, war das Jahr nach dem Tod der Mutter ein Jahr des Chaos und Zusammenbruchs im Familienleben. Der Vater war häufig auf langen

Geschäftsreisen und ließ die Kinder in der Obhut von Verwandten oder Babysittern. Viele von Daniels Symptomen traten zu dieser Zeit erstmals auf, etwa seine Schlafstörungen, zwanghaften Rituale und häufigen somatischen Beschwerden. Er übernahm auch die religiösen Rituale der Mutter und versuchte, den anderen Familienmitgliedern ihre Orthodoxie aufzuzwingen. Die Symptome verringerten sich und verschwanden, nachdem ein festes Hausmädchen eingestellt und von Daniel akzeptiert worden war. Sie scheint eine attraktive, begabte und liebevolle Person gewesen zu sein. Nach anfänglichem Zögern hing Daniel sehr an ihr. Als er entdeckte, dass sie eine Affäre mit dem Vater hatte, fühlte er sich getäuscht und betrogen. Die Affäre hatte seit ihrer Ankunft bestanden, war aber vor Daniel geheim gehalten worden. Als er seinen Verdacht aussprach, wurde er als kindische Einbildung abgetan. Zwei Jahre vor seiner Überweisung verließ Joan, das Hausmädchen, die Familie ohne Vorwarnung oder Erklärung Daniel gegenüber. Kurze Zeit darauf unterzog sich Daniel im Alter von dreizehn Jahren der ersten von zwei Hoden-Operationen (wegen Zysten). Diese Kombination traumatischer Ereignisse in der frühen Adoleszenz scheint Daniels fragile Verankerung in der Normalität vollständig erschüttert zu haben und führte zu einer neurotischen Regression, zur Symptombildung und zu allgemeinen Störungen seines Funktionierens.

Daniel war zum Zeitpunkt des Erstinterviews ein aufgeschossener, dünner, rothaariger Fünfzehnjähriger mit regelmäßigen, zarten Zügen. Er bewegte sich unbeholfen, den Kopf und die Schultern gebeugt. Seine Kleidung war schäbig, ungepflegt und unvorteilhaft. Er beschrieb sich selbst als »dumm, begriffsstutzig, schwach, körperlich ein Freak«. Trotz seiner hohen Intelligenz und harten Arbeit war Daniel bei fünf von den zehn regulären High-School-Prüfungen durchgefallen und hatte auch die übrigen nur knapp bestanden. Er zweifelte an seiner Fähigkeit, die künftigen Prüfungen bestehen zu können und an einer Universität angenommen zu werden. Daniels schwere Lernhemmungen, seine Depression, totale Isolation und seine häufigen somatischen Beschwerden waren die Hauptgründe, warum Vater und Sohn psychiatrischen Rat suchten. Darüber hinaus war der Vater über Daniels scheinbar unkontrolliertes, durchweg herausforderndes und irgendwie seltsames Verhalten zu Hause sehr besorgt. Er hatte zwei Hausmädchen aufgrund seines rüden Benehmens und seiner Beleidigungen vertrieben, und der Vater befürchtete, er könne mit dem gegenwärtigen Hausmädchen das gleiche tun.

Daniel sagte, dass er die Analyse wolle, und war erpicht darauf anzufangen, um seine Probleme loszuwerden, insbesondere seine zahlreichen zwanghaften Rituale, die in jeden Teil seiner täglichen Routine eindrangen und ihn störten. Seine Isolation beruhte auf einem trotzigen Rückzug von positiven Gefühlen für jede Person der Vergangenheit oder Gegenwart. Er sagte, er denke fast nie an seine Mutter: »Es ist, als hätte ich nie eine gehabt. Ich erinnere mich nur an sie als ärgerlich und schlecht gelaunt.« Er nannte das Hausmädchen, das ihm so wichtig gewesen war, scheinheilig und sagte, er fühle für sie nichts mehr. Er hatte keine Freunde, und es bestand »eine Barriere zwischen mir und den Typen in der Schule«. Diese Barriere schien zu bröckeln, nachdem er die Analyse aufgenommen hatte. In der ersten Woche auf der Couch begann er von seiner Mutter zu sprechen und sich daran zu erinnern, dass er sie anfangs vermisst hatte und andere, die eine Mutter hatten, dafür hasste. Er sagte weiter: »Ich wünschte, ich wüsste, wie sie wirklich war, ihr Charakter. Auf alten Bildern sieht sie glücklich aus.« Bald begann er auch von Joan, dem Hausmädchen, zu sprechen. Er sagte, anfangs habe er sie nicht gemocht und sie gehasst, weil sie den Platz der Mutter einnahm. »Aber dann hing ich an ihr. Sie brachte mir das Lesen bei. Vorher las ich nur Comics. Mit ihr konnte man reden.« Er erinnerte sich: »Sie brachte Leben ins Haus. Ohne sie ist es ein toter Ort.« Er brachte sogar positive Gefühle für die Analyse zum Ausdruck. Die Arbeit mit dem Analytiker machte ihm Spaß, und er fing an, sich ein wenig besser zu fühlen, war weniger hoffnungslos und begann, sich mit anderen in der Schule anzufreunden.

Das Auftauchen positiver Gefühle führte zu dem Verlangen nach mehr. Er beschwerte sich, hungrig zu sein, sättigendes Essen zu brauchen, etwa Kartoffelpuffer, aber zu Hause sei das Essen schlecht: »Die Dicke ist eine lausige Köchin.« Er klagte in den Sitzungen über Hunger und wollte, dass der Analytiker etwas für ihn bereithielt, zum Beispiel eine Tüte Chips. Das Verlangen nach Nahrung wurde intensiv und ließ ihn sich benachteiligt, einsam und verletzbar fühlen. Gegen Ende des ersten Analysemonats fragte er sich, ob er nicht in Wirklichkeit ein Bedürfnis nach Mitgefühl habe. Er war der Meinung, dass es jedem egal sei, ob er lebte oder starb, und machte niemandem daraus einen Vorwurf, weil er selbst ja nichts geleistet hatte. Am folgenden Montag sagte er, dass er nach der Freitag-Sitzung am ganzen Körper gezittert habe; er habe Schüttelfrost bekommen und sei das ganze Wochenende über depressiv gewesen. »Ich hatte Schreianfälle, ich brach fast zusammen. Ich starrte aus dem Fenster wie ein Autist. Ich sage jetzt nichts mehr. Ich muss mich schützen.« Im weiteren Gespräch wollte er wissen, ob es einen anderen, schnelleren, weniger schmerzhaften Weg gebe. Die Arbeit an seiner Angst vor der Depression war sehr fruchtbar, intensivierte aber seine Angst, die ersehnte, jedoch mächtige Person, der Analytiker, könne ihn belügen, ihn verwirren, Dinge vor ihm geheim halten und ihn auslachen, demütigen, indem er ihn herablassend behandelte, und ihn schließlich ablehnen. Als er über dieses Misstrauen sprach, meinte er: »Einmal und nie wieder.«

Er war mit gravierenden Lernschwierigkeiten zur Behandlung gekommen, und schon bald nahmen seine starken Konflikte um Wissen und Herausfinden eine zentrale Stellung in der Analyse ein. Er konnte sich nicht konzentrieren und schlief bei den Hausaufgaben ein. Er fühlte häufig eine Last auf seinem Kopf, etwas Drückendes, das ihm nicht gestattete, glücklich zu sein. Er sagte, etwa ein Jahr nach dem Tod der Mutter habe er das Gefühl gehabt, dass sich in ihm eine andere Person befinde. »Ich hatte das Gefühl, es war jemand anderer, ich nannte es mein Gewissen. Wenn ich ins Badezimmer wollte oder etwas anderes tun wollte, ließ es das nicht zu.« Diese Last bzw. dieses Gewissen trat schon bald in der Behandlung als wichtiger Übertragungswiderstand auf. Er durfte nichts wissen, und der Analytiker wurde derjenige, der ihn zwang zu wissen, oder er wurde zum Vater, der Wissen verwendete, um Daniel zu überwältigen und zu erniedrigen.

In der vierten Woche verpasste Daniel eine Sitzung, sagte dem Analytiker jedoch, er solle sich »nicht aufregen«. Später kam er in der gleichen Woche zwei Stunden zu spät, und der Analytiker traf ihn, als er nach der letzten Sitzung des Tages nach Hause gehen wollte. Zu Beginn der sechsten Woche nahm er einen Fuß von der Couch. Am nächsten Tag setzte er sich auf, und am Ende der Woche saß er am Ende der Couch und wandte dem Analytiker seinen Rücken zu. In der folgenden Woche ignorierte er die Couch vollständig, schlenderte durchs Zimmer, bewegte sich immer weiter weg und lehnte sich schließlich aus dem Fenster. Dabei rief er, dass der Analytiker genauso sei wie sein Vater, ein Faschist, ein Tyrann und ein Kapitalist. Das rüde, beleidigende Verhalten, über das sich der Vater beschwert hatte, wurde zum zentralen Merkmal der Behandlung. Dies sollte über ein Jahr der Fall bleiben. Jeder Kommentar wurde mit: »Unsinn, Unsinn, das haben wir alles schon gehört«, niedergeschrieen. Daniel stritt mit dem Analytiker, verdrehte dessen Worte, machte sich lustig über ihn oder äffte ihn nach. Er ließ Sitzungen ausfallen oder verspätete sich. Wenn er kam, blieb er an der Tür stehen und sagte trotzig: »Nun?« Gegen Ende des dritten Monats kam er an zwei von den fünf Tagen und schwieg absichtlich. Danach tauchte er gar nicht mehr auf. Nach kurzer Abwesenheit kam er zurück, nachdem ihm der Analytiker einen Brief geschrieben hatte, und fragte, ob er ohne die Analyse schizophren würde. Dies war eine seiner Sorgen seit Beginn der Behandlung gewesen. Der Analytiker vertrat die Ansicht, dass der befürchtete Zusammenbruch in Wirklichkeit bereits stattgefunden und Daniel Momente des Wahnsinns bereits erlebt hatte. »Woher wissen Sie das? Wer hat Ihnen das gesagt? Muss ich fünfmal pro Woche kommen? Kann ich nicht alle fünf Wochen kommen?« Er wurde weniger beleidigend, aber es trat deutlicher zutage, dass er, obwohl er den Analytiker beschuldigte, genau wie der Vater zu sein, den verletzlichen, hungrigen, kleinen Jungen sowie den neugierigen, kleinen Jungen externalisiert hatte, dem es verboten war zu wissen und der für das

Wenige, das er wusste, gedemütigt wurde. Der Analytiker war für ihn der »rotznäsige Zehnjährige« geworden, der von gleichgültigen Erwachsenen überwältigt, verwirrt und hilflos gemacht, von ihnen gedemütigt und schließlich verlassen wurde. Daniel hielt Dinge geheim, berichtete nur Bruchstücke von Ereignissen und Träumen und behielt andere Teile für sich. Er versprach zu kommen und tauchte dann nicht auf. Alles, was der Analytiker sagte, war »Unsinn, Unsinn, unwichtiges Zeugs, Gefasel«. Der Analytiker konzentrierte sich auf den internalisierten Konflikt, wie er gegenwärtig in der externalisierenden Übertragung erlebt wurde. Laut Daniel war es der Wunsch des *Analytikers* zu wissen; sein eigenes internalisiertes Verbot war im Angriff nach außen gerichtet, indem er dem Analytiker vorwarf, dass er wissen wolle, aber dumm sei und nichts wisse. Er assoziierte nicht zu Träumen und versuchte nicht, über sein Material nachzudenken. Das sei, so meinte, Aufgabe des Analytikers: »Mach schon hin«, sagte er, »wenn der alte Siggi hier wäre, hätte er das eine oder andere zu sagen, oder?« Der Analytiker vertrat die Meinung, dies sei Daniels Weg, die Verbote zu umgehen. Ihm war es nicht erlaubt, etwas herauszufinden; wenn der Analytiker es herausfand, konnte Daniel das Wissen als Unsinn verwerfen. »Aber dann würde ich es wissen und wahrscheinlich darüber nachdenken«, sagte er.

Der Sarkasmus, die Beleidigungen und das herablassende Verhalten gingen weiter, gelegentlich aber trat auch etwas anderes andeutungsweise zutage. Erneut fragte Daniel, wie zu Beginn der Behandlung, gelegentlich nach Essen. Dies war natürlich »nur ein Witz«, denn »lieber würde er von einem Ende des Ortes bis zum anderen laufen«, als etwas anzunehmen. Er bombardierte den Analytiker mit Fragen, offensichtlich in der Absicht, ihn zu verwirren und zu überwältigen, und versuchte, ihn bei einem Widerspruch zu erwischen. »Da«, rief er dann triumphierend, »ich habe Sie bei einer Lüge ertappt!« Einige Fragen besaßen jedoch eine andere Qualität, eine klagende Bitte um Hilfe. Inmitten einer Flut von sarkastischen Fragen, die definitiv bewiesen, dass der Analytiker »dumm, blöd und ein Schwachkopf« war, fragte er: »Warum denke ich immer an Beerdigungen, obwohl ich noch nie auf einer war?« Kurz darauf fragte er, was denn genau seine Probleme seien. Das war ihm zuvor gesagt worden, aber dieses Mal hörte er zu. Am nächsten Tag sagte er: »Ich habe viel über das nachgedacht, was Sie gesagt haben, und über die Dinge, die ich mache. Es ist, als ob ich es zuvor nicht bemerkt hätte, aber jetzt tue ich es. Mir ist klar, dass ich eine psychische Erkrankung habe.« Eines der Dinge, die der Analytiker ihm gesagt hatte, war, dass er an einem tyrannischen Gewissen leide; später konnte der Analytiker Empathie mit Daniels Erleben zeigen, indem er ihm erläuterte, wie es sich angefühlt hatte, von ihm zu dem kleinen Daniel gemacht zu werden, während Daniel selbst zum mächtigen, angreifenden Über-Ich wurde. Daraufhin konnte sich

Daniel an zahlreiche Dinge erinnern. Etwa daran, dass die Mutter seine Comics zensiert und es ihm nicht erlaubt hatte, Darstellungen von Aufsässigkeit gegenüber elterlicher Autorität zu lesen. Vage erinnerte er sich auch daran, dass der Vater ihm erklärt hatte, man habe ihm nichts über die Art der Erkrankung seiner Mutter erzählt, weil man fürchtete, dass er es ihr verraten würde: »Man kann mir kein Wissen anvertrauen – das ist es doch, oder nicht?« Der Analytiker sagte ihm, wie hilflos er sich oft fühlen musste, wenn er von seinem Über-Ich angegriffen wurde, und dass er nur allzu gut verstehen könne, dass Daniel das Gefühl haben müsse, das alles falsch sei, was er tue. Daniel erinnerte sich daran, dass die Mutter häufig ein Taxi nahm und ihm sagte, er solle dies vor dem Vater geheim halten, da sie sich eine solche Ausgabe eigentlich nicht leisten könnten. »Gefangen in einer Zwickmühle«, sagte er dazu. »Schuldig, wenn ich das Geheimnis für mich behalte, und schuldig, wenn ich es ausplaudere.« Er konnte den Konflikt erneut internalisieren und zumindest eine Zeit lang mit dem Analytiker an einigen der Determinanten seines strengen Über-Ichs arbeiten. Kurz darauf teilte er mit, er habe seine Religion »über den Haufen geworfen«. Er sagte, er habe die Analyse in einer Diskussion mit Schulkameraden verteidigt. In der gleichen Woche ließ er seine Wäsche im Wartezimmer liegen und sagte, als der Analytiker sich darüber wunderte, »ich habe Vertrauen, ich habe Vertrauen.« Aber das Schlimmste war noch nicht vorbei – noch immer ließ er viele Sitzungen ausfallen oder kam zu spät. Externalisierungen waren nach wie vor häufig, jedoch weniger stark; oft konnten sie analytisch erforscht werden, statt lediglich eine Realität zu sein, die es zu ertragen galt.

Er begann das zweite Jahr der Analyse vertrauensvoller und konnte sein Bedürfnis nach Hilfe eher akzeptieren. Er war stolz darauf, ein Jahr in Analyse geblieben zu sein, und dachte an die vielen Veränderungen, die in dieser Zeit stattgefunden hatten. Er sagte, er habe über »das Vertrauensding« nachgedacht: »Es fällt mir sehr schwer, zu vertrauen. Ich bekomme dann das Gefühl, von anderen eingewickelt zu werden. Aber so ist es nun mal, und letztlich ist es besser, zu viel zu vertrauen als gar nicht.« Als der Analytiker in der folgenden Woche eine Bemerkung darüber fallen ließ, dass Daniel seine sexuellen Aktivitäten immer noch vor der Analyse geheim hielt, sagte er: »Das ist Custers letztes Gefecht.«[2] Das letzte Gefecht wuchs sich jedoch zu einer langen Schlacht aus. Die Widerstände nahmen zu, wieder verpasste er viele Sitzungen, somatische Beschwerden traten erneut auf, er konnte sich nicht auf seine Hausaufgaben konzentrieren und fühlte sich müde und lethargisch. Der Analytiker fühlte sich in den Sitzungen erneut verwirrt, überwältigt und ausgeschlossen, weil

---

[2] George Armstrong Custer, U.S. General, 1839–76. Fiel in der Schlacht am Little Big Horn (»Custer's last stand«). [A.d.Ü.]

Daniel Informationen zurückhielt, Ereignisse nur bruchstückhaft berichtete und den Analytiker häufig in die Irre führte. Die Wiederkehr der externalisierenden Übertragung wurde am deutlichsten, als er den Analytiker erneut offen angriff und ihn beschuldigte, zu lügen, um den heißen Brei herum zu reden und ihm Dinge zu verschweigen. Dieses Mal hatte keiner von beiden das Bedürfnis, den Konflikt externalisiert zu lassen, und Daniel reagierte erleichtert, als der Analytiker sagte, die Schlacht repräsentiere einen inneren Kampf. Er fragte, ob der Analytiker wisse, warum er sich schuldig fühle. Sein Vater wollte wieder heiraten, und seit Wochen hatte Daniel mit Verachtung und Spott über die »dumme Person mit dem schrecklichen Geschmack« gesprochen. Er wünschte, sie würde ihn einfach in Ruhe lassen. Der Analytiker erläuterte ganz allgemein, dass sich seine Schuldgefühle auf diese Frau und auf seinen Vater beziehen könnten. Daniel erwiderte: »Sie meinen doch nicht etwa Ödipus, oder? Das kann nicht sein. Ich soll Ödipus sein? Unmöglich! Ich meine, sie ist so hässlich. Ich möchte nicht... äh... ich meine, ich habe meine eigenen Mädchen. Ich brauche die Frau meines Vaters nicht. Beschuldigen Sie mich, Ödipus zu sein?« Als der Analytiker bemerkte, es sei sein Gewissen, das diese Anschuldigung mache, antwortete Daniel: »Das ist lächerlich.« Nach einem Moment des Schweigens sprach er weiter: »Aber vielleicht ist da was dran. Ich spiele doch immer auf den Tod, Leichenbestatter usw. an. Na ja, ich denke auch an Ödipus. Ja, vielleicht ist doch etwas dran.« Dann erzählte er von einem Traum, den er weitgehend verdrängt hatte. *Er handelte vom Tod, von sterbenden Menschen, davon, weggetragen zu werden, und es war sehr furchterregend.* Dann sagte er: »Also, was ist mit diesem Traum über den Verlust ... äh... Tod?« Als der Analytiker Bezug auf seinen Versprecher nahm, antwortete er: »Ich weiß, ich weiß. Ich bin helle, wissen Sie. Mir entgeht nichts. Ich habe den Versprecher bemerkt. Ich bringe diese Dinge wahrscheinlich miteinander in Verbindung.«

Mittlerweile konnte er den internalisierten Konflikt aushalten und wahrnehmen – den Kampf zwischen seinen Wünschen und seinen Verboten. Er fühlte sich verletzlich, ängstlich, aber auch stark genug, um bei der Suche nach den Wurzeln für seine Überzeugung, dass seine Gedanken und sein Verhalten zu Verlust, Tod und Vergeltung führten, mitzuwirken. »Der Kampf beginnt!«, sagte er. Zum ersten Mal entschuldigte er sich für sein Zuspätkommen und fühlte sich schuldig, wenn er eine Sitzung versäumte. Da nun Selbstanteile reinternalisiert und integriert werden konnten, wurde der Analytiker für ihn zu einer getrennten Person. Als getrennte Person war Daniel nicht nur besorgt um die Gefühle des Anderen, sondern konnte den Analytiker auch als ödipales Objekt erleben, das er beneidete und begehrte, mit dem er wetteiferte und das er fürchtete. Mit dieser wiedererlangten Fähigkeit zur ödipalen Übertragung bestand eine tragfähigere Basis für ein Behandlungsbündnis. Zunächst konnte Daniel sich über seine Träume mit dem auseinandersetzen, was ihn einst überwältigt und traumatisiert hatte. Zu diesem Zeitpunkt war Daniel siebzehn und seit fast eineinhalb Jahren in Analyse; die zweiten Weihnachtsferien standen gerade vor der Tür. Seine Träume führten zunächst zu den Operationen zurück, denen er sich zu Beginn der Adoleszenz unterziehen musste. Er bezog sich auf diese Ereignisse mit den Worten: »der große Schnitt« – die Vergeltung für seine Gedanken und Handlungen. Weitere Traumbilder führten zurück zu frühen Kindheitserinnerungen im Zusammenhang mit Toiletten und Blut. Nach einer Abwehrdeutung, die seine Schläfrigkeit, verpasste Sitzungen und seine Vergesslichkeit miteinander in Zusammenhang brachte, erinnerte sich Daniel an einen Traumteil, den er vergessen gehabt hatte. *Es war das Bild eines großen Bettes, ein Mann und eine Frau lachten im Bett, wahrscheinlich lachten sie ihn aus.* Er hatte das Gefühl, der Mann sei sein Vater. Nach den Ferien erzählte Daniel, er führe jetzt zwei Tagebücher, eines für tägliche Ereignisse und eines für Träume. *Er träumte von Hügeln, vom Wasser, von Zügen, die auf Bahnhöfen ankamen und abfuhren, und davon, gejagt zu werden.* »Ich frage mich, was Wasser für mich bedeutet«, sagte er. Durch eine Reihe von Assoziationen, angefangen mit der ängstlichen mütterlichen Sorge, Daniel könne ins Bett machen, erinnerte er sich daran, in ein Ferienlager geschickt worden zu sein, etwa achtzehn Monate nach dem Tod der Mutter. Joan, das Hausmädchen, war zu der Zeit zu Hause, und er sagte: »Ich wurde weggeschickt, während Joan und der Alte zu Hause herumknutschten.« Die Übertragungs-Verbindung damit, dass er über Weihnachten weggeschickt worden war, bestätigte die Vermutung, dass er wiederholt der Urszene ausgesetzt war. Er erinnerte sich daran, dass er im elterlichen Schlafzimmer geschlafen hatte, bis er acht oder neun Jahre war. Am Ende dieser Woche sagte Daniel: »Dies ist ein historisches Ereignis, was prophezeit es für die Zukunft, was bedeutet es?« Auch wenn der Tonfall der Bemerkung zeigte, dass er sich ein wenig über sich selbst lustig machte, war er in der Tat stolz auf die geleistete Arbeit. Er bezog sich hier auch insbesondere auf die Tatsache, dass er zum ersten Male seit dem zweiten Monat der Analyse alle fünf Sitzungen wahrgenommen hatte. In der folgenden Woche präsentierte er eine überwältigende Menge an Traummaterial. Er sagte, es sei offensichtlich, dass der Analytiker die Hauptsache nicht herausfand – daher habe er wahrscheinlich so viel so schnell geliefert. »Vielleicht fällt es Ihnen ja ein, wenn Sie auf dem Klo sitzen«, witzelte er. Der Analytiker erläuterte, dass die überwältigende Auswahl an Material möglicherweise nicht nur eine Abwehr darstelle, sondern auch einen Weg zur Erinnerung an die Erfahrung, durch Dinge, die er gezwungen war zu sehen und zu hören, überwältigt zu werden. Daniel sagte, er wisse, dass es etwas Wichtiges in seinen Träumen gebe, er könne aber auch fühlen, dass sich etwas Furchterregendes dahinter verberge. Er erinnerte sich an das schreckliche Wochenende zu Analysebeginn, als er etwas über seine Mutter gesagt hatte. Der Analytiker sagte, er könne sein Tempo selbst bestimmen. Er erwiderte: »Danke«, und begann mit der Arbeit an seinen Träumen. Seine Assoziationen führten alle zu Sex, zum Bett, zur Farbe des Nachthemdes seiner Mutter, einer rosa Farbe, der Farbe eines Lippenstifts in einem Traum. »War der Lippenstift ein phallisches Symbol?«, fragte er. Dann schaute er den Analytiker an und fragte: »Sie haben doch eine Idee, oder?« Der Analytiker stimmte zu, bemerkte aber, es sei nur seine eigene Idee, und er wolle auf Daniel warten. Dieser antwortete: »Ich denke, Sie haben recht.« Und darauf: »Könnte es sein? Nein, könnte es nicht. Ich war im Bett, bevor sie kamen, und bin aufgewacht, bevor sie wach wurden. Ich meine, könnte es sein? Nein, könnte es nicht. War ich im entscheidenden Moment da? Könnte es sein?« Der Analytiker sagte, dass es möglich wäre. »Nein«, sagte er, »es kann nicht sein, aber es scheint richtig. Ich denke, Sie haben recht. Ich glaube, ich war im entscheidenden Moment da.« Während er ging, sagte er, er habe das Gefühl, der »entscheidende Moment« sei ein wesentliches Teil im Puzzle, das alles andere zusammenhielt.

Die Analyse war jetzt in Schwung, ein sich entfaltendes Drama, das Daniel und der Analytiker förderten und beobachteten, an dem sie teilhatten und das sie manchmal auch behinderten. Mit der Urszene im Zentrum bewegte sich das Material zurück zu analen Kämpfen mit der Mutter, vorwärts zu aktuell wirksamen sadistischen Theorien des Geschlechtsverkehrs und seiner anhaltenden Einmischung in die sexuellen Aktivitäten der Eltern – betreten gab er zu, dass er häufig seinem Vater und dessen neuer Ehefrau beim Geschlechtsverkehr zuhörte. Das Hauptthema, das in zahllosen Variationen durchgespielt wurde, waren Daniels starke Schuldgefühle wegen seiner Selbstbehauptungsaktivitäten. Selbstbehauptung wurde mit sexuellen Aktivitäten gleichgesetzt, und Sex war feindselig, führte zu Tod und Verlassenwerden durch die Frau oder zum »Schnitt«, der Vergeltung des mächtigen Vaters. Der Tod der Mutter war das zentrale Element in seinen typischen Progressionen hin zur ödipalen Haltung und den anschließenden regressiven Bewegungen. Der Tod seiner Mutter war die Bestätigung seiner sadistischen Wünsche durch die Realität. Sexuelle Handlungen, einschließlich der Masturbation, des Hinsehens, Hinhörens, Herausfindens und des Wissens wurden als feindselige Akte empfunden, als Vehikel für sadistische Phantasien, die Realität wurden. Der Tod der Mutter schuf auch weitere mächtige Determinanten für die negative ödipale Haltung. Durch die Identifizierung mit der toten Mutter konnte Daniel ihren Tod verleugnen, sein Gewissen beruhigen und die Leere füllen, indem er zu seiner Mutter wurde. Er sagte, er schlafe unter einem solchen Berg Decken, dass er sich kaum bewegen könne. Er stimmte zu, dass ihn dies von der Masturbation abhielt, ihm jedoch auch ein Gefühl der Sicherheit und des Trosts vermittelte. Er sagte, er habe das Gefühl, seine Mutter sei dann mit ihm im Bett.

Anfangs fungierte der Analytiker ebenso wie bei der Bearbeitung seiner Träume hauptsächlich als der schützende Elternteil. Daniel brachte seine äußeren Aktivitäten zur Untersuchung mit und wurde, wie er sagte, auf dem richtigen Gleis gehalten, so dass seine Schuldgefühle, seine Angst oder seine Grandiosität nicht außer Kontrolle geraten konnten. Er übte seine neu gefundenen Ich-Fähigkeiten und entdeckte zunächst mit Erstaunen, dann mit Lust und Stolz, dass er witzig und intelligent sein konnte und von Gleichaltrigen und Älteren respektiert wurde. Eine Zeit lang drehte sich ein Großteil der Arbeit um seine aktuellen sozialen Interaktionen; mit Vertiefung der Analyse traten die Konflikte jedoch zunehmend in der Übertragung auf. Der Übergang von der aktuellen, äußeren Realität zur Übertragungsneurose war von seiner ersten symbolischen Anerkennung des Todes seiner Mutter gekennzeichnet. An ihrem Todestag besuchte er zum ersten Mal ihr Grab und bemerkte, dass er diesen Besuch »zur Beerdigung gehen« nannte. Seine äußeren Aktivitäten waren weniger seinen plötzlichen triebhaften Launen unterworfen, sondern blieben eine Quelle der Selbstachtung und Befriedigung. In der Behandlung konnte er beginnen, ein Gefühl der Abhängigkeit zuzugeben; dann, mit mehr Überzeugung, auch die Angst, dass der Analytiker ihn verlassen könne. Gegen Ende des zweiten Behandlungsjahres reagierte er auf die Ferien im Frühjahr mit einer Panikattacke. Er rief an und bat um eine extra Sitzung, da er »zusammenbreche«. Er sagte, er sei an einer schrecklichen Migräne und Kolik erkrankt und habe sich übergeben. Er fühle sich schrecklich schwach, aber der »Quacksalber« könne keine körperliche Erkrankung finden. Eine Annäherung an die starke Ambivalenz und die Todeswünsche in der Übertragung konnte über einen Traum stattfinden, *in dem er gejagt wurde, sich dann herumdrehte und die ihn jagende Person erwürgte*. Ein weiterer Traum *über einen Zug* führte zu seinem sexuellen Sadismus. Er sagte, erst nachdem er über die Tatsache gesprochen habe, dass er Sex und Gewalt gleichsetzte, habe er bemerkt, dass er jedes Mal, wenn er ein hübsches Mädchen sehe, sage: »Mach' sie fertig.« Er hatte sich sogar gezwungen gefühlt, dies auf eine Karte an seine Freundin zu schreiben, ohne zu wissen, warum. Mit der Deutung seiner präödipalen und ödipalen Wut auf den Analytiker, der ihn verließ und zurückwies, konnten Daniels somatische Beschwerden als masochistischer Appell an mütterliche Fürsorge verstanden werden, als Abwehr seiner eigenen sadistischen Masturbationsphantasien und als Identifizierung mit dem Körper des Analytikers, der Schaden genommen hatte, da er von ihm »fertig gemacht« worden war.

Im Zuge der Übertragungsanalyse kam es zu einer signifikanten Verbesserung in allen Bereichen des Funktionierens. Die meisten Symptome waren verschwunden, hatten an Intensität verloren oder blieben vorübergehend. Daniel empfand Befriedigung und Stolz über seine Arbeit und seine sozialen Beziehungen. Er lernte erfolgreich für die Aufnahmeprüfungen zum College, wurde von seinen Freunden respektiert, hatte viele Freundinnen und schien auch sexuell aktiv geworden zu sein. Selbst die Beziehungen zu seiner Familie hatten sich verbessert, und der Vater hatte zu ihm gesagt, dass er doch offenbar vollständig geheilt sei und die Analyse beenden solle. Daniels Schuldgefühle, seine Angst und Konflikte waren nun fast vollständig in der Übertragung, eine Tatsache, die er zugeben und bestätigen konnte. Er fühlte sich gut in allen Bereichen, machte sich jedoch Sorgen darum, was mit ihm geschehen würde. Diese Sorge, so erklärte er, trat zumeist in der Behandlung auf. Ob er, so fragte er, womöglich befürchtete, dass der Analytiker ihn angreifen könne? War es eine Angst wegen des »großen Schnitts«? Er bemühte sich, seine Wut, seine Ambivalenz und Rivalität unter Kontrolle zu halten. Er fragte sich, warum er wütend auf den Analytiker sein sollte. »Warum sollte ich Sie bekämpfen, wenn ich doch durch Sie stark bin?« Er überlegte, was geschehen würde, wenn er sich einfach gehen ließe und den Analytiker schlüge: »Ich wäre doch ein Nichts.«

In der Übertragungsneurose wurde vieles bearbeitet und durchgearbeitet, aber ein Großteil der Arbeit bezog sich auf Daniels passive, masochistische, feminine Identifizierung. Zu Beginn des dritten Analysejahres sagte Daniel, dass er im nächsten Herbst zur Universität gehen wolle. Nach dem kommenden Januar werde er allerdings eventuell arbeiten oder reisen. Er wusste es noch nicht. Nach dieser Herausforderung, diesem assertiven Wunsch, die Behandlung zu beenden, wurde er ängstlich und verlieh seiner Furcht vor Verlust und Vergeltung Ausdruck – für seine »Selbstsucht, Verdorbenheit und für seinen Diebstahl«, wie er es nannte. Es sei alles eine Frage der Moral, sagte er. Er fürchtete, dass ihn sein Ehrgeiz zu Egoismus und Gier verleiten werde. Wenn er zum Beispiel Pfirsiche essen wolle, so berichtete er, teile er den Inhalt der Dose genau in zwei Hälften und gebe sich sehr viel Mühe, um nur ja sicherzustellen, dass beide Portionen exakt gleich groß seien. »Die Ironie dabei ist jedoch, dass ich, wenn ich meine Portion gegessen habe, auch noch die andere esse«, sagte er. Er bezog sich dabei natürlich auf etwas Wichtigeres als die Pfirsiche. Es gab da eine junge Frau, um einiges älter als Daniel, zu der er ebenso wie auch sein Vater den Sommer über eine sehr freundschaftliche Beziehung entwickelt hatte. Die Frau wohnte bei ihnen, suchte aber nach einer eigenen Wohnung. Sie arbeitete für den Vater, aber Daniels Beziehung zu ihr war ein Geheimnis. Er sagte, die alten Gefühle kehrten zurück, Erinnerungen an Mutter und Vater. Wenngleich die Rivalität dem Vater der Gegenwart zu gelten schien, ereignete sie sich in Wirklichkeit mit dem Vater der Vergangenheit und wurde nun in der Übertragung wiederbelebt. In der Behandlung war Daniel sehr besorgt, hatte Angst vor einem Angriff und vor Demütigung, und es stellte sich heraus, dass der Erfolg mit der jungen Frau darin bestand, dass er die Rolle des Therapeuten spielte. Sie vertraute ihm, sprach mit ihm über frühere Schwierigkeiten und hatte geweint. Er hatte Erfolg bei dieser älteren Frau, stahl sie und besiegte den Analytiker. In den nächsten Wochen wurden seine nachfolgenden Abwehrmaßnahmen zur Vermeidung eines eifersüchtigen Angriffs gedeutet. Zunächst war da die Abwehr des »armen Artus«, eine masochistische Demonstration, in der er auf seine ungepflegte äußere Erscheinung aufmerksam machte, seine Fehlschläge betonte und die Erfolge ausließ. Er klagte, dass er nicht beliebt sei und sich niemand um ihn kümmere. Damit einher ging der Verlust seiner enormen Schlagfertigkeit, und statt dessen traten abwechselnd ein offener Sarkasmus und Clownerien auf. Als diese Abwehrmaßnahmen gegen seine Wut und Rivalität gedeutet wurden, wuchs seine Angst. Der Analytiker wurde nicht nur als der eifersüchtige Vater erlebt, der Vergeltung suchte, sondern auch als die Mutterfigur, die ihn ohne Versorgung zurücklassen würde. Wieder klagte er über Hunger. Auf dem Weg zur Sitzung hatte er ein Schild gefunden, dass er auf den Schreibtisch legte. Darauf stand: »We give Green Shield stamps.« Die Freundin einer Klassenkameradin zeigte an Daniel Interesse, und er unterhielt sich mit ihr über die Analyse. Er sagte dem Analytiker: »Sie ist sehr daran interessiert, Sie kennen zu lernen.«

Er gab alles weg, sein Mädchen, seinen Witz, seinen maskulinen Trieb und stellte sich als passive, beschädigte Person dar. Der Analytiker erläuterte, dass er eine Frau sei, und Daniel antwortete: »Hängen Sie mir das nicht an.« In der darauf folgenden Nacht erwachte er aus einem Alptraum, und es war ihm übel »wie einer Schwangeren«. In der nächsten Nacht hatte er einen Traum, der zu seinem Neid auf seine Stiefmutter führte. Als die feminine Identifizierung nicht nur im Sinne einer Abwehr, sondern auch als Wunsch nach der Liebe seines Vaters verbalisiert wurde, nickte er bedeutungsvoll und sagte: »Ich denke, da ist etwas dran. In meinen schweren Zeiten habe ich mich immer wieder gefragt, wie es wohl als Mädchen wäre. Wäre es leichter? Viel schlimmer könnte es ja gar nicht sein.« Dann fragte er sich, was seine Mutter wohl von seiner Freundin gehalten hätte. Er war der Ansicht, dass sie Einwände gehabt hätte, da sie »nicht ihren Glauben hatte, oder? Eine andere Klasse, oder?« Eine Frau zu sein würde also zugleich bedeuten, seine Mutter zu sein, ihr und ihrem Glauben die Treue zu halten. Diese Arbeit fand in den ersten zwölf Wochen seines dritten Analysejahres statt. Es war, als wäre er in alte Ängste und Konflikte verwikkelt. Während die verschiedenen Determinanten seiner passiven, masochistischen, femininen Abwehr ans Licht gebracht wurden, wurde seine Beziehung zum Analytiker und zu anderen klarer denn je. Zunächst sprach er von seinem

Vater, erzählte mit authentischen Gefühl über die guten Zeiten, die sie miteinander gehabt hatten, und über die Fähigkeit des Vaters, ein guter Mensch zu sein; aber er lasse sich von seinem Zorn, seinem Konkurrenzdenken und seiner Bösartigkeit übermannen. Zum ersten Mal sprach Daniel auch verärgert über seine Mutter und gab ihr die Schuld für viele seiner Schwierigkeiten, so wie er später den Analytiker beschuldigen würde, versagt zu haben. Jetzt aber war er entschlossen, zu kämpfen und seinen Problemen auf den Grund zu gehen. »Die Sache spitzt sich zu«, sagte er. »Dies ist das letzte Gefecht. Wir sind ganz nah dran, oder Doc?« Die Regression der Übertragungsneurose führte zu einem Entwicklungsschub. »Komm zu Novick und wachse zwei Jahre in vier Tagen. Sonderpreis«, sagte er in einer liebevoll witzelnden Art. Das Wiederauftauchen aus der Regression war an seiner veränderten Wahrnehmung erkennbar. Er sah nicht nur einen Analytiker, sagte er, sondern auch eine Person mit Gefühlen, jemanden, der eine Vergangenheit sowie ein anderes Leben besaß. Er war sich bewusst, wie hart der Job war. Es war ebenso deutlich, dass er sich bewusst war, wie sehr er sich verändert hatte. Er war gerade achtzehn geworden und sagte: »Ich fühle mich, als finge ich neu an, eine Wiedergeburt. Es ist eine neues Kartenspiel, nur bin ich dieses Mal die Bank. Ich mache mir Sorgen, ob es halten wird. Wird meine Glückssträhne zu Ende gehen?« In dieser Zeit wurde viel Material durchgearbeitet, und es gab eine ständige Wechselwirkung zwischen den Vorgängen in der Analyse und äußeren Lebensereignissen. Die anhaltende Bedeutung der Übertragungsbeziehung wurde am deutlichsten in der Zeit einer extremen äußeren Krise, als seine Stiefmutter fast gestorben wäre. Er begann zu regredieren, bis der Analytiker kommentierte, dass er es vermeide, über den Ernst ihres Zustandes zu sprechen. Nun wurde deutlich, dass der Analytiker den Vater repräsentierte, der die Krankheit der Mutter verleugnete, verbarg und log und sich Daniels realistischen Versuchen, mit der Situation umzugehen, entgegenstellte. Der Zustand der Stiefmutter verschlechterte sich, und nach gemeinsamer Arbeit in der Analyse konnte Daniel ihre Krankheit selbständig mit dem Tod seiner Mutter in Verbindung bringen. Dies linderte die sich entwickelnden Kopfschmerzen. Obgleich er noch um seine Stiefmutter besorgt war, konnte er zu einer Party gehen und sich amüsieren.

Daniel war zu diesem Zeitpunkt in der phallisch-ödipalen Phase gefestigt, und regressive Bewegungen waren »nicht zu tolerieren«, wie er sich ausdrükkte. Es gab nur eine Richtung, nämlich frühkindliche Sehnsüchte und ödipale Objektbindungen durchzuarbeiten und auf sie zu verzichten. Dies ist immer ein kritischer Punkt in der Analyse, weil die Gefahr einer Übertragungs-Gegenübertragungskollusion besteht, in der eine angemessene Beendigung vermieden wird. Häufig unbemerkt bleibt eine Verlagerung weg von einer differenzierten hin zu einer externalisierenden Übertragung, in der nicht der

Analytiker als reales und als Übertragungsobjekt aufgegeben und betrauert wird, sondern als ein Teil des Selbst – häufig das frühkindliche Selbst –, das mit Schuldgefühlen zurückgelassen wird. Der Heranwachsende wird zum mächtigen Elternteil, der das einsame, hilflose Kind hinter sich lässt. Daniel begann, von der Beendigung der Analyse zu sprechen. Gemeinsam mit Freunden war er dabei, einen langen und etwas riskanten Trip durch die Urwälder Südamerikas zu planen. Er wollte einen Monat vorher aufhören und schlug vor, die Behandlung zu diesem Zeitpunkt zu beenden, falls alles gut ginge. Seine Fortschritte und seine wachsende Unabhängigkeit wurden vom Analytiker anerkannt, der allerdings vorschlug, die Situation bei seiner Rückkehr aus den Ferien noch einmal einzuschätzen.

Daniel begann sein viertes Analysejahr in gehobener Stimmung. Der Südamerika-Trip war ein voller Erfolg gewesen, und er bereitete sich darauf vor, eine renommierte Universität zu besuchen, von der aus er zu den Sitzungen pendeln konnte. Diese Sitzungen waren anfangs eher wie Besuche, und Daniel sagte, er fühle sich bereit, die Behandlung zu beenden. Aber an dem Tag, als er in sein eigenes Zimmer nahe der Universität einzog, erlitt er einen schweren Angstanfall und musste nach Hause zurückkehren. Er erzählte, er sei in Panik geraten, depressiv gewesen und habe entsetzliche Angst gehabt. Er fühlte sich von dem Gefühl überwältigt, dass er völlig allein sein würde, jedoch gleichzeitig durch dieses Alleinsein auch sexuell frei sein könnte. Die Vermieterin hatte ihm mitgeteilt, es sei ihr egal, wen er mit auf sein Zimmer nehmen wolle. Zahlreiche Symptome waren zurückgekehrt, und er sagte, dass er alles verliere. Er verliere seine Handschuhe, seine Bücher, sein Vertrauen und seine Konzentrationsfähigkeit. Die Analyse wurde noch achtzehn Monate lang weiter geführt. Innerhalb weniger Wochen gingen die akute Angst und Depression zurück; Daniel konnte zu Hause ausziehen und sich in das Universitätsleben integrieren. Die analytische Arbeit wurde sehr intensiv, und die Ängste und Konflikte blieben vorwiegend in der Übertragung. Es bestätigte sich, dass sein Versuch einer einseitigen Beendigung, den er kurz zuvor unternommen hatte, eine defensive Vermeidung entscheidender Entwicklungsaufgaben gewesen war.

Über die letzten eineinhalb Jahre lässt sich festhalten, dass die Übertragungsneurose innerhalb des gemeinsam vereinbarten Zeitraums bis zur Beendigung intensiver werden und adaptiv aufgelöst werden konnte. Ödipale und präödipale Konflikte wurden gedeutet und durchgearbeitet. Daniels starke ödipale Rivalität konnte in seine Akzeptanz von Stärken und Schwächen seiner selbst wie auch des Analytikers transformiert werden. Eine wesentliche Errungenschaft war in dieser Beendigungsphase Daniels endgültiger Verzicht auf die Verleugnung des Todes seiner Mutter. Er sagte, er habe es nie richtig akzeptiert, dass sie gestorben war. Er fühle sich immer, als sei sie bei ihm, und er frage sich, wie sie wohl auf solche Dinge wie sein Motorrad oder seine sexuellen Aktivitäten reagiert hätte. Als wir über sein Bedürfnis, seine Mutter zu begraben, sprachen, wurde er traurig – über ihren Verlust und den des Analytikers. In vielen Sitzungen weinte er, etwas, was er als Kind nicht hatte tun können. Die Trauer um seine Mutter ermöglichte es ihm schließlich, sich an der Universität einzuleben und im Kreise Gleichaltriger zu integrieren. Seine Lernschwierigkeiten verschwanden, und er erzielte gute Noten in Aufsätzen und Prüfungen. Es war Zeit, aufzuhören und Abschied zu nehmen – nicht aus Angst oder um sich zu rächen, sondern in gegenseitigem Respekt und in der schmerzlichen Erkenntnis, dass jeder seinen eigenen Weg gehen musste. Daniels zwanzigster Geburtstag rückte näher, und er sagte, dies sei das Ende einer Ära, das Ende seiner Teenager-Zeit. Er bewegte sich nun in das frühe Erwachsenenalter hinein.

Trotz seiner aktuellen Unsicherheit über die Zukunft der Beziehung mit seiner Freundin fühlte er sich im allgemeinen sehr glücklich. Er sagte, er habe Lust an seiner Arbeit, war begierig zu lesen, zu lernen, sich weiterzuentwikkeln und nach vorn in die Zukunft zu schauen. Er sagte, er habe das Gefühl, dass der gegenwärtig mit seiner Freundin erlebte Schmerz zum Erwachsenwerden gehöre. Er könne schließlich nicht erwarten, dass der Analytiker oder sonst jemand ihm diesen Schmerz nehmen würde. Er war dankbar für das, was der Analytiker getan hatte, und hatte das Gefühl, er sei nicht nur bereit zu gehen, sondern auch bereit wiederzukommen, sollte die Notwendigkeit auftauchen. Er glaubte, selbst beurteilen zu können, ob er seine Probleme allein analysieren oder sie auf andere Art lösen könnte oder aber auf Hilfe angewiesen wäre.

Der Analytiker sah Daniel drei Jahre später bei seiner Hochzeit wieder. Er hatte die Universität abgeschlossen, und er und seine Frau wollten eine Graduiertenstelle antreten.

Die Übertragung kann als Mischung von Bildern aus verschiedenen Zeitabschnitten der Vergangenheit gedacht werden. Das letzte Bild Daniels ist Teil der Übertragung des Analytikers. Der fünfzehnjährige, tollpatschige, unbeholfene Junge, der nicht in seinen Körper zu passen schien, überlagert das Bild des jungen, glücklichen, zuversichtlichen und eleganten Bräutigams, der auf seiner Hochzeit tanzt.

## Zusammenfassung

Diese Beschreibung von Daniels Analyse sollte hervorheben, dass das Verständnis bestimmter Übertragungsprobleme helfen kann, Ähnlichkeiten und Unterschiede zwischen der Jugendlichen- und der Erwachsenenanalyse zu verstehen. Die ersten achtzehn Monate der intensiven Angst und des Widerstandes wurden in Bezug auf den Unterschied zwischen einer externalisierenden und einer differenzierten Übertragung verstanden. Wir verstehen die externalisierende Übertragung nicht nur als Widerstand; häufig bildet sie einen notwendigen Schritt zur Bildung integrierter Selbst- und Objektrepräsentanzen, die für eine differenzierte Übertragungsbeziehung benötigt werden. Die nächste Phase in Daniels Analyse war eine Übergangsphase, in der der Analytiker »Deckung« gab und von Daniel als wohltuende Präsenz in der Übertragung erlebt wurde, die ihn bei seiner beginnenden, an seinen Träumen orientierten Erforschung seiner inneren Welt begleitete. Die Träume hatten zur Folge, dass Daniel Erinnerungen an die Urszene wieder einfielen. In der dritten Phase führte die aufrechterhaltene differenzierte Übertragung dazu, dass Daniel den Analytiker als Objekt wahrnehmen konnte, das ihn durch Verbalisierungen und Deutungen vor den Auswirkungen wiederholter Traumata zu schützen und sie zu lindern vermochte. Dies führte zu einem psychischen Wachstumsschub und schließlich zu Daniels Bewegung hin zur ödipalen Ebene des Funktionierens innerhalb wie außerhalb der Behandlung. An diesem Punkt konnte er eine Übertragungsneurose entwickeln. Es folgte eine Phase des Durcharbeitens mit ständigen Wechselwirkungen zwischen Vorgängen in der Analyse und aktuellen äußeren Lebensereignissen. Der Analytiker wurde als das ödipale, mütterliche wie väterliche Übertragungsobjekt erlebt sowie als der therapeutische Verbündete, der Daniels anhaltenden Kampf um Bemeisterung unterstützte.

Nach dieser Phase unternahm Daniel den Versuch einer vorzeitigen Auflösung der Übertragungsneurose durch einseitige Beendigung seiner Behandlung. Der Analytiker registrierte den progressiven Aspekt von Daniels Wunsch, stellte der notwendigen Weiterführung der Behandlung aber nichts in den Weg. Schließlich ermöglichte die in gegenseitigem Einvernehmen beschlossene Beendigungsphase die volle Ausbildung und Auflösung der Übertragungsneurose. Der Analytiker wurde als Übertragungsobjekt aufgegeben und betrauert, und Daniel identifizierte sich mit den analytischen Funktionen, die er für sein weiteres Wachstum brauchte. Erst in der Zeit der Beendigung konnte Daniel den Tod seiner Mutter voll und ganz erleben und betrauern.

Implizit haben wir auch diesem Kapitel ebenso wie in dem gesamten vorliegenden Band versucht, Kontinuität und Veränderung in der Entwicklung in einem ausgewogenen Verhältnis zu betrachten. Die Untersuchung der Übertragungsschicksale in Daniels Analyse zeigt, dass die psychoanalytischen Grundsätze und Techniken auf die Analyse von Adoleszenten anwendbar sind und die Psychoanalyse für eine weit größere Zahl von Jugendlichen, als häufig angenommen, die Behandlung der Wahl sein kann.

# 7. Kapitel

# Externalisierung als pathologische Bezeihungsform: die dynamischen Stützen des Missbrauchs

Gegenwärtig wird so viel über Kindesmissbrauch geredet, dass man annehmen könnte, es handele sich ebenso wie bei AIDS um ein Phänomen des ausklingenden zwanzigsten Jahrhunderts. In der Ausgabe vom 6. Dezember 1990 schrieb das *New England Journal of Medicine*: »In den vergangenen zwei Jahrzehnten hat sich die Anzahl der Fälle von Kindesmissbrauch und -vernachlässigung dramatisch erhöht. Allein im Jahre 1987 wurden 2,2 Millionen Fälle gemeldet.« Es besteht kein Zweifel daran, dass unser Bewusstsein und unsere Sensibilität für Kindesmissbrauch erheblich gewachsen sind. In vielen Bundesstaaten der USA wird von den Mitarbeitern psychiatrischer Einrichtungen inzwischen verlangt, dass sie Fortbildungskurse zum Thema Missbrauch nachweisen. Die Frage ist jedoch, ob die Zahl der Missbrauchsfälle tatsächlich gestiegen ist. Der Psychohistoriker de Mause (1991) schrieb kürzlich in einem Forschungsbericht über die Literatur zum sexuellen Missbrauch von der allgemeinen Verbreitung des Inzests. Er behauptete: »Der Inzest – und nicht das Fehlen von Inzest – war bei den meisten Menschen an den meisten Orten und fast immer universal verbreitet. Darüber hinaus gibt um so mehr Belege für die allgemeine Verbreitung des Inzests, je weiter zurück in der Geschichte man forscht« (S. 125). In seiner wegweisenden Untersuchung von 1974 demonstrierte er die Universalität des Kindesmissbrauchs anhand einer Fülle von Daten: »Je weiter wir in der Geschichte zurückgehen, [...] desto größer ist die Wahrscheinlichkeit, dass Kinder getötet, ausgesetzt, geschlagen, gequält und sexuell missbraucht wurden« (de Mause [1974] 1977, S. 7f). Auch Kahr (1991) fand Belege für die weite Verbreitung des Kindesmissbrauchs in der gesamten Geschichte und gelangte zu dem Schluss: »Somit behaupte ich, dass das tatsächliche Vorkommen von Missbrauch in der Geschichte häufiger war, als es uns fassbar erscheint« (S. 125).

Eher traditionell orientierte Historiker gelangten zu ähnlichen Ergebnissen. John Boswell (1988) beschrieb in seinem Buch *The Kindness of Strangers* die Geschichte der Kindesaussetzungen in der westlichen Zivilisation und zitierte selbst für wohlhabende Länder Quoten zwischen 20% und 30%. Greven (1991) konzentrierte sich in seinem Buch *Spare the Child* auf die religiösen Wurzeln der körperlichen Misshandlung von Kindern und zeigte – wie vor ihm Alice Miller (1980) –, dass zahlreiche Missbrauchspraktiken als gut für das Kind sanktioniert waren. Die biblische Autorisierung etwa fand sich in *Sprüche* 23,14: »Wohl schlägst du ihn mit der Rute,/ dafür wirst du sein Leben vom Tode erretten.«

Die Intellektuellen und Reformer des 19. Jahrhunderts waren sich des Ausmaßes der Kindesmisshandlung sehr wohl bewusst. Autoren wie Dickens porträtierten Misshandlung und Ausbeutung von Kindern in lebhaften Farben. Freuds Traumatheorie der Neurose im Erwachsenenalter war Teil dieser Sensibilität des neunzehnten Jahrhunderts für den Kindesmissbrauch. Im Gegensatz zu den Behauptungen von Masson (1984) und anderen Autoren stellte Freud die Tatsache des sexuellen Missbrauchs in der Kindheit nie in Abrede; er modifizierte vielmehr seine Verführungstheorie und stellte die Realität des sexuellen Missbrauchs in den Zusammenhang einer umfassenderen Theorie, die auf seinen neuen Entdeckungen der intrapsychischen Welt der Phantasien, Wünsche und Konflikte beruhte (Hanly, 1987; Shengold, 1989b).

Hier scheint sich der Kreis für die Verfasser psychologischer und psychiatrischer Literatur zu schließen. Statt zu neuen Entdeckungen zu gelangen, die psychoanalytische Einsichten widerlegen oder als obsolet nachweisen, sind die Autoren zum Bewusstsein des 19. Jahrhunderts für den Kindesmissbrauch zurückgekehrt und schlagen Behandlungsmethoden vor, die der zunächst angewendeten kathartischen Methode Freuds zur Abreaktion der mit dem Trauma assoziierten Affekte bemerkenswert nahe stehen. Ebenso wie die alleinige Aufmerksamkeit auf intrapsychische Vorgänge viele Autoren veranlasst hat, Umweltfaktoren zu vernachlässigen, besteht auch die Gefahr, dass die Betonung der realen Vorkommnisse von sexuellem Missbrauch oder körperlicher Misshandlung uns dazu verleiten, die dynamischen Grundlagen und Folgen zu vernachlässigen. Das über Jahre gesammelte psychoanalytische Wissen ermöglichte es uns zu verstehen, dass jedes Individuum äußeren Ereignissen, die es verarbeitet, eine einzigartige innere Bedeutung verleiht und sie psychisch auf unverwechselbare Weise repräsentiert (Solnit, 1994).

Die Erforschung der komplexen Wechselwirkung zwischen äußerer und psychischer Realität war von den ersten Anfängen an ein zentrales Anliegen der Psychoanalyse. Selbst Freuds frühe Verführungstheorie war nicht eine einfache Theorie von Ursache und Wirkung zwischen realem Ereignis und Symptombildung, sondern postulierte eine Transformation verdrängter Erinnerungen durch »Nachträglichkeit« (Schimek, 1987; *siehe auch* auch 4. Kapitel). In einem Kapitel mit der Überschrift: »Did it Really Happen?«, untersuchte Shengold (1989b) diese Problematik aus der Perspektive des sexuell missbrauchten Kindes. Er schrieb, dass diese brennende Frage für das Opfer des »Seelenmordes« eine lange philosophische Geschichte hat und eine aktuelle Kontroverse in der Psychoanalyse ist, wobei die Extreme durch Masson (1984), der die pathogene Kraft von Phantasien, und Spence (1982), der die Bedeutung der historischen Wahrheit leugnete, repräsentiert sind. Viele Psychoanalytiker nähern sich dem einen oder anderen Extrem an. De Mause (1991) schrieb etwa, Abraham, Jung, Melanie Klein und Kernberg schienen das Thema des sexuellen Kindesmissbrauchs eher zu meiden, im Gegensatz zu Freud, Ferenczi und vielen Analytikerinnen, die die Erinnerungen an Inzest als real akzeptierten. Unsere eigene Haltung findet in Shengolds (1989b) Schlussfolgerung einen treffenden Ausdruck: »Es macht durchaus einen Unterschied, ob etwas wirklich passiert ist, doch damit ist die pathogene Kraft der Phantasie nicht in Abrede gestellt« (S. 38). Wir betonen hier die komplexe Matrix der Beziehungen, die das Vorkommen von Missbrauch ermöglicht. Da der Missbrauch ein vermeidbares Trauma ist, wirft er zwei zentrale Fragen auf. Erstens: Wie ist es möglich, dass Eltern einen Missbrauch zulassen? Und zweitens: Welche Rolle spielt die Persönlichkeit des Kindes für das Vorkommen und die Folgen des Missbrauchs?«

Unserer Meinung nach ist zumindest ein Teil der Antwort in der Konzeptualisierung des Missbrauchs als Symptom einer pathologischen Beziehung zwischen Elternteil und Kind zu finden, einer Beziehung, die an sich übergriffig und intrusiv ist, gleichgültig, ob es dabei zu konkretem körperlichen Kontakt kommt oder nicht. Solche pathologischen Beziehungen drehen sich alle um Fragen von Macht und Unterwerfung, so dass sie tatsächlich als sadomasochistisch bezeichnet werden können. Seit Freuds frühen Entdeckungen stand der Sadomasochismus im Mittelpunkt des psychoanalytischen Interesses. Seither kämpfen die Kliniker noch immer mit den vielen theoretischen und behandlungstechnischen Fragen, die sich in diesem Zusammenhang stellen. Wir haben den Sadomasochismus aus der Sicht der Entwicklung untersucht, dabei die Komplexität dieser Phänomene betont und gesagt, dass der Sadomasochismus am besten als das Resultat einer überdeterminierten epigenetischen Sequenz von schmerzsuchenden Verhaltensweisen zu verstehen ist, die im frühesten Kindesalter einsetzen. Bei unserem Sample masochistischer Patienten haben wir die Externalisierung durch ein Elternteil als wichtige Determinante der Erkrankung identifiziert.

Im 5. Kapitel haben wir die Externalisierung von Aspekten der Selbstrepräsentanz als Abwehr des narzisstischen Schmerzes beschrieben, der aus der Akzeptanz von abgewerteten Aspekten des Selbst resultiert. Auf der Basis von Material aus Kinderanalysen folgerten wir, dass Kinder, die zu Objekten elterlicher Externalisierungen werden, eine schwere narzisstische Störung zeigen mit psychischem Schmerz und Konflikten, die in der Akzeptanz des entwerteten Selbst und der Unfähigkeit wurzeln, positive Aspekte in das bewusste Selbstbild zu integrieren. Diese Kinder weisen eine primäre Beeinträchtigung der integrativen Ich-Funktion, des Erhalts der Selbstachtung und der Entwicklung einer angemessenen Selbstrepräsentanz auf. Der extensive Einsatz des Externalisierungsmechanismus hängt mit einem pathologischen Gleichgewicht innerhalb der Familie zusammen, einem geschlossenen System (Brodey, 1965), in dem alle Familienmitglieder voneinander abhängige Rollen spielen. Eine Veränderung bei einem Mitglied der Familie wirkt sich daher unmittelbar auf alle anderen Mitlieder aus und führt zu einem vollständigen Zusammenbruch des Familiengleichgewichts.

Wir sind zu der Auffassung gelangt, dass die Externalisierung durch die Mutter/den Vater an sich bereits eine Form des psychischen Angriffs auf die Persönlichkeit des Kindes ist und eine zentrale Stellung in der pathologischen Beziehung einnimmt, in der Missbrauch geschehen kann. In diesem Kapitel werden wir ein Kind, eine Jugendliche und eine Erwachsene vorstellen, die sexuell missbraucht wurden. Das Material soll uns zu verstehen helfen, wie die vergangenen und gegenwärtigen Beziehungen der Patienten beschaffen waren und sind. Auf dieser Grundlage versuchen wir, angemessene behandlungstechnische Empfehlungen zu formulieren.

*Frau N. suchte im Alter von fünfundvierzig Jahren Hilfe, um sich aus einer Ehe zu lösen, in der sie missbraucht wurde. Sie stellte sich als hilflose, schikanierte Person dar, die in allen Beziehungen unglücklich war und unter vielerlei körperlichen Beschwerden litt. Im ersten Gespräch erzählte sie, wie sie einige Jahre zuvor zusammengebrochen war, als ihr neuer Chef ihr ungerechtfertigt unmoralisches Verhalten am Arbeitsplatz vorwarf. Damals konnte sie nicht aufhören zu weinen, wurde schließlich in ein Krankenhaus eingeliefert und erhielt Antidepressiva. Obwohl ihr Verhalten auf eine extreme Reaktion hinwies, sagte der Therapeut als erstes, dass sie sich damals zu Recht wütend und betrogen gefühlt haben müsse. Dann fragte er, ob ihr so etwas auch zuvor schon passiert sei.*

*Sie antwortete daraufhin, dass sie vom Bruder ihrer Mutter sexuell missbraucht worden sei. Der Missbrauch habe sich wiederholt im Alter zwischen vier und sechs Jahren ereignet. Als Frau N. ihrer Mutter endlich davon erzählte, wurde sie geschlagen und als Lügnerin bezeichnet. Es stellte sich bald heraus, dass der Onkel auch seine eigene Tochter missbrauchte. Seine Frau, die Tante von Frau N., nahm daraufhin sofort ihre Kinder und verließ den Mann. Die erweiterte Familie befand sich in Aufruhr; die Großmutter mütterlicherseits trauerte und gab gemeinsam mit der Mutter Frau N. die Schuld an der ganzen Katastrophe. Von diesem Punkte an sonderte die Großmutter Frau N. aus, machte ihr andere Geschenke als den anderen Enkelkindern, Geschenke wie Modeschmuck und durchsichtige Blusen, die für eine sexuell aktive Erwachsene angemessener waren als für ein Schulmädchen.*

*Nach einiger Zeit hatte Frau N. in der Analyse genügende Fortschritte gemacht, um ihren unzulänglichen, politoxikomanen und gewalttätigen Ehemann zu verlassen und die Scheidung einzureichen. Ihre Familie reagierte in einer Art und Weise, die die Erinnerungen von Frau N. an deren Reaktion auf den Kindesmissbrauch bestätigte. Ihre Eltern und Geschwister gaben ihr die Schuld am Zerbrechen der Ehe und beschuldigten sie, selbstsüchtig, zerstörerisch und sexuell unkontrolliert zu sein. Mit der Unterstützung ihres Analytikers befragte Frau N. ihre älteren Verwandten zur Vergangenheit ihrer Eltern und entdeckte, dass sowohl ihre Mutter als auch ihr Onkel als Kinder sexuell missbraucht worden waren. Die Mutter von Frau N. galt vor wie nach ihrer Heirat als promiskuitiv.*

Dies hört sich wie die typische Geschichte einer über mehrere Generationen dysfunktionellen Familie an, in der Missbrauch stattfand. Geschichten wie diese weisen derart viele pathologische Aspekte auf, dass es zuweilen schwer fällt zu entscheiden, wo das Verständnis oder die Intervention ansetzen sollen. Wir haben hier noch nicht einmal die Rolle des Vaters von Frau N. erwähnt oder beschrieben, wie dessen pathologische Eifersucht Frau N.s angemessene intellektuelle und soziale Ambitionen in der Adoleszenz beeinträchtigte. Unserer Ansicht nach trägt der Blick auf die elterlichen Externalisierungen zur Klärung des Musters der pathologischen Transmission des Missbrauchs von einer Generation zur nächsten bei. Die Externalisierung stellt bereits einen Missbrauch an sich dar, da sie das Selbst des Kindes verletzt. Dies ist der Mechanismus, den Shengold (1989b) und andere als »Seelenmord« bezeichnet haben.

Was wurde auf Frau N. externalisiert? Sowohl ihre Mutter als auch ihre Großmutter schienen nicht in der Lage, Verantwortung für ihre eigene Sexualität zu zeigen und sie zu integrieren. Sie schrieben Frau N. ihre unerlaubten und unkontrollierten sexuellen Wünsche sowie den Aspekt des hilflosen Opfers ihrer eigenen Selbstrepräsentanzen zu. Dieses Muster der Zuschreibung unerwünschter Selbstanteile an das Kind begann bereits lange vor dem eigentlichen sexuellen Missbrauch. Der Prozess der Externalisierung verhinderte es, dass die Mutter die so entscheidende Schutzfunktion für das Kind übernehmen konnte. So geschah in diesem Fall der sexuelle Missbrauch vor dem Hintergrund des bereits lange währenden Missbrauchs in Form der mütterlichen Externalisierungen.

Das Behandlungsmaterial ermöglicht es, die Auswirkungen dieses Missbrauchs auf die Entwicklung der Persönlichkeit und der Pathologie von Frau N. zu untersuchen.

*Frau N. war eine intelligente, kompetente Frau, die trotz des aktiven Widerstandes ihres Mannes und ihrer Eltern erfolgreich eine mittlere Führungsposition einnahm. Am Arbeitsplatz lieferte sie ihren Vorgesetzten detaillierte, komplexe analytische Arbeitsberichte. Vom Beginn ihrer Analyse an stellte sie sich jedoch in der Behandlung als hilflose, überwältigte und leidende Person dar, die nicht die Fähigkeit besaß, sich vor der ständigen körperlichen und emotionalen Ausbeutung durch Autoritätsfiguren zu schützen. Zu Beginn sah sie ihren Analytiker als eine weitere idealisierte Person, die ihr Vorschläge und Lösungen liefern, ja ihr Leben kontrollieren und regeln würde. Frau N.s Eltern waren tatsächlich unfähig oder nicht willens gewesen, ihrem grundlegenden Bedürfnis nach psychischem und physischem Schutz nachzukommen. Stellte ihre offensichtliche Verwirrung und Unzulänglichkeit ein primäres Defizit dar, das der Analytiker versuchen sollte zu beheben? Die Gefühle des Analytikers ermöglichten es ihm zu erkennen, dass die gewünschten Interventionen nicht nur eine hilfreiche menschliche Reaktion auf die grundlegenden Bedürfnisse von Frau N. waren, sondern eine erzwungene und durch Frau N.s Externalisierungen subtil geprägte Interaktion. Frau N. war sehr dankbar und machte viele Komplimente. Anstelle der üblichen, eher geringen Befriedigung aus einer hinreichend guten Arbeit angesichts schwieriger und häufig frustrierender Umstände begann der Analytiker, sich wie ein weiser, allwissender Guru zu fühlen. Zunehmend wurde ihm der Impuls bewusst, eine unüblich aktive Technik zu rechtfertigen, die einen Hauch von Schuldgefühl wegen des Überschreitens gewohnter Grenzen verdeckte sowie den Ärger darüber, dass er sich gedrängt fühlte, dies zu tun. In der Tat hatte Frau N. eine Beziehung des Missbrauchs reinszeniert, indem sie zu dem hilflosen, abhängigen Kind wurde, das ihre Eltern auf sie externalisiert hatten; diese Rolle hielt sie aufrecht, indem sie ihre hoch entwickelten Ich-Fähigkeiten in den Analytiker hinein verlegte. Indem dieser sich mit ihren Externalisierungen identifizierte (Sandler, 1976, bezeichnete dies als »Rollen-Responsivität«), wurde der Analytiker zum Teilhaber an Frau N.s Aufrechterhaltung des Missbrauchs. Dies war Teil der lebenslangen defensiven Bemühungen der Patientin, den elterlichen Missbrauch zu »normalisieren«.*

*Frau N.s Mutter stützte ihre Externalisierung schuldbewusster sexueller Erregung auf Frau N., indem sie den Missbrauch geschehen ließ. Und Frau N. wehrte ihre Wahrnehmung der mütterlichen Unzulänglichkeit ab, indem sie ihrem Onkel die gesamte Schuld zuwies. Dies musste sie sich ständig aufs neue bestätigen, indem sie missbräuchliche Beziehungen zu allen nachfolgenden Männern herstellte. Wir sind der Auffassung, dass ein solches Muster die regelmäßige Beobachtung erklären könnte, dass häufig jemand anderer als die Mutter die konkreten Missbrauchshandlungen vornimmt.*

*Bestätigt wurde diese Sichtweise durch die wütende Reaktion von Frau N. auf den Versuch des Analytikers, die Aufmerksamkeit auf die defensive Beschaffenheit und Funktion der Beziehung zu lenken, die sie in der Behandlung herzustellen versuchte. Es kam nicht überraschend, dass die Analyse daraufhin in eine tumultreiche Phase der Beschwerden, Anschuldigungen und Androhungen, abzubrechen und sich umzubringen, eintrat. Wenngleich Frau N. ihre Probleme immer auf den sexuellen Missbrauch geschoben hatte, so machte die Erfahrung der Reinszenierung einer von Missbrauch gekennzeichneten Beziehung in der Übertragung ihr bewusst, dass ihre Schwierigkeiten auf die von missbräuchlicher Externalisierung gekennzeichnete Beziehung zu ihren Eltern zurückzuführen waren. In der Behandlung erkannte sie, dass sie nicht nur die elterlichen Externalisierungen der Hilflosigkeit und Beschädigung internalisiert, sondern sich auch mit dem familiären Stil der defensiven Externalisierung identifiziert hatte. Sie hatte gelernt, ihre Konflikte durch Externalisierung zu bewältigen. Nach und nach verstand sie die Zuschreibung eigener Eigenschaften und Verantwortlichkeiten an den Analytiker als gewaltsame Verletzung von dessen Rolle und erkannte, dass dies ihrer Kindheitserfahrung ähnelte, mit einer Hilflosigkeit belastet zu werden, die im Widerspruch zu ihrer wirklichen Kompetenz stand, mit schuldhafter Verantwortung, während sie in Wirklichkeit ein unschuldiges Opfer war, und schließlich mit sexuellen Forderungen Erwachsener zu einer Zeit, als sie noch ein kleines Mädchen war.*

*Diese Arbeit ermöglichte die Untersuchung der Faktoren, die Frau N. veranlasst hatten, die Externalisierungen zu akzeptieren und sie dann später selbst fortzusetzen. Als der Analytiker zum Beispiel nicht auf ihre Forderung nach einer Deutung einging, sondern Frau N. bat, selbst über ihren Traum nachzudenken, wurde sie wütend. Sie beschuldigte den Analytiker, böswillig zu sein und ihr Dinge vorzuenthalten. Der Strom ihrer Kritik setzte sich solange fort, bis dem Analytiker bewusst wurde, dass Frau N. ihn provozierte, in ähnlicher Weise zu reagieren und er infolgedessen ihre Erwartung gegenseitiger Wut deuten konnte. Die zugrunde liegende Angst vor dem Verlassenwerden kam durch ihren präventiven Rückzug zum Vorschein. Dies weckte Erinnerungen daran, wie sich Frau N. allein im Schuppen versteckt hatte, um dem Angriff und der Zurückweisung durch ihre Eltern zu entgehen. Ihre Intelligenz stellte eine Bedrohung für die Eltern dar, so dass sie sie häufig als dumm bezeichneten. Diese Erinnerung führte sie zum Dilemma ihrer Übertragung zurück, in der sie befürchtete, dass ihre eigenen Assoziationen zu ihrem Traum die Kompetenz des Analytikers in Frage stellen würden.*

*Solche Sequenzen kehrten wieder, sobald Frau N. ihren Verstand in der analytischen Arbeit einsetzen musste. So wurde deutlich, dass sie das Gefühl hatte, sie müsse ihre eigenen exzellenten Ich-Fähigkeiten externalisieren und sich mit der externalisierten elterlichen Inkompetenz identifizieren, um die Bindung aufrechtzuerhalten, müsse wechselseitige zerstörerische Wut abwehren, wenn sie den Externalisierungen anderer widerstand, und schließlich die elterliche Unzulänglichkeit und Pathologie verleugnen. Diese Arbeit in der Übertragung half ihr, ihre Ich-Funktionieren in ihre übrige Persönlichkeit zu integrieren. Dies ermöglichte es ihr, ihre von Missbrauch gekennzeichnete Ehe zu beenden und der wütenden und manipulativen Reaktion ihrer Familie auf die Behauptung ihrer Autonomie standzuhalten.*

Die Externalisierung hängt eng mit einer Unfähigkeit zusammen, die getrennte Existenz eines anderen zu tolerieren. Deshalb wird von Kindern, die zum Ziel elterlicher Externalisierungen werden, Trennung als feindseliger Akt definiert und erlebt. Dies lässt sich anhand der Arbeit mit Jugendlichen, deren Aufgabe im Rahmen der Entwicklung die Definition einer getrennten Identität ist, sehr gut verdeutlichen.

*Mary, die an einer schweren sadomasochistischen Störung litt, wie wir an anderer Stelle beschrieben haben (siehe 2., 3., 8. und 13. Kapitel sowie J. Novick, 1990a), kam im Alter von achtzehn Jahren nach einem ernsten Selbstmordversuch in Analyse. Von Bedeutung ist hier, dass sowohl ihr Selbstmordversuch als auch der zweijährige sexuelle Missbrauch durch ihren älteren Bruder das Resultat einer extremem, langjährigen pathologischen Beziehung zu ihren Eltern war. Das auffälligste Merkmal im Rahmen der anfänglichen Darstellung war die Disparität zwischen der Beschreibung der Angehörigen von Mary als einer Person, die viel leistete, sich gut benahm, überall gut zurechtkam, glücklich war und viele Freunde hatte, und der Wahrnehmung des Analytikers, der sie mit zusammengebissenen Zähnen und zitternden Beinen da sitzen sah, erfüllt von einer Wut, die sie später als derart mächtig beschrieb, dass sie jeden überwältigen würde. Im Laufe des ersten Analysejahres trat die elterliche Verleugnung von Marys lebenslangem Kummer zutage. Lange Zeiten des Unglücklichseins in der Kindheit schienen nicht bemerkt worden zu sein, ebenso wenig wie ihre schwere Menstruationsstörung, die über Jahre ignoriert wurde, bis häufige Ohnmachtsanfälle aufgrund des Blutverlusts eine medizinische Intervention notwendig machten. Ihre Mutter, eine übermäßig gewissenhafte Hausfrau, zeigte in Haushaltsangelegenheiten eine stete Wachsamkeit. Jedoch schienen das wiederholte Eindringen von Marys älterem Bruder in Marys Zimmer sowie die Geräusche von Handgreiflichkeiten und sexuellen Handlungen offenbar keinen Verdacht zu erregen. Die Mutter leugnete jegliches Wissen um den anhaltenden sexuellen Missbrauch, der stattgefunden hatte, als Mary zwischen dreizehn und fünfzehn war. Marys Unfähigkeit, als Studentin von zu Hause wegzubleiben, wurde nicht als Hinweis auf irgendwelche Probleme verstanden.*

*Gegen Ende des ersten Analysejahres lebte Mary noch, jedoch war die Hauptsorge des Analytikers, sie könne psychotisch werden oder sich umbringen. Die Eltern drückten dagegen ihre Zufriedenheit über ihren Fortschritt aus sowie ihr Gefühl, dass sie jetzt wieder ein normales Mädchen sei. Sie schlugen vor, die Behandlung zu beenden. Die elterliche Verleugnung ihres Kummers war von Beginn der Behandlung an offenkundig. Subtiler, jedoch zunehmend offenkundig, war deren Verleugnung ihrer gesamten Individualität. So hatten sie Mary noch nie eine eigene Geburtstagsfeier ausgerichtet – »praktischerweise« wurde die Feier immer mit der eines anderen Familienmitglieds zusammengelegt, dessen Geburtstag eine Woche später war. Sie erhielt Geschenke, die in keinerlei Verbindung zu ihrem Geschmack oder ihren Interessen standen. In jedem Jahr intensivierte ihr nahender Geburtstag ihre Konflikte. Tatsächlich war ihr Selbstmordversuch unmittelbar nach ihrem achtzehnten Geburtstag erfolgt. Marys Mutter pflegte zu sagen, sie und Mary seien genau gleich. In dem Maße, wie ihre Verleugnung von Marys Individualität offenkundig wurde, begannen der Analytiker und Mary zu verstehen, dass die Mutter Mary ihre eigenen realen oder erwünschten Charakteristika zuschrieb, ungeachtet Marys wirklicher Persönlichkeit. Als die Analysearbeit es Mary ermöglichte, sich auf ihre eigene Art zu entwickeln, wurde unweigerlich klar, dass sie in der Tat sehr verschieden von ihrer Mutter war, was ihr Temperament, ihren kognitiven Stil, ihr Energieniveau, ihre Interessen und Talente anging. Auf jeden progressiven Schritt Marys folgte eine irrationale Reaktion der Mutter: Als Mary etwa in ihre eigene Wohnung zog, machte sich die Mutter daran, die Mansarde zu putzen, und kam stundenlang nicht nach unten, als Mary übers Wochenende zu Hause war. Marys unabhängige Entscheidung über ihre Frisur ließ die Mutter tränenüberströmt aus dem Haus stürzen. Mit Marys stetiger Weiterentwicklung begann die vorgetäuschte Normalität der Familie zu bröckeln. Der Zustand der Mutter verschlechterte sich; sie wurde sehr depressiv, war selbstmordgefährdet und begab sich schließlich selbst in Behandlung. Die Eltern trennten sich, und der Vater verließ überstürzt seine sichere und angesehene Position und zog an einen anderen Ort.*

Der Zusammenbruch des pathologischen Familiengleichgewichts bestätigte die Erkenntnis, dass Marys Wachstum die Zurückweisung der elterlichen Externalisierungen voraussetzte (Brodey, 1965). Im 5. Kapitel wurde die Generalisierung als Variante der Externalisierung beschrieben, als Denkstil, der typisch für die frühe Kindheit ist und bewirkt, dass das Individuum dem Objekt Charakteristika zuschreibt, die den eigenen ähneln. Es wurde angemerkt, dass die Verallgemeinerung häufig zur Abwehr schmerzlicher Affekte eingesetzt wird, die eine Trennung begleiten, und dass sie eine phantasierte

Verschmelzung von Selbst- und Objektrepräsentanzen darstellt. Die mütterliche Externalisierung stellte also einen Versuch dar, die Getrenntheit zu verleugnen. Die Mutter missbrauchte Mary für ihre eigenen emotionalen Bedürfnisse. Dieser Missbrauch machte ihre mütterliche Schutzfunktion zunichte und verlieh Mary das Gefühl, dass sie sich weder an die Mutter wenden konnte, um Hilfe zu suchen, noch von ihr abwenden konnte, ohne das völlige Verlassenwerden zu riskieren.

*Im Rahmen der Beendigungsphase von Marys Analyse ließ der Druck der bevorstehenden realen Trennung ihre eigenen Gefühle, die die Externalisierung mit dem Verlassen und Verlassenwerden verbanden, in den Vordergrund treten. Sie brachte den Druck in die Übertragung ein, genauso zu sein wie ihre depressive Mutter. Wie bereits an anderer Stelle beschrieben wurde, sagte sie zum Analytiker: »Wenn ich glücklich bin, habe ich das Gefühl, nicht bei Ihnen zu sein«, oder: »Unglücklich zu sein bedeutet, wie Sie zu sein, bei Ihnen zu sein, still und depressiv dazusitzen, und die ganze Welt ist hier in diesem Zimmer.« Dieses Material ermöglichte es, Marys Motive für ihre Akzeptanz der mütterlichen Externalisierungen und für ihren Einsatz der Externalisierung als Modus der Bindung an den Analytiker zu bearbeiten.*

Am Beispiel von Frau N. haben wir gesehen, wie die Externalisierung die Integration im Erwachsenenalter beeinträchtigt; Marys Behandlung illustrierte, wie die Externalisierung die Aufgabe der Identitätsbildung in der Adoleszenz störte. Im Folgenden betrachten wir Material aus der Analyse eines Kindes, um aufzuzeigen, was in den ersten Lebensjahren geschieht.

*Als Taylor zum ersten Male im Alter von fünf Jahren und einem Monat zur Analyse kam, konnte sie sich von einer Sitzung zur nächsten nicht an ihre Spiele erinnern. Obwohl sie ein sehr aufgewecktes, sprachlich begabtes kleines Mädchen war, schien es ihr Schwierigkeit zu bereiten, eine logische Abfolge in der Schule und in der Behandlung aufrechtzuerhalten bzw. ihr zu folgen. Nach einiger Zeit wurde deutlich, dass ihre oberflächliche Art, Beziehungen aufzunehmen, zu spielen und zu denken, eine massive Abwehr von Überraschungen oder Angriffen darstellte. Sie begann, von ihrem Bedürfnis nach einer Vorwarnung zu sprechen, damit sie sich auf alle Eventualitäten vorbereiten könne.*

*Taylor war aufgrund der elterlichen Sorge über ihre offenkundige Faszination und ängstliche Erregung angesichts sexueller Angelegenheiten sowie über eine fehlende Lesebereitschaft zur Behandlung gebracht worden. Taylor war noch nicht einmal eingeschult worden, dennoch war ihr intellektuell ehrgeiziger Vater besorgt, sie würde die Aufnahmeprüfung für eine weiterführende Schule mit elf Jahren vielleicht nicht bestehen. Mutter und Tochter stritten ständig und schienen in einer sadomasochistischen Interaktion gefangen. Die Eltern sprachen über die vage Möglichkeit, dass Taylor von ihrem elf Jahre älteren Cousin Kenny belästigt worden sein könnte. Tatsächlich hatte die Mutter viele Gelegenheiten beobachtet, bei denen Kenny Taylors Gesäß und Brustwarzen anfasste, ihre Genitalien leckte oder seit ihrer frühesten Kindheit an nachts zu ihr ins Bett stieg.*

*Nach sechsmonatiger Behandlung begann Taylor, mit kleinen Puppen Kennys frühere Besuche in ihrem Bett nachzuspielen. Zu dieser Zeit war der Cousin bereits in eine stationäre Behandlung geschickt worden, wofür Taylor schuldhafte Verantwortung empfand. Tag für Tag stellte sie die Anordnung der Schlafzimmer und das Dunkel der Nacht nach, wehrte anfänglich jedoch jeglichen Versuch des Analytikers ab, über das Geschehene zu sprechen, und sei es nur im Gespräch mit den Puppen. Sie begann, nachts Alpträume zu haben und einzunässen und wurde zunehmend unruhig. Ihre neu erlangte Fähigkeit, emotional und kognitiv präsent zu sein, ging in der Behandlung zurück. Auch ihre Lehrer berichteten, dass sie in der Schule wieder »abschalte«. Ihre Spiele bekamen eine düstere Komponente, indem den kleinen Mädchenpuppen blutende Verletzungen an den Genitalien zugefügt wurden. An diesem Punkt begann die Deutung der Beziehungen und Verwirrungen zwischen ihrer eigenen Erregung, ihren Selbstbefriedigungsimpulsen und ihrem Bettnässen einerseits und ihren Ängsten und Kastrationsphantasien andererseits zu greifen. Taylor lernte gerade Lesen und wollte in ihrer Sitzung ein »Wörterbuch« herstellen. Ihre Wahl der Wörter zur Illustration eines jeden Buchstabens beinhaltete a für »asshole« (Arschloch), b für »beat it« (hau ab!), f für »fatness« (Fettleibigkeit), h für »hitting Taylor« (Taylor schlagen), l für »lick« (lecken), m für »mommy mad« (Mami böse), t für »tapping you« (Dich anstechen) usw. Taylor begann, über Kennys erregtes Verhalten zu sprechen; die realen und phantasierten Auswirkungen seiner Zudringlichkeiten konnten ebenso geklärt werden wie ihre Versuche, diese in der Übertragung wiederzubeleben. Taylors primäre und sekundäre, defensive Störung der Ich-Funktionen der Integration, des Gedächtnisses und der Impulsbeherrschung ist typisch für Kinder, die vor Erreichen des Schulalters missbraucht werden. Der Missbrauch beeinträchtigt sämtliche Ich-Funktionen, insbesondere die Realitätsprüfung und die Aufrechterhaltung einer Differenzierung zwischen dem Selbst und dem Anderen. Mit sechs Jahren war sich Taylor ernsthaft unsicher, ob die kostümierten Kinder am Guy Fawkes Day[1] echte Ungeheuer waren oder nicht. In Spielen und Interaktionen mit dem Analytiker fiel die Feststellung oft schwer, wer wem etwas zufügte. Nicht nur Taylor war verwirrt; zuweilen wurde auch der Analytiker verwirrt. Nach eineinhalbjähriger Behandlung machte Taylor große Fortschrit-*

1 Feiertag zum Gedenken an die Pulververschwörung von 1605, 05. Nov. [Anm. d. Ü.].

*te, insbesondere hinsichtlich der Ich-Funktionen. Fast nie zeigte sie die zurückgezogene, verwirrte und nicht integrierte Erscheinung der frühen Tage. Die massive defensive Beeinträchtigung ihrer Synthesefunktion und des Erinnerungsvermögens hatte der Deutung und Verbalisierung nachgegeben. Ihre Beziehungen und ihr kognitives Funktionieren spiegelten diese Fortschritte wider. In dem Maße, in dem Taylor jedoch die Externalisierungen von Hilflosigkeit, Verwirrung und fehlendem Selbstschutz zurückwies, zeigte die Familie Anzeichen von Störungen, wobei die ehelichen Unstimmigkeiten spürbar zunahmen.*

*Der konkrete sexuelle Missbrauch hatte im Kontext einer langen und komplexen Geschichte einer familiären Dysfunktion stattgefunden, in deren Rahmen die Externalisierung eine hervorstechende Rolle spielte. Zunächst hatte Taylors Vater eine sehr gestörte Frau geheiratet, die die gemeinsamen Kinder körperlich misshandelte, sexuell missbrauchte und schließlich Selbstmord beging. Danach heiratete er Taylors Mutter, die im Alter von neunzehn Jahren nahezu einhundert Kilo wog. Sie selbst war von einem Onkel in früher Kindheit sexuell missbraucht worden. Spätere Gespräche mit dem Vater untermauerten die Folgerung, dass für ihn Frauen gestört und beschädigt waren. Die Linie der Externalisierung ging auch von der Großmutter mütterlicherseits aus, die von der Vorstellung besessen war, dass ihre Tochter genau wie sie sein solle; dies ging so weit, dass sie Taylors Mutter drängte, sich die Haare passend zu ihrer eigenen Haarfarbe färben zu lassen. Als die Behandlung begann, war Taylors Mutter schlank geworden und hatte ein Graduiertenstudium aufgenommen, während Taylor übergewichtig und verwirrt war und sexuell missbraucht wurde.*

*Der Analytiker arbeitete während Taylors Behandlung auch mit der Mutter. In der Zeit, in der Taylor ihre Gefühle über die Ereignisse mit Kenny durcharbeitete, konnte die Mutter die Überstimulation durch schaurige Filme, unangemessen aufregende Ausflüge und durch das störende und verwirrende Fehlen von Privatsphäre in Schlaf- und Badezimmer usw. reduzieren. Dennoch bestand ihre unbewusste Beteiligung daran, dass ihre Tochter dem Missbrauch ausgesetzt gewesen war, fort. So kaufte sie Taylor etwa ein Kleid, das über und über mit der Aufschrift »Kitzel mich« versehen war. Als sie im Gespräch auf die Botschaft des Kleidungsstücks hingewiesen wurde, sprach die Mutter ausgiebig über den Druck der Großmutter mütterlicherseits, wie sie zu sein. Der Analytiker fragte nach der Reaktion der Großmutter auf den sexuellen Missbrauch der Mutter in der Kindheit. Die Großmutter hatte nicht klar Stellung bezogen, sondern verleugnet, dass er wirklich stattgefunden haben könnte. Auf ähnliche Weise verleugnete die Mutter die klaren Anzeichen für Taylors Missbrauch durch Kenny, wenngleich sie sich voll und ganz bewusst war, dass Kenny impulsiv war und selbst sexuell missbraucht worden war. An diesem Punkt deutete der Analytiker das Bedürfnis der Mutter, die Großmutter mütterlicherseits vor ihrer eigenen Wut und ihren Vorwürfen zu schützen, indem sie Taylor das antat, was die Großmutter ihr zugefügt hatte, das heißt, ihre eigene Hilflosigkeit, Verwirrung und unkontrollierte Erregung auf das Kind externalisierte. Die Deutung schien eine starke Auswirkung zu haben. Binnen zweier Wochen hatte Taylors Mutter ihre eigene Analyse wieder aufgenommen und schien den Ton ihrer Interaktionen mit Taylor grundlegend geändert zu haben.*

*In der Therapie konnte Taylor ihre wieder gewonnenen Ich-Funktionen einsetzen, um die Wut auf ihre Mutter einzugestehen und sich darüber zu beschweren, dass sie beherrschend sei, sie herumkommandiere und ersticke. Sowohl Taylor als auch ihre Mutter begannen die Externalisierungen zurückzuweisen, die bisher die Ehe aufrechterhalten hatten. Diese Arbeit und die Auswirkung der eigenen Behandlung der Mutter störten das vorherige pathologische Familiengleichgewicht weiter. Die Eltern standen kurz vor der Scheidung. Unter dem Druck des Verlassenwerdens konnte die Mutter ihre eigene sowie Taylors progressive Entwicklung nicht länger unterstützen, so dass Taylors Behandlung unterbrochen wurde. Schon bald nach der Beendigung von Taylors Behandlung entschieden sich die Eltern endgültig für die Scheidung. Taylor bestand darauf, dies dem Analytiker persönlich zu erzählen. Sie zeichnete ein Bild von ihrer Familie, alle Familienmitglieder mit traurigen Gesichtern und Tränen. Dann strich sie ihr eigenes Bild durch. Taylor fühlte sich ausgelöscht und ignoriert.*

Mit Material aus den Analysen eines Kindes, einer Heranwachsenden und einer Erwachsenen wurde versucht aufzuzeigen, dass Fälle eines konkreten sexuellen Missbrauchs im Zusammenhang mit und als Folge von missbräuchlichen externalisierenden Beziehungen auftreten. Das breiter angelegte Verständnis des Missbrauchs im Sinne einer Beziehung gestattet den Blick über spezifische Ereignisse hinaus – in historischer wie klinischer Hinsicht. In jedem der beschriebenen Fälle verletzten die elterlichen Externalisierungen das persönliche Selbst des Patienten lange vor dem sexuellen Missbrauch. Material aus der Beobachtung von Säuglingen und Kleinkindern ermöglicht eine Untersuchung der frühesten Stufen einer solchen externalisierenden Beziehung.

Von 1981 bis 1991 nahmen wir an einem Forschungsprojekt teil, in dem die Entwicklung der Beziehung zwischen adoleszenten Müttern und ihren Babys untersucht werden sollte. Fünfundachtzig Mutter-Kind-Paare wurden zwei Jahre lang in einem Wohnheim begleitet, wo die Mütter eine Ausbildung, Therapie sowie medizinische und soziale Unterstützung in Anspruch nehmen konnten und die Babys in Tagespflege und auch medizinisch betreut wurden. Die gewonnenen Forschungsdaten umfassten Videoaufnahmen in bestimmten Zeitabständen, mit denen die Entwicklung festgehalten wurde, Notizen aus der Therapie, Beobachtungen aus dem Heim, Aufzeichnungen aus der medizinischen wie sozialen

Vorgeschichte und Diskussionen bestimmter Fälle. Beschrieben werden sollen im Folgenden Ausschnitte aus Filmen von einem Mutter-Kind-Paar; das Baby war in diesem Filmen zwischen drei und fünfzehn Monaten alt.

*Die Mutter, die wir S. nennen, war ein Zwilling und ebenso wie ihre Zwillingsschwester als Kind durch einen Verwandten sexuell missbraucht worden. Als kleines Mädchen wurde sie Zeugin eines Mordes, und als S. schwanger wurde, musste ihr geliebter älterer Bruder wegen des Mordes an einem Nachbarmädchen ins Gefängnis. Sobald die Schwangerschaft bekannt wurde, erlebte S. die völlige Ablehnung durch ihre extrem religiöse Familie. S. sagte, ihre Mutter sei eine beherrschende und manipulative Person. S. selbst wurde in der Mutter-Kind-Unterkunft als feindselig, reizbar und fordernd beschrieben. Der erste Film zeigt die Situation des Fütterns. Ihr drei Monate altes Baby Freddie ist ein gesunder, aktiver, auf seine Mutter bezogener Säugling. Beobachtungen aus dieser Zeit beschrieben die Liebe der Mutter zu ihrem Baby. Jedoch bestand Sorge wegen ihres rauen Umgangs mit dem Kind und weil sie es offensichtlich für ihre eigenen Bedürfnisse benutzte. S. hatte Schwierigkeiten einzuschlafen und hielt das Baby bis spät abends wach, so dass sie es mit zu sich ins Bett nehmen konnte, um einschlafen zu können.*

*1. Filmsequenz: Das Baby ist drei Monate. S. und Freddie beim Füttern. Affektive Beschäftigung der Mutter mit dem Baby, das sie mit seinem Blick verschlingt. Er saugt kräftig, spielt dann mit Zunge und Lippen mit der Flasche. S. reagiert, indem sie ihm Unfug unterstellt, und beginnt, ihn mit der Flasche zu necken. Sie streicht damit über seine Lippen und seine Wange und bemerkt dann: »Fütterungszeit auf dem Bauernhof«, das heißt, das Kind ist ein Schwein. Der Affekt der Mutter schwankt zwischen fröhlicher Beschäftigung mit dem Kind, ernster Abgelenktheit bzw. Rückzug und neckender Provokation.*

*2. Filmsequenz: Das Baby ist neun Monate. S. hat die Anweisung erhalten: »Sei mit Deinem Baby zusammen.« Sie hat den Boden mit Spielzeugen bedeckt und verwickelt Freddie in ein hektisches Spiel. Er beginnt wiederholt, Spielzeug mit seinen Händen, Augen und mit dem Mund zu untersuchen, nur um sofort durch die Präsentation eines neuen Anreizes von der Mutter unterbrochen zu werden. Er kann keine Spielfolge ohne Unterbrechung beenden, kann kein kompetentes, effektives Spiel erleben. S. bietet ihm einen Plüschhasen an, nimmt ihn aber sofort zurück und sagt: »Nicht den Hasen essen«, und beißt selbst den Hasen. Als Freddie eine Rassel in den Mund steckt, zieht sie das Spielzeug weg und fragt: »Kann ich mal haben?« Es ist eine durchgängige Einmischung und Störung seiner aufkeimenden Ich-Funktionen zu beobachten. Seine altersangemessene Selbstbehauptung und Exploration werden falsch gedeutet, weil die Mutter ihm Gier und orale Aggression zuschreibt.*

*3. Filmsequenz: Das Baby ist ein Jahr alt. Wieder hat die Mutter die Anweisung erhalten: »Sei mit Deinem Baby zusammen.« Zu Beginn dieser Spielfolge drängt sie ihn, auf einem Spielzeugklavier zu spielen. Als er es selbst zu versuchen beginnt, schnappt sie sich einen Wasserball und beginnt das im Film zu beobachtende Spiel. Zu Beginn des Spiels besteht eine freudige Interaktion zwischen ihnen. Freddie kräht vor Vergnügen, und S. lobt seine Leistung. Dann trifft sie ihn aus Versehen mit dem Ball am Kopf. Sie entschuldigt sich, lässt den Ball danach aber wiederholt absichtlich von seinem Gesicht und seinem Kopf abprallen. Sie bezeichnet ihn dann auch mit abwertenden Namen wie »Dickbauch«, »Alter«, »Sabbermann« usw. Freddie sieht verwirrt aus, versucht aber, das Spiel fortzusetzen. S. fährt fort, mit dem Ball nach ihm zu werfen. Schließlich schaut Freddie verwirrt weg und schlägt sich selbst auf den Kopf.*

Dies ist eine entscheidende Sequenz. Für Freddie erfolgt hier eine Verschiebung des Affekts von der freudigen Leistung hin zur resignierten Akzeptanz der mütterlichen Externalisierung von Schlechtigkeit.

*4. Filmsequenz: Das Baby ist fünfzehn Monate alt. Freddie und seine Mutter sitzen am Tisch und essen. Er ist jetzt sehr geschickt darin, alleine zu essen. Die kleine Zwischenmahlzeit sollte ihm Spaß machen – es gibt Kuchen, und es besteht kein Druck, etwas Gesundes zu essen. Dennoch beginnt der Film damit, dass S. ihn zum Essen bringen will, indem sie ihn wie ein hilfloses Baby füttert, was er verweigert. Der nächste Abschnitt zeigt nach ein paar Momenten die eskalierende Spannung zwischen ihnen. Freddie reagiert zornig mit entschiedener Blickabwendung, und S. seufzt wütend und entmutigt. In dieser vierten Aufnahme ist Freddies anhaltende Weigerung, seine Mutter anzuschauen, erkennbar. Er isst nur selbst, wenn er sie wütend ausblendet. S. versucht vergeblich, in sein Sichtfeld einzudringen, und reagiert mit hilfloser Wut auf seine sture Weigerung mitzumachen.*

In diesen Filmsequenzen, die ein Jahr aus Freddies Leben begleiten, ist sein Wandel von einem glücklichen, gewinnenden Säugling zu einem wütenden und zurückgezogenen Kleinkind zu beobachten. Seine freudige Kompetenz ist nicht mehr sichtbar. Statt dessen ist der Rückzug in die Verwirrung oder in ein Schmollen gegenüber seiner Mutter zu beobachten. Material aus der Therapie von S. zeigte den oral fordernden Charakter ihrer Aggression – eine Qualität, die sie Freddie von Geburt an zuschrieb. Sie externalisierte diesen Aspekt ihrer selbst erfolgreich auf Freddie, der in der Kindertagesstätte anfing zu beißen. S. versuchte, die externalisierte Aggressivität zu beherrschen, indem sie ihn im Zustand eines inkompetenten Säuglings zu halten versuchte. Der letzte Essfilm zeigte jedoch, dass er sich diesem Versuch als Kleinkind noch widersetzte.

Es steht außer Frage, dass sich ein konkreter sexueller Missbrauch häufig im Zusammenhang mit einer zuvor bestehenden, von Missbrauch gekennzeichneten Beziehung zu einem Elternteil ereignet. Die Externalisierung stellt an sich bereits einen Missbrauch dar, da sie die existierende und sich entwikkelnde Persönlichkeit des Kindes verletzt. Berichtet ein Patient von Missbrauch, so kann eine zugrunde liegende, pathologische Beziehung angenommen werden. Ganz gleich, ob der konkrete Missbrauch stattfand oder erinnert wird, lässt zunächst das Wirken der Externalisierung in der Übertragung auf eine von Missbrauch gekennzeichnete Beziehung aus der Kindheit schließen. Bei einem derart perversen, pervasiven und komplexen Phänomen wie dem Kindesmissbrauch ist es offenkundig, dass die Externalisierung lediglich eine Teilerklärung liefern kann. Die Externalisierung ist ein allgemeiner Terminus für eine Vielzahl von Mechanismen. Wird ein Kind zum Objekt der Externalisierung, so externalisiert es später auch selbst. Im Zuge dieses Prozesses lagern sich Schichten von Determinanten und Funktionen im Laufe der Entwicklung übereinander. Die Externalisierung ist ein Mechanismus, der zum sadomasochistischen Charakter eines Erwachsenen führt und Teil davon ist – häufig das klinische Ergebnis eines sexuellen Missbrauchs in der Kindheit. Zum Zeitpunkt, an dem der Patient sich in Behandlung begibt, ist die Externalisierung bereits zum wichtigsten Beziehungsmodus geworden.

Bei der »externalisierenden Übertragung« (siehe 6. Kapitel) schreibt der Patient dem Analytiker einen Teil seines eigenen psychischen Apparates zu und stellt auf dieser Basis eine Beziehung her. Frau N. konzentrierte ihre Aufmerksamkeit auf den Onkel als Missbrauchstäter, aber die zugrunde liegende, von Missbrauch gekennzeichnete externalisierende Beziehung zur Mutter trat erst zutage, als der Analytiker ihre Externalisierungen in der Übertragung aufgriff. Der Analytiker wurde auf die Externalisierungen durch seine eigenen affektiven Reaktionen aufmerksam. Kinder externalisieren auf sehr offenkundige Weise, indem sie den Analytiker als unordentlich, stinkend, dumm oder ekelhaft bezeichnen. Erwachsene gehen unter Umständen subtiler vor. Aber wenn sich der Analytiker in seinem beruflichen oder persönlichen *Selbst* verletzt fühlt, wenn er im Laufe der Zeit das Gefühl bekommt, er werde hinters Licht geführt, missverstanden, falsch interpretiert, ignoriert, ineffektiv und hilflos zurückgelassen, wütend und schuldbewusst zugleich, wenn er sich in einer statischen Situation gefangen fühlt, in der Interventionen ohne Einsicht oder Wachstum wiederholt werden, in der aber jeder Versuch einer Veränderung auf heftigen Widerstand stößt, so sollte er die Möglichkeit bedenken, dass der Patient eine externalisierende Übertragung hergestellt hat, die auf dem Missbrauch in der Kindheit durch einen externalisierenden Elternteil beruht.

Wurde die externalisierende Übertragung erkannt, so müssen, was die Behandlungstechnik betrifft, die verschiedenen Motive und Auswirkungen bearbeitet werden. Wie am Beispiel von Frau N., der heranwachsenden Mary sowie des Schulkindes Taylor deutlich wurde, hat der Patient die Externalisierung verinnerlicht, um gebunden zu bleiben und sich nicht verlassen zu fühlen, um Wut auf die externalisierende Mutter einzudämmen, um die Beziehung vor dem Zerfall in einer wechselseitigen Explosion der Wut zu retten und um das Gefühl aufrechtzuerhalten, für die Mutter wichtig zu sein. Diese Allmachtsüberzeugung wird durch die Reaktion der Eltern auf die beginnende Zurückweisung der Externalisierung seitens des Kindes bestärkt, wie in jedem unserer Fälle zu beobachten war.

Die Externalisierung wirkt jedoch nicht allein, sondern greift auf andere Abwehrmechanismen zurück oder aktiviert sie. Hier sind insbesondere zwei dieser Mechanismen zu nennen: Die Wendung der Aggression gegen das Selbst und die Verleugnung. Wird die Aggression gegen das Selbst gerichtet – dies ist ein zentrales Element innerhalb der Bandbreite an selbstzerstörerischen Handlungsweisen einschließlich der Provokation oder der Tolerierung von Missbrauch –, so ist dies als Abwehrmechanismus zu sehen, der sich auf die Internalisierung eines externalisierten Aspekts eines Elternteils gründet. In der normalen Entwicklung geht die Selbstrepräsentanz aus der Repräsentanz des Körpers hervor und schließt diese ein. Die Integration beginnt mit dem lustvollen Erleben des eigenen Körpers in den Händen eines liebevollen Elternteils. Die Externalisierung beeinträchtigt das Gefühl für den Besitz des eigenen Körpers und behindert die Integration von Körper und Selbst. Diese Patienten erlebten ihren eigenen Körper als Körper, der von der Mutter besessen und kontrolliert wurde. Daher wurde die Aggression gegenüber der Mutter durch Angriff auf den eigenen Körper abgewehrt und ausgedrückt. Als Mary versuchte, sich das Leben zu nehmen, versuchte sie, die Mutter in sich umzubringen.

Durch die Verleugnung soll zunächst die Wahrnehmung vermieden werden, dass die Mutter eine Missbrauchstäterin darstellt. Darüber hinaus wird sie eingesetzt, um den Schmerz und die Enttäuschung zu vermeiden, die mit der Einsicht einhergehen, dass die Mutter weder eine idealisierte Heilige noch ein verfolgendes Ungeheuer ist, sondern vielmehr ein unzulänglicher Elternteil, der normale, hinreichend gute, schützende Funktionen nicht wahrzunehmen vermag. In diesem Zusammenhang ist Shengolds (1991) Untersuchung des pathologischen Einflusses elterlicher Schwäche von großer Bedeutung.

Die Bearbeitung dieser Abwehrmotive muss mit der Aufmerksamkeit für die massive Beeinträchtigung, die sie sämtlichen Ich-Funktionen zugefügt haben, einhergehen. Die Integrationsfähigkeit von Frau N. hatte durch ihr Bedürfnis nach Externalisierung schweren Schaden erlitten; Marys Unterwürfigkeit gegenüber den mütterlichen Externalisierungen störte all ihre Ich-Funktionen, besonders die für ein unabhängiges Handeln notwendigen Funktionen; aufgrund ihrer Internalisierung der mütterlichen Externalisierungen konnte Taylor weder ihr Gedächtnis noch ihre Realitätsprüfung einsetzen. Im Falle von Freddie führte die Externalisierung zu einer Beeinträchtigung seiner psychischen Ökonomie, und seine Selbstregulierung verlagerte sich, sie war nicht mehr in der Lust verwurzelt, sondern basierte auf Schmerz und Wut.

Ziel der therapeutischen Interventionen in diesem Stadium der Behandlung ist es, Bedingungen schaffen zu helfen, damit die externalisierten Teile des Selbst re-internalisiert werden können. Dann kann der Patient einen inneren Konflikt wahrnehmen und sich mit dem Schmerz angesichts von Entwicklungsaufgaben konfrontieren, die bislang durch ein Leben innerhalb der engen Grenzen einer starren, externalisierenden Beziehung vermieden wurden. Wut, Traurigkeit, Verlust und Trauer gelangen dann in den Mittelpunkt der Behandlung.

Im 5. Kapitel haben wir bereits darauf hingewiesen, dass die klinischen Phänomene, die wir als Externalisierung und Internalisierung beschrieben haben, insbesondere von Anhängern der kleinianischen Theorie häufig als Beispiele einer »projektiven Identifizierung« beschrieben werden. Wie unsere Diskussion zeigt, ist der von uns befürwortete Gebrauch keineswegs eine Sache des Geschmacks oder der Politik; er beinhaltet vielmehr substantielle konzeptuelle Einwände gegen die Benennung komplexer Interaktionen als projektive Identifizierung. Bereits bei seiner Einführung durch Melanie Klein (1946) war der Terminus komplex; spätere Ergänzungen durch Autoren wie Meltzer und Mitarbeiter (1975), Rosenfeld (1965), Bion (1958), Ogden (1979), Grotstein (1981) und andere verliehen dem Terminus eine enorme Bandbreite an Bedeutungen, die einander zum Teil durchaus widersprechen, so dass er nicht mehr nützlich ist. Grotstein (1981) zählte mindestens zwölf Varianten der projektiven Identifizierung auf. Kernberg (1987, S. 93), dessen Schriften das Konzept der projektiven Identifizierung für amerikanische Psychoanalytiker akzeptabel machten, meinte, dass seine Bedeutung mittlerweile verschwommen sei, weil es von allzu vielen Autoren zur Bezeichnung allzu vieler verschiedener Dinge unter allzu vielen verschiedenen Umständen verwendet werde.

Die projektive Identifizierung ist ein zentrales Konzept für die kleinianische Auffassung von normaler und pathologischer Entwicklung und als solches ein Eckpfeiler der kleinianischen Technik. Viele Analytiker wandten das Konzept auch zur diagnostischen Differenzierung an. Wir zögern, ein Konzept zu verwenden, das eine spezifische diagnostische Kategorie impliziert, auf eine bestimmte Entwicklungsphase verweist und eine spezifische Technik vorschreibt. Das klassische Konzept der Externalisierung hingegen beschreibt in erster Linie einen psychischen Prozess, ohne zusätzliche Implikationen hinsichtlich der Entwicklung, Diagnostik oder Technik.

Das Konzept der projektiven Identifizierung scheint auf eine Art und Weise Verwendung zu finden, die eine Sequenz von Abwehrmechanismen und Reaktionen innerhalb des Subjekts und des Objekts verdichtet. Dieser Ansatz kann nicht nur zur Verwirrung führen, sondern birgt auch das Risiko einer übermäßigen Vereinfachung. Wichtige Schritte können hier übersehen werden, von denen einige entscheidende behandlungstechnische Implikationen haben. In unseren Filmaufnahmen von Freddie etwa würde die Bezeichnung der Interaktion als »projektive Identifizierung« die Wut ignorieren, die sich zwischen der Projektion und der Identifizierung einstellt bzw., in der von bevorzugten Terminologie formuliert, zwischen der Externalisierung und der Internalisierung. Aus der Fähigkeit, mit dem Patienten jeden Schritt der Sequenz gemeinsam zu gehen, erwächst ein klinischer Gewinn. In behandlungstechnischer Hinsicht ist es entscheidend, dem Patienten dabei behilflich zu sein, Gefühle der Wut wiederzuerlangen, die der Externalisierung folgen und der Internalisierung oder der Identifizierung mit dem externalisierten Aspekt des Anderen vorausgehen.

Auf einem Gebiet, auf dem klares Denken und ungehemmte Kommunikation sowohl klinische als auch theoretische Ziele sind, ist es zudem vorzuziehen, ein Verb (externalisieren) zur Beschreibung des Vorgangs anstelle eines Substantivs zu verwenden. Es ist direkter und eleganter zu sagen: »A. externalisiert etwas auf B.; B. wird wütend und internalisiert es vielleicht.« Sagen wir: »A. hat B. durch einen Prozess der projektiven Identifizierung mit etwas projektiv identifiziert, und B. wiederum hat sich damit identifiziert«, so verlieren wir die Möglichkeit, die affektiven Schritte in der Abfolge zu verfolgen und aktive Verantwortung für diese Vorgänge zuzuschreiben.

Wird die externalisierende Übertragung zum ersten Mal mit einem Missbrauch in der Kindheit verbunden, so erleben Patienten häufig Erleichterung, Klarheit und Hoffnung. Therapien, die an diesem Punkte der Entdeckung aufhören, vermeiden die Konflikt und Widerstände, die sich unweigerlich einstellen. Anfängliche gute Gefühle bleiben selten bestehen, da sich rasch eine defensive Verwirrung, Zweifel und die Verschiebung der Wut auf andere, einschließlich des Therapeuten, einstellen. Angesichts der zahlreichen Determinanten und Funktionen, die aus der Rolle des Opfers erwachsen, überrascht der starke Widerstand gegen eine bleibende Veränderung nicht.

Was kann den Impuls und die Motivation für eine Veränderung liefern? Trotz der Unterschiede in Alter, Hintergrund und Erfahrung der drei beschriebenen Patienten Frau N., Mary und Taylor führten alle ein freud- und lustloses Leben. Schmerz und Leiden waren für ihre Beziehungen, ihre Leistungen und ihre Aktivitäten charakteristisch. Nichts geschah aus Lust, nichts verlieh ihnen Lust; Ziel ihres Funktionierens war nicht die Lust, sondern die omnipotente Kontrolle anderer. Im Rahmen der Erörterung von Allmacht und Masochismus haben wir zwei unterschiedliche Systeme der Regulierung des Selbstwertgefühls beschrieben. Das eine ist das System der Allmacht, das auf frühe und anhaltende Erfahrungen der Hilflosigkeit, Frustration und Wut zurückgeht. Wir haben gesagt, dass diejenigen, deren Leben im Zeichen des Omnipotenzsystems steht, sich an den Schmerz klammern, da Schmerz der Affekt ist, der die Abwehr durch Allmacht hervorruft; der Schmerz ist das magische Mittel, durch das alle Wünsche erfüllt werden; der Schmerz rechtfertigt die allmächtige Feindseligkeit und Rache, die der masochistischen Phantasie innewohnen. In Bezug auf missbrauchte Patienten ist hervorzuheben, dass die Externalisierung einen Hauptmechanismus des Systems der Allmacht darstellt.

Frau N., Mary und Taylor waren als Kinder Externalisierungsopfer und externalisierten später selbst. Dabei hegten sie die Phantasie, eine externalisierende Beziehung zur Kontrolle der Handlungen und Gefühle anderer Menschen sowie zur Verleugnung und Vermeidung realer Wahrnehmungen und Beschränkungen einsetzen zu können. Wird die externalisierende Übertragung erkannt und erleben die Patienten Hilfe bei der Re-Internalisierung von Selbstanteilen, so können sie Lust am Funktionieren empfinden und Lust an realitätsangepassten Interaktionen mit anderen; sie können beginnen, die Lust als alternative Grundlage der Regulierung ihres Selbstwertgefühls zu erleben. Mit anderen Worten: Die therapeutische Bearbeitung der Externalisierungen des Patienten trägt dazu bei, ein normales System der Selbstregulierung wiederherzustellen, bei dem die Selbstachtung auf kompetenten, realistischen, empathischen und liebevollen Interaktionen mit sich und anderen beruht. Erst wenn dem Patienten diese auf der Basis lustvoller Freude beruhende Alternative zum externalisierenden System der Allmacht zur Verfügung steht, kann er den inneren Konflikt zwischen den beiden Systemen erleben. Die therapeutische Arbeit muss den für ein Leben im Einklang mit dem System der Allmacht gezahlten Preis ansprechen und die Entscheidungsfähigkeit des Patienten wiederherstellen.

Den Kern beider Systeme halten unsere Bilder von Freddie fest. Wir sehen, wie er mit neun Monaten vor Lust über seine Fähigkeit, den Ball zu fangen, kräht. Im Alter von fünfzehn Monaten sehen wir, dass er in einen Initiator feindseliger Interaktionen verwandelt wurde. Er wendet sich von seiner Mutter ab, sieht direkt durch sie hindurch, starrt an die Decke oder auf den Kameramann, während S. hilflos, frustriert und wütend seufzt. Mittels der Externalisierung hat sie Freddie in ihr wütendes, sadistisches Selbst verwandelt. Sie und Freddie sind in einer sadomasochistischen Beziehung aneinander gebunden, die durch die Externalisierungen hergestellt und aufrechterhalten wird. Sollte Freddie zu einem späteren Zeitpunkt in Behandlung kommen, so bestünde ein wichtiges Ziel darin, ihm dabei zu helfen, Externalisierungen zurückzuweisen und den freudigen Ballspieler in seinem Innern wieder zu finden.

# III. Teil
# Klinische Beispiele

## 8. Kapitel

## Versuchter Selbstmord in der Adoleszenz: Die suizidale Sequenz

*Kurz nach ihrem achtzehnten Geburtstag fuhr Mary mit ihrem Auto eine steile Uferböschung hinunter. Das Auto war vollständig zerstört und Mary erlitt so schwere innere Verletzungen, dass sie fast gestorben wäre. Nachdem sie sich von einer komplizierten Operation erholt hatte, erzählte sie ihrem Psychiater, dass sie sich habe umbringen wollen. Kurz nach ihrer Entlassung aus dem Krankenhaus suchte Mary zusammen mit ihren Eltern den Analytiker auf. Zu Anfang des Gesprächs sagte die Mutter: »Ich weigere mich, Schuld zu empfinden«, und blieb für den Rest der Sitzung ebenso wie auch Mary eher schweigsam. Der Vater, ein Mann wie ein Baum, sprach die meiste Zeit, und die Frauen nickten zustimmend, wenn er sie in Erwartung weiterer Kommentare ansah. Die ganze Familie sprach vom Selbstmordversuch als »dem Unfall« und sah ihn offensichtlich als ein impulsives, rebellisches Verhalten, das es angemessen zu bestrafen und nicht zu wiederholen galt. So hatten die Eltern darauf bestanden, dass Mary ihre für das College gedachten Ersparnisse für ein neues Auto verwendete. Dies sollte dazu beitragen, ihr vor Augen zu führen, dass ihre Handlungen nicht akzeptabel waren.*

*Mary war das zweite von zwei Kindern; sie hatte einen älteren Bruder. Der Sohn hatte stets rebelliert, mit den Eltern Kämpfe ausgetragen und in der Schule versagt. Mary dagegen galt als ehrgeizig, war erfolgreich in der Schule und benahm sich gut. Angeblich besaß sie viele Freunde, war in den Sportmannschaften der Schule und allgemein gut angepasst und glücklich, dazu mit einer sicheren Zukunft in dem Beruf, den sie erlernen wollte. Die Eltern meinten, das Ereignis habe sie völlig überrascht. Es passe ganz und gar nicht das Bild von ihr, und sie sähen keinen Grund, warum sie es getan habe. Selbst als Mary allein erschien, konnte sie wenig zum Verständnis ihres sehr ernsten Selbstmordversuchs beitragen. Sie behauptete, sie wisse nicht, warum sie es getan habe;*

*während der Fahrt habe sie plötzlich das Gefühl gehabt, es sei besser, tot zu sein. Sie hatte Schwierigkeiten mit ihrer Vorgesetzten, fühlte sich zu Unrecht kritisiert, hatte aber gleichzeitig das Gefühl, nicht gut genug zu sein. Der überweisende Psychiater hatte eine Psychose oder eine schwere biologisch bedingte Depression ausgeschlossen. Diese Sicht entsprach der Einschätzung des Analytikers sowie dem Gutachten eines weiteren Psychiaters, der für eine zweite Meinung und eine Drogenberatung hinzu gerufen wurde. Warum also hatte sie einen so ernsthaften Selbstmordversuch unternommen? Wie hoch war das Risiko eines weiteren Versuchs? Was war die Behandlung der Wahl?*

*Als eine Psychoanalyse mit vier Sitzungen pro Woche empfohlen wurde, wandte sich ihr Vater erneut an den überweisenden Psychiater und fragte: »Was für ein Verrückter ist dieser Novick? Machen die immer noch Psychoanalyse?«*

Ganz abgesehen von den persönlichen Fragen, die daraufhin mit dem Vater besprochen wurden, war seine Nachfrage bezüglich der Psychoanalyse ganz richtig. Die Psychoanalyse kommt bei Heranwachsenden nur selten und bei suizidgefährdeten jungen Menschen fast nie zum Einsatz.

Zum Thema Suizid und Suizidversuch gibt es umfangreiche Literatur, denn der Selbstmord ist, wie Baechler (1979) erläutert, »wahrscheinlich das am gründlichsten untersuchte menschliche Verhalten« (S. 3). Außer den epidemiologischen Daten zum Selbstmord und versuchten Selbstmord, die das zunehmende Auftreten des Problems unterstreichen, ist die umfangreiche Literatur (Haim, 1974; Otto, 1982; Petzel und Riddle, 1981) für den Kliniker nicht sehr hilfreich. In Anbetracht der Thematik ist es verständlich, dass nur wenige Untersuchungen auf Behandlungsmaterial beruhen. Jedoch beruft sich sogar die Forschung auf dem Gebiet des versuchten Selbstmords in der Adoleszenz fast ausnahmslos auf demographische Daten, Daten aus Gesprächen, die unmittelbar nach dem Ereignis geführt wurden, sowie zuweilen auf klinisches Material aus Kurzinterventionen bei suizidgefährdeten Jugendlichen. Die Beiträge von Hurry (1977) und Kernberg (1974) sind bemerkenswerte Ausnahmen angesichts der spärlichen Literatur zum Thema.

Der Nutzen der Psychoanalyse als Forschungsmethode wurde von Außenstehenden häufig in Frage gestellt; und in jüngerer Zeit wurde der Wert der Psychoanalyse für die Forschung auch einer sehr schweren Prüfung durch wohl durchdachte Argumente aus den eigenen Reihen unterzogen. Ohne uns in diese anregenden und kontrovers diskutierten Ansätze – Naturwissenschaft versus Geisteswissenschaft, nomothetische versus idiographische Wissenschaft, narrative versus historische Wahrheit – zu vertiefen, stellen wir hier ein Forschungsprojekt zum versuchten Selbstmord in der Adoleszenz vor, das von Analytikern mit hochfrequenter (fünfstündiger) Psychoanalyse als Behandlungs- und als Forschungsmethode durchgeführt wurde. Marys Material soll die Forschungsergebnisse illustrieren.

## Methoden

Während der späten sechziger und frühen siebziger Jahre befassten wir uns zusammen mit Kollegen des damaligen Brent Consultation Centre mit einem Forschungsprojekt, das auf der Psychoanalyse von Adoleszenten basierte, die sich umzubringen versucht hatten. Kurze Beschreibungen, Zusammenfassungen und Aufsätze über das Projekt wurden bereits veröffentlicht (Hurry, 1977, 1978; Friedman et al., 1972; Laufer und Laufer, 1984, 1989; Novick, 1977; vgl. auch 12. Kap.). Im Rahmen des Projekts wurde nicht psychotischen Adoleszenten, die einen aus medizinischer Sicht ernst zu nehmenden Selbstmordversuch unternommen hatten, eine fünfstündige Psychoanalyse angeboten, für die sie nicht selbst zahlen mussten. Ausgeschlossen waren somit diejenigen, die mit Selbstmord gedroht hatten, deren Versuch jedoch keine medizinische Intervention zur Rettung der Person nötig machte oder bei denen sich die Frage nach der Absicht wegen eines psychotischen Prozesses nicht klar beantworten ließ.

Die schließlich ausgewählte Gruppe umfasste sieben Heranwachsende — drei weibliche und vier männliche — im Alter von 14 bis 19 Jahren. Die Analytiker schrieben detaillierte wöchentliche Berichte über jeden Fall. Diese Berichte wurden den übrigen Mitgliedern der Gruppe zugeleitet. Wöchentlich trafen sich alle Analytiker, sprachen in einer zweistündigen Diskussion über jeden Patienten und erarbeiteten einen konzeptionellen und einen behandlungstechnischen Ansatz. Wir starteten mit der Annahme, dass der versuchte Selbstmord in der Adoleszenz grundsätzlich eine schwere Pathologie signalisiert. Von vielen Seiten wird der Suizid eher romantisiert oder als Ausdruck eines freien Willens betrachtet. In Europa und den Vereinigten Staaten gab es Bestseller über Suizid-Methoden. Alvarez (1971) zeichnet die verschiedenen Haltungen zum Suizid und die Anziehungskraft, die der Selbstmord auf junge und kreative Menschen ausübt, nach. Eine frühere Studie über Heranwachsende, die eine Beratungsstelle aufgesucht hatten, zeigte jedoch, dass Heranwachsende nach einem schweren Selbstmordversuch mehr Anzeichen für eine aktuelle Störung sowie mehr Störungen in der Kindheit aufwiesen als Heranwachsende ohne Selbstmordversuch, die psychologische Hilfe gesucht hatten, und dass ihre Eltern ebenfalls schwerer gestört waren (Hurry et al., 1976b). Das psychoanalytische Projekt zum Selbstmordversuch untermauerte diese Erkenntnis, da jede der sieben Personen seit der Kindheit schwer gestört war. Dies traf auch auf Mary zu.

*Gegen Ende ihres ersten Analysejahres besuchte Mary das College. Sie tat jedoch nichts weiter, als für ihre Kurse zu lernen. Sie wohnte zu Hause und war vom Einkauf bis hin zur Wäsche völlig abhängig von ihrer Mutter. Sie lehnte alle Freundschaften ab und verbrachte die Wochenenden und Abende allein in ihrem Zimmer. Wenn sie nicht lernte, blieb sie bis spät abends auf und stellte die Möbel um oder verbrachte Stunden mit der Entscheidung, auf welcher Seite ihres Schreibtisches ihre Stifte liegen sollten. Sie saß still am Tisch, sprach kaum mit ihrem Vater und redete nur, wenn sie direkt angesprochen wurde. Sie war neunzehn Jahre alt, geschlechtlich völlig normal entwickelt, trug jedoch immer Latzhosen, Turnschuhe und weite Sweatshirts. Sie trug ihre Haare sehr kurz und sah wie ein Junge aus. Ihr gehemmtes Verhalten und ihre sonderbare Erscheinung waren die äußerlich erkennbaren Zeichen ihrer Störung. Besorgter war der Analytiker jedoch über die ständige Gefahr, dass sie sich entweder umbringen oder einen psychotischen Zusammenbruch erleiden würde und stationär behandelt werden müsste.*

*Dennoch erklärte Marys Vater seiner Tochter in dieser Behandlungsphase auf Druck der Mutter hin, dass sie beide sich sehr über ihre Fortschritte freuten und das Gefühl hätten, dass sie jetzt ein »normales Mädchen« sei, dass es ihr offenbar gut gehe und sie vielleicht daran denken solle, ihre Analyse zu beenden oder zumindest zu reduzieren. Beide Eltern waren intelligente, studierte, berufstätige Leute. Aber Abwehrmechanismen scheren sich natürlich nicht um Klassenunterschiede oder intellektuelle Fähigkeiten. Die grobe Verleugnung der Pathologie war das Kennzeichen dieser Familie, und ein Großteil der analytischen Arbeit konzentrierte sich auf Marys Ansicht, dass nur ihr klar sei, dass die Geschichte von ihr als normalem, aus einer normalen Familie stammenden Kind nicht zutreffe. Wenn sie irgend jemandem offenbare, wie gestört sie und ihre Mutter schon immer gewesen seien, zöge dies schreckliche Konsequenzen nach sich. Es ist riskant, eine Einschätzung der elterlichen Pathologie auf der verzerrten Erinnerung des Patienten aufzubauen sowie auf der selektiven Schärfe der Projektionen. Marys Beschreibung ihrer Mutter als »verrückt« trifft jedoch wahrscheinlich fast ins Schwarze. Die kaum verborgene Feindseligkeit der Mutter gegenüber ihrer Tochter sowie ihre extreme Zwanghaftigkeit waren in den Gesprächen mit den Eltern offenkundig; im Laufe der Jahre hatte die Familie sich vollständig auf ihre pathologische Sorge um Sauberkeit und Sicherheit eingestellt.*

*Am augenscheinlichsten war jedoch die Unfähigkeit der Mutter, das geringste Anzeichen von Feindseligkeit zuzulassen. Da sie ständig damit beschäftigt war, ihre eigene Feindseligkeit sowie die Feindseligkeit anderer Menschen abzuwehren, hatte die Mutter zu Marys alltäglichen Bedürfnissen keinerlei Zugang. Dies ließ sich mit einer Vielzahl von Beispielen ihres Verhaltens aus Vergangenheit und Gegenwart belegen sowie durch Marys Identifizierung mit einer unaufmerksamen, teilnahmslosen, affektlosen Mutter. Mary sagte, sie habe sich selbst immer als Neutrum gesehen, weder männlich noch weiblich. Wenngleich in der Pubertät Anzeichen für ernsthafte Probleme mit der sexuellen Identität einschließlich einer schweren, vermutlich psychogenen Menstruationsstörung aufgetreten waren, war Marys Identitätsproblem von grundlegenderer Art. Aus der analytischen Arbeit ging hervor, dass sie nicht zwischen männlich und weiblich entscheiden musste, sondern zwischen Leben und Tod. Ein Neutrum zu sein bezog sich nicht auf die geschlechtliche Identität, sondern auf die Existenz als solche. Wiederholt reagierte Mary in der Behandlung auf Stress, indem sie »sich ausschaltete«, »leer« wurde, »zum Zombie« wurde. Wir nannten dies einen »kleinen Suizid«. Sie sagte, sie erinnere sich an lange Zeiten, bis weit zurück in die Kindheit, in denen sie wie ein Roboter funktionierte, ohne Gefühle. »Wenn ich mich ausblende«, meinte sie, »ist es, als sei ich gar nicht da.« Marys Erinnerungen an die Kindheit wiesen Anzeichen für eine lebenslange Schwierigkeit auf, sich über ihre Leistung zu freuen und an dieser Freude festzuhalten. Sie wies die von Krystal (1978) so genannte Anhedonie auf – in der Behandlung nannten wir das ihre »Na-und-Reaktion«. Sie pflegte mit großer Energie zu lernen, nahezu getrieben von einer Panik zu versagen; nachdem sie eine 1 oder 1+ erzielt hatte, schloss sich eine kurze Zeit der Erleichterung an. Daraufhin sagte sie sich: »Na und«, und vergaß ihre Leistung. Die Störung ihrer Fähigkeit, Affekte zuzulassen und zu erleben, sowie ihr Gefühl, ein »Roboter, ein Zombie« zu sein, sind typische Zeichen einer posttraumatischen Reaktion, die uns zu der Hypothese veranlasst haben, dass Mary in ihrer Vergangenheit einem infantilen Trauma ausgesetzt war.*

## Der fokale Ansatz

Es bedarf nicht des Einsatzes und der Kraft der Psychoanalyse, um aufzuzeigen, dass der versuchte Selbstmord einen Zusammenbruch der normalen Entwicklung von Heranwachsenden darstellt, der bei Mary sowie bei den anderen Heranwachsenden der ausgewählten Gruppe im Zusammenhang mit einer schweren und langjährigen Störung auftrat. So wichtig diese Erkenntnis auch sein mag, sollte ein psychoanalytisches Projekt doch auch weiter reichende Erkenntnisse über den versuchten Selbstmord in der Adoleszenz liefern können. Im Rahmen unseres Projekts betraf ein unmittelbares Hindernis – das im übrigen bei den meisten psychoanalytischen Forschungsprojekten auftritt – die Menge an Material, das in der Behandlung generiert wurde. Teils als Reaktion auf die Herausforderung des Umgangs mit solchen Datenmengen haben wir eine Methode entwickelt, nämlich den *fokalen Ansatz*. Die wöchentlichen Berichte zu jedem Fall enthielten viele Bezüge zum Selbstmord. Zahlreiche dieser Hinweise hingen mit dem stattgefundenen Selbstmordversuch zusammen, andere waren Suizidandrohungen oder Pläne für weitere Versuche, wieder andere intellektualisierte Kommentare über die Natur des Todes. Jeder Suizidhinweis wurde aus den wöchentlichen Berichten extrahiert und getrennt erfasst. Es stellte sich heraus, dass solche Bemerkungen oder Hinweise in ihrer Häufigkeit variierten. Der fokale Ansatz war der Versuch, sowohl den Inhalt als auch den Zusammenhang, in dem die Gedanken an den Suizid auftraten, zu erforschen. Hier einige zufällig ausgewählte Beispiele für solche Bemerkungen:

- Weiblicher Fall Nr. 1: »Ich hatte meinen Freunden in der Schule erzählt, dass ich mich umbringen wollte, aber sie glaubten mir nicht.«
- Weiblicher Fall Nr. 2: »Als ich die Tabletten nahm, hatte ich dass Gefühl, niemand kümmere sich um mich.«
- Weiblicher Fall Nr. 3: »Es klingt vielleicht paradox, aber für mich ist der Suizid mein Rettungsanker. Der Suizid ist mein Ausweg. Ohne ihn würde ich vom Leben abhängig.«
- Männlicher Fall Nr. 4: »Leute, die sich umzubringen versuchen, glauben nicht wirklich, dass sie sterben werden.«
- Männlicher Fall Nr. 5: »Ich habe immer das Gefühl, dass ich es vielleicht noch einmal versuche. Ich habe Angst davor, es noch einmal zu tun, und Angst vor dem Schmerz, aber es ist etwas, das ich nicht aufgeben kann.«
- Männlicher Fall Nr. 6: Der Patient erzählte, dass er im Haus seiner Eltern am Wochenende einen »Probelauf« unternommen habe, indem er sechs Aspirin nahm, um zu sehen, ob er eine nach der anderen schlucken könne. Am nächsten Tag versuchte er, sich umzubringen.
- Männlicher Fall Nr. 7: »Ich glaube, ich muss in einer verrückten, wahnsinnigen Stimmung gewesen sein. Ich kann mich noch nicht einmal daran erinnern, was passiert ist oder wie ich darauf kam, das Gashahn aufzudrehen. Deshalb denke ich, dass ich verrückt gewesen sein muss.«

Dieselbe Seite, auf der die Materialauszüge standen, enthielt auch eine Bemerkung zum unmittelbaren Kontext und zum größeren Zusammenhang sowie Platz für Spekulationen. Der aktuelle Kontext schloss die unmittelbaren Interventionen des Analytikers ein, den materiellen und affektiven Zustand des Patienten vor und nach dem Suizidgedanken sowie Ereignisse wie bevorstehende Ferien, ein Wochenende usw. Der größere Zusammenhang bezog sich auf Dinge, die sich über eine gewisse Zeitspanne hinweg ereigneten, beispielsweise die sich entwickelnde und dominante Übertragungsbeziehung, auftretende Veränderungen beim Patienten, Verlagerungen der Abwehr sowie die zunehmende Dominanz einer gewissen phasenspezifischen Dynamik. Der übrige Platz auf dem Papier gab dem Analytiker Gelegenheit, frei zum Material zu assoziieren und zu prüfen, ob bestimmte Hypothesen durch nachfolgendes Material bestätigt wurden. Beim fokalen Ansatz arbeiteten die Analytiker jeweils zu zweit und abstrahierten die Kommentare und Inhalte des von dem Kollegen behandelten Suizidfalls. Eine Pilotstudie, bei der jeweils zwei Analytiker unabhängig an einem Fall arbeiteten, erbrachte eine fast perfekte Übereinstimmung hinsichtlich der abstrahierten Suizidhinweise sowie des unmittelbaren Kontextes, in dem sie auftauchten. Überraschenderweise stimmten die Analytiker auch in hohem Maße hinsichtlich des größeren Zusammenhangs für das Auftreten der Suizidgedanken überein.

Zur weiteren Messung der Reliabilität wurden zwei Methoden zur Messung der inneren Konsistenz praktiziert. Jeder Analytiker schrieb ein detailliertes metapsychologisches Portrait des Patienten. Die einzelnen Teile und die Überschriften des Portraits basierten auf Anna Freuds (1962) metapsychologischem Profil, das von Laufer (1965) für Heranwachsende erweitert wurde. Der Analytiker, der die fokale Untersuchung vornahm, konnte also das auftauchende dynamische Bild an dem vom behandelnden Analytiker verfassten metapsychologischen Profil überprüfen. Schließlich evaluierte der behandelnde Analytiker die Ergebnisse des fokalen Untersuchung in Bezug auf ihre Übereinstimmung mit seiner eigenen klinischen Sicht des Falls.

## Ergebnisse

Ein unmittelbares und auffälliges Ergebnis des fokalen Ansatzes war das Ausmaß, in dem bedeutende Informationen über Details des konkreten Selbstmordversuches erst nach geraumer Zeit der Analyse zur Verfügung standen. In jedem Fall tauchte eine Unmenge zusätzlicher Information im Laufe der Analyse auf, im Vergleich zu dem, was durch direkte Fragen kurz nach dem Selbstmordversuch entlockt werden konnte. Häufig war die neue Information in der Reaktion auf eine Deutung, besonders auf eine Übertragungsdeutung, enthalten. Im 12. Kapitel berichten wir von einem der sieben Fälle – einem Neunzehnjährigen, der behauptete, sein Selbstmordversuch sei durch eine Ablehnung der Universität, an der er sich beworben hatte, ausgelöst worden. Gegen Ende seines ersten Analysejahres führte die Deutung seines Versuchs, den Analytiker dazu zu zwingen, ihn abzulehnen, zu seiner Erinnerung daran, dass er sich an der Universität in dem Wissen beworben hatte, dass die Frist bereits verstrichen war. In ähnlicher Weise wurde die spärliche Information, die in Marys Fall kurz nach dem Selbstmordversuch zu Verfügung stand, durch wiedererlangte Erinnerungen nach analytischen Interventionen beträchtlich erweitert. So erinnerte sie sich beispielsweise im dritten Analysejahr daran, dass das Auto, das sie schrottreif gefahren hatte, ihrer Mutter gehört hatte; die Mutter hatte das Auto geliebt, und Mary hatte es gehasst.

Der fokale Ansatz stellte zwei Arten von Information zur Verfügung: 1) Suizidgedanken (einschließlich Erinnerungen an den konkreten Versuch, Haltungen und Phantasien zum Suizid usw.) und 2) den Kontext, in dem diese Gedanken auftraten. Wir postulierten, dass die Gedanken und Erinnerungen nicht zufällig auftauchten, sondern mit einem bestimmten dynamischen Muster zusammenhingen, das im direkten und im größeren Zusammenhang des Materialflusses erkennbar sein würde. In allen sieben Fällen stellten wir fest, dass Suizidgedanken auftraten 1) im Zusammenhang mit der Angst vor oder einhergehend mit dem Gefühl der Verlassenheit, 2) im Zusammenhang mit der Angst vor oder einhergehend mit dem Wunsch nach Verschlingung und 3) im Zusammenhang mit der Angst vor — oder einhergehend mit den Schuldgefühlen wegen — Wünschen gegenüber der Mutter, die als omnipotent aggressiv erlebt wurden. Unsere Forschung deckte auch wichtige Unterschiede zwischen dem suizidalen Akt und einem Suizidgedanken und der Überdeterminierung solcher Gedanken und Handlungen auf. Um ein weiteres wichtiges Ergebnis des fokalen Ansatzes zu beschreiben, nämlich die *Suizidsequenz*, wenden wir uns noch einmal Mary zu, der Jugendlichen, die nach Abschluss unserer Studie in Analyse kam.

## Die Suizidsequenz

Mary und ihre Eltern hielten den Selbstmordversuch für einen impulsiven Akt, der nicht ins Bild einer zuvor gut funktionierenden Persönlichkeit passte und durch eine Person oder ein Ereignis außerhalb der engen Familie ausgelöst worden sein musste. Dieses Verständnis des Selbstmordversuches ähnelt der Sichtweise der Adoleszenten aus unserem Forschungsprojekt und ist keineswegs unüblich. In einem mehrfach veröffentlichten Zeitungsbericht (Shirley, 1981) beschrieb der Reporter einen Sechzehnjährigen, der sich mit dem Lieblingsgewehr seines Vaters erschossen hatte. Der Vater beschrieb den Jungen als »beliebt, Football-Spieler, ein normaler Teenager«. Diese Sicht des Suizids in der Adoleszenz hat die Macht eines Mythos erlangt, dem indes eines der wichtigsten Ergebnisse unseres fokalen Ansatzes widerspricht. In jedem Fall fand sich eine konsistente Sequenz psychischer Schritte, die zu dem Selbstmordversuch führten. Dieser war kein plötzlicher Akt, sondern vielmehr der Endpunkt einer pathologischen Regression.

Der fokale Ansatz ermöglichte es uns, die Erinnerungen an den Selbstmordversuch mit dem dynamischen Kontext, in dem sie auftauchten, zu verbinden und eine erste Annäherung an die Schritte der zum Selbstmordversuch führenden regressiven Sequenz zu erreichen. Unter Beachtung der Einschränkungen und

Kontroversen hinsichtlich der Genauigkeit von Rekonstruktionen sollen die Stufen der Sequenz nachfolgend vorgestellt werden (Hurry et al., 1976a, b). Wir benutzen das Material aus Marys Behandlung, um die Ergebnisse zu überprüfen.

1. Vor dem Selbstmordversuch hatten sich die Adoleszenten bereits recht lange Zeit depressiv und sexuell anomal gefühlt und Suizidgedanken gehegt. Der fokale Ansatz zeigt, dass Depressionen und das Gefühl, sexuell anomal zu sein, mit suizidalen Gedanken koexistieren können, ohne jedoch den Akt des Suizids zu motivieren.

*Als Mary die Pubertät erreichte, drückten sich ihre Gefühle der Nichtexistenz als Gefühle einer sexuellen Anomalie aus. Häufig stellte sie in ihrem Kopf Listen der »Unmöglichkeiten« zusammen. Die Reihenfolge der »Unmöglichkeiten« veränderte sich im Laufe der Behandlung. Aber über Jahre hinweg blieben die drei oberen Plätze unverändert: Sex, Heirat und Kinder. Viel später gab sie in der Analyse verlegen zu, dass sie im Laufe ihrer Schulzeit schon manchmal Phantasien über Jungen gehabt und daran gedacht hatte, bestimmte Jungen anzusprechen, sich aber sicher war, sie würden sie »verrückt und unattraktiv« finden. Mary war eine potentiell attraktive junge Frau. Mit fortschreitender Analyse fand sie den Mut, sich um ihren eigenen Körper zu kümmern, und zuweilen gestattete sie es sich, sehr feminin und hübsch auszusehen. Es war jedoch offenkundig, dass sie sich seit ihrer frühen Pubertät sexuell anomal und unfähig gefühlt hatte, eine reife, sexuelle Frau zu werden.*

*Bezüglich ihrer Gefühle von Depression vor dem Selbstmordversuch berichtete Mary, sie habe sich mindestens vier Jahre lang »schlecht gefühlt«. Ihr Vater hatte aufgrund seiner beruflichen Karriere eine Stelle in einem anderen Teil des Landes angenommen, und Mary musste ihre Freunde und ihre Schule zurücklassen. Sie sagte, sie habe sich seitdem »schlecht« gefühlt und nie mehr solche Freunde finden können, wie sie sie vor dem Umzug gehabt hatte. Sich »schlecht fühlen« war Marys Bezeichnung für eine undifferenzierte gedrückte Stimmungslage. Als sie langsam in die Lage versetzt wurde, ihre Gefühle zu differenzieren und zu verbalisieren, konnte sie über ihre Wut auf ihre Eltern, insbesondere auf ihren Vater, sprechen, der ihre Gefühle und ihre Bedürfnisse völlig ignoriert und nie mit ihr über den Umzug gesprochen hatte.*

*Hinsichtlich bereits existierender morbider Phantasien und suizidaler Gedanken zeigte das Material, dass Mary bereits viele Jahre lang mit Gedanken an den Tod und das Sterben beschäftigt gewesen war. Der Vater war häufig auf Reisen, und seit ihrer Kindheit hatte Mary Angst gehabt, dass er sterben würde. Sie war überrascht, als ihr an ihrem achtzehnten Geburtstag bewusst wurde, dass sie sich nie vorgestellt hatte, achtzehn zu werden. Sie verstand dies als Hinweis darauf, dass sie wahrscheinlich geglaubt hatte, schon vorher zu sterben.*

*Bestimmte Aspekte ihrer Erinnerungen bezüglich des konkreten Selbstmordversuchs waren an diesem Punkte noch nicht klar. Es gibt jedoch aus anderer Quelle einen Hinweis auf einen bereits existierenden Selbstmordplan. Ein Jahr nach Beginn der Behandlung und unmittelbar vor dem Jahrestag ihres Selbstmordversuchs war Mary ganz offenkundig in einem miserablen Zustand und fühlte sich »schlecht«. Sie verbrachte viele Stunden in ihrem Zimmer, konnte nachts nicht schlafen und wehrte das bewusste Gewahrsein zorniger Gefühle ihren Eltern gegenüber vehement ab. Der Analytiker wies auf den Jahrestag hin, auf das Wiederauftauchen von Selbstmordgedanken und fragte, als Mary zustimmte, dass ihr solche Gedanken gekommen seien, ob sie konkrete Pläne dafür schmiede. Nachdem ihr die Weisheitszähne gezogen worden waren, hatte ihr der Zahnarzt ein starkes Schmerzmittel verschrieben. Mary sagte, sie habe sich wochenlang immer wieder neue Rezepte geholt und die Tabletten für den nächsten Selbstmordversuch aufgehoben.*

Wie bereits bei den sieben Heranwachsenden der Studie stellte sich auch in Marys Fall heraus, dass Depressionen, Gefühle einer sexuellen Anomalität und suizidale Gedanken über einen beträchtlichen Zeitraum hinweg vorhanden sein können, ohne zu einem konkreten Selbstmordversuch zu führen. Dieses Ergebnis lässt vermuten, dass die Verbindung zwischen Depression und Suizid in der Adoleszenz komplizierter ist, als in der Literatur gemeinhin beschrieben wird. Wir wollen zeigen, dass mehr als Depression und ein Selbstmordplan nötig sind, um zu einem Selbstmordversuch zu führen. Furman (1984) kam unabhängig von unserer Studie zu einem ähnlichen Ergebnis.

2. Die zum suizidalen Akt führende Sequenz wird in allen Fällen durch äußere Ereignisse ausgelöst, die den Jugendlichen mit der Verantwortung konfrontiert, einen Schritt zu tun, der für ihn einem Bruch der Bindung zur Mutter gleichkommt.

*In Marys Fall gingen dem Selbstmordversuch zunächst der Beginn des Studiums und der damit verbundene Auszug von zu Hause voraus und zudem der achtzehnte Geburtstag. Diese beiden äußeren Ereignisse symbolisierten Selbständigkeit und Erwachsenenalter, eine Phase, die sie nie zu erreichen geglaubt hatte. Im Laufe der Analyse zeigte sich, dass viele äußere selbständige Schritte für Mary einen kompletten Bruch der Bindung an die Mutter bedeuteten und ihr deshalb völlig unakzeptabel erschienen. Der Umzug in ein Studentenwohnheim löste suizidale Gedanken aus. Auf eine Feier zu gehen oder sich auch nur vorzustellen, einen eigenen Fernseher zu kaufen, war für sie ein Akt extremer Aufsässigkeit, der Selbstmordgedanken nach sich zog. In ihrem dritten Analysejahr plante sie einen Besuch der Stadt, in der ihre Kindheit verbracht hatte, um ihre alten Schulfreunde wiederzusehen. Zunächst änderte sie den*

*Wochenplan ihrer Analyse entsprechend und traf alle anderen Vorbereitungen. Auf dem Weg zum Reisebüro erkannte sie schließlich, dass dieser letzte Schritt bedeutete, dass sie dies alles ohne ihre Eltern getan hatte. Sie wusste, dass sie sich darüber freuen sollte, statt dessen aber ging es ihr schrecklich: »Es war nicht richtig.« Als der Analytiker sagte, dass sie sich vielleicht genauso gefühlt habe, als sie zur Universität gegangen sei, erinnerte sich Mary, dass sie einen Moment der Panik erlebt hatte, als sie erkannte, dass ihr gewonnenes Stipendium bedeutete, dass sie ihre Eltern für gar nichts mehr brauchte.*

3. In allen Fällen scheitern die Jugendlichen daran, einen solchen Schritt zu vollziehen. Das äußere Ereignis und die Erfahrung des Versagens machen ihnen ihre Abhängigkeit von ihren Müttern bewusst.
*In Marys Fall beschäftigte sich die Analyse im ersten Jahr größtenteils mit ihrer Unfähigkeit, in einem Studentenwohnheim zu wohnen. Das College war sehr begehrt, und sie hatte sowohl einen Studienplatz als auch ein volles Stipendium ergattert, indem sie eine lange Liste von Mitbewerberinnen ausgestochen hatte. Das College symbolisierte nicht nur die Unabhängigkeit von der Mutter, sondern hätte sie faktisch unabhängig gemacht, da sie auf keinerlei finanzielle Unterstützung seitens der Eltern angewiesen war. In der extrem schwierigen Zeit am College fühlte sie sich ihrer Mutter sehr nahe und war dankbar für deren Unterstützung. Sie meinte, es sei ihr Vater, der wollte, dass sie am College blieb. Nach sechs Wochen verließ sie das College und kehrte ins Elternhaus zurück. Nach Beginn der Analyse besuchte sie ein College in der Nähe, wohnte aber weiterhin zu Hause und ließ ihre Mutter alle Arbeiten – vom Kochen bis hin zur Wäsche – für sie verrichten. Mary fühlte sich absolut abhängig von ihrer Mutter, geriet in Panik bei dem Gedanken, ohne sie irgendwohin zu reisen, und erlaubte ihrer Mutter sogar, ihre gesamte Kleidung auszuwählen und zu kaufen. Erst im dritten Analysejahr, mit zwanzig Jahren, begann Mary, allein einkaufen zu gehen.*
Eine Psychologie des Willens und Handelns muss das Paradox des Suizids in der Adoleszenz erklären können. Marys Verhalten unterstreicht die Tatsache, dass diese jungen Leute häufig nicht in der Lage sind, einfachste Handlungen – wie etwa den Kauf von Kleidung oder den Besuch einer Party – auszuführen. Andererseits sind sie zur Selbstzerstörung fähig, ein Handlungsweise, die anderen jungen Leuten, selbst jenen, die ansonsten schwer gestört sind, nicht offen steht.

4. Die Unfähigkeit, den normalen adoleszenten Weg zu gehen und sich von den Eltern zu entfernen, wirft den Jugendlichen zurück in eine intensive infantile Mutterbeziehung, die auf einem deskriptiven Niveau als sadomasochistische Beziehung bezeichnet werden könnte. Das Mädchen hat panische Angst davor, von der Mutter verlassen zu werden, unterwirft sich ihr und schafft Situatio-

nen, die sie immer wieder zu solchen Unterwerfungen zwingen. Die zuvor bestehende Beziehung zur Mutter ist sehr primitiv, und die Unfähigkeit, sich zu separieren und autonom zu werden, wirft die Jugendliche zurück in diese primitive Beziehung.

Das analytische Material, insbesondere aus den Phasen wiederholter suizidaler Krisen, ermöglichte eine Rekonstruktion der Beziehung zwischen Mary und ihrer Mutter vor dem Selbstmordversuch. Diese Beziehung drehte sich um Marys absolute Unfähigkeit, auch nur den geringsten negativen Gedanken über ihre Mutter zu hegen:

*Sie nannte ihre Wut »ein heißes Eisen« und bewältigte sie in erster Linie dadurch, dass sie diese Gefühle gegen sich selbst richtete oder auf ein anderes Objekt verschob. Seit ihrer Kindheit war die Wut auf den älteren Bruder ein akzeptiertes Ventil. Häufig tat sie sich mit ihrer Mutter zusammen, um ihn zu kritisieren und anzugreifen. Vor dem Selbstmordversuch wurde die Aggression auf den Vater verschoben und danach auf ihre Vorgesetzte auf der Arbeitsstelle. In der Analyse wurde häufig der Analytiker zum Objekt ihrer verschobenen Aggression. Dies ging mit einer Regression in einen Zustand hilfloser Unterwerfung einher, in dem Mary sich selbst als völlig unzulänglich und ihre Mutter als perfekt sah.*

*Der Zustand völliger Unterwerfung unter eine mächtige, idealisierte Mutter, die einfach nichts falsch machte, fand Ausdruck in Marys Frisur. Mary trug eine sehr unübliche Frisur. Ihre Haare waren kürzer als die der meisten Jungen, hinter den Ohren und im Nacken sehr kurz geschnitten, eine Erinnerung an die einfachen Kurzhaarschnitte der Männer in den Fünfzigern. Nach einiger Zeit der Analyse fragte der Analytiker sie im Zusammenhang mit einem Gespräch über ihre gehemmte Lust, sich zu zeigen, über ihren Wunsch, hübsche Kleider zu tragen und ihre Furcht und Unfähigkeit, dies zu tun, nach ihrer Frisur und erkundigte sich, ob es Mary bewusst sei, dass ihre Haare ungewöhnlich kurz seien. Sie erwiderte, ihr Bruder und ihr Vater hätten bereits gesagt, die Frisur sei sehr kurz. Auch ihre Freunde seien dieser Meinung, aber ihre Mutter halte die Länge für angemessen. Dann lächelte sie kläglich und sagte: »Das muss sie natürlich sagen, wissen Sie, sie schneidet mir die Haare ja selbst.«*

*Der sadomasochistische Kampf drehte sich darum, wem Marys Körper gehörte. Es kann der sichere Schluss gezogen werden, dass die Sauberkeitserziehung auf traumatisierende, uneinfühlsame Art und Weise stattgefunden hatte. Mary kommentierte den rauen Umgang ihrer Mutter mit ihrer Nichte und sagte, ihre Mutter wäre eine gute Tierpflegerin geworden, sei jedoch eine schlechte Erzieherin. Die Arbeit konzentrierte sich in beträchtlichem Maße auf Marys Angst davor, Schmutz zu machen. Dies konnte mit ihrer Angst in Verbindung gebracht werden, die Kontrolle über ihre Blase oder ihren Darm zu verlie-*

*ren, sowie mit der schweren Hemmung ihrer Affekte und Aktivität. Als ihre Unfähigkeit, ambivalente Gefühle zuzulassen, thematisiert wurde, sagte sie, dass ihr solche Gefühle wie Schmutz erschienen: »Ich habe immer gedacht, Gefühle sollten sauber und ordentlich sein.«*

5. In diesem Zustand des erhöhten Bewusstseins für ihre Abhängigkeit werden alle sexuellen und aggressiven Gedanken der Adoleszenten zu Angstquellen. Erinnerungen an das äußere auslösende Ereignis lassen darauf schließen, dass ihnen der inzestuöse Charakter ihrer Phantasien zumindest schwach bewusst ist.

In Marys Fall war wiederholt zu erkennen, dass ihre extreme Abhängigkeit und Unterwerfung der Abwehr primitiver Wut auf die Mutter dienten. Aber die Abhängigkeit intensivierte ihre Wut, die wiederum die Abhängigkeit noch nötiger machte und zugleich inakzeptabler werden ließ.

*Als sie allmählich lernte, ihre Gefühle zuzulassen, und die gegen die Mutter gerichtete Wut anzuerkennen begann, sagte sie häufig: »Wenn ich auf jemand anderen böse bin, habe ich immer noch Mutter, wenn ich jedoch böse auf meine Mutter bin, dann bin ich ganz allein.« Bezüglich inzestuöser Phantasien, die vor dem Selbstmordversuch durchbrachen, ist es offenkundig, dass die ödipale Situation eine Quelle gewaltiger Angst für Mary darstellte, insbesondere aufgrund der in der Rivalität enthaltenen Aggression. Um nur ein kleines Beispiel zu nennen: Mary hatte in der Schule immer sehr gute Noten, freute sich jedoch selten darüber. In der Analyse wurde das Problem fokussiert und mit ihrer Unfähigkeit, sich hübsch anzuziehen, stolz auf sich zu sein oder sich in einer angemessenen Art und Weise zu zeigen, verbunden. Im Anschluss an diese Arbeit erklärte sie, der Vater habe ihr, wenn sie eine gute Note bekam, Anerkennung gezollt; er habe die zugrunde liegende Mühe und ihre Leistung offenbar würdigen können. Ihre Mutter hingegen verlieh ihrer Befriedigung Ausdruck, indem sie Marys gute Noten augenblicklich mit den Schwierigkeiten, die sie selbst auf dem College gehabt hatte, in Verbindung brachte. Mary kam dies wie eine Rivalität vor, als wenn die Mutter sich geschlagen fühlte. Sie begann, sich zu fragen, ob sie aus diesem Grund nur eine momentane Befriedigung über ihre akademischen Leistungen empfinden konnte und sie dann mit einem »Na und« abtat.*

*Noch klarer trat der Zusammenhang zwischen positiven ödipalen Phantasien und Selbstmordgedanken in einem wiederholten Muster zutage, wenn gute Gefühle dem Analytiker bzw. dem Vater gegenüber im Zusammenhang mit Kritik an der Mutter auftauchten. Wenn Mary ihre Mutter kritisierte, hatte sie ein gutes Gefühl dem Analytiker gegenüber. Einmal träumte sie, mit dem Vater zu verreisen, während die Mutter alleine in einem Ballon davon geschwebt sei. Etwa zwei Wochen lang kicherten sie und ihr Vater über gemeinsame Witze und neckten sich. In der Behandlung arbeitete sie hart und brachte viel Material im*

*Zusammenhang mit ihrem Gefühl, dass ihre Mutter »verrückt« und ungewöhnlich sei. Dann wurde die Situation unerträglich. Sie begann, »sich schlecht zu fühlen«, und weigerte sich, in der Analyse zu sprechen. Vater bzw. Analytiker wurden »die Bösen«, und sie verfiel wieder in die völlige Abhängigkeit von ihrer Mutter und war hoch suizidal. Als der Analytiker dieses repetitive Muster mit der Sequenz, die ihrem Selbstmordversuch vorausgegangen war, in Verbindung brachte, leugnete Mary zunächst, dass es überhaupt positive Gefühle ihrem Vater gegenüber gegeben hatte. Dann erinnerte sie sich jedoch, dass sie eine wichtige Intervention bezüglich der Gefühle des Vaters für den älteren Bruder hatte machen können, die der Vater noch immer als außerordentlich wichtig bezeichnete. Auch schien es, als hätte diese Intervention das Kräftegleichgewicht innerhalb der Familie verändert. Sie hatte den Vater, Mary und den älteren Bruder einander näher gebracht und die Mutter ausgeschlossen. Mary hatte diesen Vorfall, der kurz vor ihrem konkreten Selbstmordversuch stattgefunden hatte, völlig vergessen.*

*Mit fortschreitender Arbeit wurde der nach wie vor bestehende Einfluss sadistischer Sexualtheorien deutlich. Es zeigte sich, dass sie erheblich zu Marys Unfähigkeit beigetragen hatten, positive ödipale Phantasien aufrechtzuerhalten. In ihren Träumen, Assoziationen und Erinnerungen umfasste Sex sadistische Angriffe und führte zu Tod oder Zerstörung.*

6. Das nächste Ereignis in der Abfolge ist ein erneuter Versuch, sich durch den Appell an einen anderen Menschen von der Mutter loszureißen. Dieser Appell nimmt die Form einer Selbstmorddrohung an. Er ist ein Versuch des Jugendlichen, einer höchst gefährlichen Situation zu entrinnen, in der sowohl sexuelle als auch aggressive Wünsche ins Bewusstsein durchzubrechen drohen.

In Marys Fall gibt es keinen Beleg dafür, dass sie mit Selbstmord gedroht und eine Person außerhalb der Familie um Hilfe gebeten hatte. Marys Material erweitert und klärt die Punkte in der im Rahmen der Suizidforschung erstellten Sequenz. Aus ihrem Material wird ersichtlich, dass die abgebrochene Bewegung hin zu einer Person außerhalb der Familie nicht in einem einzigen Schritt innerhalb der Sequenz geschieht, sondern ein repetitives Muster darstellt, das mit zunehmender Häufigkeit bei den verzweifelten Versuchen der Jugendlichen auftritt, die aggressiven Gefühle gegenüber der Mutter abzuwehren. Die Adoleszenten versuchen, sich aus der gefährlichen Abhängigkeit zu lösen, jedoch wird die Person, an die sie sich als Verbündete wenden, sehr schnell als Feind gesehen. Sie verschieben die Enttäuschung, den Schmerz und die Wut, die der Mutter gelten, so dass die Person, die helfen könnte, sehr rasch als jemand erlebt wird, der sie in noch größere Abhängigkeit von der Mutter hineintreibt.

Im 12. Kapitel beschreiben wir dies als eine »negative therapeutische Motivation«. Tritt sie in der Behandlung auf, so wird sie zum Mittel, Versagen, Vorwürfe und Wut auf den Therapeuten zu verschieben und die primitive Bindung an die erneut idealisierte Mutter zu verstärken. Hatte sich Entsprechendes auch vor Marys Selbstmordversuch abgespielt?
*Ihre eigene Erinnerung war etwas verschwommen. Im Laufe der Behandlung ging jedoch jeder suizidalen Krise – und deren gab es viele – ein solcher Punkt in der Sequenz voraus. Freunde, die helfen wollten, wurden mit Misstrauen und Wut betrachtet. Wenn sie übers Wochenende eingeladen war, stellte sie sich vor, krank zu werden, so dass sie eine Ausrede hätte, nicht zu gehen. Besonders unheilvoll war die Situation, in der der Analytiker »der Böse« wurde – ein Zeichen, dass suizidale Gedanken und Wünsche im Vordergrund standen – und Mary mit dem festen Vorsatz in die Sitzungen kam, kein Wort zu sprechen und bestimmte Dinge zu verheimlichen. In einer Sitzung, in der sie im übrigen hartnäckig schwieg, sagte sie irgendwann: »Ich fühle mich wie eine Kriegsgefangene, die Sie zum Reden bringen wollen.« In diesen Zeiten wuchs die Angst des Analytikers; die Sorge, dass sie den Plan habe, sich umzubringen, konnte dann verbalisiert werden.*
Die Suizidstudie fasste diesen Teil der Sequenz als eine Reihe von Appellen der Adoleszenten an ein äußeres Objekt zusammen, sie aus der intensiven und gefährlichen Bindung an die Mutter herauszuholen. In Marys Fall war es offenkundig, dass es ein lebenslanges Oszillieren zwischen Mutter und Nicht-Mutter gegeben hatte. Während der Analyse nahm die Frequenz dieser Schwankungen sowie deren Intensität zu. Mit jeder erneuten Rückkehr zur Mutter wuchs auch Marys Wut auf sie. Die Verschiebung war als Abwehr nicht länger ausreichend. Marys Material offenbarte auch die Gründe dafür. Selbst wenn alle negativen Gefühle auf ein äußeres Objekt verlagert wurden, war sich Mary bewusst, dass sie dies um der Mutter willen tat. Aus Marys Sicht – und es schien eine gewisse Rechtfertigung für diese Wahrnehmung zu geben – war es die Mutter, die eine Trennung nicht tolerieren konnte; es war die Mutter, die keine Aggression oder Kritik akzeptieren oder auffangen konnte. Mary war sich dessen zuvor vage bewusst gewesen. Im Rahmen der Analyse aber wurde ihr ein intensives Gefühl bewusst, dass sie ihr ganzes äußeres Leben der Mutter aufopferte. Zu einer unterwürfigen Abhängigkeit von der Mutter zurückzukehren und sich dennoch allein gelassen, nicht anerkannt und ungeliebt zu fühlen verstärkte ihre Wut zusätzlich und führte zu immer häufigeren Schwankungen zwischen Mutter und Nicht-Mutter.

7. In der Sequenz der tatsächlichen Ereignisse kommt es bei Jungen ebenso wie bei Mädchen zu einem Durchbruch aggressiver Gefühle gegenüber der Mutter. Im Falle der Mädchen handelt es sich um einen Durchbruch bewusster aggressiver Gefühle gegenüber der Mutter, die von extremen Schuldgefühlen beglei-

tet werden. Diese werden noch durch ein Ereignis verstärkt, das die Gefühle omnipotenter Aggression bestätigt. Die Mädchen haben den Eindruck, bewusst entscheiden zu können, ob sie sich selbst oder aber die Mutter töten. Infolge des Aggressionsdurchbruchs erleben Jungen wie Mädchen Angst angesichts des Verlustes der Kontrolle über ihre Impulse.

*Über einen großen Teil des ersten Analysejahres verleugnete Mary, dass sie vor ihrem Selbstmordversuch wütend auf ihre Mutter gewesen war. Ihr repetitives Muster des Umgangs mit ihrer Wut auf ihre Mutter, das sich in der Analyse beobachten ließ, zeigte jedoch, dass sie ihre Erinnerungen an die Ereignisse vor ihrem Selbstmordversuch verzerrt hatte. Während der Sitzungen folgte auf jede kritische Bemerkung über die Mutter – zuweilen noch in der selben Sitzung – ein elender Zustand: Mary fühlte sich »schlecht«, wurde sehr selbstkritisch, »blendete sich aus« oder wurde »zum Zombie«. Sie hörte auf, zu denken und zu fühlen. Eine Stimme in ihr sagte: »Du hast genug gesagt, Du bist zu weit gegangen, hör' jetzt besser auf.« Am nächsten Tag war Mary dann sehr erregt, machte sich große Sorgen wegen des Lernens oder war wütend über etwas, was eine Freundin gesagt hatte. Wenn der Analytiker die Verschiebung erläuterte sowie die Tatsache, dass sie erst am Tag zuvor ihre Mutter kritisiert hatte, reagierte sie aufrichtig überrascht; sie hatte vollständig vergessen, dass sie diese Dinge über ihre Mutter gesagt hatte. Schließlich brachte die Vermutung, dass diese »Schönfärberei« vielleicht auch in Bezug auf ihre Gefühle vor dem Selbstmordversuch stattgefunden hatte, bestätigendes Material ans Tageslicht. Das stärkste und hartnäckigste Gefühl der Wut hatte mit Marys Reaktionen auf ihre Geburtstage zu tun. Anderthalb Wochen vor ihrem Selbstmordversuch war sie achtzehn geworden. In der Analyse wiederholten die Reaktionen bei ihrem neunzehnten und zwanzigsten Geburtstag die Reaktionen, die sie vor ihrem Selbstmordversuch entwickelt hatte. Die Geburtstage von Mary und ihrem Bruder lagen nur zwei Tage auseinander. Es war in der Familie üblich – auf die Initiative der Mutter hin -, die Feier auf denselben Tag zu legen. Dies war nur einer der vielen Aspekte ihres Geburtstages, die Mary das Gefühl vermittelten, allein gelassen, vernachlässigt und ungeliebt zu sein. Die Feier und die Geschenke wirkten auf sie wie Pflichtübungen und wurden ruckzuck abgehandelt. Diese junge Frau, die über ein bemerkenswertes Gedächtnis verfügte, wenn sie für ihr Studium lernte, konnte sich nicht daran erinnern, was sie zu ihrem achtzehnten oder neunzehnten Geburtstag geschenkt bekommen hatte. Während der Analyse war der Durchbruch von Wut auf ihre Mutter unmittelbar nach dem Geburtstag offenkundig, wurde in der Analyse ausgedrückt und zog sofort Selbstkritik nach sich, »schlechte Gefühle«, erregte Versuche, die Wut zu verschieben, sowie eine weitere suizidale Krise, in der Mary von Selbstmordwünschen überwältigt wurde und nahe daran war, ihre Pläne in die Tat umzusetzen.*

*In Bezug auf den Kontrollverlust betrachtete Mary alles unter einem extremen Blickwinkel. Aus ihrer Sicht musste sie zum Zombie werden (das heißt, ohne jegliche Wünsche), um nicht von Impulsen überschwemmt zu werden und unmittelbar zu omnipotentem Handeln überzugehen. In ihren Träumen war sie nie einfach wütend, sondern schlug zu, bis die Person tot war. Diese »Zombie-Reaktion« wurde als »kleiner Selbstmord« bezeichnet, und der Analytiker erläuterte, dass sie offenbar einen Teil ihrer selbst töte. Sie antwortete, dass sie jemand anderen töten würde, wenn sie sich nicht selbst töte. Bezüglich des Ergebnisses, dass ein äußeres Ereignis die Phantasie omnipotenter Aggression des Heranwachsenden bestätigt, gab es im dritten Analysejahr keinerlei Beweis dafür, dass ein spezifisches Ereignis im Zusammenhang mit der Mutter unmittelbar vor dem Selbstmordversuch stattgefunden hatte. Was wahrscheinlich geschah, war ein Zusammenbruch in Marys unermüdlicher Verleugnung der »Verrücktheit« und Verletzlichkeit ihrer Mutter und der Eheprobleme ihrer Eltern. In dem Maße, in dem Mary besser funktionierte und ihre Realitätsprüfung zunahm, zeigte die zunehmende Labilität der Mutter, dass die gesamte Familie die Mutter über Jahre geschützt, ihre Pathologie verleugnet und ihre Externalisierung dysfunktioneller Aspekte ihres Selbst akzeptiert hatte (siehe auch 6. Kap.).*

8. Der Adoleszente befindet sich nun in einem Zustand intensiver Panik und ist an einem toten Punkt angelangt. Selbstmordgedanken, die über eine beträchtliche Zeit hinweg präsent waren, erscheinen nun als Lösung. Der Suizid wird als positive, mutige Tat betrachtet. Er stellt die Lösung des Konflikts dar, einen Ausweg aus dem Dilemma. Der Jugendliche, der unfähig ist, die normalen Schritte der Adoleszenz zu bewältigen, überträgt den Wunsch nach entschlossener Aktion auf den Selbstmordversuch.

*In Marys Fall wurde der Selbstmord von Anfang an als positive, mutige Handlung und Lösung für ein unlösbares Dilemma thematisiert und gedeutet. Sie bestätigte diese Deutung. Als der Analytiker meinte, es sei klug, wenn sie die Tabletten, die sie für ihren nächsten Selbstmordversuch gesammelt hatte, abgeben würde, stimmte sie zu, sagte jedoch zugleich, sie würde sich dafür hassen. Es sei ihr einziger Ausweg. Sie meinte, es sei eine positive Handlung, sie möge nicht daran denken, sie aufzugeben. Sie beschrieb ihren Selbstmordversuch als eine überwältigende Überraschung für ihre Eltern, und es wurde deutlich, dass er zum Teil ein Agieren in Form einer Umkehr der eigenen Erfahrung darstellte, überrascht zu werden und sich unvorbereitet und überwältigt zu fühlen. Ihre Eltern waren völlig schockiert gewesen; Mary hatte alle Gedanken und Selbstmordpläne vor ihnen geheim gehalten. Im Laufe der Analyse hatte der Analytiker vor allem dann ein ungutes Gefühl, wenn die suizidale Krise vorbei zu sein schien. Als er sein Unbehagen zum ersten Mal verbalisierte, sagte Mary: »Ich dachte gerade daran, dass dies eine gute Zeit wäre, es zu tun – schließlich denkt mittlerweile jeder, dass kein Grund zur Sorge mehr bestehe.« Es wurde offenkundig, dass der Selbstmord als überwältigende Überraschung ein Abkömmling dessen darstellte, was Laufer (1965) als »zentrale Masturbationsphantasie« bezeichnet und auf wiederholte Urszene-Erfahrungen sowie auf einen durchgängigen Mangel an elterlichem Schutz vor anderen überwältigenden Erfahrungen zurückverfolgt hat. In diesem Zusammenhang untersuchte E. Furman (1984) die Rolle, die die Pathologie der Mutter/des Vaters bei traumatischen Erfahrungen des Kindes spielt, und beschrieb »das Fortbestehen (bei Suizidanten) von intensiver, unvermischter früher Aggression in sexualisierter sadomasochistischer Form«. Bei einer anderen Gelegenheit stimmte Mary zu, dass ihr Selbstmord ein Versuch gewesen sei, ihre Eltern zu ändern; sie habe viele ihrer Ziele durch den Selbstmordversuch erreicht. Zum ersten Mal hätten ihre Eltern ihr Aufmerksamkeit geschenkt und Liebe und Hingabe zum Ausdruck gebracht. In der Tat war sie nur deshalb in Analyse, weil sie den Suizidversuch unternommen hatte, und die Behandlung wurde von ihren Eltern unterstützt.*

9. Völlig beschäftigt mit suizidalen Impulsen, wendet sich der Adoleszente erneut an die Außenwelt, jedoch nicht um Hilfe, sondern um die Schuldgefühle wegen seiner aggressiven, gegen die Mutter gerichteten Gefühle zu bewältigen. Material über den suizidalen Vorgang zeigt, dass Heranwachsende unbewusst eine Ablehnung provozieren, und der fokale Ansatz offenbart, dass sie sich dazu gezwungen fühlen. Es besteht ein unbewusstes Bedürfnis, den Schuldvorwurf von der Mutter wegzunehmen und einer anderen Person außerhalb der Familie zuzuschieben. Durch die Provokation einer Ablehnung durch jemand anderen wird die bewusste Erkenntnis, dass der Selbstmord einen aggressiven Angriff auf die Mutter darstellt, vermieden. Dies ist ein entscheidender Schritt, da der Schuldvorwurf auf ein äußeres Objekt verlagert wird, das Schuldgefühl nicht länger einen hemmenden Faktor darstellt und der Selbstmordplan in die Tat umgesetzt werden kann.

*In Marys Fall wissen wir, dass sie den Selbstmordversuch voll und ganz auf ihre schwierige Beziehung zu einer Vorgesetzten zurückführte. Sie kritisierte diese Vorgesetzte und fühlte sich wiederum durch sie kritisiert. Sie hatte das Gefühl, deren Erwartungen nicht zu entsprechen; gleichzeitig hatte diese Frau sie aber ebenfalls enttäuscht. All ihre Gefühle der Wut, der Ablehnung und der Vernachlässigung wurden von der Mutter auf diese weibliche Autoritätsperson verschoben. Bewusst gingen der Handlung nur ihre Gefühle über diese Vorgesetzte voraus. Sie war mit Gedanken über ihre Vorgesetzte beschäftigt, mit der Angst vor der Arbeit, mit dem Selbsthass wegen ihrer Unfähigkeit, am College durchzuhalten. Sie hatte nicht an ihre Eltern oder an ihren Bruder gedacht, und sie hatte auch keine Gewissensbisse wegen ihrer Selbstmordabsichten.*

10. Zur Zeit des konkreten Selbstmordversuchs sahen die Heranwachsenden es so, dass das Ereignis zu verschiedenen Ergebnissen führen würde. Es würde ihre Kontrolle über äußere Ereignisse, über Personen und über ihre Körper wiederherstellen. Der Welt würde es leid tun, sie schlecht behandelt zu haben, und sie würden einen körperlichen Zustand ohne aggressive oder sexuelle Gefühle erreichen.
*Marys Phantasien über die Auswirkungen ihres Selbstmords auf andere Leute und auf ihre eigenen Impulse waren in der Analyse von Anfang an ein zentrales Thema; verschiedene Aspekte kehrten wiederholt in ihren Worten, Handlungen und Träumen zurück. Im Vordergrund stand dabei die Phantasie, andere würden sich durch ihre Selbsttötung »schlecht fühlen«. Sie würde sie zwingen, ihr Aufmerksamkeit zu schenken, Bedauern darüber zu empfinden, sie missachtet und ihr keine Aufmerksamkeit geschenkt zu haben. Sie würden, so stellte sie sich vor, absolut überrascht sein und sich schuldig fühlen. Sie würden sagen: »Oh, das haben wir weder gewusst noch geahnt.«*

11. In den Erinnerungen an die Umstände des konkreten Versuchs finden sich viele Details, die darauf hinweisen, dass sich die Adoleszenten zur Zeit des Versuchs in einem veränderten Ich-Zustand, einem psychotischen Zustand, befanden. In allen Fällen erlebten sie keine bewusste Sorge oder Schuldgefühle in Bezug auf ihre Eltern. Des Weiteren war eine völlige Verleugnung des Todes offenkundig, die sich in den bewussten Phantasien zeigte, dass sie nicht nur ihre Ziele durch den Selbstmord erreichen, sondern auch dabei sein würden, um seine Folgen zu beobachten und Nutznießer der durch ihre Tat hervorgerufenen Veränderungen zu sein. Diese Verleugnung des Todes stand in Verbindung mit einer stetig zunehmenden Regression, in der sie jegliches Gefühl für den Besitz ihres Körpers vollständig aufgegeben hatten – der Körper war etwas, das ihnen nicht gehörte. Er war eine Quelle ungewollter, sowohl aggressiver als auch sexueller Impulse, ein Körper, in den die Mutter eindrang, um ihn zu kontrollieren und in Besitz zu nehmen. Schließlich zeigte die Analyse, dass im Rahmen der Ich-Regression die Mutter, die der Adoleszente zerstören will, zur Mutter wird, die ihn tot sehen will. Somit ist der Suizid nicht länger ein Angriff, sondern eine Unterwerfung unter die Wünsche der Mutter. Der Adoleszente leugnet also nicht nur die Realität des Todes, sondern sieht ihn als einen Zustand des Friedens und der Einheit mit der Mutter.
*All dies traf auf Mary sehr genau zu. In ihrem Fall schien die Projektion ihrer Todeswünsche auf höchst fruchtbaren Boden zu fallen. Mary hatte das Gefühl, dass ihre Mutter ihre Kinder nicht mochte und sich wünschte, sie nie bekommen zu haben. Als Mary genauer beobachten konnte und besser in der Lage war, diese Beobachtungen festzuhalten und mit in die Behandlung zu bringen, gab es viele*

*Dinge, zu denen man sich, wie Mary es ausdrückte, »was denken konnte«. Besonders eindrucksvoll war folgendes Beispiel: Ein psychiatrischer Patient hatte Selbstmord begangen, indem er von einer Brücke gesprungen war. Innerhalb eines Tages nach dem Ereignis fuhr Marys Mutter mit ihr zu einem Einkaufszentrum und nahm einen Umweg über die Brücke. Dabei bemerkte sie laut Mary beiläufig, so als ob sie über das Wetter spräche, dass sie das Gerücht gehört habe, dass am Vortag ein Psychiatriepatient von der Brücke gesprungen sei.*

12. In vielen Fällen hat die für den Suizid gewählte Methode an sich eine dynamische Signifikanz und geschieht nicht zufällig.
*Wie erwähnt, unternahm Mary ihren Selbstmordversuch mit dem Auto der Mutter, ein Auto, das von der Mutter geliebt und von Mary gehasst wurde.*

13. Unmittelbar nach der Tat befindet sich der Adoleszente in einem Zustand der Ruhe, Erleichterung und Auflösung aller Spannungen.
*Auch dies traf in Marys Fall zu. Sie empfand ein Gefühl großer Erleichterung und völliger Ruhe, als sie auf den Rettungswagen wartete. Sie habe gewusst, dass sie nicht sterben würde, sagte sie. Sie habe das Gefühl gehabt, endlich etwas erreicht zu haben. Sie hatte etwas Starkes, Mutiges getan, etwas, das die meisten Menschen nicht tun könnten. Sie hatte jeden schockiert und dazu gezwungen, ihr Aufmerksamkeit zu schenken. Jetzt würde alles anders werden.*

Wie wir gesehen haben, scheint das Material aus Marys Fall die Ergebnisse unserer Studie über sieben Adoleszente, die alle einen Selbstmordversuch unternommen hatten, zu bestätigen. Auf der Basis des psychoanalytischen Materials aus Marys Fall lässt sich das Ergebnis, dass der Selbstmordversuch nicht als plötzlicher Akt, sondern vielmehr als Endpunkt einer pathologischen Regression zu sehen ist, replizieren. Selbstmordgedanken waren über eine beträchtliche Zeit vor dem Versuch präsent. Die Regression begann mit ihrem Unvermögen, sich von der Mutter unabhängig zu machen. Nachfolgende Ereignisse führten dann zu einer Verstärkung ihrer Bindung an die Mutter und zu einer Verschiebung ihrer Gefühle der Zurückweisung und Wut von der Mutter weg auf ein äußeres Objekt. Nachdem die Gefühle der Zurückweisung und die Schuldzuweisung verschoben waren, schieden Schuldgefühle als hemmender Faktor aus, und der Selbstmordplan wurde in die Tat umgesetzt. Zur Zeit des konkreten Versuchs war der Suizid für Mary ein Weg, die äußere Welt, die Mutter und das Selbst zu verändern. Er wurde von ihr als positive, mutige Handlung gewertet, die viele Ergebnisse nach sich ziehen würde, einschließlich der Wiederherstellung eines positiven Selbstgefühls. Die Realität des Todes wurde verleugnet und der Todeswunsch auf die Mutter projiziert.

Das Material aus Marys Analyse repliziert nicht nur die Ergebnisse aus der psychoanalytischen Studie über versuchten Selbstmord in der Adoleszenz, sondern kann einige von ihnen auch vertiefen. Nachfolgend einige Punkte in der suizidalen Sequenz, auf die das Material aus Marys Analyse ein etwas anderes Licht wirft:

### Die Beziehung zur Mutter vor dem Selbstmordversuch

Die Betonung der Ängste des Jugendlichen, verlassen und verschlungen zu werden, ist zwar korrekt, unterstreicht jedoch nur unzureichend die Bedeutung der primitiven Aggression. In Marys Fall waren nicht Zurückweisung oder Verlassenheit an sich die entscheidenden Komponenten, sondern ihre Phantasie, dass ihre omnipotente Wut durchbrechen würde, wenn sich solche Dinge ereigneten. Ihre starke Angst nach jedem Entwicklungsschritt stellte in erster Linie keine Angst vor der Verlassenheit dar, sondern eine Angst davor, die Nicht-Mutter der Mutter vorzuziehen und diese Situation zu genießen. Dies hätte ihre Verleugnung der mütterlichen Pathologie unmöglich gemacht und ihre primitive und als allmächtig erlebte Wut freigesetzt. Die Mutter hatte aus Gründen der Sparsamkeit nur Milchpulver zu Hause. Mary konnte sich nicht daran erinnern, Vollmilch getrunken zu haben, bevor sie in die Schule kam; sie war völlig schockiert und wurde panisch, als sie entdeckte, wie gern sie Milch trank.

### Abhängigkeit als Angstverstärker

Wenngleich es in Marys Fall zutrifft, dass das Erleben völliger Abhängigkeit von der Mutter die Angst vor den Triebäußerungen, insbesondere vor Feindseligkeit, verstärkte, unterstreicht ihr Material doch einen weiteren, möglicherweise noch wichtigeren Grund für die Verbindung zwischen wachsender Abhängigkeit und erhöhter Angst vor feindseligen Wünschen. Mary erlebte ihre Abhängigkeit als einen Verzicht, den sie für die Mutter leistete. Sie war ein »kleiner Selbstmord« mit den gleichen Motiven der Selbstopferung, um aus der Mutter eine fürsorgliche, liebevolle Mutter zu machen. Die Unfähigkeit der Mutter, sich zu ändern, verstärkte Marys primitive Wut. Zusammen mit der Abwehr der Wut trat eine immer stärker werdende Aufopferung von Eigenständigkeit und von Gefühlen einer getrennten Existenz auf, was Mary noch abhängiger werden ließ. Der Selbstmord war das letzte Opfer eines getrennten Selbst, begleitet von der Phantasie, dass diese Unterwerfung unter die vollständige Abhängigkeit die ersehnte, von Feindseligkeit beider Partnerinnen befreite *purifizierte Lustdyade* entstehen lassen würde.

### Provokation von Ablehnung

Bezüglich des Schrittes in der Sequenz, in der der Adoleszente Ablehnung provoziert, ließ sich anhand von Marys Material deutlich erkennen, dass es ein altes Muster des Schwankens zwischen der Mutter und Nicht-Mutter-Objekten wie Bruder, Vater und Lehrer gab. Lebenslang hatte Mary ambivalente Gefühle aufgespalten und negative Gefühle auf ein anderes Objekt als die Mutter verschoben, um sich die Illusion einer seligen Mutter-Kind-Dyade zu bewahren. Nach einer vergleichbaren Vorgeschichte der intermittierenden Beziehungsaufnahme zu anderen Objekten wäre vielleicht auch in anderen Fällen zu suchen.

### Projektion von Todeswünschen auf die Mutter

Marys Material deutete darauf hin, dass ihre Überzeugung, die Mutter wünsche sich ihren Tod, nicht nur eine Projektion war, sondern in beträchtlichem Maße auf der Realität fußte. Marys Material sollte uns allen ein Gespür für starke Todeswünsche von Müttern suizidgefährdeter Heranwachsender vermitteln. Beim Rückblick auf das Material der sieben untersuchten Fälle von Selbstmordversuch finden sich zahlreiche Hinweise darauf, dass starke Feindseligkeit und Todeswünsche seitens der Mütter eine wichtige Rolle hinsichtlich des suizidalen Verhaltens der Adoleszenten spielten. Hurry (1977, 1978) weist in ihrer exzellenten Zusammenfassung zum Thema Suizid in der Adoleszenz und in ihrer detaillierten klinischen Darstellung eines Suizidpatienten aus der Studie auf die Bedeutung dieses Faktors hin.

### Wendung der Aggression gegen das Selbst

Wenngleich dieser Mechanismus bei Suizid bereits von Freud in »Trauer und Melancholie« (1916–17g) beschrieben wurde und in Zwischenberichten zu unserer Suizidstudie Erwähnung fand, ist diesem Faktor bislang nicht genügend Rechnung getragen worden. In Marys Fall wurde erkennbar, wie dieser Mechanismus funktioniert. Durch eine Identifizierung mit dem verhassten Teil der Mutter war das Triebschicksal der Wendung der Aggression gegen sich selbst nicht nur Abwehr, sondern auch Ausdruck ihrer Feindseligkeit gegenüber der Mutter. Eine wichtige Veränderung in der Behandlung fand statt, als diese Identifizierungen im Rahmen der analytischen Arbeit konzentriert betrachtet werden konnten. Eines von vielen Beispielen: Die Mutter hatte den Umschlag mit Marys Zeugnis in Marys Schreibtischschublade gelegt, ohne ihn dem Vater zu zeigen. Am Wochenende entdeckte Mary das Zeugnis in ihrem Schreibtisch und dachte sich, dass ihre Mutter nicht wollte, dass der Vater die Noten sähe. Sie sagte zum Analytiker: »Und dann habe ich es genauso gemacht wie Mutter. Ich habe das Zeugnis zurück in den Schreibtisch gelegt.« Danach vergaß sie die Noten sowie den gesamten Vorfall. An diesem Wochenende fühlte sie sich »schlecht«, war wütend auf sich und machte sich Vorwürfe, weil sie für die Schule nicht so lernte, wie sie es ihrer Meinung nach eigentlich sollte.

## Affekt-Regression

Als wir die regressive Sequenz an Marys Material überprüften, waren wir erstaunt, in welch hohem Ausmaß die analytische Arbeit sich auf die Geschichte und die Schicksale ihrer Gefühle, besonders ihrer Wut auf die Mutter, konzentrierte. Bei dem Versuch, das Material zu konzeptualisieren, erwiesen sich die ungemein eigenständigen Ansichten von Orgel (1974) sowie die kritischen Beiträge über Affekt und Trauma von Krystal (1978, 1982) als sehr anregend. Orgel postuliert, dass der Suizidant in der frühesten Kindheit (6 bis 15 Monate) kein primäres Liebesobjekt gehabt habe, das die »Wellen seiner Aggression absorbieren« konnte. Krystal (1978) beschreibt eine progressive Antwort auf ein Trauma, die er »todbringende Unterwerfung« nennt. Sie beginnt mit der Angst, schreitet fort zu katanoiden Zuständen, Aphanisis und unter Umständen bis zum psychogenen Tod. Es wäre hilfreich, die suizidale Sequenz hinsichtlich ihrer infantilen Wurzeln, aber auch in Bezug auf die von Krystal beschriebene Sequenz zu untersuchen.

## Zusammenfassung und Schluss

Die hier vorgestellten Ergebnisse basieren auf einer Studie, in deren Rahmen die Psychoanalyse als Forschungsinstrument eingesetzt wurde. Die Psychoanalyse ist jedoch auch eine therapeutische Technik, die durch Erfahrung fortlaufend verbessert wird. Wir können aus der Studie bestimmte behandlungstechnische Ratschläge für die Behandlung von Adoleszenten, die ernst zu nehmende Selbstmordversuche unternommen haben, herleiten. Zunächst werden die Familie, der Jugendliche selbst oder auch der überweisende Arzt unter Umständen versuchen, die Ernsthaftigkeit des Versuchs zu leugnen. Sie bezeichnen ihn als einmaliges Ereignis, das völlig aus dem Rahmen des üblicherweise guten Verhaltens des Heranwachsenden fällt. Dies sollte rasch mit den Heranwachsenden und mit der Familie besprochen werden. Die einzige Handlung, zu der diese Heranwachsenden fähig sind, ist der Suizid. Der Selbstmord ist für sie eine positive, machtvolle Lösung aller Konflikte, die nicht ohne weiteres aufgegeben wird. Die in dem Versuch enthaltene Aggression sollte verbalisiert werden, da dies unter Umständen Schuldgefühle wecken kann. Abgesehen von solchen Schuldgefühlen gibt es kaum etwas, das den Jugendlichen von einer Wiederholung des Versuchs abhalten kann. Die zahlreichen Motive eines solchen Versuchs und die Irrealität der Phantasie, er selbst wäre noch da, um die Früchte zu ernten, sollten aufgegriffen werden. Das lebenslange Muster der Verschiebung negativer Gefühle von der Mutter auf andere Personen kann in der Therapie bald zum Problem werden, besonders an den Wochenenden und in den Ferien. Wenn es dem Jugendlichen gelingt, den Analytiker als das böse Objekt zu konstruieren, das ihn ablehnt und im Stich lässt, hindert ihn nichts mehr daran, ohne Schuldgefühle einen weiteren Versuch zu unternehmen.

Die Tatsache, dass der Selbstmordversuch der Schlusspunkt einer regressiven Sequenz ist, war ein wesentliches Ergebnis des fokalen Ansatzes. Unsere seitherige Arbeit wurde durch dieses Ergebnis beeinflusst, so dass wir unsere jungen Analysanden aktiv in die Suche nach den Elementen der suizidalen Abfolge einbinden. In Marys Fall waren fast drei Jahre Analyse notwendig, um die entscheidenden Elemente der Sequenz zu beleuchten. In ihrem dritten Analysejahr konnte ihr bewusst werden, dass das auslösende Ereignis, ihr Auszug von zu Hause, für sie einen sadistischen ödipalen Triumph über die Mutter bedeutet. Mit der Integration dieser letzten noch fehlenden Erkenntnis über den ersten Schritt in der Sequenz trat das Suizidthema in den Hintergrund und schuf Raum für drängendere neurotische Konflikte, die mit ihrer Entwicklung zu einer reifen, erwachsenen Frau zusammenhingen.

Die Behandlung eines Jugendlichen, der einen Selbstmordversuch unternommen hat, bringt eine Verantwortung mit sich, die einen unermüdlichen Kampf beinhaltet. Litman (1967) weist darauf hin, dass es in sämtlichen Fallgeschichten Freuds – mit Ausnahme des »Kleinen Hans« – Hinweise auf suizidale Symptome gibt. Viele von Freuds Patienten, besonders seine frühen Fälle, waren Heranwachsende. Seine Erfahrung mit selbstmordgefährdeten jungen Menschen war vielleicht einer der Faktoren, die seine veränderte Sicht der Aggression und schließlich die Verfechtung der Theorie des Todestriebs beeinflusst haben. Es ist unmöglich, mit suizidalen Heranwachsenden zu arbeiten, ohne von der Macht ihres Wunsches, sich umzubringen, beeindruckt zu sein. Der positive Wert, den sie dem Selbstmord zuschreiben, und die Stärke dieser Kraft werden in einem Gedicht von Sylvia Plath festgehalten, das sie 1965 schrieb, ehe sie sich umbrachte:

> Sterben
> Ist eine Kunst, wie alles.
> Ich kann es besonders schön.
>
> Ich kann es so, dass es die Hölle ist, es zu sehn.
> Ich kann es so, dass man wirklich fühlt, es ist echt.
> Sie können, glaube ich, sagen, ich bin berufen zu diesem Ziele.

Um dieser Kraft entgegenzuwirken, müssen wir auf all unsere Erfahrung, unsere Toleranz und auf die Unterstützung durch unsere Kollegen zurückgreifen. 1926 schrieb Freud (1963) im Zusammenhang mit einem jungen Patienten: »Was mir an seinem Fall schwerfällt, ist die Überzeugung, daß es sehr schlecht ausgehen wird, wenn es nicht gut ausgeht. Das heißt, der Junge wird sich ohne jedes Bedenken aud der Welt schaffen« (S. 107).

## 9. Kapitel

# »Buh-Warnung«: Ich-Störung bei einem missbrauchten kleinen Mädchen

Wir haben Taylor bereits im 7. Kapitel beschrieben und anhand von Material aus ihrer Analyse den Einfluss elterlicher Externalisierung illustriert. Hier wollen wir einige andere Aspekte ihrer Behandlung detaillierter untersuchen, um zu einem besseren Verständnis der komplexen Auswirkungen von Trauma und Erinnerung in der Kindheit sowie ihrer Interaktion mit der Pathologie der Eltern zu gelangen. Taylor nahm ihre Analyse unmittelbar nach ihrem fünften Geburtstag auf. Sie wusste nicht, wie man beim Spielen »so tut, als ob«, und spielte rein mechanisch auf eine ungemein langweilige Art und Weise. In ihren Spielen passierte nichts in einer Reihenfolge, die mir (K. K. N.) sinnvoll erschien. Taylor schien nicht zu bemerken, dass die Puppen frühstückten, ehe sie schlafen gingen, oder an der Schule ankamen, ehe sie ins Auto stiegen. Sie liebte es, Spielzeuge aufzustellen und zu sortieren, konnte aber die Grundlage für ihre Kategorien nicht kommunizieren. Taylor tat nur das, was sie wollte, aber sie wollte auch wissen und tun, was die Erwachsenen versöhnlich stimmen würde. Es galt, die Bedeutung und Ätiologie dieser tiefen Dissoziation zu verstehen und Taylor dabei zu helfen, eine Integration ihres sich entwickelnden Ichs zu erreichen und es zu befähigen, effizient zwischen ihren Impulsen und der äußeren Welt zu vermitteln.

Aber die äußere Welt hatte bereits in unangemessener Art und Weise auf Taylor Einfluss genommen. Die Arbeit mit Kindern kann sich sehr von dem häufigen Dilemma mit erwachsenen Patienten unterscheiden, die sich an den Missbrauch in ihrer Vergangenheit erinnern oder ihn vermuten oder in der Behandlung auf eine solche Möglichkeit stoßen. Bei Taylor standen die Fakten fest: In ihrer Geschichte gab es zahlreiche Fälle von Missbrauch unterschiedlicher Art. Wir starteten also mit definitiven Informationen und nahmen die Arbeit mit einem Kind auf, das nicht angemessen funktionierte. Eine der Aufgaben der diagnostischen Beurteilung und der Behandlung war es, ein Verständnis für die Zusammenhänge zwischen Taylors Geschichte und ihrem gegenwärtigen Funktionieren zu erlangen. Wir wussten vieles darüber, was mit ihr geschehen war, aber wir wussten nicht, wie sie darüber dachte und inwiefern ihre Erfahrungen dazu beigetragen hatten, dass sie mit fünf Jahren ihre Ich-Fähigkeiten nicht richtig einsetzen konnte.

*Taylors mangelnde Symbolisierungsfähigkeit und ihre Schwierigkeit, ihre Erfahrungen und Gedanken zu ordnen und in eine Reihenfolge zu bringen, waren nicht die einzigen Anzeichen für eine Ich-Störung. Ihre Tendenz, emotionales Erleben durch Agieren zu ersetzen, und ihre Probleme bei der Impulskontrolle waren offenkundig aufgrund von Herrn und Frau D.s Beschreibung der immer wieder auftretenden ängstlichen Schüchternheit ihrer Tochter und ihrer Meidung des Vaters und anderer Männer sowie aufgrund von Taylors ängstlicher Erregung und ihrer ständigen Beschäftigung mit sexuellen Dingen. Taylor starrte auf die Genitalien anderer Menschen, griff danach, streichelte die Brüste ihrer Mutter zu jeder Gelegenheit und küsste die Mutter zwischen den Beinen. Als ihr Vater nicht mehr unbekleidet im Haus herumlief – ihm war angesichts von Taylors Neugierde doch unbehaglich geworden –, versuchte sie oft, ins Bad einzudringen, und griff ihm an den Hosenschlitz. Taylor wurde als Kind beschrieben, das sich sehr klar artikulieren und seinen Wünschen fordernd und mit Geschrei Ausdruck verleihen konnte. Ihre Eltern hatten aber den Eindruck, dass es ihr schwer falle, sich länger mit etwas zu beschäftigen; sie fürchteten, dass ihre Unruhe sich später in der Grundschule störend auf ihr Lernverhalten auswirken würde, und waren erleichtert und ratlos zugleich, als sich keine dieser Verhaltensweisen in der Vorschule zeigte, wo die Lehrer von einem generell angemessenen Sozialverhalten und gutem Interesse an ihrer Arbeit berichteten. Ich war ebenfalls erstaunt über diese Diskrepanz, aber auch erleichtert, da dies ein Zeichen dafür war, dass Taylor über Ich-Fähigkeiten verfügte, die sie unter gewissen Umständen mobilisieren konnte; das bedeutete, dass wir einige beunruhigende diagnostische Möglichkeiten ausschließen konnten.*

*Als Frau D. Taylor zu ihrem ersten Vorgespräch brachte, bestand sie darauf, mit mir zu sprechen, bevor ich ein Gespräch mit dem Kind führte, auch wenn dies eigentlich nicht so geplant war und Taylor darauf nicht vorbereitet war. Wir setzten Taylor zum Malen ins Spielzimmer und begaben uns ins Wartezimmer, wo Frau D. ein wenig mehr Informationen über die letzte Woche lieferte. Taylor leistete der Bitte ihrer Mutter, sie solle im Spielzimmer warten, ohne sichtbaren Protest oder Kummer Folge und akzeptierte auch kommentarlos, als ich kurz darauf zu ihr kam. Sie hatte Bilder gemalt, auf denen nichts zu erkennen war, schien jedoch nicht sehr mit ihnen befasst zu sein, wenngleich sich ihr Gesicht aufhellte, als ich sie fragte, ob es eine Geschichte zu ihrem Bild gebe. Statt mir die Geschichte zu erzählen, wandte sie sich den Puppen zu, teilte sie in seltsam angeordnete Familien ein, gab ihnen verschiedene Häuser und baute einen Zoo, den sie besuchen konnten. Die Eltern hatten Taylor als ein energisches Kind beschrieben. In der Tat hatte sie einen sehr bestimmten Gesichtsausdruck; und doch stellte sie kaum explizite Forderungen und schien auf eine sonderbare Weise weder an ihrem Spiel noch an ihrer Interaktion mit mir sonderlich interessiert zu sein. Auch ihre Puppen absolvierten lediglich ihr Programm, ohne wirklich miteinander zu interagieren oder eine Geschichte mit einer dynamischen Narration zu durchlaufen. Diese Spiele sahen zwar formal altersangemessen aus, waren aber von einer emotionalen Leere geprägt, so dass sie weder Taylors noch mein Interesse lange festhalten konnten. Wir wandten uns den Klötzen zu. Als wir einen Spielplatz mit einer Rutsche bauten, wurde Taylor plötzlich ängstlich und musste nach ihrer Mutter im Wartezimmer schauen. Sie war schnell durch eine Bemerkung zu beruhigen, dass Kinder häufig, besonders beim ersten Besuch, ihre Mütter fragen müssen, ob es in Ordnung ist, was sie denken und tun. Als ich sie fragte, ob etwas in unserem Spiel oder unseren gebauten Sachen sie beunruhige, stimmte Taylor begeistert zu. Wir konnten jedoch nicht genau herausfinden, um was es sich handelte. Es bedurfte vieler Monate, ehe diese Angst geklärt werden konnte, aber es war eindeutig, dass Taylor sich von vielem, was sie dachte und wollte, emotional distanzieren musste.*

*Als das Ende unserer ersten Begegnung nahte, wurde Taylor sehr neugierig, was die anderen Kinder und den Rest der Praxis betraf. Viele Kinder wünschen sich, zu sehen, wo die Erwachsenen hingehen oder was sich hinter den anderen Türen befindet. Aber nur wenige haben – ohne chaotischen Wutanfall – so deutlich gemacht, dass diese Neugierde für sie eine absolute emotionale Notwendigkeit war. Taylor war mehr denn je auf die Analytikerin bezogen, als sie sagte, sie müsse die anderen Zimmer sehen. Sie bestand darauf, sie zu erforschen, legte sich auf die Couch im Behandlungszimmer für die Erwachsenen und sagte, sie träume vor sich hin.*

In diesem Kapitel hoffe ich zeigen zu können, wie es sich *anfühlte*, mit Taylor und ihren Eltern zu arbeiten. Ich beschreibe deshalb einen Teil des Materials sowie meine begleitenden Gedanken und Reaktionen recht detailliert. In Situationen von vermutetem oder tatsächlichem Missbrauch sind die Gefühle und Reaktionen des Therapeuten sehr stark; dies kann störend werden, kann jedoch auch hilfreich sein für das Verständnis einiger der dynamisch wirkenden Kräfte innerhalb der komplexen Beziehungen sowie des Hintergrundes, vor dem der Missbrauch stattfand. Um aus *allen* Schwierigkeiten bei der Arbeit mit Missbrauchspatienten lernen zu können, fließt die Beschreibung meiner eigenen Gefühle mit ein, die zuweilen wütend und urteilend, qualvoll und verzweifelt waren. Im ersten Vorgespräch bemerkte ich, wie sehr mich die unerwartete Änderung des Ablaufs durch Frau D. irritierte und dass ihr ängstliches, besorgtes Auftreten meine Aufmerksamkeit gefangen nahm. Ich fragte mich, ob solche Erfahrungen für Taylor üblich waren. Die Ratlosigkeit, die Taylors emotionsloses Spiel in mir hervorrief – ihr Spiel bewirkte zudem, dass wir uns voneinander zurückzogen –, kündigte die Verwirrung und Entmutigung an, die mich später oft überkamen, wenn ich mich fragte, ob all die scheinbar verstreuten Anteile dieses Kindes jemals wieder ein Ganzes bilden würden.

Dieses Material aus der Anfangsphase ist auf verschiedene Weise von Bedeutung. Themen und Gefühle, die bei der Evaluation auftauchen, deuten häufig auf Dinge hin, die über die gesamte Behandlung hinweg wichtig bleiben. Taylor stellte bezüglich dieses klinischen Axioms keine Ausnahme dar: Familien – wo sie wohnten und wohin sie gingen, ihre Mitglieder, die nicht wirklich miteinander befasst waren, sowie ihr Verhalten zueinander – hatten einen hohen Stellenwert in ihrer Analyse; ihr definitives Beharren darauf, in der Analyse etwas zu *tun*, durchzog weiterhin ihre Behandlung und stellte uns vor große behandlungstechnische Probleme. Der Konkretismus ihres »Handlungsmodus«, durch den sie zu mir in Beziehung trat, war ein Aspekt der Störung des symbolischen Denkens, die später klarer hervortreten sollte, jedoch bereits in der Leere ihres Spiels mit den Puppen beobachtet werden konnte. Es gab keine Geschichten bei den Puppenspielen; das Als-ob-spiel war Taylor fremd. Dies ist ein sehr ernstes Symptom bei einem fünfjährigen Kind.

*Taylors Interesse an meiner Frage zur Geschichte ihrer Bilder beruhte auf einem Versuch, mir zu gefallen, mir das Gewünschte zu liefern. Die Kehrseite ihrer Willfährigkeit war eine Sturheit, die bei unserer zweiten Zusammenkunft zutage trat. Sie schien unterwürfig, widersprach nicht, wenn ich etwas sagte oder fragte, tat jedoch nur genau das, was sie wollte, und schien selbst meine Gegenwart nicht wahrzunehmen. Sie schien nicht auf meine Bemerkungen zu reagieren, wenngleich sie hin und wieder einen meiner Vorschläge, wie zufällig, einfließen ließ. Nach Beginn der Behandlung kam sie wochenlang direkt ins Zimmer, baute die Püppchen und deren Häuser auf, kniete oder hockte auf dem Boden und reihte kleine Autos hintereinander auf. All ihre Energie floss in das Ordnen der Spielsachen und den Aufbau eines Spiels ein, das nie gespielt wurde. Mein Beitrag reduzierte sich zunächst auf beschreibende Kommentare wie: »Oh, das ist die Küche, und die Haustür ist da«, oder aufklärende Fragen wie: »Wer wohnt denn in diesem Haus?« Identische Sitzungen folgten einander, und schließlich wurde es mir gestattet, beim Hausbau zu helfen. Taylor korrigierte mich dabei sehr genau, wenn ich eine Wand oder ein Möbelstück nicht richtig hinstellte. Das Haus wurde im Laufe der folgenden Wochen zunehmend wichtig, wohingegen Taylor weniger Zeit damit verbrachte, die Autos im üblichen Verkehrsstau aufzureihen. Sie konzentrierte sich mehr auf das stumme Organisieren der Räume und ihrer Bewohner.*

*Ich erkannte schließlich, dass der Zweck dieser Aktivität allein in ihrer Unverändertheit lag. Taylor zeigte eine außergewöhnliche Zielstrebigkeit in der täglichen Ausführung eines unveränderten, vorhersehbaren Inhalts in ihren Sitzungen. Auch hatte dies den Effekt, mich zu kontrollieren. Ich bemerkte, wie wichtig es ihr zu sein schien, sich sicher sein zu können, was genau wir tun wollten und was genau die Aufgaben eines jeden von uns waren. Diese Methode, sich mit einer neuen Person sicher zu fühlen, trug zum Verständnis dessen bei, was Taylor Angst machte. Sie reagierte auf diese Arbeit an ihrer kontrollierenden Abwehr der Angst, die unvorhersehbare Ereignisse begleitete, mit einer gewissen Entspannung ihrer Starrheit; dies zeigten sowohl ihr Spiel als auch ihr Gesichtsausdruck und ihre Gefühle. Mein Gefühl dafür, um was es für sie dabei ging, beruhte sowohl auf Form und Inhalt der Spiele als auch auf der Frustration und der Wut, die sich in mir aufbauten, wenn ich dermaßen tyrannisiert wurde. Taylors unflexible Instruktionen lieferten den Hinweis für das Vorhandensein einer starken aggressiven Komponente der Konflikte, die ihrer Störung zugrunde lagen.*

*Schließlich begann Taylor, die Püppchen, die in den Häusern wohnten, Dinge tun zu lassen, etwa Mahlzeiten einnehmen oder sie duschen zu lassen. Dies stellte einen großen Fortschritt dar – ihre Spiele nahmen einen gewissen Inhalt an. In der Perspektive einer Einschätzung ihrer Entwicklung und Pathologie aber war Taylors Spiel in seinem Konkretismus unreif und primitiv und gab eine schwere Einschränkung und Verarmung des Ichs zu erkennen.*

*Zu dieser Zeit war Taylor bereits mehrere Monate in Behandlung, und ihre Symptomatologie trat außerhalb der Behandlung nur noch abgeschwächt zutage. Sie war entspannter mit ihrem Vater und anderen Männern, weniger trotzig, konnte sich besser konzentrieren und Handlungen zu Ende bringen, und ihr zwanghaftes, sexualisiertes Verhalten war fast vollständig verschwunden. Innerhalb des festen Rahmens strenger Ich-Kontrollen einschließlich eines rudimentären Über-Ichs, das einer Reihe einfacher Verhaltensregeln Nachdruck verlieh, hatte sie sich restabilisiert. Indem sie dafür sorgte, dass alles vorhersehbar blieb, konnte Taylor sicherstellen, dass es keine Durchbrüche desorganisierender Impulse oder unangenehme Überraschungen von außen gab. Die Kontrolle unserer Interaktion gestattete es ihr, mich als Hilfs-Ich zu benutzen. Nach und nach inkorporierte Taylor einige meiner Ich-Qualitäten wie Neugier, Flexibilität und Sicherheit. Ihre Behandlung wurde für sie zu einem Ort, an dem sie wusste, was sie vorfinden würde, was passieren würde und was ich tun würde.*

*Gelegentlich begann Taylor, über Ereignisse ihres täglichen Lebens zu sprechen und Schwierigkeiten mit in die Behandlung als einem Ort zu bringen, an dem Probleme verstanden und gelöst werden konnten. Eines Tages sagte sie, dass es ihr in ihrer Kindertagesstätte nicht mehr gefalle. Wir gingen dem gemeinsam nach, da sie bislang immer gern dort gewesen war. Taylor arbeitete daran und dachte nach, was sich geändert hatte, wobei wir wieder bemerken konnten, wie sehr es sie aufregte, wenn etwas Unerwartetes passierte. Die Puppen in unserem Spiel trafen sich zum Grillen. Das Grillfest wurde jedoch unterbrochen, als die kleinste Puppe krank wurde und nach Hause gebracht werden musste. Taylor erzählte, dass sie und ihre Eltern das Grillfest mit den Familien früher verlassen hätten, da sie zu viel Angst gehabt habe, um noch länger zu bleiben. Es war dunkel geworden und ein Helfer hatte sie von hinten einfach hochgehoben. Herr und Frau D. bestätigten, dass Taylor nach Anbruch der Dunkelheit am Lagerfeuer hysterisch geweint habe und dass sie gegangen seien in der Annahme, sie sei überdreht und übermüdet. Taylor begann, in ihren Sitzungen darüber zu sprechen, dass sie besonders nachts wissen müsse, was passiere, wenn es zu dunkel sei, um etwas sehen zu können. Ihre Mutter berichtete, Taylor habe Probleme beim Einschlafen, sie habe Angst, könne jedoch weder der Mutter noch mir mitteilen, wovor sie sich fürchtete.*

*In den folgenden Wochen erstellten Taylor und ich eine Liste aller nächtlichen Warnungen, die sie haben wollte, um in Sicherheit zu sein. Eines Tages gab sie eine neue nächtliche Warnung bekannt. Dies war eine »Buh-Warnung«, die erfolgt, wenn die Gefahr besteht, nachts überrascht zu werden. Während dieser Zeit wechselte Taylor zwischen dem Spiel mit den Häusern, das nunmehr fast ausschließlich darin bestand, die Schlafzimmer zusammenzustellen und die Figuren in vielen verschiedenen Kombinationen zu verteilen, und einem Schulspiel, durch das sie einige ihrer Ängste im Zusammenhang mit der Einschulung zu meistern suchte. Wenngleich diese Bemühung ernsthaft war, hatte Taylors Angst vor der Schule auch eine defensive Funktion, da sie im Vergleich zu den möglicherweise überwältigenden Ereignissen der Nacht, bei denen sie sich nie sicher sein konnte, ob sie rechtzeitig eine »Buh-Warnung« bekäme, eine geringere Bedrohung darstellte.*

Ich befand mich nun in einem Dilemma, das vielleicht für die Arbeit mit Kindern typisch ist. Es war offenkundig, dass Taylor darauf hin arbeitete, Erinnerungen an den Missbrauch an die Oberfläche zu lassen; Abkömmlinge tauchten im Material bereits auf. Im Gegensatz zur Situation bei der Behandlung von Erwachsenen kannte ich ja die Ereignisse, deren Erinnerung ihr Konflikte bereitete. Wir hatten nicht mit der gemeinsamen Unkenntnis zu kämpfen, was die Realität und die Art bestimmter Ereignisse betraf, und rangen auch nicht mit der gemeinsamen Beseitigung der Verdrängung. Das behandlungstechnische Problem bestand darin, es Taylor zu erleichtern, mit ihrer Vergangenheit fertig zu werden und sie zu integrieren, ohne ihre Abwehr zu brechen und in der Gegenwart neue traumatische Erfahrungen zu erzeugen.

Wenn sich ein Erwachsener in Behandlung begibt, hat bereits eine Entwicklung stattgefunden, die die Erlebnisse der Kindheit auf so drastische Art und Weise neu geformt hat, dass es schwierig oder gar unmöglich sein kann, sie in einer erkennbaren Form zu reaktivieren. Die Untersuchung der Transformationsschicksale in der mittleren Kindheit kann die Schwierigkeit, vor der die Rekonstruktionsaufgabe in der Behandlung Erwachsener steht, beleuchten und aufzeigen, wie gefährlich eine einfache Zuschreibung einer direkten Entsprechung zwischen den Missbrauchserfahrungen in der Kindheit und der späteren Symptomatologie oder Pathologie sein kann. Wir können aus Taylors Behandlung lernen, dass die Erinnerungen an ihre frühen Erfahrungen bereits in den Untergrund gesunken waren, als sie fünf Jahre war. Die Erinnerungen waren bereits überarbeitet und in die Struktur ihrer sich entwickelnden Persönlichkeit und Störung integriert worden.

*Im Rahmen der Vorgespräche hatten Herr und Frau D. ihre Sorge über den Einfluss der Störung ihres Neffen auf Taylor mitgeteilt. Taylors Cousin Kenny war elf Jahre älter und wohnte in der anderen Doppelhaushälfte des gemeinsamen Hauses. Er ging bei der Familie ein und aus. In früher Kindheit war er von einem psychotischen Hausmeister körperlich misshandelt und sexuell missbraucht worden. Er war unglücklich, als Taylor geboren wurde und die Erwachsenen so viel Aufhebens um das erste kleine Mädchen in der Familie machten. Als Taylor noch ein Säugling war, hatte er es mit sexualisierten, aggressiven Interaktionen auf sie abgesehen. Als sie ein kleines Baby war, drückte Kenny häufig ihre Brustwarzen und ihre Brust und sang dazu »boobie, boobie«; oder er grabschte nach ihrem Gesäß, bis seine Erregung soweit eskalierte, dass er nur noch im Haus umher rannte. Er ließ Taylor auf seinen Genitalien hopsen, benutzte ihren Körper, um zu masturbieren, und ließ sie im Spiel an seinen Beinen entlang herunterrutschen.*

*Nachdem Taylor krabbeln gelernt hatte und alleine spielte, überraschte Kenny sie häufig, störte ihre Handlungen, indem er sich von hinten auf sie stürzte, um ihren Po oder ihre Brust zu drücken. Als Taylor zwei Jahre war, entdeckte ein Nachbar, dass Kenny ihr Kleider und Windel ausgezogen hatte und ihre Genitalien leckte und küsste. Die beiden Familien passten gegenseitig auf die Kinder auf, so dass diese häufig nachts im jeweils anderen Haus waren. Herr und Frau D. sagten nicht genau, wie es arrangiert worden war, konnten sich jedoch daran erinnern, dass Kenny häufig im zweiten Bett in Taylors Zimmer geschlafen hatte. Kennys Familie war in eine entfernte Stadt gezogen, als Taylor vier Jahre war. Herr und Frau D. waren erleichtert, dass sie sich Kennys zunehmend unkontrolliertem Verhalten nicht stellen mussten, und dachten, das Problem sei damit gelöst. Die nachfolgende Entwicklung von Taylors Sympto-*

*men stellte sie vor ein Rätsel – warum hatte sie in der Zeit, in der Kenny sie belästigte, nicht stärker reagiert? Es war schwer für sie zu verstehen, dass ein so kleines Kind seine Erinnerungen bereits psychisch bearbeitet hatte.*

*Gegen Ende des ersten Behandlungsjahres sprach Taylor in den Sitzungen zunehmend über Geheimnisse. Die kleinen Mädchenpuppen in unseren Spielen waren sehr an ihren Vätern interessiert und wollten alles über die kleinen Babys herausfinden. Taylor versuchte häufig, ihren Vater in aufgeregte Fangspiele zu verwickeln, und bestand darauf, allein mit ihm Karussell zu fahren, als sie in dieser Zeit einen Jahrmarkt besuchten. Dies waren nur einige der Indikatoren dafür, dass sie begann, altersangemessene ödipale Impulse zu spüren. Sie verglich sich auch mit ihrer Mutter und mir, erörterte, wessen Haare länger waren, wer größer war, usw. Jeden Tag fand ich sie »schlafend« auf der Couch des Wartezimmers, wenn ich sie für ihre Sitzung hereinholen wollte. Sie wollte, dass ich Dinge erriet, spielte Spiele, bei denen wir unsere Augen verdecken mussten und nicht wussten, was die andere machen würde. Zunächst hörte sie begierig zu, als ich über mein Unbehagen und meine Verwirrung sprach, seltsame Dinge in der Dunkelheit zu hören, und dass ich überlegte, wie es sein müsse, nicht zu wissen, was mit mir passieren würde, weil ich ja nichts sehen könne und unvorbereitet sei, wie jemand in der Nacht. Wiederholt kamen wir bis zu diesem Punkt. Dann unterbrach Taylor meinen Monolog abrupt und erklärte, dass ich nicht nur nicht sehen könne, sondern auch nicht hören oder sprechen. Ich musste still sein und meine Gedanken, Gefühle und Ängste für mich behalten, so dass sie jedem verborgen blieben. Dann sagte Taylor, sie habe ein Geheimnis mit jemandem, dass sie mir nicht verraten könne und auch sonst niemandem. Ich hatte den bestimmten Eindruck, dass Taylor die bewusste Erinnerung an einige der Ereignisse mit Kenny wiedererlangt hatte und sich nun hin- und her gerissen fühlte, weil sie nicht einschätzen konnte, was geschehen würde, wenn sie darüber spräche.*

Sowohl die wieder aufgetauchten Erinnerungen als auch Taylors Konflikte waren durch die Entwicklungsphase, in der sie sich befand, gefärbt. Zur Zeit der ursprünglichen Ereignisse hatte eine ihrer Reaktionen darin bestanden, die Erinnerungen zu verdrängen. Im Zusammenhang mit ihren libidinösen Wünschen gegenüber dem Vater und ihrer sexuellen Neugier gewannen ihre Erinnerungen eine neue Bedeutung, die sich auf ihre Reaktionen und defensiven Lösungen auswirkte. Die strengen Warnungen, über diese Themen zu sprechen, nahmen eine strafende Qualität an, die mit ihrem sich entwickelnden Gewissen zusammenhing.

*Dann nahmen äußere Ereignisse Einfluss auf das innere Tempo von Taylors Arbeit. Ihr Vater kündigte Kennys Besuch an, und ihre Mutter ließ sie im Fernsehen ein*

*Special über sexuellen Missbrauch ansehen. Taylor bekam Alpträume, warf sich im Bett hin und her und nässte ein. Einen Tag nach der Fernsehsendung wurde das repetitive Schulspiel der letzten Sitzungen in eine Doktor- und Krankenhausgeschichte abgeändert. Im Spiel wurden geheimnisvolle Operationen an den Genitalien an den Kindern und Bluttests durchgeführt. An den Tagen, an denen Taylor ihre alten Häuser aufbaute, waren die Kinder schnell in Autounfälle verwickelt und kamen ins Krankenhaus, wobei die Genitalien der Mädchen auf eine solche Art und Weise beschnitten wurden, dass eine offene Wunde zurückblieb, die nie heilen würde. Am dritten Tag nach der Sendung nässte Taylor ein, bevor sie die Schule verließ, um zur Sitzung zu kommen. Sie behauptete, dass sie es nicht gemerkt habe, obwohl sie von der Taille bis zu den Knöcheln nass war. Sie erklärte ihrer Mutter, sie habe auf ihren Körper gehört, doch in der Sitzung erläuterte sie, dass die Mädchenpuppen sich taub stellten, um auf nichts hören zu müssen – dann hätten sie auch nirgendwo in ihren Körpern Gefühle! In den folgenden Wochen berichteten Taylors Lehrer, dass sie sich auf eine Art und Weise zurückziehe, wie sie es sehr lange nicht gesehen hätten. Ein Lehrer bemerkte, Taylor scheine ganz in ihrer eigenen Welt zu sein und von nichts und niemandem etwas hören zu wollen; sie erschrecke sich, wenn sie im Unterricht angesprochen werde. Die Regression durchdrang jeden Bereich ihres Lebens: Sie nässte fast jede Nacht und auch mehrmals in der Schule ein, wich ihrer Mutter nicht von der Seite und verhielt sich ihr gegenüber sehr fordernd, während sie im Umgang mit ihrem Vater entweder überdreht war oder panisch wurde.*

*Im Rahmen der Behandlung trat Taylors neu erworbene Fähigkeit, zu symbolisieren und die Puppen zum Nachspielen ihrer verschobenen Konflikte einzusetzen, wieder in den Hintergrund. Sie bestand auf konkreten Handlungen zum Ausdruck von Gefühlen und Gedanken. Sie konnte nicht »so tun, als ob« es dunkle Nacht wäre, sondern beharrte darauf, dass wir wirklich die Lichter ausmachten, als wir für den Guy Fawkes Day übten. Taylor hatte diesen Tag mit seinem Überraschungspotential immer besonders aufregend und furchterregend gefunden, aber in diesem Jahr, in dem sie verzweifelt bemüht war, die Realität nicht aus den Augen zu verlieren, war es noch schlimmer als zuvor. Die Masken und Kostüme stellten eine Bedrohung für ihre Realitätsprüfung dar, während sie auf ergreifende Art und Weise ihre Unsicherheit darüber vermittelte, ob die Kinder nun wirklich in Monster verwandelt würden. Statt die kleinen Mädchenpuppen zu operieren, wollte Taylor spielen, dass sie selbst von uns beiden operiert wurde. Sie legte sich auf den kleinen Tisch und zog ihr T-Shirt hoch, als ob sie sich auf die Operation im Spiel vorbereiten wolle, und wurde dann zunehmend erregt, als sie mir ihren Körper zeigte. Dann spielte sie mit ihren Brustwarzen, um sich durch diese Art der Masturbation zu trösten und zu beruhigen — eine charakteristische Selbstberuhigungsmethode, wie sich später herausstellte.*

*Als wir all dies in der Behandlung bearbeiteten, konnte Taylor über ihre Phantasie sprechen, dass das Masturbieren ihr Schaden zufügen würde und sie für immer bluten lasse, wie erwachsene Frauen. Es gab zahlreiche Beispiele für ein derartiges Gemisch aus Information, Phantasie, Ängsten und Wünschen, die durch innere Prozesse, überstimulierende Mengen an unangemessener Information durch Erwachsene und andere Kinder sowie durch verwirrte Erinnerungen an Missbrauchserfahrungen mit Kenny verstärkt wurden. Terry beschäftigte sich ständig damit, Geschichten und Bilder von Monstern zu erfinden. Eines der Ungeheuer nannte sie »Tasha« — so hätte sie gerne geheißen. Sie sagte, Tasha wiege 50 Pfund zu viel und blute immer; es lecke an anderen Leuten und setze sich dann auf einen kleinen Stuhl und falle um. Taylor initiierte ein neues Spiel mit »Monstern im Dunkeln«, bei dem ein Monster jemand anderen überall auf eine Art berührte, die sich zugleich gut und schlecht anfühlte. In einer Sitzung musste sie dieses Spiel zweimal unterbrechen, um zur Toilette zu gehen. Als sie beim zweiten Mal zurückkam, erklärte sie: »Ich glaube, es gibt da ein Körpergefühl, das uns etwas von meiner Vagina erzählt.«*

*Taylor setzte ihre Behandlung zur Differenzierung ihrer körperlichen Empfindungen und zur Lokalisierung unterschiedlicher Erregungsquellen ein; dies ist eine normale Entwicklungsaufgabe des Kleinkindalters, die durch die erregenden und überwältigenden Empfindungen, die Kenny in Taylor hervorgerufen hatte, beeinträchtigt worden war. Als in der ödipalen Phase vaginale Empfindungen in den Vordergrund traten und neue Bedeutung erlangten, musste Taylor die Gefühle des Harndrangs und die mit der Masturbation verbundene genitale Erregung ebenfalls neu differenzieren. Sie bemühte sich auch, sicher zwischen sich selbst und anderen zu differenzieren, indem sie im Spiel wiederholt klärte, wer das Monster war – war es die Person, die den anderen fühlte, oder diejenige, die gefühlt wurde? – und welche Gefühle zu wem gehörten. Ihr Gewahrsein einer konsistenten Selbstrepräsentanz wurde durch die Kombination von innerer Erregung und überwältigender Stimulation von außen bedroht.*

*Im Laufe der folgenden Monate bearbeitete Taylor diese Dinge und versuchte, mit ihren Erlebnissen der Vergangenheit ins Reine zu kommen und ihre ödipalen Wünsche – libidinöse wie aggressive – zu integrieren, um in die Latenz vorrücken und ihre Aufmerksamkeit nach außen richten zu können. Es gab zwischenzeitlich Regressionen, die entweder durch aufkeimende Wünsche oder äußere Ereignisse, wie etwa Kennys Besuche bei der Familie, ausgelöst wurden. Taylor machte weitere Fortschritte – und doch bestand nach wie vor eine große Verwundbarkeit der Ich-Fähigkeit, ihre Impulse zu modulieren, ohne in ihre alten Selbstbeschränkungen zurückzufallen.*

Taylors Behandlung stellte mich vor das Problem, exakt zu verstehen, wie ihre Erfahrungen eine solch tiefgreifende Auswirkung auf ihre Entwicklung haben konnten. Reicht es aus zu sagen, dass sexueller Missbrauch zu einem derart frühen Zeitpunkt das nachfolgende Wachstum zwangsläufig verzerrt? Sicherlich ist dieser Faktor von Bedeutung, aber es gibt noch weitere Probleme, die dieser Fall illustriert, wenn wir die Auswirkungen des sexuellen Missbrauchs in sehr früher Kindheit verstehen wollen.

Einige der Probleme sind konzeptueller Natur. Ein Kind existiert nicht isoliert und kann auch nicht als solches behandelt werden. Daher wird der familiäre Rahmen bei den diagnostischen Vorgesprächen, bei der Behandlung sowie bei der Prognose berücksichtigt. Vermuteter oder nachgewiesener Missbrauch ist kein Ereignis an sich, sondern geschieht im Zusammenhang mit pathologischem Funktionieren. Wir sind daher nicht überrascht, wenn wir – wie es bei Taylor der Fall war – auf einen Hintergrund der Reizüberflutung treffen, der mangelnden Sicherheit und des mangelnden Schutzes, einer emotionalen Pathologie bei anderen Familienmitgliedern und massive Eheproblemen. Manchmal müssen wir sehr genau hinsehen und hinter unsere eigenen blinden Flecken der Konventionen, Stereotypen oder Vorurteile blicken und durch die Nebelwand der Abwehrhaltung Erwachsener durchdringen, um den gestörten Hintergrund auszumachen, vor dem sich körperliche Misshandlung und sexueller Missbrauch abspielen.

Wir sind daran gewöhnt anzunehmen, dass der Missbrauch traumatisch ist. Auch hier stellt sich ein konzeptuelles Problem. Es gibt unterschiedliche Definitionen dessen, was ein Trauma ausmacht – etwa ein schreckliches Ereignis oder eine Häufung von Stress und Belastung. Diese fußen mehr oder minder auf einer äußeren Beschreibung und übergehen den springenden Punkt, dass das Trauma nur als *subjektive Erfahrung* eines überwältigten Ichs angemessen definiert werden kann. Das Ich fühlt sich wahrscheinlich überwältigt, wenn das äußere Ereignis äußerst dramatisch und dazu angetan ist, jedes Individuum hilflos zu machen, wie es etwa bei natürlichen oder menschlich herbeigeführten Katastrophen oder Verfolgungen der Fall ist. Innere Zustände wie chronischer Schmerz, katastrophale Verletzungen oder Krankheiten werden aufgrund ihres Ausmaßes ebenfalls häufig als überwältigend für das Ich beschrieben. Ein relativ schwaches, junges, ungeformtes Ich hat kaum Ressourcen, kann nicht viel aushalten und ist daher wahrscheinlich sehr leicht überwältigt. Auch wenn wir keinen Zugang zur subjektiven Bedeutung bestimmter Ereignisse oder Erfahrungen haben, können wir mitunter einschätzen, dass es wahrscheinlich zu einer traumatischen Auswirkung gekommen ist. In Taylors Fall war mit einiger Gewissheit anzunehmen, dass sie als ein Kind, das schon im Säuglingsalter von erwachsener Angst überwältigt, überrascht, und überreizt und gehasst und verletzt wurde, traumatisiert war. Gewissheit für diese Annahme schafft jedoch erst der genaue Blick auf die Bedeutung ihrer Erfahrungen für sie selbst, auf deren Folgen für ihre sich entwickelnde Persönlichkeit und auf die Verfügbarkeit von Menschen und Umständen, die ihr halfen oder nicht halfen, sich von schlechten Erfahrungen zu erholen. Die einzige Art und Weise, Zugang zu ihrem subjektiven Erleben und ihrem Verständnis zu finden, ist eine Therapie, die intensiv genug ist und lange genug dauert, um die verschiedenen Ebenen und Aspekte ihres Funktionierens zum Vorschein zu bringen.

Was tat sie mit ihren traumatischen Erfahrungen? Wir sind nie in der Lage, das Trauma zu sehen. Wir sehen nur die Lösungen, die der Patient für die infolge des Traumas entstandenen Probleme gewählt hat. Diese Lösungen schließen als entscheidenden Faktor die besondere Bedeutung ein, die das Kind dem Trauma zuschreibt. Taylors Reaktionen lassen sich nur verstehen, wenn wir Zugang zu ihrer privaten Welt finden; es gibt keine Allheilmittel für den Missbrauch. Taylors Geschichte ist wahrscheinlich nicht die schlimmste Missbrauchsgeschichte, von der Sie gelesen haben. Trotzdem war es eine schwierige Geschichte. Aus Taylors und meiner Erfahrung in der Zusammenarbeit lässt sich ein Verständnis dafür erlangen, wie das Leben *für sie* war, sowie ein Verständnis der Hindernisse, auf die ich traf bei dem Versuch, Taylor und ihren Eltern zu helfen, sich zu ändern. Vielleicht geben unsere Schwierigkeiten auch Hinweise darauf, was sich hinter den Lebensgeschichten von Patienten verbirgt, die als Erwachsene in Behandlung kommen, so dass sie uns bei den behandlungstechnischen Problemen, mit denen uns derartig problematische Fälle konfrontieren, helfen können.

*Als Herr und Frau D. zum ersten Mal zur Beratung kamen, sagten sie nicht, dass Taylor wie ein Roboter ohne Gefühle funktioniere. Vielmehr waren sie über ihre zwanghaften, sexualisierten Interaktionen und ihre aufdringliche sexuelle Neugier besorgt und fürchteten, sie würde schulische Probleme bekommen, wenn sie so abgelenkt sei. Frau D. fürchtete, dass ihre eigene ständige Nähe zu Taylor, veranlasst durch das Bemühen, sie vor Kenny zu schützen, zusätzliche Angst hervorgerufen habe. Sie berichteten, dass Taylors Geburt völlig normal verlaufen sei. Wichtige Entwicklungsschritte habe sie eher früh gemacht. Der mütterliche Versuch, feste Stillzeiten einzuhalten, schlug fehl, weil Taylor ständig schrie, zu müde für die Stillmahlzeit war und zu hungrig, um einzuschlafen. Als nach Bedarf gestillt wurde, war das Problem gelöst.*

Wenngleich diese mangelnde Synchronizität von Taylors Bedürfnissen und deren Handhabung seitens ihrer Umgebung vielleicht keine spezifischen

Folgen hatte, illustriert sie doch, dass das Kind im Dienste der Bedürfnisse eines anderen Menschen unnötigen Kummer erleiden musste.

Welche Schlüsse ziehen wir aus solch einem Bericht? Wir hören die Entwicklungsgeschichte eines Patienten immer im Zusammenhang mit später auftretenden Problemen. Während uns dies einerseits die Möglichkeit gibt, frühe Wurzeln und Vorläufer der Pathologie auszumachen, bringt es andererseits auch die Versuchung mit sich, frühe Erfahrung mit späterem Funktionieren einfach gleichzusetzen. Die Analyse von Kindern und Adoleszenten kann Hilfe bei der Beleuchtung der komplexen Zusammenhänge leisten, da häufig weit mehr Informationen verfügbar sind als in der Arbeit mit Erwachsenen. Die Eltern und der Therapeut teilen das Wissen um historische Daten, die Muster erkennbar werden lassen; die Teilnehmer tragen aktuelle Beobachtungen zusammen, während das Kind die Vergangenheit in Form von Erinnerungen und Übertragungen und die Gegenwart direkt durch explizites Material und indirekt durch die Übertragung des aktuellen Funktionsniveaus und der Beziehungen einbringt. Hinzu kommt die Wahrnehmung der Beziehung zwischen den Eltern sowie zwischen Eltern und Kind durch den Analytiker. Die Beobachtung der aktuellen Familiendynamik gestattet die Bewertung der in der Vergangenheit erkennbaren Muster und Fäden. Mit Hilfe dessen kann auch der Kern von Taylors Pathologie und der ihrer Familie verstanden und den ursächlichen Faktoren ein entsprechendes Gewicht zugewiesen werden.

Es besteht kein Zweifel, dass Kennys Verhalten missbräuchlich war. Jedoch ist auch der scheinbaren Unfähigkeit der Eltern, bei diesen Angriffen einzuschreiten, ein großes Gewicht beizumessen. Dies ist unter dem Blickwinkel des erwachsenen Beobachters offenkundig. Was aber bedeuteten diese Erfahrungen für Taylor zur Zeit ihres Geschehens sowie danach? Waren es diese Aktivitäten, die sie traumatisierten? Die Frage ist für die Einschätzung und das Verständnis von Taylors nachfolgenden Symptomen von Bedeutung. Sie ist auch insofern von Bedeutung, als ihre Beantwortung unser Wissen darüber bereichern kann, wie solche frühen Erfahrungen, die im Laufe der Entwicklung von gesunden und pathologischen Faktoren transformiert werden, das heranwachsende Kind beeinflussen. Der Verlauf dieser Transformationen hat eine Wirkung darauf, welcher Einfluss sichtbar werden wird und wie er sich im späteren Leben manifestiert.

Wenn wir Taylors Ich-Entwicklung zur Zeit des Missbrauchs berücksichtigen, können wir einzuschätzen versuchen, ob oder bis zu welchem Grad sie sich überwältigt fühlte. Kennys Angriffe begannen in Taylors Säuglingsalter und eskalierten, als sie ein Kleinkind war. Diese Phase markiert im Rahmen der normalen Entwicklung den Übergang zwischen dem Körper-Ich und der zusammenwachsenden übergeordneten Ich-Struktur, die das Körper-Ich, die

Selbstrepräsentanz, die Selbstwertregulierung, die beginnende Abwehrorganisation, die Realitätsprüfung, die Vermittlung zwischen innerer und äußerer Welt, die kognitiven Funktionen, die synthetischen und integrativen Funktionen, die Fähigkeit zur Affektmodulation und zur Handlungskontrolle und schließlich die Verinnerlichung elterlicher Funktionen integriert. Während der für das Kleinkindalter typischen außergewöhnlichen Beschleunigung der Entwicklung benötigt das Kind die Eltern, die ihm bei der Übung und Ausübung vieler Ich-Funktionen helfen, als Hilfs-Ich dienen und den Körper und das Selbst vor Gefahr schützen, damit sich die Entwicklung weiter entfalten kann. Die Beschreibung von Kennys Aktivitäten lässt sowohl eine Störung für Taylors sich entwickelndes Ich vermuten als auch eine offenkundige Untauglichkeit der Eltern, sie vor diesen Angriffen zu schützen; das heißt, sie konnten ihre entscheidenden Hilfs-Ich-Funktionen nicht angemessen wahrnehmen. So erhalten wir das Bild eines Kindes, dessen Ich massiv attackiert wurde und dem die für eine normale Entwicklung nötige Unterstützung im Säuglings- und Kleinkindalter vorenthalten wurde.

*Taylor erlitt überdurchschnittlich viele Unfälle und Verletzungen. Zweimal wurde sie als Kleinkind im Gesicht und am Kopf genäht. Ein Zahn brach bei einem Sturz ab; ein Jahr später wurde ihr ein weiterer Zahn ausgeschlagen, als sie von einem anderen Kind umgestoßen wurde. Die Behandlung einer gebrochenen Schulter im Jahr vor der Überweisung weckte in ihr die Angst, bei der Abnahme des Gipses den Arm zu verlieren. Auch hier offenbarte die Anamnese widersprüchliche Elemente: Frau D. schlich ängstlich um Taylor herum, und dennoch wurde das Kind weder angemessen vor Unfällen geschützt, noch wurde ihm gezeigt, wie es sich selbst auf angemessene Weise vor Verletzungen schützen konnte.*

All diese Elemente verbanden sich zu einer erschütternden Geschichte, halfen mir aber zugleich, Taylors Probleme besser zu verstehen. Es war offenkundig, dass Kennys Angriffe zumindest Teil der Ursache von Taylors gestörten Beziehungen zu männlichen Personen waren. Trotz Frau D.s detailliertem Bericht war dieser Zusammenhang für Taylors Eltern jedoch weniger offensichtlich. Noch ehe ich das Kind überhaupt gesehen hatte, mussten also einige schwerwiegende Dinge im Rahmen der diagnostischen Einschätzung berücksichtigt werden: die Realitätsprüfung der Eltern schien beeinträchtigt zu sein. Zwar beschrieb Frau D. ihr Bewusstsein für die von Kenny ausgehende Gefahr, aber zugleich klang sie so, als ob sie sich angesichts seiner Impulse selbst machtlos gefühlt habe. Sie war mehr über die Auswirkung ihrer eigenen Ängste auf das Kind besorgt als über das, was Taylor erlebte. Sie wartete mit genauen Beobachtungen auf, schien jedoch keinerlei Schlüsse daraus zu ziehen. Herr D. hörte die Geschichte seiner Frau, war selbst Augenzeuge bei vielen dieser Ereignisse und fragte dennoch allen Ernstes, ob ich der Ansicht sei, seine Tochter sei missbraucht worden, und ob wir von ihr in Erfahrung bringen könnten, was passiert sei. Beide Eltern schienen unfähig zu sein, realistische oder plausible Schlussfolgerungen aus der gemeinsamen Information abzuleiten; sie boten ein Bild hilfloser Dissoziation von Taylor und ihrer Geschichte. Diese Spaltung zwischen ihren Wahrnehmungen und ihrem Verständnis war Teil der pathologischen familiären Umwelt, die den Hintergrund von Taylors Störung darstellte und den Kontext bildete, in dem der Missbrauch stattfand. Im Stadium der diagnostischen Beurteilung galt meine Sorge dem Ausmaß, in dem die defensive Verleugnung der Eltern auch ihre Fähigkeit beeinträchtigen würde, sich auf das Kind und dessen Bedürfnisse zu konzentrieren und die Bemühungen, Taylor zu helfen, zu unterstützen.

Wenn wir Kinder behandeln, haben wir den Vorteil, dass das Funktionieren der Eltern und die Beziehungen der Ehepartner beobachtet werden können. Jedoch hat der Analytiker bei der begleitenden Arbeit mit den Eltern kein spezifisches Mandat, um diese Beobachtungen zu nutzen, um Deutungen zu geben oder zu versuchen, Veränderungen direkt herbeizuführen. Zu Beginn der Behandlung lässt sich die Bedeutung dessen, was wir sehen, auf keinerlei Art einschätzen. Alle Eltern sind voller schmerzlicher Gefühle, wenn sie ein Kind zur diagnostischen Beurteilung und später zur Therapie bringen. Sie sind bis zu einem gewissen Grad voller Mitgefühl angesichts des kindlichen Kummers, fühlen sich schuldig und schämen sich für die Probleme und empfinden dem Therapeuten gegenüber intensive gemischte Gefühle. Es überrascht daher nicht, früh in der Behandlung gleichzeitig ein Bewusstsein und eine Verleugnung bei den Eltern zu sehen. Die regelmäßige Arbeit mit den Eltern eines behandelten Kindes zielt auf die Wiederherstellung oder Entwicklung der Fähigkeit zu konstruktiver Elternschaft, die dabei helfen soll, das Kind auf den Weg einer progressiven Entwicklung zurückzubringen. Die Widerstände, die auf diesem Wege zutage treten, beleuchten die pathogenen Einflüsse in der persönlichen Vergangenheit des Kindes, die in den Problemen der Eltern wurzeln.

*Während des ersten Jahres von Taylors Behandlung hatten regelmäßige Sitzungen mit ihrer Mutter – und gelegentlich mit beiden Elternteilen – mehrere Funktionen: Ich hatte in den Monaten unserer lähmenden Haus-und-Personen-Sitzungen Tuchfühlung mit Taylors täglichem Leben und konnte einschätzen, wie verzweifelt sie Gefühle abwehrte und bemüht war, ihre Erfahrungen zu beherrschen. Die Belastung in der Ehe von Herrn und Frau D. war offenkundig, und ich frage mich, inwieweit Taylors Störung als Sicherheitsventil diente für die Angelegenheiten, mit denen die Eltern sich gegenseitig nicht konfrontieren wollten. Ich konnte sehen, dass die Verleugnung von Herrn und Frau D. keine kurzfristige defensive Reaktion auf den mit der Überweisung des Kindes verbundenen Stress darstellte, sondern eine Charakterpathologie, die ihre Fähigkeit, Taylor als getrennte Person zu sehen und sich ihre Gefühle und Sichtweisen vorzustellen, zutiefst beeinträchtigte. Ich konnte verstehen, dass Taylors Eltern sie aus verschiedenen Gründen, die in ihrer persönlichen Vergangenheit lagen, als Objekt benutzten, auf das sie unakzeptable Selbstaspekte externalisierten.*

*Taylors tägliches Leben war ein Wirbel aus Erregung und Reizüberflutung. Fernsehen und Radio liefen in jedem Zimmer des Hauses. Sie sah Filme mit sexuellem und gewalttätigem Inhalt, der weit über ihre Fähigkeit, dies zu verstehen oder aufzunehmen, hinausging. Sie wurde auf jedem Jahrmarkt auf die wildesten Achterbahnen mitgenommen. Die Türen von Badezimmer und Schlafzimmer waren nie verschlossen. Beide Eltern schliefen nackt. Die Sprache enthielt eine starke sexuelle Metaphorik. Männliche und weibliche Verwandte im Teenageralter waren tags und nachts ständig im Haus und bekundeten einander ihre Zuneigung auf übertriebene Weise. Diesen Berichten zuzuhören war bereits überwältigend. Es entstand ein Bild, das mit meinen eigenen Beobachtungen übereinstimmte: Taylors Kleidung war immer zu eng, die Küsse mit ihrer Mutter zu lang und immer auf den Mund, die Mutter tätschelte, berührte und liebkoste Taylor während aller Gespräche, und der Vater hatte seine sehr große Sechsjährige immer auf dem Schoß. Taylors häufige Stürme der Rastlosigkeit, Erregung und sexuellen Aktivität machten Sinn, nachdem ich mehr über ihr Umfeld verstand. Jedoch trat das elterliche Bedürfnis, die Dinge so zu lassen, wie sie waren, erst im Laufe der Zeit zutage; es fand Ausdruck in ihrer Unfähigkeit, auf meine Appelle zu reagieren, sich die Auswirkung einer solchen Situation auf Taylor vorzustellen. Es war ihre Erregung, die Taylor in sich trug, ihre mangelnde Impulsbeherrschung und ihre Hilflosigkeit, die sie in ihrem eigenen Leben angesichts überwältigender, unangemessener Stimulation durch andere erlebt hatten. Weit davon entfernt, sie vor Übergriffen zu schützen, waren ihre Eltern deren aktive und passive Instrumente dieser Übergriffe gewesen.*

Um die Traumata zu verstehen, die Taylor erlitten hat, müssen wir das Feld folglich erweitern. Es reicht nicht aus, sich auf die speziellen Ereignisse mit Kenny und auf die Bedeutung zu beschränken, die sie im Rahmen der weiteren Entwicklung erhielten. Zu berücksichtigen sind auch das Umfeld, das diese Vorfälle möglich machte, die Umgebung, in der die überwältigende Stimulation ständig wiederholt wurde, die mangelnde Linderung und Wiedergutmachung nach den Geschehnissen sowie die Auswirkungen der fehlenden Verfügbarkeit angemessener Vorbilder, mit denen sich Taylor hätte identifizieren können.

*Frau D. war selbst in Therapie, kam gewissenhaft zu den Elterngesprächen und reagierte positiv, als ich sie schließlich mit der elterlichen Externalisierung konfrontierte. Sie begann, ihren Umgang mit Taylor zu ändern. Als sie die unangemessene Stimulation im Leben des Kindes verminderte, wurde Taylor ruhiger und konnte in der Behandlung wie auch in der Schule effizienter arbeiten. Die Ich-Fähigkeiten blühten auf, als Taylor Lesen und Schreiben lernte. In ihren Sitzungen begann sie, Bücher zu machen. Wie bereits im 7. Kapitel erläutert, beinhalteten diese Bücher zunächst kaum neutralisierte Äußerungen von Taylors Impulsen. Allmählich konnte sie sie zur Sublimierung einsetzen und ihre Sorgen in eine eher handhabbare symbolische und abgeleitete Form bringen. Wir katalogisierten ihre liebsten Popstars und kopierten Bilder der Kostüme von Darstellern aus Fernsehshows. Wir sprachen über Taylors Gedanken und Ängste, über ihre Verwirrung und ihre Wünsche bezüglich ihres Körpers und über das Erwachsenwerden, und sie begann, es zu genießen, auf sich selbst acht zu geben. Taylor war zunehmend in der Lage, den sie umgebenden Mahlstrom ohne Regression oder Rückzug zu modulieren. Sie sah jetzt eher wie ein Schulkind aus und fühlte sich entsprechend. Ich war zuversichtlich, was ihre Behandlung anging.*

*Gleichzeitig machte ich mir weiterhin Sorgen. Taylor begann viele Projekte in ihren Sitzungen, die sie jedoch nie zu Ende brachte: Sie bemalte die Einbände ihrer Bücher, zeichnete die ersten Seiten, und der Rest blieb irgendwie einfach weiß. Ihre Lust hielt nie lange an, sondern wurde schon bald von einer Art müder Traurigkeit oder distanzierter Resignation abgelöst. Seitens der Eltern hatte schon immer der Druck bestanden, die Behandlung zu beschleunigen. Frau D. wollte von ihren angsterfüllten Schuldgefühlen am liebsten durch eine schnelle Genesung ihrer Tochter befreit werden. Bei Herrn D. maskierten unrealistische finanzielle Sorgen sein zunehmendes Unbehagen angesichts der dynamischen Veränderungen, die sich in seiner Tochter und seiner Frau vollzogen. Auf einer intellektuellen Ebene konnte er verstehen, dass er und seine Frau ihre eigenen Angelegenheiten auf Kosten des Kindes auslebten, jedoch war es ihm fast unmöglich, sich zu ändern, und Taylors zunehmende Autonomie stellte eine Bedrohung für das pathologische, durch Missbrauch geprägte Gleichgewicht dar, das die Familie hergestellt hatte. Ich selbst war in dieser Behandlungsphase angespannt, weil ich mich fragte, wie lange die Familie Taylors Behandlung und die durch sie erlangten Fortschritte noch würde tolerieren können. Taylor begann, sich um ihr eigenes Essverhalten zu kümmern, und versuchte, ihr Gewicht zu kontrollieren. Sie hatte bis zu einem Punkte zugenommen, an dem der Kinderarzt den Eltern Vorhaltungen machte. Ihre Mutter wurde sehr besorgt und ahnte, dass dies eigentlich nicht Taylors Aufgabe sein sollte. Zugleich kam sie in Verlegenheit, weil sie selbst in dieser Hinsicht versagt hatte. Taylors Vater war die nie versiegende Quelle für verbotene Snacks und Leckerbissen. Er war beunruhigt und warf Taylor vor, ihm etwas weg zu nehmen! Taylor geriet unter der Einwirkung dieser elterlichen Pathologie ins Wanken. Das pathologische Verhalten der Eltern stellte einen Angriff auf ihre Grenzen und ihren auftauchenden Wunsch dar, für ein klar definiertes Selbst verantwortlich zu sein. Dieser erneute Angriff zeigte, wie das pathologische Externalisierungsbedürfnis der Eltern die traumatischen Folgen von Taylors früheren Erfahrungen verstärkt hatte und ließen ahnen, welchen Widerstand sie würde leisten müssen, um ihre progressive Entwicklung weiterhin zu behaupten. Für mich stellte sich die Aufgabe, mich mit den Grenzen meiner therapeutischen Ambitionen abzufinden und realistisch einzuschätzen, inwieweit es Taylor gelungen war, ihr restrukturiertes Ich zu integrieren, und wie viel mehr sie als Siebenjährige würde leisten können.*

*Gegen Ende ihres zweiten Behandlungsjahres sprach Taylor traurig über die Reibereien zwischen ihren Eltern, und wir arbeiteten an ihren Wünschen und Ängsten hinsichtlich ihrer Rolle bei den elterlichen Eheproblemen. Taylor verarbeitete diese adaptiv, indem sie plante, wie sie ihre eigenen Beziehungen handhaben würde, wenn sie einmal groß wäre. Sie konnte auf die Phantasie verzichten, ihren Eltern Vorschriften für ihr Leben zu machen. Diese Konsolidierung stimmte mich zuversichtlicher, was ihre künftige Fähigkeit betraf, an den in der Behandlung gewonnenen Fortschritten festzuhalten. Ehe wir die Behandlung beendeten, sprachen Taylor und ich darüber – und dies wurde auch mit Herrn und Frau D. erörtert –, dass künftige Entwicklungsübergänge Zeiten der Verletzlichkeit für Taylor sein könnten, in denen neue Impulse vielleicht alte Ängste zu neuem Leben erwecken würden und sie sich überwältigt fühlen könnte.*

*Mit vierzehn Jahren fragte Taylor ihre Mutter, ob sie noch einmal für ein oder zwei Sitzungen zu mir kommen könnte, um »über ein paar Dinge zu sprechen«, wie sie es nannte. Ihr Vater erlaubte dies nicht, aber Frau D. rief mich an, um zu berichten, dass Taylor die Vorstellung, mit mir zu sprechen, eingesetzt zu haben schien, um sich wieder selbst zu restabilisieren. Offenbar hatte Taylor aus ihrer Behandlung in der Kindheit genug mitnehmen können, um in der Lage zu sein, auch angesichts des Stresses der Pubertät an einem inneren Gewahrsein für ihre eigenen Ich-Fähigkeiten festzuhalten. Wahrscheinlich wird sie im Erwachsenenalter eine erneute Behandlung benötigen, aber bin ich zuversichtlich, dass sie sich aktiv darum kümmern wird.*

Was können wir aus Taylors Geschichte, wie sie im Laufe der Behandlung zutage trat, lernen? Zu Beginn sahen wir ein Kind, dessen Ich durch äußere Übergriffe eine tiefe Störung erlitten hatte. Als Taylor im Laufe der Therapie in die ödipale Phase eintrat, erlangten ihre Erfahrungen für sie eine neue Bedeutung. Ihr Ich wurde von innen überwältigt, und sie zeigte eine traumatische Reaktion. Als Taylor sich zu verändern begann, traten die Störungen ihrer Eltern deutlicher hervor, und ihr anhaltender Beitrag zu Taylors entgleister Entwicklung und das traumatogene Potential ihrer Pathologie wurden ersichtlich.

Auf der Basis dieses Berichtes lassen sich einige Schlussfolgerungen ziehen. Zunächst einmal sind die kindlichen Persönlichkeiten selbst in den frühesten Jahren sehr komplex und fähig, Erfahrungen zu bearbeiten und zu überarbeiten. Vorsicht ist geboten bei Erinnerungen, die den Anschein erwecken, als seien sie von frühester oder früher Kindheit an unverändert geblieben. Taylors Erinnerungen an Kennys Übergriffe waren vermischt mit Phantasien, die sich aus Impulsen der ödipalen Phase herleiteten, die wiederum durch die mannigfaltigen aggressiven und sexualisierten Erfahrungen aus ihrem täglichen Leben beeinflusst waren. Wenn wir Taylor im Erwachsenenalter wiedersähen, fänden wir weitere Schichten der entwicklungsbedingten Transformationen. Zweitens müssen unsere Beschreibungen und Definitionen des Traumas dieser Komplexität Rechnung tragen. Wir dürfen nicht der Versuchung erliegen, einzelne äußere Ereignisse lediglich mit »Trauma« gleichzusetzen, sondern können uns einem präzisen Verständnis nur nähern, wenn wir innere Bedeutungen und Entwicklungseinflüsse einbeziehen. Drittens wird in der therapeutischen Beziehung mit einem traumatisierten Patienten zwangsläufig nicht nur der Inhalt bestimmter Erfahrungen, sondern auch die gesamte Form und der Stil des personalen Umfeldes reproduziert; dieses Umfeld muss als traumatogen verstanden und in der Behandlung fokussiert werden, weil es für Veränderung unverzichtbar ist. Taylor wurde missbraucht, indem sie von frühester Kindheit an überwältigt und sexuell stimuliert wurde. Dies hätte nicht außerhalb des Kontextes der Externalisierung seitens ihrer Eltern geschehen können, die Taylors in Entwicklung begriffene Persönlichkeit überwältigten und dadurch fehlangepasste Reaktionen hervorriefen. In der Behandlung versuchte Taylor, eine solche Beziehung mit der Analytikerin zu reproduzieren. Die Arbeit an ihren sehr konkretistischen Inszenierungen dieser Wünsche führte die größten Veränderungen herbei und ermöglichte das Wachstum und die Konsolidierung ihres Ichs. Taylor lernte es, sich selbst »Buh-Warnungen« zu geben.

## 10. Kapitel

# »Ich hasse Dich dafür, dass Du mir das Leben gerettet hast« – Geliehenes Trauma in der Analyse einer jungen Erwachsenen

> »Stampfend teilte der Bug [der Motorschiffe] das Wasser zu einem V, das sich weitete, bis es beide Ufer erreichte. Dort schwappte das Wasser plötzlich auf und nieder, obwohl das Schiff schon ein ganzes Stück weitergefahren war. Dann schwappten die Wellen zurück und formten ein umgekehrtes V, ein Lambda, das sich immer mehr schloss, nun aber mit dem ursprünglichen V zusammenstieß, verformt das andere Ufer erreichte und wieder zurückschlug, bis der Kanal in seiner ganzen Breite von einem komplizierten Liniengeflecht überzogen war, das sich minutenlang immer wieder veränderte, bis es sich schließlich beruhigte und verschwand. Anton versuchte immer wieder, den genauen Ablauf der Bewegungen herauszufinden, doch jedesmal wurde das Wellenmuster so kompliziert, dass er es nicht mehr verfolgen konnte.«
>
> Harry Mulisch, *Das Attentat*

Diese Zeilen des niederländischen Autors Harry Mulisch (1982) las die dreiundzwanzigjährige Felicity im vierten Jahr ihrer Behandlung laut vor. Sie hatte das Gefühl, dass Mulisch die Erfahrung ihrer Analyse in seinem Prolog zu einem Roman über die Kraft verdrängter Erinnerungen festgehalten habe. In diesem Kapitel werden wir mit dem Material aus den letzten drei Monaten (April bis Juni) der fast siebenjährigen Analyse von Felicity arbeiten, um zu beschreiben, wie der Beendigungsprozess die wesentlichen Komponenten von Felicitys Konflikten, ihre neurotischen Lösungen für diese Konflikte, die Entwicklungsgeschichte ihrer Erkrankung sowie den Beitrag der Familiengeschichte zu deren Herausbildung zusammenbrachte. Literaturkritiker haben das Untersuchen jedes Elementes einer Arbeit hinsichtlich seiner Denotation und Konnotationen als »Auspacken« bezeichnet. Das »Auspacken« von klinischem Material aus der Beendigungsphase wird historische und thematische Aspekte der gesamten Analyse beleuchten.

*Mitte April berichtete Felicity zwei Träume, die ihr sehr wichtig erschienen. Im ersten Traum hatte sich ihre ganze Familie zu einer Porträtaufnahme versammelt, und jede Person hatte im Rahmen der Vorbereitung einen kosmetischen Eingriff vornehmen lassen. Im Laufe ihrer Kindheit waren von Felicitys Familie regelmäßig Porträtaufnahmen gemacht worden, und jedes Mal hatte es Wutausbrüche der Kinder und Wutausbrüche der Mutter gegeben. In der Analyse waren die Photositzungen zu einer Metapher geworden, die Felicitys Erleben des Zwangs zum Ausdruck brachte, mit dem die Mutter unter Missachtung der Gefühle des älteren Kindes Felicity und ihres drei Jahre jüngeren Bruders Brett auf eine Fassade von Familienglück und Normalität pochte. Später im Traum gab es eine Episode, in der ein schwarzer Mann mühelos an einem anderen vorbei glitt, den das nicht zu stören schien. Ein Thema waren in der Behandlung die verschiedenen Haltungen der Familienmitglieder zu ihrer eigenen Identität und zu ihrer sozialen Rolle und Stellung; Felicity kämpfte mit ihren zornigen Reaktionen auf die Vorurteile ihrer Großeltern und Eltern. Danach gab es im Traum eine Szene, in der sie kameradschaftlich mit ihrem Bruder beieinander saß, während der Direktor ihrer Schule einen Vortrag darüber hielt, Kenianer zu sein, und das Kind Felicity scherzte: »Nicht aus Kennebunkport, Maine«.*

*Felicitys Assoziationen zu diesem langen und komplexen Traum führten dazu, dass sie die beiden schwarzen Männer als die Kinder in ihrer Familie identifizierte, von denen sich jedes an den Rand gedrängt fühlte – sie selbst als die Ältere, die unter dem erreichbaren Leistungsniveau zurückblieb, Brett als jemand, der Glanzleistungen vollbrachte und sich kürzlich nach einem Selbstmordversuch zu seiner homosexuellen Orientierung bekannt hatte. Mit Gedanken an die Darstellung der verzweifelten Suche eines schwarzen Mannes nach der Möglichkeit, seinen Identitätskonflikts zu lösen, erinnerte sie sich, dass sie kürzlich ihre eigenen Tagebücher wieder gefunden hatte, die sie mit zwölf und dreizehn Jahren geschrieben hatte. Felicity berichtete von Geschichten, die sie über mutterlose Helden geschrieben hatte, erinnerte sich, wie deutlich sie ihren Zorn auf ihre Mutter zum Ausdruck gebracht hatte, und an ihre Sehnsucht nach jemandem, der ihr selbst und ihrem damals achtjährigen Bruder geholfen hätte, als sie beide sterben wollten. In Felicitys Latenz und früher Adoleszenz bestand die Reaktion der Mutter auf jegliche Art von familiärem Stress darin, Marihuana zu rauchen. Felicity hatte viele Erinnerungen, in denen ihr früheres Gewahrsein der mütterlichen Depression mit dem Bild der Mutter verschmolz, die »zugekifft« und völlig unerreichbar in der Küche saß. Eine Seite ihrer alles durchdringenden Identifizierung mit ihrer Mutter betraf diese depressive, gelähmte, inaktive Person.*

*In ihrem zweiten Traum in jener Woche Mitte April hatte Felicity eine Teetasse fallengelassen. Die Tasse war zerbrochen, und der Vater hatte sie ange-*

*schrieen. Sie sagte, sie würde alles saubermachen. Felicity assoziierte das Schreien ihres Vaters zu der Tatsache, dass er niemals laut wurde. Sie hatte ihn immer als zurückgezogenen, depressiven Mann beschrieben, unfähig, mit anderen in Beziehung zu treten. Über die ersten vier Jahre ihrer Analyse hinweg fiel Felicitys Vater nur durch sein Fehlen im Material auf. Er tauchte lediglich in einer wiederkehrenden, jedoch isolierten, eingekapselten idyllischen Erinnerung auf: Er zündete in der Dämmerung ein großes Feuer an, um Indianer zu spielen. Im Material tauchte er erst im Kontext mit Felicitys zwanghafter Beschäftigung mit ihrem Essverhalten auf. Sie schrieb diese Präokkupiertheit nicht nur auf die Diäten und die Bulimie ihrer Mutter zurück, sondern auch auf das Essverhalten des Vaters, der seine Mahlzeiten unkontrolliert hinunterschlang. Gedanken über die Fettleibigkeit des Vaters hatten eine Zeit der Verwirrung über Schwangerschaft und Fettleibigkeit in der Analyse eingeleitet; Phantasien über eine orale Befruchtung führten zu Gedanken über Bisexualität, und Felicity kämpfte mit ihren allmächtigen Wünschen, einen »weiblichen Penis« zu haben. Homosexuelle Wünsche tauchten in dieser Zeit innerhalb wie außerhalb der Übertragung auf. Die primäre Verbindung aber bestand zwischen ihrer panischen Verlassenheitsangst in Zeiten des Getrenntseins und ihrer omnipotenten phantasmatischen Lösung, aus eigener Kraft vollkommen zu sein, das heißt, den Penis zu inkorporieren, dick und schwanger zu werden und dann ein Baby zu bekommen, das ihr Gesellschaft leistete. Dies würde sie auch befähigen, sich mit der Analytikerin in der Rolle der Mutter zu identifizieren. Auf diese Weise wurde deutlich, dass Felicity durch ihre Identifizierungen vor ein Dilemma gestellt wurde – sie schützten sie einerseits vor dem Alleinsein, bedrohten aber andererseits ihre eigene Identität.*

Die Analyse der bisexuellen Phantasien im vierten Jahr der Behandlung führte zu weiterem entscheidenden Material über Felicitys Beziehung zu ihrem Vater. Statt seiner Intelligenz oder seinen Interessen – diese schienen für ihren Bruder reserviert zu sein – hatte Felicity seine Fähigkeit introjiziert, Gefühle abzutöten. Sie sprach von einer »Besessenheit« – so als habe ein böser Geist, der den gleichen Namen trug wie ihr Vater, von ihr Besitz genommen und dämpfe all ihre eigenen Wahrnehmungen und Vergnügungen. Schuldgefühle und Angst wegen ihrer exzellenten Fähigkeit, andere zu durchschauen, und ihre eigene sinnliche und sexuelle Lust wurden gelähmt und geronnen zu einem vagen, frustrierten Gefühl der Unsicherheit über ihre eigene Identität. Diese defensive Unbeweglichkeit hatte sich auf ihre Leistungsfähigkeit in Schule und Studium ausgewirkt und beeinträchtigte ihre beruflichen Optionen auch weiterhin.

*Bis April des siebten Jahres war jedoch genug Arbeit geleistet worden, so dass Felicity die Fluktuationen ihrer eigenen Affekte selbst wahrzunehmen vermochte. In der Woche mit den zwei berichteten Träumen, in der sie sich auch auf Ende Juni für die Beendigung hatte festlegen können, erläuterte sie freitags, dass die Träume »ein seltsames sexuelles Gefühl« enthalten hätten. Als die Träume mit dem Material über das Auffinden der Tagebücher aus der Zeit, in der sie ihrer Ansicht nach noch eine »Stimme« hatte, zusammengebracht wurden, begann sie darüber zu sprechen, »sich wie dreizehn zu fühlen«. Eine wesentliche Komponente des Gefühls, dreizehn zu sein, waren auftretende sexuelle Gefühle und der Drang zu masturbieren gewesen, auf den Felicity mit gelegentlichem nächtlichen Bettnässen bis etwa zum sechzehnten Lebensjahr reagiert hatte.*

*Die Erinnerung an diese Konflikte führte zu Gedanken an die Ferien am See, eine zentrale Erinnerung über die gesamte Analyse hinweg. Felicitys Vater hatte einen Zusammenbruch erlitten, als sie sieben Jahre alt war, und die Familie über einige Monate hinweg verlassen, um mit einem Freund fischen zu gehen. Im Zuge seiner Genesung und wahrscheinlich als Teil eines Versöhnungsprozesses mit seiner Frau fuhr die ganze Familie für zwei Wochen in das Ferienhaus des Freundes an einen See. Mit dabei waren der Freund des Vaters und seine Frau sowie der Bruder des Gastgebers und dessen Freundin. Felicitys Mutter mochte den Gastgeber nicht, hasste es, auf dem Land zu sein, hatte panische Angst vorm Schwimmen, bestand aber dennoch darauf, dass die sechs Erwachsenen und zwei Kinder eine wunderschöne Zeit in dem Zwei-Zimmer-Häuschen verbringen würden. Felicity hatte mit ihren sieben Jahren Angst vor gefährlichen Wesen auf dem Grund des Sees, die sie beißen könnten. Als sie mit Brett zum Anlegeplatz zurückgeschickt wurde, zog sie sich vom Ufer zurück, um dann hilflos zusehen zu müssen, wie ihr kleiner Bruder ins tiefe Wasser fiel. Ein fremder Passant rettete das Kind, aber die Eltern gaben Felicity im Nachhinein stets die Schuld am Unfall.*

*Das war die Erinnerung in jeder bisherigen Darstellung während der Behandlung gewesen, mit Betonung auf Felicitys Unglück und Groll einerseits, sowie auf der Missachtung der Bedürfnisse und Wünsche der Kinder seitens der Erwachsenen andererseits. Im Zusammenhang damit, »sich wie dreizehn zu fühlen«, fügte Felicity jedoch Neues zu der Geschichte hinzu. Sie erinnerte sich daran, dass der Bruder des Gastgebers und seine Freundin ins Ferienhaus gegangen waren und »stundenlang Sex hatten«. Die Kinder wussten davon, weil Brett einen Spalt in der Wand entdeckt hatte, durch den sie hindurch spähten. Es war ein kribbelndes Gefühl, teils weil sie wussten, dass sie ungezogen waren und Ärger bekommen würden, wenn man sie erwischte. Felicity konnte sich an Schuldgefühle jedoch lediglich in der Adoleszenz erinnern, als sie und eine*

*Freundin Playboy-Magazine anschauten und sie eine starke Erregung spürte. So konnten Verbindungen hergestellt werden zwischen dem Gefühl, von den Erwachsenen vor äußeren Gefahren und inneren Impulsen nicht geschützt zu werden, Schuldgefühlen wegen der eigenen Sexualität und Konflikten wegen ihrer Todeswünsche und ihrer Wut.*

*Felicitys Sexualität repräsentierte nicht nur verbotene libidinöse Impulse anderen gegenüber, sondern einen ganzen Bereich der Lebendigkeit und Aktivität, der ihr in Zeiten wuterfüllter Depression verwehrt blieb. Eine wiederkehrende Abfolge zu Beginn der Behandlung waren anfänglicher Enthusiasmus und Aufregung – etwa über einen neuen Kurs am College –, gefolgt von Zweifeln, Hemmungen und dem Verlust jeglicher Begeisterung und Denkfähigkeit. Sehr rasch mündete dies dann in Selbstmordgedanken. Felicity war ursprünglich im Alter von neunzehn Jahren aufgrund ihrer Depression überwiesen worden; sie sprach in der diagnostischen Beurteilung offen über ihre suizidalen Tendenzen, und diese stellten über mehrere Jahre hinweg eine bleibende Gefahr dar. In den ersten ein oder zwei Jahren ihrer Analyse führten wiederholte Erfahrungen ihrer negativen Reaktionen auf potentielle Erfolge zur Aufdeckung ihrer Wut und Rivalität mit ihrer Mutter und ihrem Bruder. Sie war damals in der Lage, Kindheitserinnerungen an Situationen, in denen sie hinauf in ihr Zimmer ging, die Möbel demolierte und sich hin und her warf, so dass sie gegen die Wände schlug, zu verstehen. Diese Ausbrüche waren stets auf Auseinandersetzungen mit ihrer Mutter hin erfolgt; sie hatte sich bei diesen Auseinandersetzungen unverstanden gefühlt und konnte ihre Enttäuschung über ihre Mutter nicht ertragen. Sie konnte sich nicht daran erinnern, dass ihre Eltern während dieser Episoden jemals eingegriffen hätten; sie schienen auch die zerbrochenen Möbel nicht zu bemerken, die sie selbst notdürftig reparierte. Schließlich war Felicity auch in der Lage, ihre defensiven Hemmungen und ihre Wünsche, sich umzubringen – denen sie nur einmal ansatzweise nachgab, indem sie sich Kratzwunden am Handgelenk zufügte –, als mörderische Impulse der Mutter gegenüber zu verstehen.*

*Einmal war sie alarmiert, als sie bei einem Besuch zu Hause den Impuls verspürte, den Bauch der Katze mit der Schere aufzuschneiden, die sie gerade in der Hand hielt. Solche Momente überzeugten sie von der Realität ihrer Wut und der Notwendigkeit, mit ihr umgehen zu lernen. Nach langer, schmerzhafter und tumultreicher Arbeit schluchzte sie in einer Sitzung: »Es gibt eigentlich keinen anderen Weg. Ich werde diese Gefühle fühlen müssen. Ich hasse Sie dafür, dass Sie mir das Leben gerettet haben.« Dies kam nach zweieinhalb Jahren Behandlung. Es schien ein Wendepunkt in der Analyse zu sein, jedoch war zu dem Zeitpunkt noch nicht abzusehen, wie viel mehr aus ihrer persönlichen Geschichte in Felicitys leidenschaftlichem Vorwurf enthalten war.*

*Nachdem Felicity das Datum für die Beendigung der Analyse festgesetzt und über neue Erinnerungen an ihre Kindheitssexualität berichtet hatte, verpasste sie die erste Sitzung der folgenden Woche – seit Jahren zum ersten Mal. Als sie am nächsten Tag kam, sprach sie nach langem Schweigen über ihre Enttäuschung nach dem Besuch eines Vortrags, gehalten von einer Person, die sie in der Vergangenheit sehr bewundert hatte, jemand, den sie nachahmen wollte, ja, zu dem sie werden wollte, da sie immer der Meinung gewesen war, dass er eine schreckliche Kindheit überwunden und Ordnung in das Chaos seines Lebens gebracht habe. Der Referent interviewte auch Personen aus dem Publikum. Während Felicity darüber nachdachte, was sie sagen würde, wenn sie befragt würde, erkannte sie, dass sie nur die Lebensgeschichte ihrer Mutter zu bieten hatte – sie hatte keine eigene. Sie dachte wieder an ihre Eltern, die »nicht da waren«, um sie aufzuziehen, und die »andere Kinder als erwartet bekommen hatten«. Sie formulierte es folgendermaßen: »Nimm Eier, Öl und Mehl, und Du bekommst einen Kuchen. Nimm Angst, Selbstzweifel und Verwirrung, und Du bekommst Felicity und Brett.« Der Analytiker griff ihr alt vertrautes Gefühl auf, immer im Szenarium eines anderen Menschen gefangen zu sein. Das Bild, mit dem sie ihr Gefühl ausdrückte, nicht von ihren Eltern aufgezogen worden zu sein, war aus der Vergangenheit ihrer Mutter geliehen. Felicity reagierte mit »drei Enthüllungen«: Die erste war, dass ihre Eltern ihr ihre eigenen Vorstellungen über ihren beruflichen Werdegang aufzwangen; ihre Behauptung, Werbetexte zu verfassen sei das Gleiche, wie Geschichten zu schreiben, verleugne nicht nur ihre kreativen Fähigkeiten, sondern spiegele einen kognitiven Stil der Verleugnung und des zwiespältigen Denkens wider, der ihr intellektuelles Funktionieren in Schule und College verdorben habe. Die zweite Enthüllung betraf die große Erleichterung, die sie empfunden hatte, als ihr bewusst wurde, dass sie weder für Bretts Sturz ins Wasser verantwortlich gewesen war noch für irgendein anderes Unglück oder Missgeschick, an dem ihr die Schuld gegeben worden war. Es sei das Problem ihrer Eltern, dass sie unfähig seien, ihre Rollen angemessen wahrzunehmen. Die dritte Enthüllung betraf ihr Gefühl, endlich bereit zu sein, sich mit etwas Sexuellem, das bislang noch unentdeckt und ungeklärt war, auseinanderzusetzen.*

*Am nächsten Tag sprach Felicity zunächst zusammenhanglos und begann dann, über ihre Schwierigkeit nachzudenken, in Gang zu kommen. Sie war der Ansicht, dass sie in der Analyse gut und hart gearbeitet hatte, mehr als andere Leute. Es war nicht leicht, aber es lief. Seit ihre Eltern jedoch den Geldhahn zugedreht hatten und sie krank geworden war, konnte sie sich nicht mehr konzentrieren. Felicity bezog sich auf die Tatsache, dass sie im Herbst zuvor die Beendigung in Erwägung gezogen hatte, als ihre Eltern plötzlich erklärten, dass sie die Analyse nur noch wenige Monate lang finanzieren würden. Gerade als*

*Felicity aufzublühen begann und auf wichtige Lebensentscheidungen hinsichtlich Beruf und Beziehungen hinarbeitete, waren ihre Eltern ihrer eigenen Entscheidung über ihre Analyse zuvorgekommen. Dieses Muster, das aus der Arbeit mit Kindern so bekannt ist, signalisiert uns gewöhnlich die Möglichkeit, dass die Krankheit des Patienten eine Funktion in der Psychologie der Familie erfüllt. Die Wiedererlangung eines selbständigen, gesunden Funktionierens könnte eine Bedrohung für das pathologische Gleichgewicht in der Familie darstellen.*

*Binnen einer Woche nach der Ankündigung der Eltern hatte Felicity Symptome, Kopfschmerz und Schwindelanfälle, entwickelt. Immer wieder hatte sie das erschreckende Gefühl, zu fallen, und war zeitweise unfähig, sicher zu fahren oder zu gehen. Mittels komplizierter Tests wurde eine Innenohrentzündung diagnostiziert, mit der Prognose einer monatelangen Behinderung und der Möglichkeit eines chronischen Problems. Diese Erkrankung wurde einer Virusinfektion zugeschrieben. Es gab kein Heilmittel, aber medikamentöse Möglichkeiten, um die Symptome zu lindern. Zwangsläufig war im Herbst wertvolle Zeit mit Felicitys Gefühlen und Phantasien über ihre medizinische Situation zugebracht worden, jedoch waren weder sie noch die Analytikerin mit den erreichten Deutungen wirklich zufrieden gewesen. In der lethargischen Sitzung im April verhalfen jedoch die Reaktion auf Felicitys teilweise erfolgreiche Versuche, zu ihren eigenen Gefühlen und Einsichten durchzudringen, sowie die Wiederkehr ihres Schwindels auf der Couch und ihre Sorge angesichts des Gedankens, nicht der Referent, den sie gehört hatte, zu sein, zu einem umfassenderen Verständnis. Weitere Details ihrer Pathologie konnten nun als entliehene Elemente der traumatischen Lebensgeschichte ihrer Mutter erkannt werden, die Felicity als Identifizierungen übernommen hatte, um ihre Wut über ihre Benachteiligung und über die Angriffe durch die mütterlichen Externalisierungen abzuwehren.*

*Felicitys Kenntnis der mütterlichen Vergangenheit war in den mittleren Jahren ihrer Analyse im Zuge der Arbeit an ihrer suizidalen Wut zutage getreten. »Ich hasse Sie dafür, dass Sie mir das Leben gerettet haben«, hatte sie in Reaktion auf ihr Übertragungsdilemma, ihre ambivalenten Gefühle gegenüber der Analytikerin, geschrieen. Wieder und wieder spielte sie ihre Ängste in der Übertragung durch, dass ihr Gedanken und Gefühle aufgezwungen würden, und dass sie hilflos sei, sich der unterwürfigen Abhängigkeit von der Analytikerin zu widersetzen, die jedes Wochenende und jede Ferienpause fast unerträglich werden ließ. Noch größere Angst weckte der Gedanke an das Ende der Behandlung.*

*Felicity stammte aus einer Familie mit drei Generationen von Holocaust-Überlebenden. Ihre Urgroßeltern mütterlicherseits sowie die Großeltern waren zusammen mit ihrer Mutter – damals ein Kleinkind – von den Nazis in ein Ghetto nach Osteuropa verschleppt worden. Angesichts des Drucks einer bevorstehenden Deportation hatten die Großeltern entschieden, ihre zweijährige Tochter in einem Dorf in der Obhut katholischer Bauern zurückzulassen. Zwei Jahre lang lebte das Kind in einer Familie, die eine andere Sprache sprach, eine andere Religion ausübte und eine andere Beziehung zur Besatzungsmacht hatte als seine eigenen Angehörigen. Die Pflegemutter trug das Kleinkind zu jeder Zeit mit sich, und sie hatten eine sehr enge, liebevolle Beziehung. Nach der Befreiung der Großeltern aus dem Konzentrationslager wurde Felicitys Mutter, damals vier Jahre alt, erneut ohne Vorwarnung oder Erklärung von einer mütterlichen Bezugsperson getrennt und kam zu Menschen, die für sie Fremde waren. Sie reagierte darauf, indem sie in eine Art von »Koma« fiel – sie beschrieb ihren Zustand als einen extremen Rückzug, der drei Tage lang andauerte. Nach einigen unruhigen Monaten emigrierte die wieder vereinte Familie mit drei Generationen in die USA. Felicitys Mutter passte sich scheinbar gut an, durchlief die Adoleszenz, beendete das College und heiratete einen jungen Mann aus guter Familie.*

*Im Zuge der fortgesetzten Arbeit an den Parallelen zwischen der Geschichte ihrer Mutter und ihrer eigenen emotionalen Situation fand Felicity zu ihrer Entschlossenheit zurück, ihren Weg zu ihrer eigenen Geschichte zu finden. Da nur noch zwei Monate Analyse verblieben, machte die Analytikerin sich Sorgen, dass womöglich nicht mehr genügend Zeit sein würde. Felicity aber wirkte wie neu belebt, nachdem sie verstanden hatte, dass sie sich die mütterlichen Konflikte »entliehen« hatte. Sie begann, ihren eigenen inneren Konflikt zwischen der durch ihre defensive Hemmung herbeigeführten Lethargie und der Lust an Arbeit und Spiel bewusst zu erleben. Sie besuchte alte Freunde, räumte auf, und sortierte alte Briefe und Geschichten und hatte das Gefühl »loszulassen«. Sie verband diese Gefühle mit ihren Gedanken über die Beendigung der Analyse und beschrieb eine Abfolge: Sie war der Ansicht, es sei eine gute gemeinsame Arbeit gewesen. Dann war die Analytikerin für zwei Sitzungen nicht da, und seit dieser Zeit hatte sie sich scheußlich und zurückgezogen gefühlt, hatte aufgehört zu arbeiten, hörte vor dem eigentlichen Ende auf und bekam gleichzeitig Angst vor ihrer Fähigkeit, dies so automatisch zu tun. Sie assoziierte einen Traum von zwei alten Freunden, von denen sie ihrer Ansicht nach einen aufgeben musste, um dem anderen nicht weh zu tun. Wütend rief sie, dass selbst ihre Träume die Themen der Mutter widerspiegelten – »Ich will meine eigenen Traumbilder haben!« Sie bedauerte, dass ihre Geschichten offenbar resistent gegenüber Veränderungen waren. Die Analytikerin bemerkte, die Geschichte von ihren Ferien am See habe sich erst verändert, als sie zugelassen hatte, sich an das sexuelle Element zu erinnern.*

*Felicity reagierte mit einer glücklichen Erinnerung an eine Situation, in der sie als Fünfjährige ihrer Mutter eine Geschichte diktiert hatte. Sie hieß »Der Wurm, der alles konnte«, und handelte von den Abenteuern eines Wurms, der schließlich die schwierige Wahl traf, sich in zwei Würmer zu zerteilen: »Dann gab es zwei Zauberwürmer.« Erkennbar ist Felicitys Ringen angesichts der beiden einzigen Möglichkeiten, die sie zu haben glaubte – sie musste entweder einen Freund aufgeben oder sich für eine magische Phantasie im Zusammenhang mit ihrer Mutter entscheiden. Trotz ihres Widerstandes gegen die Untersuchung weiterer Möglichkeiten führten ihre Assoziationen sie unweigerlich hin zu Erinnerungen an sexuelle Phantasien der Adoleszenz. Diese führten wiederum zu Bedenken, ob sie in der Lage sein würde, während eines bevorstehenden Besuchs bei der Familie ihres Freundes in einer anderen Stadt sie selbst zu sein. Das Gefühl, sich zurückzunehmen, lenkte ihre Gedanken auf die mütterliche Geringschätzung ihrer Fähigkeiten und ihre dementsprechend begrenzten Erwartungen.*

*Zum ersten Male kam ihr die Frage in den Sinn, was die Ziele der Mutter gewesen waren. Felicity erkannte, dass sie über die Jahre hinweg in der Tat sehr viel über die vereitelten Pläne ihrer Mutter gehört hatte. Geblieben war der Eindruck, dass die Großeltern ihre Optionen beschränkt hatten, indem sie ihren College-Besuch kaum unterstützten und eine akademische Ausbildung für sie eher nicht in Frage kam, während die Ambitionen von Felicitys Onkel sehr großzügig gefördert wurden. Felicity hatte den Eindruck, sie habe das mütterliche Gefühl der Beschränkung und des Neides auf die Männer übernommen. Sie fühlte sich nicht wie eine Frau, sondern wie jemand, der sowohl männlich als auch weiblich sein kann, und sie wollte dieses Gefühl nicht aufgeben. Die Analytikerin erläuterte, dass das Festhalten an der Vorstellung, sowohl Mann als auch Frau sein zu können, es ihr verwehre, eines von beiden zu sein. Offenbar könne sie es sich nicht vorstellen, als Frau Dinge zu tun. Nur als Mann tat sie Dinge, fühlte sich dann jedoch wie ein unzulänglicher Mann und keineswegs wie ein Super-Wurm. Die Vorstellung, als Frau in der Lage zu sein, etwas zu tun, schien für Felicity neu zu sein, und sie genoss die Möglichkeiten, die sie eröffnete. Nach der vorangegangenen Bearbeitung ihrer Identifizierung mit ihrem Vater und ihrer bisexuellen Konflikte hatte Felicity aufgehört, sich halb männlich, halb weiblich zu kleiden; weiterhin aber verhüllte sie ihren attraktiven Körper mit eher unvorteilhafter und uninteressanter Kleidung, bis der geheime omnipotente Kern der bisexuellen Phantasie angesprochen werden konnte. Im Zuge der fortgesetzten Arbeit an ihren Allmachtsvorstellungen und der Art und Weise, wie sie diese benutzte, um ihre Gefühle im Zusammenhang mit dem Analyseende abzuwehren, entwickelte Felicity auch eine individuelle Note bei ihrer Kleidung. Als die Analyse endete, hatte sie ihren eigenen, attraktiven femininen Stil entwickelt.*

*Während des Besuches bei seinen Eltern am folgenden Wochenende wurde Felicitys Freund aufgrund eines akuten, aber temporären Zustands in ein Krankenhaus eingeliefert. Dies verzögerte Felicitys Rückkehr zur Analyse um eine Woche. In der darauf folgenden Woche hallten diese Ereignisse noch immer nach. Gegen Ende Mai sollte Felicity ihrer Arbeit nach langer Fehlzeit aufgrund ihrer Innenohrentzündung wieder aufnehmen. Die Sitzungen zu Wochenbeginn waren mit trockenen Geschichten über ihre Arbeit gefüllt, während sie sich zugleich über die Störungen ihrer Analyse durch die Fristsetzung der Eltern, durch ihre eigene Erkrankung und die ihres Freundes beschwerte. Die Analytikerin deutete ihren Wunsch, die Konflikte im Zusammenhang mit ihrer eigenen Bereitschaft zur Beendigung im Dunkeln zu halten, indem sie sich als Opfer dieser äußeren Ereignisse darstellte. Es stellte sich heraus, dass ihre Mutter exakt zu dem Zeitpunkt, an dem Felicity bereit war, die Bilder der guten und der schlechten Mutter in der Übertragung zu integrieren, das Drama ihres eigenen Lebens wiederholt hatte, indem sie versuchte, ihre Tochter der Pflegemutter zu entreißen, zu der die Analytikerin in der Übertragung der Mutter auf die Analyse ihrer Tochter geworden war. Felicity hatte sich defensiv mit dem Loyalitätskonflikt ihrer Mutter und mit der mütterlichen Lösung identifiziert, ihre Ambivalenz zwischen zwei Müttern zu spalten. Mit der Vermeidung der Einschätzung ihrer eigenen Fähigkeit, ihre Ambivalenz aufzulösen und ihre Analyse zu beenden, blieb Felicity für die mütterliche Externalisierung von Wut verfügbar. Felicity reagierte auf diese Deutungslinie mit Material darüber, wie es wäre, eine Existenz unabhängig von ihrer Mutter zu führen; dies erinnerte sie an ihren gescheiterten Versuch zwei Jahre zuvor, sich für ein Aufbaustudium zu bewerben. Felicity konnte das Problem nicht spezifizieren, hatte jedoch das starke Gefühl, dass etwas Schreckliches passiert war.*

*In der Tat war zu dieser Zeit etwas Schreckliches passiert, als Felicity in ihrem fünften Analysejahr neuen Schwung in ihr Leben zu bringen schien. Die Analytikerin erinnerte sich mit Felicity an ihre enthusiastische Arbeit an ihren Bewerbungen und an ihren Stolz darüber, ihre alten Schreibhemmungen überwunden zu haben, als sie die Bewerbungsaufsätze zu schreiben begann. Einen Aufsatz hatte sie zum Lesen mitgebracht. Gemäß der Aufgabenstellung, etwas zu schreiben, das sowohl die deskriptiven Fähigkeit demonstrierte als auch die Persönlichkeit des Autors zu erkennen gab, hatte sich Felicity entschieden, ein Photo von ihrer Mutter aus der Zeit unmittelbar nach dem Zweiten Weltkrieg zu beschreiben. Die erste Zeile ihres Aufsatzes lautete: »Wenn ich an mich denke, sehe ich ein Bild meiner Mutter.« Die Analytikerin hatte zunächst mit einem scheinbar sehr mäßig ermutigendem Interesse an der Untersuchung ihrer bewussten Identifizierung mit ihrer Mutter reagiert und dann eine Übertragungsdeutung von Felicitys Konflikt gegeben, eine Wahl zu treffen, die sie einer-*

*seits von der Analyse entfernte, es ihr aber dennoch gestattete, bei der Analytikerin zu bleiben, indem sie sich mit einem bestimmten Teil von deren analytischer Arbeit, nämlich mit dem Aspekt des Schreibens, identifizierte. Als Felicity den Bewerbungsvorgang dann nicht weiter verfolgte, hatten beide es ihren ernsthaften Zweifeln zugeschrieben, die sie bezüglich der Wahl ihres Studiengebietes hatte. In den folgenden Monaten hatte sie große Schwierigkeiten, in der Analyse zu arbeiten, die ihren Ausdruck in Verspätungen, Schweigen und versäumten Sitzungen fanden. Aber auch dies war in Verbindung mit den Problemen, die sie in ihrer Beziehung mit einem eher neurotischen jungen Mann durchlebte, zufriedenstellend analysiert worden.*

*Rückblickend wurde jedoch zunehmend klar, dass es ein kompliziertes Übertragungs-Enactment gegeben hatte, das nicht verstanden worden war und auf das die Analytikerin mitagierend statt deutend reagiert hatte. Erst jetzt im Mai, fast zwei Jahre später, wurde diese frühere Interaktion eingehender untersucht. Felicity hatte den Eindruck, das Lob heiße, dass die Analytikerin etwas in ihre Bewerbung und Zulassung zum Fortgeschrittenenstudium investiert habe und dass sie durch ihr Funktionieren irgendwie deren Bedürfnissen diene und nicht ihren eigenen. Wenn die Analytikerin überhaupt irgendwelche Wünsche oder Gefühle hatte, bedeutete das für sie, dass ihr der ganze Prozess aus der Hand genommen wurde. Felicity konnte nicht länger etwas für sich selbst hoffen, da jede Errungenschaft die der Analytikerin war und sie als einsame Versagerin zurückließ. Mit der erfreuten Reaktion auf ihre Arbeit am Bewerbungsaufsatz war die Analytikerin in die Rolle der idealisierten Mutter gefallen. Felicity konnte es jedoch nicht zulassen, dass ihr jemand das gab, was sie so lange von ihrer Mutter ersehnt hatte, ohne sich der Enttäuschung über die Unzulänglichkeit ihrer Mutter zu stellen. Darüber hinaus war die Vorstellung einer alternativen Mutterfigur mit vielen zusätzlichen Bedeutungen in dieser Familie aufgeladen. Die an ihren entliehenen Übernahmen aus der Geschichte ihrer Mutter geleistete Arbeit gestattete schließlich ein tieferes Verständnis des komplexen Übertragungsproblems und der spezifischen Widerstände aufgrund ihrer Abwehr. Dies gelang mit Hilfe zusätzlicher Assoziationen zum Traum über die zwei Freunde sowie zu einem anderen Traum, in dem sie versucht hatte, verschiedene Möglichkeiten herauszufinden, mehr als einer Person zur selben Zeit nahe zu sein.*

*Die darauffolgende Sitzung war aufgrund des Memorial Day eine kurze Woche. Es blieb noch einen Monat hin bis zur Beendigung, und es hatte eine spürbare Veränderung im Ton und im Tempo der Analyse gegeben. Felicity war aktiver als je zuvor, und die Analytikerin war entsprechend ruhig, mit einem Gefühl, ihr bei der analytischen Arbeit Gesellschaft zu leisten, als ihr die Fluktuationen in ihrer Fähigkeit, ihre eigenen Gedanken zu verfolgen, auffielen.*

*Felicity brachte zwei Träume mit, die sie als »verrückt« bezeichnete. Der erste handelte davon, dass sie in einer Sitzung war, als ihr Freund, der eigentlich den selben Namen wie ihr Bruder hatte, mit zwei Schlägertypen hereinplatzte und sagte: »Ich muss meine Note herausfinden, ich weiß, dass sie da auf meinem Protokoll steht.« Felicity erwiderte, dass es in der Analyse nicht um Noten gehe, jedoch gingen er und die anderen trotzdem durch die Tür nach nebenan und wühlten herum, bis sie das Protokoll fanden. Brett war sehr verärgert darüber, dass er eine Zwei hatte. Felicity sagte ihm noch einmal, dass es nicht um Noten gehe, fügte aber hinzu, dass sie eine Eins habe. Sie ging zum zweiten Traum über, der von ihrem Freund Brett und seinem älteren Bruder Frank handelte. Brett und Felicity hatten Felicity gelegentlich mit Frank verglichen, der den gleichen Namen wie einer der alten Freunde trug, die im früheren Traum der zwei Freunde auftauchten. Im aktuellen Traum waren Frank und der Freund Brett Jungen auf einem Jahrmarkt an Felicitys High School. Frank sagte zu Brett: »Ich verzeihe Dir.« Sie umarmten und versöhnten sich. Felicity war tief bewegt. Dann tauchte der schwarze Mann, dessen Leben sie so sehr beeindruckt und ihr als Vorbild gedient hatte, auf und sang ein Lied über ein glückliches Mädchen.*

*Felicitys erste Assoziation zu diesen Träumen war, dass sie sich zu Brett erneut sexuell hingezogen fühlte, als ob etwas durch die Träume befreit worden sei. Sie dachte daran, dass Brett sie mit Frank verglich, und fragte sich, ob sie letztendlich mit ihren Gefühlen für ihren Bruder Brett fertig werde, ob sie ihm endlich vergeben könne, dass er vorgezogen worden war und sie in den Schatten gestellt hatte. Mit einem erneuten Blick auf ihre Bewerbung zum Aufbaustudium erkannte sie, dass sie die Aufgaben leicht vervollständigen konnte. Der Gedanke, dass ihr Bruder Brett im Sommer einige Kurse des Fortgeschrittenenstudiums belegen wollte, führte zu entrüsteten Erinnerungen an Lieder, in denen Männer weggehen, um ihre Träume zu verfolgen, und die Frauen wartend und frustriert zurückgleiben. Was war mit den Frauen? Warum nicht sie? Als die Analytikerin sagte, es sei Zeit, sich die Parallelen zwischen den beiden Bretts anzusehen, die angedeutet wurden, als sie die Träume als »verrückt« bezeichnete, was in ihrem Vokabular eine sexuelle Konnotation besaß, stimmte sie tapfer zu. Sie erkannte, dass ihre Verwirrung über verschiedene Formen der Intimität die sexuelle Seite ihrer Beziehung zu ihrem Freund beeinträchtigt hatte. Erneut führte das Material zurück zu ihrer Beziehung zu ihrer Mutter in jedem Entwicklungsstadium. Einerseits erinnerte sie sich an die mangelnde körperliche Zuwendung zwischen ihnen, andererseits auch an die Verwirrung und Erregung, die sie empfunden hatte, wenn sie bei der gewohnheitsmäßigen gemeinsamen Dusche bis ins Schulalter eng an den nackten Körper ihrer Mutter gedrückt wurde. Angsteinflößende Träume, die in ihrem Leben immer wiederkehrten, in denen ihre Mutter auf eine sexualisierte Art und Weise lachte, während sie mit Marihuana ›zugekifft‹ war und Affären mit anderen Männern hatte, konnten nun mit einer Verwirrung zwischen ödipalen Wünschen und Ängsten und ihrer starken Furcht vor Trennung in Verbindung gebracht werden.*

*Am Ende der Woche mit den zwei verrückten Brett-Träumen konnte Felicity mit Hilfe des Gegensatzes zwischen dem kindischen Benehmen der Jungen und ihrem »reiferen«, vernünftigeren Verständnis der Analyse ihre eigene Neugier und ihren Wunsch einzubringen, in den privaten Bereichen des Hauses der Analytikerin herumzuwühlen. Felicity kämpfte mit dem Dilemma zwischen Kenntnissen, die als angemessen gelten, und ihrem Wunsch nach etwas Anderem. Sie sagte reumütig, es sei manchmal eher schwer, ein eigenes Gewissen zu haben. Sie denke, sie wünsche sich eine Eins von der Analytikerin, auch wenn sie wisse, dass sie eigentlich nur ihr eigenes Urteil über ihre Leistungen ernst nehme.*

*Der Juni begann mit Felicitys eingehender Beschreibung der Folgen von Bretts Krankenhausaufenthalt. Als sie beträchtliche Zeit der zweiten Sitzung in der Woche mit weiteren Klagen verbrachte, machte die Analytikerin auf die Möglichkeit aufmerksam, dass ihre pathetischen Reden vielleicht dazu dienten, mit anderen Gefühlen über Bretts Erkrankung umzugehen. Dies löste eine Woge der Wut aus, und Felicity sagte, dass sie selbst mit ihrer eigenen Krankheit viel entschlossener umgegangen sei als er mit seiner. Sie war erleichtert, wieder arbeiten zu gehen, und wollte nicht den letzten Monat ihrer Analyse mit der Erörterung von Bretts medizinischen Problemen verbringen. Felicitys Selbstbild als hilfloses Opfer war eine zweifache Abwehr: Sie lenkte ihre kritische Wahrnehmung von Bretts Schwäche von ihm ab, ebenso wie sie mit ihrer Enttäuschung über ihre Mutter umgegangen war, indem sie selbst eine noch unzulänglichere, inkompetente Person wurde. Es lenkte sie aber auch davon ab, den Gefühlen über die Beendigung ihrer Analyse ins Auge zu sehen. Sobald sie ihre Wut direkt geäußert hatte, wandten sich ihre Gedanken der Analytikerin zu.*

*Felicity begann zu weinen und sagte: »Ich kann die Gefühle einfach nicht in Einklang bringen, dass ich mit meiner Analyse fertig sein möchte und es vermissen werde, Sie zu sehen. Ich kann es einfach nicht zusammenbringen. Seit der Erinnerung an die hellen Lichter, als keiner da war und ich sagte: ›Ich will zu meiner Mama‹, bekomme ich das Gefühl, und ich weiß nicht, wie ich es ertragen soll.« Sie bezog sich auf eine kürzlich wiedererlangte Erinnerung an eine Tonsillektomie im Alter von vier Jahren, als sie aufgewacht war und eine Krankenschwester gesagt hatte, wenn sie weine, könne sie ihre Mutter nicht sehen. Diese Erinnerung verband sich in ihren Gedanken mit einer Situation, in der Felicitys Großmutter ihr gesagt hatte, sie werde ihre Mutter umbringen, wenn sie ihre Ruhe störe (die Mutter war gerade mit dem neuen Baby Brett aus dem*

*Krankenhaus gekommen). Genauso einsam und verlassen hatte sich Felicity gefühlt, als sie an einem falschen Tag zu einer Sitzung früh morgens kommen wollte und das Haus der Analytikerin dunkel und mit verschlossener Tür vorfand.*

*Ihr Freund hatte Felicity gegenüber bemerkt, dass sie seiner Meinung nach zu ihrer Analytikerin eine andere Beziehung als zu jedem anderen Menschen habe. Felicity weinte, als sie sagte, sie fühle sich gemocht. Sie dachte daran, dass sie jeden Morgen, wenn sie zu ihrer Sitzung kam, das Kind der Analytikerin zur Schule gehen sah. Sie hatte gemerkt, dass die Kinder einen anderen Weg über die Auffahrt nahmen, wenn sie schon dort parkte. Felicity sagte, sie habe sich von den Kindern bedroht gefühlt, jetzt frage sie sich aber, ob sich die Kinder nicht durch »all die fremden Leute, die die Auffahrt hoch- und runterkommen«, bedroht fühlten, aber: »Nein, es sieht nicht danach aus.« Und dann sagte sie mit wachsendem Nachdruck und in einem Ton, als sei es ihr plötzlich aufgegangen: »Sie haben eine andere Beziehung zu Ihnen... Ich muss Sie nicht auf die gleiche Art und Weise vermissen, auf die ich meine Mutter vermisst habe.« Die Sitzung endete mit einigen Minuten entspannter, freundlicher Stille.*

*Für den Rest der Woche bearbeitete Felicity detailliert ihre Gedanken über die Beendigung und die damit assoziierten Ängste. Ihr fiel etwas ein, das sie glücklich stimmte, und kurze Zeit später wurde ihr bewusst, dass ihr durch den Kopf ging, dass die Analytikerin sterben könnte. Dies konnte von ihrem masochistischen Bedürfnis, gute Gefühle und Leistungen zu verderben, das im Laufe der Jahre immer wieder bearbeitet worden war, unterschieden und als ein Gefühl charakterisiert werden, das sie als »Fremdkörper« bezeichnete, »etwas, das auf mich einschlägt«. Sie dachte an die große Angst, die sie als Kind vor dem Ring ihrer Großmutter hatte, den diese zur Abwehr des bösen Blicks [evil eye] trug. Sie erinnerte sich an eine Familiengeschichte, nach der die Großmutter mütterlicherseits die Mutter wiederholt auf die linke Hand geschlagen habe, um sie dazu zu bringen, mit der rechten zu schreiben, und verkündete mit Erleichterung: »Sie sind diejenigen, die Angst davor haben, glücklich zu sein. Ich spüre jetzt sehr stark, dass mir diese Ängste auferlegt worden sind, aber ich muss dabei nicht mitmachen. Auf dem Ring meiner Großmutter war ein ›böses Auge‹ abgebildet, aber das Sehen ist nichts Böses.«*

*Am folgenden Montag kam Felicity mit einem langen Traum, der eine Zusammenkunft einschloss, bei der ihre ganze Familie von Station zu Station zog und sie erkannte, dass sie »schon bei Station Nr. 5« angekommen waren. Sie bearbeitete verschiedene Aspekte des Traumes. Am letzten Tag der Woche schwieg sie zu Beginn der Sitzung siebzehn Minuten lang. Dann sagte sie: »Mir fiel gerade ein, dass ich meine Sache sehr gut machte, als ich schwimmen lernte und Stufe fünf schnell erreichte.« Sie fuhr fort, diesen Inhalt zu erörtern, über*

*Talent und Arbeit zu sprechen sowie über ihr lebenslanges Gefühl, dass ihr niemand zur Seite stand, der ihr Techniken vermittelt hätte, um in irgendeinem Bereich über einen gewissen Punkt hinaus zu gelangen. Sie hatte sich immer gut geschlagen, hatte aber die vorletzte Phase nie hinter sich lassen können. In der gesamten Analyse war immer wieder Material über die praktische Unfähigkeit der Mutter und ihr Unvermögen, den Kindern alltägliche Fertigkeiten zu vermitteln, aufgetaucht. In dieser Sitzung untersuchte Felicity jedoch auch, inwiefern sie die Fertigkeiten, die ihr in der Analyse vermittelt worden waren, einsetzte. In der Tat hatte ihr eigener Kopf diese Arbeit geleistet, nachdem sie genügend Vertrauen in sich gesetzt hatte; ihre Assoziationen hatten zum Verständnis ihres Traumes geführt und zu den gegenwärtigen Themen, die er zum Ausdruck brachte. Felicity sprach klagend darüber, wie sie dies nur mit der Analytikerin tun könne, die sie nicht dränge, sondern ihr Zeit lasse, bis sie selbst darauf kam. Niemand anderer in der realen Welt würde dies jemals für sie tun. Die Analytikerin erinnerte sie daran, dass – wann immer sie sich in der Vergangenheit auf diese mitleiderregende Art und Weise beschrieben habe – eine Kritik an jemand anderem dahinter steckte. In der Woche zuvor hatte sie auf der Arbeit jemanden nicht zur Rede gestellt, obwohl es angemessen gewesen wäre – gab es eine Enttäuschung über die Analytikerin oder Kritik an ihr, die sie nicht zum Ausdruck brachte? Felicity kämpfte mit dem Widerspruch zwischen ihrem Eindruck, dass die Analytikerin sie für intelligent hielt, und ihrem Wunsch, dies explizit zu hören und eine Eins für die Analyse zu erhalten.*

*In der vorletzten Woche fühlte sie sich angesichts der Beendigung noch immer in viele verschiedene Richtungen gezogen. Sie stellte viele Vergleiche zwischen sich selbst und ihrem Bruder an, die allesamt zu ihrem Nachteil ausfielen, und wertete die Bedeutung ihrer eigenen Gedanken ab. Trotz einiger innerer Schwierigkeiten unterließ es die Analytikerin, ihr defensives Zurückhalten ihrer guten Gefühle und ihres guten Funktionierens zu deuten. Es war wichtig zu sehen, ob sie ihre eigene Lösung fand.*

*Sie fand tatsächlich eine Lösung und begann ihre letzte Woche mit einem »dummen Traum«, in dem sich die Analytikerin in Felicitys Sitzung um etwas anderes kümmerte. Felicity erklärte sich diesen Trauminhalt als ihre Sorge, ob die Analytikerin nach der Therapie noch an sie denken würde; noch wichtiger aber war, dass der Traum ein Beispiel für die Internalisierung einer »nicht einheimischen Sorge« war. Sie hatte das Wochenende mit der Arbeit an einem aufregenden Projekt verbracht und erkannt, dass ihr eigenes Thema hervortrat. Statt jedoch das Risiko einzugehen, in ihrer Sitzung über ihre Aufregung, ihren Stolz und ihren Enthusiasmus zu reden, erzeugte sie eine Angst, die ihre Analyseerfahrung verleugnete. Unter dem Druck der falschen Gleichsetzung ihrer Kompetenz mit feindseliger Trennung hatte sie die Analytikerin zunächst zu jemandem gemacht, der nicht zuhören konnte, sich dann damit identifiziert und sich folglich außerstande gefühlt, sich selbst zu verstehen.*

*Nachdem sie diese exzellente Arbeit fast ganz alleine geleistet hatte, kam Felicity am darauffolgenden Tag zu spät. Dies stellte zum einen eine Rückkehr zu einer vergangenen Analysephase dar, zum anderen eine Verkürzung der Sitzung, als ob sie denke, sie habe nichts mehr zu sagen und es lohne sich nicht, angesichts der Kürze der noch verbleibenden Zeit etwas zur Sprache zu bringen. Sie fragte sich, ob dies ein übliches Gefühl bei Beendigung einer Analyse war: War es in Ordnung? Dann schwieg sie. Schließlich fragte die Analytikerin, ob sie sich »lahm gelegt« fühle oder persönliche Gedanken habe. Felicity antwortete: »Von beidem etwas.« Auf die Frage, wie sie darüber dachte, bezog sie sich auf ihre Schwierigkeit im Umgang mit gemischten Gefühlen; es sei immer noch so schwer, gegensätzliche Gefühle über die Beendigung zu hegen. Die Analytikerin griff ihre fortbestehende Allmachtsphantasie auf, dass sie einen Weg finden könne, keine Gefühle zu haben, im Gegensatz zu der Realität, dass sie immer Gefühle haben würde. Ihre selbständige Arbeit am Wochenbeginn hatte ihr den Eindruck vermittelt, die Analytikerin in Wirklichkeit nicht mehr unbedingt zu brauchen. Sie hatte auf die gemischten Gefühle, die dies hervorrief, mit dem Versuch reagiert, alle ihre Gefühle auszulöschen. Somit mussten ihr zwangsweise die Gefühle zugeschrieben werden, die sie nach Meinung des Analytikers hatte. Damit würden beide wieder zusammen sein, vereint in einer unheiligen Allianz der Täuschung und des dumpfen Grolls. Der Preis dafür wäre die Preisgabe ihrer eigenen Gefühle. Am folgenden Tag brachte sie eine Geschichte mit, die dies bestätigte. Sie hatte, wie schon häufig, an schrecklichen Kopfschmerzen gelitten. Brett hatte mitfühlend bemerkt, sie müsse angesichts ihrer letzten Woche der Analyse mitgenommen sein. Felicity war in Tränen ausgebrochen und hatte gesagt: »Ich bin traurig.« Unmittelbar danach verschwanden die Kopfschmerzen. Sie erkannte, dass sie ihre Traurigkeit bereits Wochen zuvor gefühlt hatte, aber nicht in der Lage gewesen war zu weinen, weil sie sosehr damit befasst war, ihre freudigen Gefühle über ihre Fähigkeit, die Behandlung zu beenden, abzuwehren. Wie schwer waren diese gemischten Gefühle für sie gewesen, anzuerkennen, was ihr selbst wichtig war, im Gegensatz zu den Gefühlen, die ihrer Meinung nach von ihr erwartet wurden! Felicity fand den Gedanken, dass die Analytikerin von ihrer Reaktion angesichts der Beendigung wahrscheinlich nicht überrascht war, ironisch und tröstlich zugleich.*

Vor der Schilderung von Felicitys Verabschiedung am letzten Tag ihrer Analyse ist eine Zusammenfassung der historischen und thematischen Angelegenheiten, die beleuchtet werden sollten, vielleicht hilfreich. In dieser sehr komprimierten Form können die komplexen Bereiche von Felicitys Persönlichkeitsentwicklung und Pathologie nicht umfassend beschrieben werden; einige Merkmale stechen jedoch hervor. Es waren dies die besondere Hartnäckigkeit ihrer Schwierigkeit, Lust und Freude an ihrem Körper, Geist oder ihren Gefühlen zu erleben; ihre Schuldgefühle wegen legitimer Bedürfnisse auf jeder Ebene, vom grundlegenden Schutz bis zur sexuellen Erfüllung; das Problem der Wut und schließlich das Dilemma, in dem sie sich wiederholt befand, dass ihre Identifizierungen die Wahl zwischen Bindung und Identität beinhalteten. Unsere Aufgabe ist es zu versuchen, die Ursprünge und die Entwicklung dieser Dinge zu verstehen sowie die psychischen Mechanismen, die sie in Felicitys Entwicklung wie auch in der analytischen Beziehung zur Entfaltung bringen.

In der mittleren Phase von Felicitys Analyse, in deren Rahmen die familiäre Geschichte hervortrat, waren Felicity und die Analytikerin von der verblüffenden Übereinstimmung zwischen Details der realen Erfahrungen der Mutter und Felicitys emotionalem Leben ergriffen. Die Analytikerin zog Literatur über die Behandlung von Überlebenden des Holocausts und ihrer Kinder zu Rate. Die Suche war lohnend und frustrierend zugleich. Lohnend insofern, als sie ein Bewusstsein weckte für die außergewöhnlichen Bemühungen um Verständnis und die Vorstellungskraft jener, die den Holocaust direkt erlebt haben, und jener, die danach versuchten, Hilfe zu leisten. Judith Kestenberg, Martin Bergmann, Milton Jucovy und die Mitglieder ihrer Forschungsgruppe (1982) haben in ihrer Arbeit verschiedene Charakteristika identifiziert, die bei Kindern der Überlebenden zutage treten können und die offenbar auch auf Felicity zutrafen. Ein Charakteristikum betrifft den Mechanismus, der von Kestenberg als *Transposition* bezeichnet wurde. Diese ist konkreter als die Identifizierung. Sie stellt einen Vorgang dar, der bewirkt, dass das Kind das Leben seiner Eltern oder eines betroffenen Elternteils auf irgendeine Art und Weise lebt. So lässt sich Felicitys zutiefst erschreckende, unsagbare Wut und ihre überwältigende Angst vor der Verlassenheit, die in Bildern Ausdruck fanden, die nur aus der Erfahrung ihrer Mutter herrühren konnten, ansatzweise verstehen. Offen bleiben die theoretische Frage nach dem Mechanismus der Transmission – wie kann die Erfahrung einer Person in die Psyche einer anderen eingepflanzt werden? – und die klinisch entscheidende Frage nach der Motivation. Was bringt eine Mutter dazu, ihre Erfahrung ihren Kinder aufzubürden, und warum akzeptieren die Kinder diesen psychischen Inhalt?

Ein zweites von Kestenberg beschriebenes Charakteristikum ist das Gefühl für die Nähe des Todes, das Ängste im Zusammenhang mit der Triebentwicklung und dem Erwachsenwerden hervorrufen kann. Auch hier besteht eine Verbindung zu Felicitys starken Konflikten über ihre Triebimpulse und ihren Widerstand gegen ein unabhängiges Funktionieren. Aber diese Überlegungen müssen um ein Verständnis der individuellen Bedeutung dieser Fragen für Felicity ergänzt werden. Ein weiterer Bereich allgemeiner Schwierigkeiten wurde von allen genannten Autoren identifiziert und betraf den Konflikt des Über-Ichs mit gesteigerten oder defensiv verminderten Schuldgefühlen angesichts von Todeswünschen und Rivalität. Dies trifft auf Felicitys masochistische Reaktionen und ihre Durchbrüche unkontrollierter, zerstörerischer Wut zu. Krystal (1978) beschrieb eine typische Regression zu psychosomatischen Krankheiten. Sicherlich lässt sich eine gewisse Neigung zum somatischen Ausdruck des Affekts sowohl bei Felicity als auch in ihren Berichten des mütterlichen Funktionierens feststellen, ebenso wie enge Übereinstimmungen zwischen den somatischen Modalitäten, die von Mutter und Tochter gewählt wurden. Doch auch wenn diese Beschreibungen sehr präzise sind, verbleiben sie auf der Ebene der Verallgemeinerung.

Erna Furman betonte in ihrer Erörterung der Folgen der Konzentrationslager für die Kinder von Überlebenden (1973) die Notwendigkeit, individuelle Fälle sehr eingehend zu untersuchen, um ein Verständnis zu erlangen und der Versuchung von Verallgemeinerungen zu widerstehen. In ihrem Prolog zu einer Ausgabe des *Psychoanalytic Inquiry* mit dem Titel »Knowing and Not Knowing the Holocaust« erörtern Laub und Auerhahn (1985) das Problem von nicht direkt Betroffenen, die Holocaust-Erfahrung in Worte zu fassen und zu integrieren. »Wenn unsere Fähigkeit zu wissen abhängig ist von der Sprache der Toten, die es nicht gibt, und der Sprache der Überlebenden, die unzulänglich und unvollständig ist – wie können wir dann wissen? Wir, denen die unmittelbare Erfahrung mit dem Holocaust fehlt, müssen sie durch unsere Vorstellungskraft assimilieren« (S. 4). Felicity gab uns Gelegenheit, uns nicht nur in menschlicher und klinischer Vorstellungskraft zu üben, sondern auch in einem anderen Weg der Assimilation – durch das Verständnis ihrer Identifizierung mit den mütterlichen Reaktionen auf ihre eigenen Erfahrungen und auf die der Eltern und Großeltern. Ihr analytisches Material enthält Hinweise, die ein partielles Verständnis der familiären Dynamik ermöglichen, die mit den dramatischen Ereignissen der Geschichte ihrer Angehörigen interagiert und zu Felicitys pathologischer Entwicklung geführt hatte. Es war eher unüblich, dass drei Generationen einer Familie überlebten und schließlich in die USA emigrieren konnten. Für uns war die Erfahrung ungewöhnlich, einen jungen Menschen in Analyse zu haben, für den die Eltern, die Großeltern mütterlicher- und väterlicherseits sowie die Urgroßmutter mütterlicherseits erreichbar war, weil sie alle nahe beieinander wohnten und in Felicitys Kindheit und Adoleszenz regelmäßig interagierten.

Viele Merkmale von Felicitys Persönlichkeit können als sadomasochistisch beschrieben werden. Ihre depressiven Stimmungen und Selbstmordgedanken zu Beginn ihrer Analyse repräsentierten stark verdichtete Anpassungen an Konflikte im Zusammenhang mit Triebimpulsen auf allen Entwicklungsebenen und deren Abwehr. Das Erleben von Lust, sei es durch Essen, Aktivität, Sinnlichkeit, Sexualität oder durch die Ich-Funktionen rief zunächst fast unmittelbar selbstzerstörerische Reaktionen hervor, angefangen von Autounfällen und körperlichen Beschwerden bis hin zu intellektuellen Hemmungen und Dämpfung der Affekte. Legitime Bedürfnisse wurden in der Kindheit nicht befriedigt: So wurde Felicity mit drei Jahren ohne Erklärung zu Besuch in ein weit entfernt gelegenes Ferienhaus der Großeltern geschickt; mit fünf Jahren ging sie ohne Begleitung zu ihrem ersten Tag im Kindergarten; ihr fortdauerndes nächtliches Bettnässen wurde nie untersucht.

Als Felicity ihre Analyse begonnen hatte, führte ihre Wahrnehmung ihrer eigenen Bedürfnisse zu dumpfem Groll, zu Verwirrung über das, was normal war, und zu starken Schuldgefühlen, wenn ein Bedürfnis ausgedrückt oder durch jemand anderen befriedigt wurde. So waren Freundschaften natürlich nur schwer aufrechtzuerhalten, und auch die Entwicklung angemessener heterosexueller Beziehungen wurde beeinträchtigt. Die Bearbeitung dieser Themen führte dazu, dass Felicity Geschichten über die Kindheit ihrer Mutter kurz nach der Emigration einfielen. Felicitys Großmutter neigte zu wilden Wutausbrüchen wegen kleiner Übertretungen: »Habe ich Dich vor Hitler gerettet, damit du deine Strümpfe auf dem Boden herumliegen lässt?!« Zu anderen Zeiten schlug sie mit der Bratpfanne auf die Kinder ein und kreischte, ihre Undankbarkeit würde sie noch umbringen. In ihrer Adoleszenz wurde Felicitys Mutter regelmäßig, wenn sie von einer Verabredung nach Hause kam, an der Tür in Empfang genommen, angeschrieen und als Prostituierte beschimpft. Es gab massive Konflikte im Zusammenhang mit Schuldgefühlen, Verantwortung und Wut, die Felicitys Großmutter nicht hatte lösen können und die an Felicitys Mutter weitergegeben worden waren, wahrscheinlich durch Identifizierungen mit der externalisierten Hilflosigkeit, die durch die wuterfüllten Schuldzuweisungen noch verstärkt wurden.

Auch Felicitys Mutter neigte zu plötzlichen Wutanfällen, die unerwartet über die Kinder hereinbrachen. Zu anderen Zeiten war die Aggression gegen sie selbst gerichtet, wenn sie sich etwa voll stopfte, bis sie heftige Bauchschmerzen bekam und sich nach den Mahlzeiten übergeben musste. Felicity hatte sich mit diesen beiden Tendenzen ihrer destruktiven Ausbrüche identifiziert, die mit Zuständen einer düsteren Zurückgezogenheit abwechselten. In ihrer Analyse wurde deutlich, dass Wut für die ganze Familie »ein heißes Eisen« war – sie wurde von einer Person an die nächste übergeben, von einer Generation an die nächste. Irgend etwas machte die Aggression auf der einen Seite völlig inakzeptabel, auf der anderen Seite allzu leicht zugänglich. Familiengeschichten und aktuelle Erfahrungen, die in der Analyse berichtet wurden, vermittelten den Eindruck, dass die extreme Hilflosigkeit und die Unfähigkeit, Vergeltung an den mörderischen Unterdrückern zu üben, unter denen die Großeltern im Ghetto und in den Lagern gelitten hatten, zu einer Entmischung von Libido und Aggression geführt hatten. Sexualität und Wut blieben für sie zu leicht verfügbar. Vorübergehende Lösungen der Problematik unangemessener Impulse wurden in fluktuierenden Externalisierungen auf Felicitys Mutter gefunden. Die andauernde Auswirkungen dieses Musters des großelterlichen Funktionierens machten es unmöglich, dass die psychischen Wunden von Felicitys Mutter heilen konnten. Sie hatte im Alter zwischen zwei und vier Jahren unter höchst angespannten und verwirrenden Umständen gelebt. Die normalen Entwicklungsaufgaben eines Kleinkindes, die Vermischung von libidinösen und aggressiven Trieben und die Lösung und Integration ambivalenter Gefühle, konnten in diesen Jahren nicht bewältigt werden. Unter diesen Umständen war ihr Loyalitätskonflikt gegenüber Mutter und Pflegemutter für sie unlösbar.

Als Felicity das entsprechende Entwicklungsstadium erreicht hatte, war ihre Mutter nicht auf die übliche Art und Weise verfügbar, um ihre Aggression aufzunehmen und eine angemessene, konstante narzisstische und libidinöse Besetzung ihrer Tochter aufrecht zu erhalten. Um eine hinreichend gute Mutter für ihre Kinder sein zu können, wäre es für Felicitys Mutter erforderlich gewesen, dass *sie* ihrer eigenen Mutter den unerträglichen, unaussprechlichen, unmöglichen Vorwurf gemacht hätte. Erst in der Analyse, im Zusammenhang mit einer Übertragungssituation, in der Felicity die Analytikerin einerseits als die vernachlässigende leibliche Mutter und als die gute Pflegemutter sah und andererseits als die vernachlässigende Pflegemutter und die gute leibliche Mutter, konnte sie sagen: »Ich hasse Sie dafür, dass Sie mir das Leben gerettet haben.« Indem sich Felicity zu ihrer Wut bekannte, wurde die Reinternalisierung ihrer Affekte und Impulse möglich, die Vermischung der Triebe, die Lösung ihrer Ambivalenz und die Integration der gespaltenen Repräsentanzen der guten und der bösen Mutter. Statt die Geschichte ihrer Mutter direkt in ihre eigene Entwicklung zu übersetzen, hatten wir in Felicitys Entwicklung ihre eigene, persönliche psychische Geschichte kennen gelernt. Auerhahn und Laub (1985) vergleichen die Traumübersetzung mit den gegen das Wissen gerichteten Abwehrmechanismen: »Wenn wir einen Traum deuten und nicht übersetzen, so folgen wir den Fäden [...] Die Bedeutung, die wir aus ihm herleiten, liegt nicht über oder unter dem Text, sondern stellt eine verborgene Organisation jenes Textes dar, die ihn nicht ersetzt.« (S. 192)

*Felicity begann ihre letzte Sitzung mit einem glücklichen Bericht darüber, wie »aktiv« sie tags zuvor gewesen war. Nach einer Pause dachte sie an den letzten Tag der Therapie eines Freundes, den der Therapeut gefragt hatte, ob er Fragen an ihn habe. Felicity meinte, sonst so viele Fragen gehabt zu haben, jedoch schienen sie jetzt nicht mehr so brennend wichtig. Während sie darüber nachsann, erkannte sie, dass die Fragen eher sie selbst betrafen: Hielt die Analytikerin sie für intelligent? Mochte die Analytikerin sie? Sie hatte das Gefühl, nicht mehr fragen zu müssen, da sie sich ihrer eigenen Qualitäten sicher war. Sie zog eine Ausgabe von Harry Mulischs Roman »Das Attentat« hervor, in dem die Folgen von Kriegserlebnissen auf einen Jungen beschrieben werden, und meinte: »Ich habe viel darüber nachgedacht und beschlossen, dass ich es Ihnen schenken möchte. Sie wissen, wie wichtig es für mich ist.« Die Analytikerin dankte ihr. Nach einem Moment der Schweigens sagte Felicity, sie habe Angst vor einer negativen Reaktion nach einem Gespräch über die Geschichte, die sie publizieren wolle, gehabt. Sie habe jedoch nur mit den Menschen darüber geredet, die wirklich daran teilhaben sollten, und ein gutes Gefühl gehabt. Tags zuvor war sie einen Moment besorgt, weil sie nicht weiter daran gearbeitet hatte, aber dann wurde ihr klar, dass sie die Arbeit fortsetzen würde. Auf dem Schutzumschlag des Buches hatte sie gelesen, dass Harry Mulisch erst mit über fünfzig Jahren zu einem bedeutenden Autor geworden war. Mit Tränen in den Augen und einem strahlenden Lächeln beendete Felicity ihre Analyse mit der glücklichen Bemerkung: »Bei einigen dauert es eben etwas länger als bei anderen.«*

# IV. Teil:

# Behandlungstechnik

## 11. Kapitel

## Gespräche mit Kleinkindern

In diesem Kapitel sollen Auszüge aus der klinischen Arbeit mit einem Kleinkind und seinen Eltern dargestellt werden, um das bislang eher vernachlässigte Gebiet der vorbeugenden Intervention zu beleuchten. Im 2. und 3. Kapitel haben wir die frühe Störung der Lustökonomie als erste Schicht einer sadomasochistischen Pathologie beschrieben. Der folgende Fall illustriert diese Schicht im Kleinkindalter, das heißt, bevor das schmerzerfüllte Erleben durch spätere phasentypische Transformationen zu einer sadomasochistischen Phantasie organisiert wird. Die Arbeit mit Familie G. warf Fragen und Gedanken über die Bedeutung der Sprache für die frühen Objektbeziehungen und die Ich-Entwicklung auf und veranlasste uns zu dem Versuch, verwirrende klinische Phänomene mit psychoanalytischem Wissen und mit der Forschung auf dem Gebiet der frühkindlichen Entwicklung zu verbinden.

*Gina wurde mir (K. K. N.) im Alter von sechzehn Monaten von ihren Eltern zum Zwecke einer diagnostischen Einschätzung vorgestellt, weil sie nachts bis zu einer Stunde lang weinte und sich nicht trösten ließ. Während dieser Episoden schien sie nicht richtig wach zu sein; von ihrem Vater wollte sie überhaupt nicht getröstet werden, schien ihre Mutter auch nicht zu erkennen, sondern weinte und strampelte, bis sie völlig erschöpft war. Es versteht sich von selbst, dass auch die Eltern erschöpft waren und sich über Ginas Leiden und ihre eigene Unfähigkeit, wirksam einzugreifen, Sorgen machten.*

*Ginas Eltern waren hingebungsvolle, pflichtbewusste Lehrer mittleren Alters, die viele Jahren versucht hatten, ein Kind zu bekommen. Sie adoptierten Gina als vier Monate altes Baby und bewunderten sie vom ersten Moment an, obwohl sie auf dem Flughafen heftig geschrieen hatte und die Flasche verweigerte. Auf die gleiche wütende Art und Weise weinte sie auch später, wenn sie frustriert war oder Schmerzen hatte, und die Eltern glaubten, dass in diesen Momenten auch ein Moment der Trauer zum Ausdruck käme. Wiederholt litt Gina an Mittelohrentzündungen, so dass ihr im Alter von dreizehn Monaten Paukenröhrchen eingesetzt wurden. Kurz darauf weinte Gina wiederholt nachts und zeigte Anzeichen einer verringerten Frustrationstoleranz, indem sie ihren Kopf gegen harte Widerstände schlug oder an ihren Haaren zog, wenn ihre Pläne durchkreuzt wurden. Sie klammerte sich in den Zeiten der Übergabe an die ihr vertrauten Babysitter häufiger an ihre Mutter und tat dies auch, wenn der Vater die Betreuung des Kindes übernahm. Innerhalb von zehn Tagen nach der ambulanten Ohroperation bekam Gina eine Blaseninfektion, die sich durch das erste Medikament nicht besserte. Dies führte schließlich zu einer Untersuchung des gesamten Harntraktes, bei der auch ein Katheter eingeführt wurde.*

*Mittlerweile hatte sich Gina zu einem sehr wütenden, starrsinnigen Kind von fünfzehn Monaten entwickelt. Wenn ihre Eltern »nein« sagten, lachte Gina und widersetzte sich. Da ihre grobmotorische Entwicklung im Vergleich zu ihren feinmotorischen und kognitiven Fähigkeiten verzögert war und sie noch nicht laufen konnte – und vielleicht auch aufgrund der Hilflosigkeit, die ihre Wut bei den Eltern hervorrief—, wurde eine vollständige neurologische Untersuchung eingeleitet. Es wurden keine organischen Probleme gefunden. Die psychodiagnostische Beurteilung ergab, dass Gina ihrem Alter hinsichtlich der feinmotorischen und sozial-emotionalen Entwicklung voraus war und ihre grobmotorische Entwicklung der Altersstufe von zwölf Monaten entsprach, was innerhalb der normalen Bandbreite lag. Gina begann zwischen dem ersten Anruf der Eltern bei mir und dem vereinbarten Termin zu laufen – und dieser Schritt schien ihre Frustration entscheidend zu verringern, und das autoaggressive Verhalten verschwand. Als ich sie persönlich kennen lernte, bestand daher nur noch das Weinen in der Nacht als rätselhaftes und beunruhigendes Verhalten. Die Eltern berichteten, dass Gina, die vorzeitig zu sprechen begonnen hatte (einzelne Wörter mit acht Monaten, ganze Sätze mit einem Jahr), weniger sprach, seit sie lief, was sie jedoch als normales Verhalten angesichts der Konzentration des Kindes auf eine neue Entwicklungsaufgabe akzeptieren konnten.*

*Gina saß auf dem Schoß der Mutter, den Schnuller im Mund, und schaute sich aufmerksam die Bilder im Wartezimmer an, als ich hinzukam. Sicher in den Armen der Mutter geborgen, reagierte sie mit einem Lächeln auf meinen Gruß und schaute sich aufgeschlossen und freudig die Bilder an, die ich für sie benannte. Gina bekundete ganz entschieden ihren Unwillen, mit uns ins Spielzimmer zu gehen, indem sie ihre Füße nicht auf den Boden setzte, protestierte jedoch nicht, als Frau G. sie trug. Sie schien erpicht darauf, sich umzuschauen, solange die Mutter sie auf dem Arm hielt. Frau G. entschuldigte sich, dass Gina nicht gesprächiger war, war jedoch schnell beruhigt und erleichtert durch die Bemerkung, dass Gina absolut Recht habe, sich mit einer völlig Fremden zunächst einmal Zeit zu lassen.*

*Ich beschreibe im Folgenden kurz das Spielzimmer und die Spielsachen, die ich vorbereitet hatte, so dass Ginas nachfolgende Wahl besser eingeschätzt werden kann. Das Spielzimmer war ziemlich groß, mit Teppich ausgelegt, mit einem Wollbehang mit Sternenmuster an einer Wand und einem leuchtenden Fischmobile in einer Ecke. Auf dem Boden lagen zwei große Kissen, eins mit weicher Baumwolle bezogen, eins mit samtigem Cordbezug, daneben ein kleiner Tisch und Stühle. Ich hatte eine Ringpyramide herausgelegt, eine Babypuppe mit Flasche, einen Bus von Fisher-Price mit kleinen Püppchen zum Herausnehmen sowie einige Stoffbilderbücher. Sichtbar auf dem Regal, aber außerhalb von Ginas Reichweite, lagen eine Stoffpuppe, mehrere Handpuppen und ein Spieltelefon. Frau G. und ich setzten uns mit Gina auf den Boden. Auf die sanfte Bitte der Mutter hin legte Gina ihren Schnuller vorsichtig oben in die Handtasche der Mutter und sah zweimal nach, ob er auch da war. Sie fragte während der Sitzung nicht mehr danach. Gina sah uns zu, wie wir mit den Stapelringen spielten, hörte zu, als ihre Mutter die Farben benannte, wagte sich dann, sich von Mutters Schoß weg zu lehnen, um sie auf den Stab zu stecken. Als wir sie lobten, lächelte sie und gluckste vor Lachen, als ich die Ringe wieder ausschüttete, damit sie sie noch einmal aufstecken konnte. In den nächsten Minuten taute sie allmählich auf und begann, den unmittelbar an ihre Mutter angrenzenden Raum zu untersuchen. Sie spielte »Kuckuck« mit mir, indem sie sich hinter Mutters Rücken versteckte und mit Entzücken wieder hervorschaute. Gina lehnte sich wiederholt über die Schulter der Mutter, um mir deren Ohrringe zu zeigen, und ihr gefiel es, als ich reagierte, indem ich ihr meine zeigte. Sie machte einen Abstecher zur Babypuppe und gab ihr kurz die Flasche, kehrte dann aber immer wieder zurück, um mir Mutters Ohrringe zu zeigen. Nach etwa sieben Wiederholungen zeigte sie auf ihre eigenen Ohren, und ich sagte: »Das sind Ginas Ohren, wie Mamas und Frau Novicks. Gina hat keine Ohrringe. Das sind Ginas feine Ohren; da sind Mamas (ich zeigte darauf) und hier sind Frau Novicks Ohren.« Gina führte mich noch mal durch die Abfolge, hob dann ihren Zeigefinger und schüttelte ihn. Frau G. rief: »Oh, sie will Ihnen ihr Gedicht aufsagen.« Ginas »Gedicht«, war, wie sich zeigte, ein Lied mit begleitender Gestik, wie es in Mutter-Kind-Kursen und Spielgruppen häufig gesungen wird: »Fünf kleine Affen hüpfen auf dem Bett, einer fiel herunter und stieß seinen kleinen Kopf, Mutter rief den Doktor, und der Doktor sagte: ›KEINE AFFEN MEHR AUF DEM BETT!‹ Vier kleine Affen ...« Die Ermah-*

*nung des Doktors wird von der Bewegung des Zeigefingers begleitet wie bei der bekannten Geste des Schimpfens. Gina gestikulierte, während die Mutter die Worte sang, dann ging sie zum Spielzeugregal und zeigte auf das Spieltelefon. Die Mutter nahm an, sie wolle spielen, die Oma anzurufen, ein häufiges Spiel und reales Ereignis zu Hause. Daher hielt die Mutter das Telefon und spielte den Dialog mit der Oma nach. Gina hörte geduldig zu, dann reichte sie mir das Telefon.*

*Ich tat so, als riefe ich sie an, sagte »hallo« und fragte, wie es ihr gehe. Gina schüttelte den Zeigefinger und gab mir das Telefon noch einmal. Darauf begann sich eine Hypothese zu kristallisieren – ich testete sie, indem ich so tat, als riefe ich den Arzt an, um zu fragen, wie es Ginas Ohren gehe. Vom Telefonat berichtete ich ihr, der Arzt habe gesagt, Ginas Ohren seien sehr fein und sehr gut, Gina sei sehr fein und sehr gut, sie habe Röhrchen in den Ohren, damit es nicht mehr weh tue. Gina drückte mir das Telefon wieder und wieder in die Hand. Die Augen der Mutter füllten sich mit Tränen, während ich den Dialog mit dem Arzt wiederholte und wir beide zu der Überzeugung gelangten, dass Gina ihre medizinischen Probleme damit verband, ein böses, ungehorsames Mädchen zu sein. Ich fügte dem Telefongespräch hinzu, dass der Schmerz nun weg sei, dass Gina nachts nicht mehr weinend aufwachen müsse und dass Mama und Papa den Arzt nicht mehr so besorgt anrufen müssten. Gina wandte sich ab, um die Puppe noch einmal aufzuheben und zu füttern, krabbelte dann zu Mutters Handtasche, um den Schnuller zu suchen, und kuschelte sich schließlich mit einem Seufzer auf Mutters Schoß.*

*Als Herr und Frau G. eine Woche später zusammen mit Gina kamen, berichteten sie, das Weinen in der Nacht habe seit dem Tag der ersten Sitzung aufgehört und sei nicht wieder aufgetreten. In der zweiten Sitzung stürzte Gina sich auf das Spieltelefon und drückte es mir eifrig in die Hand. Nach zwei oder drei Wiederholungen des Arztdialoges wandte sie sich der Babypuppe zu und gab ihr zärtlich die Flasche. Gina ließ mich dann mit der Puppe spielen, und ich nutzte die Gelegenheit, ihr eine Geschichte zu erzählen: Die Ohren der Puppe hätten genauso weh getan hatten wie Ginas Ohren und das Pipi der Puppe hätte genauso weh getan hatte wie Ginas Pipi. Aber der Doktor habe gesagt, es seien wunderbare Ohren, und sie würden nicht mehr weh tun. Ich schaute in die Windel der Puppe, lächelte übers ganze Gesicht und sagte, das Pipi der Puppe tue auch nicht mehr weh und was für ein feines Pipi die Puppe gemacht habe.*

*Mit den Eltern wurde eine weitere Sitzung vereinbart, um über »das Sprechen mit Gina« zu sprechen. Beide Eltern hatten für intellektuelle Anregung gesorgt, ihr von Anfang an Bücher vorgelesen, jedoch waren sie auf einer konkreten Ebene der Benennung geblieben. Es war ihnen nicht in den Sinn gekommen, für Gina kausale Zusammenhänge herzustellen, ganz zu schwei-*

*gen von dem Versuch, Ereignisse und Gefühle in Verbindung zu bringen. Zwischen der zweiten Sitzung mit Gina und der Sitzung mit den Eltern hatten sowohl Vater als auch Mutter sich bemüht, sich die Zeit zu nehmen und Gina Dinge zu erklären. Mit geradezu rührendem Erstaunen berichteten sie, wie viel fügsamer sie geworden war. Neben der phänomenologischen Erweiterung von Ginas kognitivem Horizont schlossen die Eltern das entscheidende Element der Gefühle mit ein. Im Supermarkt sprachen sie etwa mit ihr darüber, wie müde sie sei und wie schwer es für sie sei, warten zu müssen. Sie erweiterten ihr pflichtbewusstes Benennen der Objekte in den immateriellen Bereich. Ihre gesteigerte Freude über ihr Kind und Ginas Erleichterung stimmten mich optimistisch, was die Fähigkeit der Eltern anging, die späteren Entwicklungshindernisse zu bewältigen.*

## Diskussion

Der oben beschriebene kurze klinische Kontakt war für alle Beteiligten befriedigend, wirft jedoch viele Fragen auf. Der erste zu untersuchende Bereich betrifft die Frage, inwiefern Gina das, was ihr zur Verfügung stand, nutzte, um zu versuchen, überwältigende, wahrscheinlich traumatische Ereignisse und Gefühle zu meistern. Dazu soll zunächst ein Blick auf unser Wissen über die intellektuelle Entwicklung von Kleinkindern vor dem Erwerb der expressiven Sprache geworfen werden. Der zweite Bereich betrifft das Verständnis der elterlichen Rolle bei den rekonstruierten psychischen Ereignissen, was uns zur Bedeutung der Eltern-Kind-Beziehung in den verschiedenen Stadien der frühkindlichen intellektuellen Entwicklung bringt.

Die gegenwärtige explosionsartige Entwicklung der Säuglings- und Kleinkindforschung schließt in hohem Maße auch die Erforschung des frühkindlichen Lernens ein. Die Arbeit hat sich von strikt Piaget-treuen Untersuchungen oder aber Anti-Piaget-Studien hin zu einer breiteren Sicht des kindlichen Funktionierens im Sinne einer fühlenden, denkenden und handelnden Person bewegt. Jerome Bruner (1983) hat auf kreative und vielseitige Weise die sprachliche Entwicklung von zwei kleinen Jungen beschrieben und die beiden Problembereiche beleuchtet, die durch Ginas Problem und seine Lösung aufgeworfen wurden. Bruner untersucht insbesondere die Spiele des ersten Lebensjahres – Kuckuck, Austausch von Objekten und Verstecken –, die im Kontext der Mutter-Kind-Beziehung auftauchen und einen Rahmen für die Entwicklung der Sprache bilden.

Bruner beschreibt das Auftreten des Zeigens ab einem Alter von sechs Monaten und erläutert, dass die kindliche Fähigkeit, das Zeigen des Erwachsenen zu verstehen, seiner eigenen Fähigkeit, die Handlung auszuführen, durchweg um ein bis zwei Monate voraus sei. Dieses Muster kehrt in verschiedenen frühkindlichen Studien wieder. Wir dürfen nicht vergessen, dass Gina und ihre Altersgenossen bedeutsames Material aufnehmen, lange bevor sie einen ähnlichen Inhalt kommunikativ ausdrücken können. Mit elf bis dreizehn Monaten beherrscht das Kind »Indexikalien«, die ein Zeichen einem bestimmten Element im nicht-sprachlichen Kontext zuordnen – die Zeige- und Benennungsspiele des Kleinkindes. Sind sie einmal im Repertoire, kann das Kleinkind damit beginnen, Wörter mit anderen Wörtern in Verbindung zu bringen. Herr und Frau G. berichteten, dass Gina dies Stadium mit elf Monaten erreicht hatte.

McCall (1979) vertrat folgende Ansicht: »[...] obwohl der vorherrschende Charakter der mentalen Leistungsfähigkeit sich von Phase zu Phase verändert, erfüllt das mentale Verhalten in jedem Alter zwei Funktionen — es dient dem Erwerb von Information und unterstützt die Disposition des Organismus, die unbelebte und belebte Umwelt zu beeinflussen, wobei die letztere Annahme Whites Konzept der Effektanz ähnelt« (S. 728f.). Zuvor hatte McCall Stadien der Entwicklungsfunktion des mentalen Verhaltens beschrieben und wichtige Veränderungen im Alter von zwei, acht, dreizehn und einundzwanzig Monaten erläutert.

> »Das wichtige kognitive Ereignis, das vermutlich im Alter von etwa acht Monaten stattfindet, [...] ist die Trennung zwischen Mittel und Zweck. Mit etwa dreizehn Monaten markiert das vierte Stadium das Einsetzen der vollständigen sensomotorischen Dezentrierung. Das Kleinkind kann die Unabhängigkeit von Entitäten in der Welt einschätzen und verstehen, dass sie ihre eigenen Eigenschaften besitzen, einschließlich ihrer Fähigkeit, als unabhängige dynamische Kräfte in der Umwelt zu wirken. [...] Diese Erkenntnis verbessert den Informationserwerb sowie die Einflussnahme durch ein konsensuelles Vokabular.« (S. 729f.)

Aus dem Bericht der Eltern wissen wir, dass Gina bereits vor den medizinischen Eingriffen mit dreizehn Monaten Wörter zusammensetzen konnte, so dass sie zur intellektuellen Manipulation ihrer Erfahrung fähig war, jedoch nicht geübt hatte, diesen Erfahrungen auch eine angemessene Bedeutung zuzuschreiben. Das Mittel-Zweck-Denken wurde rasch zu Hypothesen von Ursache und Wirkung weiterentwickelt, doch blieb die Art der Verbindungen im Dunkeln.

Was bewog Gina dazu, den Reim von den auf dem Bett hüpfenden Affen mit ihren Bemühungen, die invasiven Vorgänge zu meistern, zusammen zu bringen? Es bieten sich verschiedene Alternativen an – je nach Gewichtung des kognitiven Aspekts oder aber durch das zufällige Auftreten des Wortes »Doktor« im Reimlied bzw. aufgrund des Erfahrungsaspekts, dass sie wegen ihres aufsässigen Benehmens ausgeschimpft worden war und der Doktor im Lied die ungehorsamen Affen ausschimpft; denkbar ist auch, dass irgend jemand Gina liebevoll als »kleines Äffchen« bezeichnet hatte. Eine differenziertere Möglichkeit wäre die Verwendung des Reims zur Abwehr der Angst, die durch ihre Hilflosigkeit und ihre aggressiven Vergeltungsimpulse in jenem medizinischen Kontext ausgelöst wurden. Das Lied war mit einer freudigen Erfahrung assoziiert, die sie mit der Mutter teilte, und repräsentierte daher eine stark kontrastierende affektive Erfahrung. Die Abwehr durch Verkehrung ins Gegenteil ist für die anale Phase spezifisch. Die Gedanken, die Ginas Verhalten und Symptom zugrunde liegen, können durchaus die beginnende Aktivität von Abwehrmechanismen repräsentieren. Indem sie ihre eigene Unartigkeit für den Eingriff des Arztes verantwortlich machte, könnte sie ihre Eltern vor ihrer Feindseligkeit geschützt haben – es ist durchaus vorstellbar, dass ein Kind in diesem Alter Impulse der Wiedergutmachung hat. Wir alle haben schon Kleinkinder gesehen, die Altersgenossen oder Erwachsene tröstend tätschelten, wenn diese sich weh getan hatten.

Jede dieser Möglichkeiten ist plausibel, beantwortet aber nicht die Frage, warum diese spezifische Verbindung hergestellt wurde. Die Antwort liegt wahrscheinlich in Richtung einer Überdeterminiertheit. Es ist schwierig, wenn nicht unmöglich, herauszufinden, warum eine bestimmte Sache einem Baby mehr als eine andere bedeutet, aber die moderne Säuglings- und Kleinkindforschung lässt keinen Zweifel daran, dass die Kognition nicht vom Gefühl getrennt werden kann. Das affektive Leben des Kindes ist in allen Bereichen für seine Entwicklung zentral und beeinflusst seine intellektuelle Entwicklung an jedem Punkte. Anny Katans elegante Erklärung der Rolle der Verbalisierung von Gefühlen bei der Entwicklung des Ichs stellt eine sehr schöpferische psychoanalytische Aussage zu diesem Punkt dar. Nicht immer war die Bedeutung der Mutter-Kind-Beziehung für die Forscher so offenkundig wie für die Eltern – daher kann man von Bruners ([1983] 1987) entschiedener Platzierung der sprachlichen Entwicklung in den Kontext der gegenseitigen Aufmerksamkeit von Mutter und Kind noch heute angenehm überrascht sein. Bruner schreibt:

> »Der Spracherwerb ›beginnt‹, bevor das Kind seine erste lexiko-grammatische Äußerung von sich gibt. Er beginnt, wenn Mutter und Kind einen vorhersagbaren Interaktionsramen schaffen, welcher als Mikrokosmos für die Kommunikation und die Definition einer gemeinsamen Realität dienen kann. Die Transaktionen, welche in einem solchen Rahmen oder

Format ablaufen, sind die ›Lernmatrix‹, in welcher das Kind zum Hinweisen und Meinen, zur kommunikativen Verwirklichung seiner Absichten und zu grammatischen Formen gelangt.« (S. 14f.)

Wir sind der Auffassung, dass Gina die von ihr hergestellten Verbindungen aufgrund der Vielfalt der verfügbaren Verbindungen zwischen dem Affenreim und ihren Erfahrungen im Zusammenhang mit Ärzten wählte. Einige dieser Erfahrungen können wir beschreiben, andere bleiben wahrscheinlich für uns – und vielleicht auch für Gina – unzugänglich. Viele Verbindungen lassen sich aufspüren: das verbale Auftreten des Wortes Doktor, die Abfolge im Verhalten der Eltern beim Telefonieren im Reim wie im Leben, der Schmerz im Kopf der Affen und Ginas Schmerz, das Schimpfen im Leben und im Reim, die beginnende Lust an körperlichem Wagemut bei Gina und bei den Affen usw. Es gibt jedoch noch eine andere Art der Vielfalt, etwas, was vielleicht als affektive Besetzung bezeichnet werden könnte. Gina suchte überwältigende Ereignisse und Gefühle zu meistern. Um dies zu tun, brachte sie Material, das mit den mächtigsten Affekten, die ihr zu jener Zeit zur Verfügung standen, besetzt war, und all diese Affekte hingen mit ihren Eltern zusammen. Die mächtige negative Aufladung kam im Schimpfen, im Schmerz und in der spürbaren Angst der Eltern bei den Telefongesprächen mit dem Arzt am Tag und in der Nacht zum Tragen. Auf der anderen Seite begleiteten große Lust und Befriedigung Ginas Vortrag des Reimes für ihre Mutter; auch das Gespräch mit der Oma am Telefon war eine Aktivität, für die sie gelobt wurde, während die Eltern sie gleichzeitig positiv zu grobmotorischen Fortschritten drängten. Berta Bornstein (1935) beschrieb eine ähnliche Verdichtung von Erfahrungen, Impulsen und Affekten bei der Entwicklung der Symptome eines zweieinhalbjährigen Kindes und beobachtete, wie kompliziert das psychische Leben eines kleinen Kindes ist.

Wir dürfen jedoch nicht vergessen, dass Ginas Bemühungen, ihrer Erfahrung einen Sinn zu geben, unsichtbar stattfanden, in den Gedanken. Sie kommunizierte die intellektuelle Struktur, die sie schuf, nicht den Eltern, da sie noch nicht sehr viel sprechen konnte und es ihnen nicht in den Sinn kam, dass sie dies versuchen könnte. Statt dessen schlugen ihre heroischen psychischen Versuche, die Traumata zu meistern, fehl, und sie entwickelte das Symptom der nächtlichen panischen Angst. Glücklicherweise handelte es sich bei Ginas Eltern um Menschen, die hören konnten, dass Ginas Weinen etwas zu bedeuten hatte, auch wenn sie nicht wussten, was. Dies führt uns zu der zweiten Gruppe der oben angesprochenen Fragen, die mit der Bedeutung der Beziehung zwischen Elternteil und Kind in dieser vorübergehenden und überaus wichtigen Phase der mentalen Entwicklung des Kindes zusammenhängen.

Wissenschaftler zeigen gegenwärtig Dinge bezüglich kleiner Babys auf, die für Mütter eine seit jeher bekannte Binsenweisheit darstellen – etwa, dass der Gesichtsausdruck des Babys auf unterschiedliche Affekte hindeutet, dass die Babys das Gesicht bzw. die Stimme der Mutter erkennen usw. Es hat ganz den Anschein – zumindest auf dem Gebiet der frühkindlichen Persönlichkeitsentwicklung –, als folge die Wissenschaft dem Leben nach. Wenn man sich jedoch auf die kognitive und sprachliche Entwicklung bezieht, hinkt das Allgemeinwissen seltsamerweise der wissenschaftlichen Beobachtung hinterher. Die meisten Eltern nehmen kein Verständnis seitens der Babys oder Kleinkinder an, und wenige Erwachsene beraten die Eltern auf der Grundlage der frühkindlichen Fähigkeit des Verstehens – egal, ob es sich um Kinderärzte handelt, die bei den Problemen im Umgang mit dieser Altersgruppe behilflich sind, oder um Mütter, die sich über die Köpfe ihrer kleinen Kinder hinweg im Supermarkt unterhalten. Man sollte sich wundern, warum dies im allgemeinen der Fall ist; ebenso verwunderlich ist es, dass Ginas liebevolle, engagierte Eltern nie daran dachten, mit ihr über das ihr Zugefügte zu sprechen. Bruner ([1983] 1987) liefert einen Hinweis, wenn er schreibt: »Eine spezielle Eigenschaft von Formaten, die ein Kleinkind und einen Erwachsenen betreffen, ist ihre Asymmetrie hinsichtlich des Wissens der Partner: Der eine weiß, ›worum es geht‹, der andere weiß es nicht oder weniger gut [...]. Insofern der Erwachsene gewillt ist, sein Wissen zu ›übergeben‹, kann er im Format als Modell und Lehrer dienen, bis das Kind es selber zu angemessener Meisterschaft gebracht hat« (S. 115). Die Crux liege jedoch in der Bereitschaft oder aber der mangelnden Bereitschaft des Erwachsenen, Wissen zu »übergeben«. Gina konnte bereits verbal denken, das heißt, es gab spezifische verbale Elemente in der Theorie, die sie zur Erklärung ihrer Erfahrungen aufbaute. Ihre Eltern aber erkannten diese Fähigkeit des unabhängigen intellektuellen Funktionierens nicht an. Ihr Widerstand rührte vielleicht teils von den Implikationen einer intellektuellen Unabhängigkeit her – ein denkendes Kind hat ein getrenntes Leben. Herr und Frau G. hatten sich mit der Adoption herumgeschlagen und mit einem schwierigen Anfang bei der Schaffung einer wahrhaft engen Beziehung und der Förderung der bestmöglichen Entwicklung des Kindes. Es war nicht leicht für sie – und es ist für keinen Elternteil leicht, der das Glück der Gemeinsamkeit des ersten Jahres genossen hat –, die Gemeinsamkeit zugunsten der ungewissen kommunikativen Verhandlungen des zweiten Jahres aufzugeben. Katan (1961) beschreibt, wie viel schwieriger es für Eltern ist, die Gefühle des Kindes zu erraten, als auf einen ausgestreckten Finger zu reagieren.

Es ist nicht nur die Unabhängigkeit des Kleinkindes, die Eltern unter Umständen schwer akzeptieren und handhaben können; die anale Phase bringt aggressive Impulse und Gefühle mit sich, die in anderen heftige Gegenreaktionen hervorrufen. Die Eltern reagieren möglicherweise durch feindselige Unterdrückung der Aufsässigkeit und der Wut des Kindes, was zugleich eine Unterdrückung des Ich-Wachstums bedingt – oder aber sie reagieren mit ihrer charakteristischen Abwehr der eigenen aggressiven Impulse, die die Wahrnehmung, was im Kind passiert, ebenfalls auslöscht.

Bei ausreichender elterlicher Fürsorge und Stimulation wird ein angemessen begabtes Kind sich unerbittlich in Richtung von Gedanken und Sprache bewegen. Vielleicht geht das »Trotzalter« auf den Widerstand der erwachsenen Welt zurück, an der intellektuellen Beherrschung der inneren und äußeren Umgebung durch das Kleinkind, das mit wackeligen Schritten der Autonomie zustrebt, teilzuhaben und sie zu fördern. Gina wurde glücklicher, ruhiger und umgänglicher, nachdem ihre Eltern anerkannten, dass sie in der Lage war, die Erklärungen der inneren und äußeren Welt, die sie ihr nun boten, zu verstehen. Gina hat gezeigt, dass Kleinkinder Theorien schaffen, um ihre Erfahrungen zu erklären, ganz egal, was wir dabei tun oder unterlassen. Wenn wir jedoch wollen, dass diese Theorien auch unsere Sicht der Realität widerspiegeln und Teil einer weiter entwickelten, gemeinsam geteilten Realität werden, die zur fortschreitenden Entwicklung und Bereicherung der Eltern-Kind-Beziehung führt, dann müssen wir die notwendigen Zutaten bereit stellen und mit unseren Kleinkindern sprechen.

Die klinische Intervention, durch die Ginas Gefühle verbalisiert wurden und den Eltern gezeigt wurde, wie sie dies ebenfalls tun konnten, verhinderte unter Umständen eine spätere Generalisierung von Ginas Unfähigkeit, eine überwältigende Erfahrung zu meistern, ganz gleich, ob sie dann einer inneren oder äußeren Quelle entstammt. Sie brachte die Bereiche der schmerzlichen Empfindungen und Affekte, repräsentiert durch die Störung ihrer Lustökonomie und die beginnende Störung in der Beziehung zu ihren Eltern, unter die Kontrolle ihres sich entwickelnden Ichs. Die Differenzierung von Affekt und Gefühl und der Besitz ihres Körpers konnte fortschreiten in Richtung Integration innerhalb einer libidinös besetzten Selbstrepräsentanz. Ohne die Intervention wären Ginas schmerzliche Erfahrungen möglicherweise vom Ich abgespalten geblieben und vielleicht Teil einer späteren sadomasochistischen Störung geworden. Die Assoziation von Leiden, Kummer und Zorn mit ihrem »ungezogenen Selbst« wäre vielleicht in die frühe Entwicklung ihres Über-Ichs mit eingeflossen. Im Rahmen möglicher behandlungstechnischer Interventionen bei der Analyse sadomasochistischer Probleme illustriert Ginas Behandlung die Bedeutung der Verbalisierung von Affekten und Gefühlen sowie den Nutzen früher präventiver Interventionen.

12. Kapitel

# Negative Therapeutische Motivation und negatives therapeutisches Bündnis [1]

Mehr als ein Vierteljahrhundert haben Sozialwissenschaftler und auch viele Psychoanalytiker sich mit groß angelegten, kostenintensiven Projekten zur Auswertung der Ergebnisse der Psychotherapie befasst. Das Leitprinzip der meisten diesbezüglichen Studien war es, den Erfolg zu definieren, zu messen und vorherzusagen. Die Ergebnisse dieses hohen Aufwandes an Zeit und Geld waren durchweg enttäuschend. Die Forschungsbemühungen werden nicht nur durch scheinbar unüberwindbare methodologische Schwierigkeiten blockiert, sondern auch – und dies ist noch wichtiger –, weil es sich als fast unmöglich erwiesen hat, die entscheidenden Eckpunkte des Erfolges zu definieren, außer auf willkürliche, häufig auch oberflächliche Art und Weise. Es gibt eine ähnliche Betonung des Erfolgs in der psychoanalytischen Literatur, insbesondere bei Veröffentlichungen zu den Themen der Beendigung der Analyse, der Behandlungsziele und der Einschätzung der Analysierbarkeit. Auch hier verweisen Autoren auf das »bruchstückhafte und widersprüchliche Wissen« (Namnun, 1968) und den »Mangel an klar definierten Kriterien« (Limentani, 1972). In einer Studie zur Beendigung (Novick, 1976) wurden die Kriterien des Erfolgs als irrelevant für die klinische Praxis gesehen, da sie häufig Ideale der psychischen Gesundheit reflektieren, nicht aber die im Kontext der individuellen Pathologie gesteckten Ziele. Die Studie offenbarte das Ausmaß, in dem die Kriterien theoretische, kulturelle und persönliche Vorlieben anstelle klinischer Wahrnehmungen widerspiegelten. Heute würden wir noch weiter gehen und behaupten, dass unsere Ausbildung und Erfahrung uns nicht optimal darauf vorbereiten, den Behandlungserfolg zu definieren, zu messen oder vorherzusagen. Im Gegensatz dazu sind wir Experten auf dem Gebiet des Scheiterns. Unsere Patienten sind Produkte des Scheiterns und manifestieren verschiedene Grade der gescheiterten Entwicklung und des Fehlfunktionierens. Wie Tartakoff (1966) demonstrierte, müssen sich selbst diejenigen, die das Privileg haben, Ausbildungskandidaten zu analysieren, mit dem Scheitern auseinandersetzen. Die Behandlung des Scheiterns endet häufig mit dem Schei-

[1] Frühere Versionen dieses Kapitels wurden auf den Tagungen der Association of Child Psychotherapists, London, Januar 1977, und der Michigan Psychoanalytic Society, Oktober 1977, vorgetragen.

tern der Behandlung, denn wie Freud (1937c) sagte, ist »das Analysieren der dritte jener ›unmöglichen‹ Berufe, in denen man des ungenügenden Erfolgs von vornherein sicher sein kann. Die beiden anderen, weit länger bekannten, sind das Erziehen und das Regieren« (S. 94). Diese Betonung des Erfolgs war vielleicht, wie Freud meinte, »aus der Zeit geboren, unter dem Eindruck des Gegensatzes von europäischem Nachkriegselend und amerikanischer ›*prosperity*‹ konzipiert und dazu bestimmt, das Tempo der analytischen Therapie der Hast des amerikanischen Lebens anzugleichen« (S. 60). Hinzuzufügen wäre aus heutiger Sicht der Einfluss der explosionsartigen Entwicklung von alternativen Behandlungsmethoden, die schnelle Ergebnisse versprechen und Erfolg mit relativ wenig Aufwand an Zeit, Geld oder psychischem Schmerz in Aussicht stellen. Die zunehmende Rolle der Versicherungsträger mit ihrem Beharren auf Kosteneffizienz sollte als Faktor für die Betonung des Erfolgs ebenfalls nicht unterschätzt werden.

Die ausschließliche Beschäftigung mit dem Scheitern hat eine verheerende Wirkung auf Psychoanalytiker und führt viele in Bereiche der Arbeit, der Behandlung oder der Theorie, die vor solch einem heftigen Angriff auf ihre Selbstachtung Schutz versprechen. Dies ist natürlich kein neues Phänomen. Sicherlich haben viele der frühen und späteren psychoanalytischen Dissidenten nicht nur mit Vater Freud gewetteifert, sondern sich auch mit ihrer eigenen Erfahrung des Scheiterns in der theoretischen und klinischen Arbeit beschäftigt. Freud (1937c) verstand Ferenczis therapeutische Experimente nicht als Rebellion, sondern als Reaktion auf die Frustration der analytischen Arbeit. Im Anschluss an die Darstellung der zahlreichen Hindernisse der Behandlung schrieb er: »[...] man versteht von diesem Gesichtspunkt aus die leider vergeblichen therapeutischen Bemühungen, denen ein Meister der Analyse wie *Ferenczi* seine letzten Lebensjahre gewidmet hat« (S. 75f.).

Unserer Ansicht nach ist das Scheitern nicht nur ein Gebiet für Gutachten, sondern auch ein sehr fruchtbarer Forschungsbereich. Unsere Forschung schließt die Frage nach der Beziehung zwischen Versagen und Allmacht ein, nach der Rolle des Versagens bei der normalen und krankhaften Entwicklung und nach den mit dem Versagen der Behandlung zusammenhängenden Faktoren. 1937 schrieb Freud: »Das Interesse der Analytiker scheint mir in dieser Gegend überhaupt nicht richtig eingestellt zu sein. Anstatt zu untersuchen, wie die Heilung durch die Analyse zustande kommt, [...] sollte die Fragestellung lauten, welche Hindernisse der analytischen Heilung im Wege stehen« (S. 65). Eines dieser Hindernisse bezeichnete Freud (1923b) als »negative therapeutische Reaktion«. Ebenso wie im Falle zahlreicher anderer Konzepte Freuds wurden Bedeutung und Anwendung des Terminus durch spätere Autoren erweitert (siehe auch Brenner, 1970; Olinick, 1964; Sandler et al., 1973). Einige nutzen die negative therapeutische Reaktion als Erklärung für jeden andauernden Widerstand oder für das Scheitern der Behandlung. Freud verwendete den Terminus für eine spezifische Reaktion in der Behandlung – eine negative Reaktion auf den Fortschritt oder auf Worte der Ermutigung: »Wenn man ihnen Hoffnung gibt und ihnen Zufriedenheit mit dem Stand der Behandlung zeigt, scheinen sie unbefriedigt und verschlechtern regelmäßig ihr Befinden« (S. 278). Es handelt sich somit um eine spezifische klinische Reaktion, die im Verlauf der Behandlung auftritt und einer Zeit des »erfolgreichen therapeutischen Managements« (Moore und Fine, 1967) folgt. Diese Reaktion, so Freud (1923b), sei mehr als eine »Trotzeinstellung gegenüber dem Arzt« und ein Festhalten am »Krankheitsgewinn« (S. 279). Es handele sich um einen moralischen Faktor, ein Schuldgefühl. 1924 war Freud (1924c) spezifischer und beschrieb die Ursache für die Reaktion als »Strafbedürfnis«, als klinische Manifestation des »moralischen Masochismus« (S. 378). Freud betrachtete die negative therapeutische Reaktion als mächtigen Widerstand gegen die Behandlung, jedoch nicht notwendigerweise als den mächtigsten. Es handelt sich hier vielmehr um lediglich einen der vielen Faktoren, die zum Scheitern oder zur Verlängerung der Behandlung führen.

In diesem Beitrag wollen wir einen weiteren Faktor untersuchen, der am Scheitern der Behandlung beteiligt ist – die *negative therapeutische Motivation.* Anders als die von Freud beschriebene negative therapeutische Reaktion ist die negative therapeutische Motivation lange, bevor der Patient den Analytiker aufsucht, aktiv und lange bevor er überhaupt eine Vorstellung davon hat, um was es bei der Analyse geht. Bei der negativen therapeutischen Motivation handelt es sich um die Motivation, sich in Analyse oder Therapie zu begeben, um den Analytiker versagen zu lassen. Vor der Illustration des Phänomens und der Beleuchtung einiger der ihm zugrunde liegenden Mechanismen wollen wir an dieser Stelle auf einen logischen Irrtum hinweisen, der am häufigsten in die Diskussion der Hindernisse für die Behandlung eingebracht wird. Wir sind es gewöhnt, an eine Kontinuität des Normalen und des Anormalen zu denken, von Gesundheit und Krankheit. Der Unterschied ist – um es in Freuds Worten auszudrücken – ökonomischer Natur bzw. einer des Grades. Bei der Erörterung der Hindernisse für die Behandlung schaffen wir häufig eine »Pseudospezies« von Patienten, die als narzisstisch, »borderline« oder als Patienten mit negativer therapeutischer Reaktion bezeichnet werden (vgl. Olinick, 1970). Wir vertreten die Auffassung, dass die negative therapeutische Motivation, also der Wunsch, sich in die Behandlung zu begeben, um den Analytiker scheitern zu lassen, Teil einer jeden Behandlung ist, unabhängig von Grad oder Typus der Pathologie. Das Phänomen tritt bei bestimmten Typen von Patienten natürlich deutlicher als bei anderen zutage, etwa bei Patienten mit schweren masochistischen Störungen, und in gewissen Altersstufen klarer als in anderen, etwa in der Adoleszenz.

## Die negative therapeutische Motivation

Im Folgenden zeigen wir, wie sich die negative therapeutische Motivation in der Behandlungssituation manifestiert und wie sie mit dem defensiven Bedürfnis sowohl des Patienten als auch eines Elternteils, ein idealisiertes Bild eines liebevollen, geliebten und allmächtigen Elternteils aufrechtzuerhalten, in Verbindung steht.

*A. wurde im Alter von vierzehn Jahren überwiesen, weil er sehr depressiv war, ständig den Tränen nahe, und weil er in der Schule versagte und sich sozial zunehmend isoliert fühlte. Der Junge sagte, er habe das Gefühl, seine ganze Welt stürze ein. Der Psychiater, der ihn überwiesen hatte, war der Ansicht, er sei für die Behandlung hoch motiviert. Als die Analytikerin A. sah, wurde sofort deutlich, dass er in der Tat einen gewaltigen psychischen Schmerz empfand und sehr gerne Hilfe in Anspruch nehmen wollte. Es war jedoch nicht deutlich, dass zugleich ein Bedürfnis bestand, die Analytikerin scheitern zu lassen. A.s Eltern steckten mitten im Trennungsstreit, und Anschuldigungen und Schuldzuweisungen lagen in der Luft. Nach der dritten Sitzung sprach A. nicht mehr und blieb während der nächsten neun Monate der Behandlung stumm. Wenngleich der Widerstand überdeterminiert war, wurde deutlich, dass ein Hauptantrieb von A.s bewusstem und unbewusstem Wunsch, die Analytikerin in ihren therapeutischen Bemühungen versagen zu lassen, herrührte. Interventionen zeigten erst eine Wirkung, nachdem die Analytikerin ihre eigenen Gefühle völliger Unzulänglichkeit als Gegenreaktion auf A.s Bedürfnis, sie scheitern zu lassen, erkannte. Ganz langsam trat eine allmähliche Veränderung ein, nach einer langen Zeit, in der die Analytikerin eine konstante Ebene an therapeutischer Gelassenheit aufrechterhalten hatte, ihre begrenzten Möglichkeiten angesichts seines Widerstandes akzeptierte und sie gegenüber A. in Worte fasste, sehr wenige, häufig jedoch richtige Deutungen seiner nonverbalen Mitteilungen gab und sein Schweigen als einen Versuch deutete, sie versagen zu lassen und auf diese Weise verhasste Aspekte seiner Selbst- und seiner Objektrepräsentanzen auf sie zu externalisieren. Eine weitere Bestätigung dafür, dass diese lange Zeit des Schweigens eine Manifestation der negativen therapeutischen Motivation darstellte, kam Jahre später, als A. diese Schweige-Zeit als das »tollste Jahr meines Lebens« bezeichnete. Das war es auch gewesen. Die Analytikerin war zur Versagerin geworden, während seine Eltern, insbesondere die Mutter, die Perfektion, die er früher in ihnen wahrgenommen hatte, nahezu wiedererlangt hatten. Worin auch immer sie versagt hatten, ihr Scheitern war nicht so gewaltig oder so deutlich wie das der Analytikerin. In späteren Jahren, nachdem die Analytikerin zum Übertragungsobjekt geworden war und die sadomasochisti-*

*sche Schlacht, die mit ihr ausgetragen wurde, deuten konnte, erinnerte sich A. daran, dass er noch vor der ersten Begegnung mit ihr beschlossen hatte, nicht mit ihr zu sprechen.*

*Die 16jährige J. wurde aufgrund von unkontrollierten Weinanfällen, schwerer Depression und einem durchdringenden Gefühl der Unzulänglichkeit an eine Kollegin überwiesen. In ihrer ersten Sitzung zeigte sie eine strahlende, fröhliche Fassade und behauptete, andere sagten, sie brauche keine Behandlung. Der geringste kritische Kommentar ihrerseits in Bezug auf ihre Mutter wurde sofort von einer Aussage begleitet, dass sie ihre Mutter respektiere und dass ihre Mutter nett sei. Nach der zweiten Sitzung ging sie in der Überzeugung fort, dass die Therapeutin sie abgelehnt habe, und unternahm am selben Abend einen Selbstmordversuch mit sehr ernsten medizinischen Folgen.*

Auf der Basis von derart wenig Information könnte man postulieren, dass andere Determinanten einschließlich einer mangelnden Fähigkeit oder Sensibilität seitens der Therapeutin für das Versagen der Behandlung entscheidender seien als eine negative therapeutische Motivation. Es liegt jedoch weitaus mehr Information über dieses Mädchen vor, da sie nach ihrem Suizidversuch an einer psychoanalytischen Studie über Selbstmordversuche von Jugendlichen teilnahm (vgl. Friedman et al., 1972). Sie kam über fünf Jahre lang fünf Mal pro Woche zur Analyse. Das Material ihrer Analyse war Teil der aus acht solcher Fälle zusammengetragenen Informationen – von vier Jungen und vier Mädchen (vgl. Hurry et al., 1976). Ein Hauptergebnis der Studie, die bereits im 8. Kapitel erläutert wurde, ist von Bedeutung für das Thema der negativen therapeutischen Motivation. In jedem der Fälle stellte der Selbstmordversuch keinen plötzlichen Akt dar, sondern den Endpunkt einer pathologischen Regression. Suizidgedanken waren über eine beträchtliche Zeit hinweg bereits vor dem eigentlichen Versuch präsent. Wenngleich es wichtige Unterschiede bei den untersuchten Patienten gab, insbesondere zwischen Jungen und Mädchen, so zeigten doch alle ein ähnliches Muster bezüglich der regressiven Sequenz. Die Regression begann mit der Erfahrung des Scheiterns bei der Bewegung hin zur Unabhängigkeit von der Mutter. Die Ursache des Versagens wurde externalisiert und der Mutter zugeschrieben, die zugleich als Versagerin und als jemand erlebt wurde, der den Patienten ablehnte und ihm die magische Lösung vorenthielt. Die Schuldzuweisung und die Erfahrung von Ablehnung und Versagen wurden dann wiederum dem Patienten selbst zugeschrieben und schließlich ganz entschieden einem äußeren Objekt. In jedem Fall ging dem Selbstmordversuch die Erfahrung der

Ablehnung unmittelbar voraus, weil die eigenen Bedürfnisse durch ein äußeres Objekt nicht befriedigt wurden. Ein Mädchen hatte ihrer Freundin in der Schule von ihrem Wunsch, sich umzubringen, berichtet und sollte daraufhin zum Psychiater gehen. Ein Junge hatte seine ganze Hoffnung darauf gesetzt, von einer bestimmten Universität angenommen zu werden; als er abgelehnt wurde, hatte er das Gefühl, dass es nichts anderes für ihn zu tun gab als sich umzubringen. Ebenso fasste J. die Worte der Analytikerin als Ablehnung auf und verließ die Sitzung, indem sie sich sagte: »Was bringt es, ihr ist es doch auch egal« (Hurry, 1977). Erst nach längerer analytischer Arbeit konnte das unbewusste Bedürfnis, das Objekt scheitern zu lassen, aufgeklärt werden.

*Der junge Mann, der von der Universität seiner Wahl abgelehnt worden war, kam häufig zu spät oder aber extrem früh zu einer Sitzung und machte dem Analytiker dann zum Vorwurf, dass er ihn nicht augenblicklich behandelte oder nicht die vollen fünfzig Minuten lang. Einmal sagte er eine Sitzung ab, tauchte dann aber trotzdem auf. Da der Analytiker es sich zur Gewohnheit gemacht hatte, auch bei Absagen zur Verfügung zu stehen, schlug dieser Versuch, ihn versagen zu lassen, fehl; nun konnten sie beginnen, das Bedürfnis des Patienten zu untersuchen, andere Menschen dazu zu bringen, seine Bedürfnisse nicht zu befriedigen. Daraufhin erinnerte er sich, dass er sich bei der Universität seiner Wahl erst nach Ablauf der Frist beworben hatte.*

War es diesen Patienten einmal gelungen, die Schuld und das Versagen jemand oder etwas anderem als ihren Müttern zuzuschreiben, konnten sie ihre Selbstmordwünsche ohne den hemmenden Faktor des Schuldgefühls in die Tat umsetzen. Diese Adoleszenten zeigten ein Phänomen, daes bei vielen Kindern, Jugendlichen und Erwachsenen zu beobachten ist – das Bedürfnis, Objekte scheitern zu lassen, in Verbindung mit einem Bedürfnis, die Mutter vor ihrer Aggression zu schützen und das idealisierte Bild einer liebevollen, allmächtigen Mutter aufrechtzuerhalten. Im Zuge ihres lebenslangen Kampfes mit dem intensiven Gefühl des Versagens in vielen wichtigen Bereichen des Funktionierens schwanken diese Patienten zwischen der Externalisierung und der Internalisierung der Schuld an diesem Versagen. Jede Lösung ist schmerzhaft und weckt Angst, und sie finden schon bald Erleichterung, indem sie einem anderen Objekt als der Mutter die Schuld zuschreiben und dieses Objekt hassen und ablehnen, indem sie es scheitern lassen. Das gescheiterte Objekt repräsentiert den »wichtigen Anderen« – Personen wie die Väter, Geschwister, Lehrer, Freunde, die das Kind aus der mütterlichen Sphäre ziehen könnten. Mit jedem Scheitern eines signifikanten Anderen wird das Kind noch intensiver und pathologischer an die Mutter gebunden. Der Analytiker wird zu einem weiteren Objekt in der Reihe der scheiternden Objekte, und die negative therapeutische Motivation manifestiert in der Analyse die primitiven Mechanismen der Externalisierung und der Verschiebung von negativ besetzten Teilen des Selbst und des Objekts auf den Analytiker.

Die Arbeit mit Kindern und Jugendlichen unterstreicht ein wichtiges Merkmal der negativen therapeutischen Motivation – die Tatsache, dass das Bedürfnis, die Objekte versagen zu lassen, von Mutter und Patient geteilt wird. Sowohl die Mutter als auch das Kind suchen bei anderen Hilfe, nur um diese anderen scheitern zu lassen. Die Tatsache, dass Eltern sich häufig in die Behandlung einmischen und sie sabotieren, ist wohlbekannt. Ursachen und Arten des elterlichen Widerstandes sind zunehmend zum Thema von Forschungsarbeiten geworden (vgl. Rinsley and Hall, 1962). Der Beschreibung der vielen Arten des elterlichen Widerstandes ist als bislang vernachlässigter, aber einflussreicher Faktor die negative therapeutische Motivation hinzuzufügen. Unsere Erfahrung zeigt, dass sich viele Therapeuten, die mit Kindern und Jugendlichen arbeiten und denen das Konzept vorgestellt und erläutert wird, an zahlreiche Fälle erinnern, die das Phänomen illustrieren.

*Das nachfolgende Material entstammt einem Fall unter Supervision. Auf Beharren ihres Arztes überwiesen die Eltern ihren 16jährigen Sohn B. zur Behandlung aufgrund von heftigen, psychogenen Schmerzen in der Brust und seiner Angst, er würde sterben. Während der langen und detaillierten diagnostischen Vorgespräche erschienen die Eltern mitteilsam und kooperativ, wie auch B. während seiner Interviews. Es hatte den Anschein, dass seine Motivation für die Behandlung hoch war und dass die Eltern unterstützend wirken würden. Es handelte sich um eine intakte Mittelschichtsfamilie, und es gab keine Zeichen für eine schwere Pathologie der Eltern. B. litt nicht nur unter Angst, sondern hatte auch in der Schule sehr schlechte Noten, wurde zunehmend ausfallend und körperlich aggressiv anderen gegenüber, insbesondere gegenüber Mädchen, und war in zahlreiche kriminelle Handlungen verwickelt.*

*Er kam zu seiner ersten Sitzung mit einem Hemd, das bis zum Bauchnabel aufgeknöpft war, lümmelte in seinem Stuhl und schien eine sexuelle Reaktion seitens seiner Therapeutin zu erwarten. Er sah keine Probleme mit den Zeiten oder der Frequenz der Sitzungen und tat so, als habe er erwartet, er werde jeden Tag den ganzen Tag bleiben. Am Ende der ersten Sitzung sagte er, er langweile sich, und in der zweiten Sitzung sagte er, alles habe sich geändert, und er fühle sich viel besser. In der dritten Sitzung präsentierte er das, was – wie sich später herausstellte – die mütterliche Einschätzung seiner Schwierigkeiten und ihre Lösung dafür war. Er sagte, seine Probleme beruhten einzig und allein auf seiner Langeweile in der Schule und der pädagogischen Unfähigkeit des Direk-*

*tors und der Lehrer, seinen Bedürfnissen gerecht zu werden. Die Mutter überzeugte daraufhin das Schulpersonal davon, dass er besonderen Unterricht benötigte, und arrangierte zusätzliche Nachhilfestunden bei ihrer Schwester. Die Mutter hatte die Sache in der Hand, sie hatte alles arrangiert, und jeder fühlte sich jetzt besser. B. erschien nicht zur vierten Sitzung, und die Mutter rief an, sagte, er weigere sich, zu den Sitzungen zu gehen, und fügte dann hinzu: »Sie müssen schrecklich enttäuscht sein.« Die Therapeutin war in der Tat enttäuscht und hatte das Gefühl, versagt zu haben.*

*Die Analytikerin traf sich über eine Zeit von vier Monaten wöchentlich mit den Eltern. Während dieser Sitzungen sprach die Mutter von sich als der einzigen, die auf die Bedürfnisse des Jungen eingehen konnte und dies tat. Sie sagte, er sei von Geburt an ein schwieriges und kaum zu handhabendes Kind gewesen, aber sie sei immer mit ihm zurecht gekommen. In der Zeit vor der Überweisung habe sie jedoch das Gefühl gehabt, nicht mit ihm fertig zu werden, seine Bedürfnisse nicht befriedigen und seine zunehmende Wut nicht handhaben zu können. Wenngleich sie keine bewusste Verbindung zu ihrem Gefühl des Versagens herstellte, fügte sie hinzu, dass es sich auch um eine Zeit gehandelt habe, in der er seine sexuellen Bedürfnisse zu Hause deutlicher bekundete, auf eine Art und Weise, die seinem Benehmen in der ersten Sitzung entsprach.*

*Aus der Arbeit mit Jugendlichen sind uns viele Fälle bekannt, bei denen die Patienten darauf beharrten, dass ihre Eltern den Anspruch erhöben, ihre sexuellen Wünsche zu befriedigen, und dass ihre sexuellen Ziele, üblicherweise passiver Natur, von ihren Müttern befriedigt werden sollten. Ebenso sind uns Eltern von Heranwachsenden bekannt, die der Meinung sind, als perfekte Eltern die sexuellen Bedürfnisse ihres Kindes befriedigen zu müssen. Da sie dies nicht tun können und auch niemandem sonst die Möglichkeit einräumen wollen, ermutigen sie den Jugendlichen zur Regression auf prägenitale Bedürfnisse, die sie befriedigen können. Auch wenn keine analytischen Daten zur Bestätigung unserer Spekulationen über B. und seine Mutter vorliegen, so hat es den Anschein, dass die Mutter der Ansicht war, als einzige seine sexuellen Wünsche befriedigen zu können, weil sie ja auch als einzige seine anderen Bedürfnisse befriedigen konnte. In der Zeit vor der Überweisung hatte sie eine schwere gynäkologische Infektion durchgemacht und war operiert worden. Ihrer Darstellung zufolge hatte sie die Infektion ignoriert und wäre fast daran gestorben. Sie war bereits viele Monate vor der Operation unfähig zum Geschlechtsverkehr und hatte danach zuviel Angst davor. Ihre eigene Motivation für die Weiterführung der wöchentlichen Sitzungen bestand in ihrer Sorge über ihre sexuellen Hemmungen und ihrem Gefühl der sexuellen Unzulänglichkeit. Das Material aus ihren Sitzungen offenbarte, dass sie das Gefühl hatte, sie habe als Mutter versagt. Sie war nicht mehr die perfekte Mutter, und B. würde ihr die Schuld geben und enttäuscht sein. Er gab ihr in der Tat die Schuld, und seine Angst zu sterben stellte eine Abwehr seiner Wut auf die Mutter und seiner Überzeugung dar, er könne sie zerstören. Sie empfand den Vorwurf, versagt zu haben, als Zerstörung, als einen Tod, der durch das Verlassen des Objekts abgewehrt werden musste. Die Mutter verließ die letzte Sitzung vorzeitig, rief die Therapeutin dann an und sagte: »Ich weiß genau, was Sie sagen wollten, Sie wollten sagen, dass ich eine Versagerin bin.« Sie verlieh ihrer Wut auf die Therapeutin Ausdruck, machte ihr Vorwürfe und beschuldigte sie, mit der Situation nicht angemessen umgegangen zu sein. Sie kam nie wieder zur Behandlung zurück. Wir können den Schluss ziehen, dass B. der Ansicht gewesen sein könnte, dass es seine Mutter zerstören würde, wenn er sie des Versagens beschuldigte, und dass sie ihn dann verlassen würde. Um sie zu schützen und Teil von ihr zu bleiben, nahm er das wahrgenommene Scheitern, den bevorstehenden Tod der Mutter, auf sich und wurde so zu demjenigen, der hilflos war und bald sterben würde. Die Internalisierung von Schuld und Versagen war gleichermaßen Angst erregend. Auf eine Art, die wohl ein lebenslanges Muster repräsentierte, fanden Mutter und Kind Erleichterung und stellten die idealisierte allmächtige Einheit wieder her, indem sie das Versagen, die Enttäuschung und Schuld der Therapeutin zuschrieben, die zu der abgeschlossenen Welt ihrer nun purifizierten omnipotenten Dyade keinen Zugang hatte.*

Es gibt eine Gruppe von Kindern und Jugendlichen, deren Störungsgrad bewirkt, dass die elterliche Rolle bei der negativen therapeutischen Motivation im Verborgenen bleibt. Hier handelt es sich häufig um sogenannte Borderline-Patienten. Typische Überweisungsgründe sind gemeinhin Probleme wie überwältigende Angst mit Panikattacken und häufigen aggressiven Ausbrüchen. Schwere Störungen der Trieb- und Ichentwicklung, der extensive Einsatz der Externalisierung sowie eine Tendenz, Selbst- und Objektrepräsentanzen zu verwechseln und zu verschmelzen, sind auffallend. Häufig beherrschen diese Patienten mit ihren Ausbrüchen und Wutanfällen die gesamte Familie, und die Eltern fühlen sich hilflos und haben Angst. Üblicherweise kommt es aus der Angst heraus, das Kind könne ein jüngeres Geschwisterkind töten oder schwerwiegend verletzen, zur Überweisung. Bei Fällen dieser Art ist die anfängliche Zeit der Behandlung von der unmittelbaren Abfuhr von Wünschen in Handlungen gekennzeichnet, was zu schweren Managementproblemen führt. Patienten vor der Adoleszenz toben häufig, schreien, machen Dinge kaputt oder werfen sie aus dem Fenster. Ein Junge kam mit einem kleinen Gewehr zur Behandlung und schrie, er werde den Analytiker umbringen. Auch Adoleszente sind in der Behandlung zuweilen schwer zu handhaben; üblicherweise muss der Analytiker aber eher mit ihrem unerbittlichen, beleidigenden Angriff zurecht kommen, der ihn zum Empfänger aller negativ besetzten

Aspekte der Selbst- und Objektrepräsentanzen macht. Sowohl bei Kindern als auch bei Heranwachsenden dieses Typs wird der Analytiker nicht nur beschuldigt, ein Versager zu sein, sondern wird auch zum Scheitern gebracht, da der schonungslose Angriff auf die Kompetenz, Fähigkeit und Erfahrung über Jahre hinweg geführt wird. Noch zerstörerischer ist der Angriff auf die Identität des Analytikers als eigenständige Person, da der Analytiker über diese lange Zeit hinweg für die Patienten nur innerhalb der engen Grenzen ihrer Externalisierungen existiert und alles andere verleugnet wird. Möglicherweise weil er den unaufhörlichen Angriff überstanden hat, wird der Analytiker von diesen Patienten dann allmählich von den verhassten Selbstanteilen und Anteilen der Mutter differenziert. Wenn er nach und nach als getrenntes und geschätztes Objekt wahrgenommen wird, können die Patienten eine Übertragungsbeziehung zu diesem Objekt entwickeln. Dann wird deutlich, dass die negative therapeutische Motivation teils eine Abwehr der positiven Übertragung darstellt. An diesem Punkte, wenn der Analytiker als getrenntes und geschätztes Objekt anerkannt wird, als Objekt der positiven Übertragung, wird die mütterliche negative therapeutische Motivation sichtbar und tritt auf den Plan. An diesem Punkte nämlich nehmen die Eltern das Kind aus der Behandlung, wobei sie häufig weder Kosten noch Mühen scheuen und die Stelle oder den Beruf wechseln oder in eine andere Stadt ziehen. Möglicherweise werden auch ein Elternteil oder beide Eltern depressiv und zeigen Anzeichen schwerer Störungen aufgrund der Beeinträchtigung des pathologischen familiären Gleichgewichts (Brodey, 1965; siehe auch 5. Kap.).

*Der folgende Fall illustriert eine andere Reaktion, die nochmals die Beziehung zwischen Versagen, Externalisierung und negativer therapeutischer Motivation unterstreicht. C., ein 15jähriger Junge, hatte mit der Analyse im Alter von 11 Jahren begonnen. An seinen ersten Analytiker war er wegen unkontrollierter Wutanfälle und Angriffe auf seinen jüngeren Bruder überwiesen worden. Er und seine Eltern sahen die erste Behandlung als totalen Fehlschlag. Er hatte jede Sitzung damit verbracht, Comics zu lesen, dabei schlückchenweise Limo zu trinken und mit seiner Mutter zu telefonieren. Sein erster Analytiker zog weg, und er wurde an einen zweiten verwiesen. Als er das erste Mal erschien, sah er eher wie ein elfjähriger aus statt wie ein fast sechzehnjähriger Jugendlicher. Jeder Bereich des Funktionierens war von totalem Versagen gekennzeichnet. C. hatte die Schule durchlaufen, ohne auch nur irgend etwas zu lernen. Es war bereits klar, dass er nie einen Schulabschluss schaffen würde. Er hatte keine Freunde, wurde von jedem gehänselt und geärgert und zeigte schwere Störungen in Bezug auf die meisten Aspekte der Trieb- und Ichentwicklung. In den Sitzungen schrie er den neuen Analytiker an und tobte, behauptete, die Analy-*

*se sei ein Gefängnis, und alle seine Probleme kämen von der Analyse. Alles wäre gut, wenn er nicht die Therapie machen müsste. Er sagte, er wolle seine Mutter zur Therapeutin haben, und rief sie nach jeder Sitzung von einem öffentlichen Telefon aus an, um ihr zu berichten, was besprochen worden war.*

*Er war sich bewusst, dass er die vorherige Analyse hatte scheitern lassen, und er war sich auch des Wunsches bewusst, dasselbe noch einmal zu tun. In dieser Zeit verhielten sich die Eltern sehr unterstützend und ermutigten ihn, zur Behandlung zu gehen. Sie hielten den Analytiker in Bezug auf die »schrecklichen Dinge«, die er zu ihnen sagte, auf dem Laufenden und zeigten angesichts seiner Verachtung und angesichts der Unfähigkeit des Analytikers, ihn zu ändern, ihr Mitgefühl. Ganz langsam begann C., eine positive Übertragung zu entwickeln und ein Behandlungsbündnis aufzubauen. Durch die gemeinsame Arbeit änderte er sich allmählich, aber jedes Mal, wenn eine Veränderung offenkundig wurde oder in Handeln umgesetzt werden sollte, unternahm die Mutter etwas, um C.s Rolle und die des Analytikers zunichte zu machen, so dass der Verdienst für die positive Veränderung allein der ihre wurde. Zum Beispiel begann C., nachdem sein Bedürfnis bearbeitet worden war, psychisch und körperlich ein kleiner Junge zu bleiben, zu wachsen und körperlich zu reifen. Sobald diese Veränderungen auftraten, ging die Mutter mit ihm in eine Klinik, in der er eine Reihe von Hormonspritzen für sein Wachstum erhielt. Er entwickelte sich körperlich und war nun durchschnittlich groß, jedoch schrieb er diese Veränderungen weder einem inneren Aspekt zu noch der analytischen Arbeit. Er führte die körperlichen Veränderungen einzig und allein auf die Intervention der Mutter zurück. Und diese erhob auch auf jeden weiteren Fortschritt Anspruch. Sein Wunsch, die Schule zu verlassen und zu arbeiten, sein Auszug von zu Hause und sein Zimmer in einem Jugendwohnheim, sein Stellenwechsel, ja sogar seine erste sexuelle Erfahrung – all diese Dinge wurden von seiner Mutter arrangiert. So wurde jeder Erfolg zu einer Quelle des Versagens – zum Versagen des Analytikers und zu seinem Versagen –, und er blieb an das Bild einer allmächtigen Mutter, die alle Wünsche auf magische Weise erfüllen konnte, gebunden.*

*Der Analytiker repräsentierte den signifikanten Anderen, den Vater oder Lehrer, Träger des Realitätsprinzips, der C.s Allmachtsphantasien Grenzen aufzeigte und aktive und anhaltende Bemühungen um die Erfüllung realistischer Wünsche verlangte. So schmerzhaft und schwer dies auch gewesen wäre – wahrscheinlich hätte C. die Veränderung gemeistert, wäre er nicht gleichzeitig von der panischen Angst überwältigt worden, dass seine Beziehung zum Analytiker seine Mutter zerstören und sie ihn daraufhin völlig im Stich lassen würde. Sie bot ihm Sicherheit vor seiner panischen Verlassenheitsangst. Indem er ihr Versagen auf sich nahm und zu den abgewerteten, hilflosen, beschädigten Teilen ihrer selbst wurde, war er extrem wichtig für sie, so dass sie ihn nicht verlassen würde, ja, nicht verlassen könnte. Die Mutter verleitete ihn dazu, passiv zu versagen und andere dazu zu bringen, ebenfalls an ihm zu scheitern. So konnte sie selbst zur allmächtigen Quelle alles Guten werden. Bis zum Ende hielt er die Phantasie aufrecht, ein berühmter Schriftsteller zu werden, obwohl er kaum lesen konnte, oder aber ein bekannter Popstar, auch wenn er weder ein Instrument spielte noch singen konnte. Indem er das passive, beschädigte Kleinkind blieb, glaubte er die allmächtige Mutter zu beherrschen. Gemeinsam lebten sie die mythologische Phantasie des Goldenen Zeitalters aus, des Garten Eden, der purifizierten Lust-Dyade.*

Der Beitrag des Analytikers zu C.s Entwicklung wurde wiederholt sowohl vom Patienten selbst als auch von seiner Mutter verleugnet. In ihrer Kollusion setzten sie alles daran, die Bedeutung der Therapie zu bagatellisieren und auszulöschen. Diese Manifestation der negativen therapeutischen Motivation stellt eine Wiederholung eines Musters dar, nach dem Mutter und Kind die Bedeutung jedes anderen Objekts zunichte machen. Der wichtigste signifikante Andere ist der Vater, und in den meisten derartigen Fällen tritt das Phänomen des »umgangenen Vaters« (Asch, 1976) zutage. Bei den untersuchten Fällen waren die Väter körperlich oder emotional abwesend. Häufig waren es passive, ineffiziente Männer, die von ihren Frauen und Kindern nicht als Vater, sondern als ein weiteres beschädigtes Kind angesehen wurden. In der analytischen Arbeit mit Erwachsenen, bei denen die negative therapeutische Motivation auf subtilere und schwierigere Weise zutage tritt, signalisiert das Material, das einen »umgangenen Vater« betrifft, häufig eine negative therapeutische Motivation.

## Die Negative therapeutische Motivation und der Überweisungsprozess

Das Fallmaterial aus einem Seminar für Kinderanalytiker machte deutlich, dass Überweisungen häufig nicht deshalb erfolgen, weil der Patient in einer Krise ist oder seine Behandlungsbereitschaft bekundet, sondern weil die überweisende Person selbst an einem Punkt des konkreten, bevorstehenden oder befürchteten Scheiterns angelangt ist. Die Überweisung erfolgt unter diesen Umständen auf höchst ambivalente Art und Weise und beinhaltet magische, allmächtige Erwartungen ebenso wie Aktionen, die darauf zugeschnitten sind, die Behandlung fehlschlagen zu lassen. Analog zu der elterlichen negativen therapeutischen Motivation können sich auch Fachleute ein Versagen unbewusst herbeiwünschen, um ihre eigenen Unzulänglichkeitsgefühle externalisieren und eine idealisierte, allmächtige Figur für den Patienten bleiben zu können. Wie der Elternteil, so vermittelt auch der überweisende Arzt oder

Therapeut unter Umständen die Botschaft, dass nach seinem Scheitern auch niemand anderer mit dem Patient erfolgreich arbeiten kann.

*Eine stark übergewichtige Sechzehnjährige wurde nach einem Selbstmordversuch überwiesen. Von Geburt an war sie dem Krankenhaus bekannt und hatte bereits jede Station, abgesehen von der psychiatrischen Abteilung, durchlaufen. Als ihre Fettleibigkeit lebensbedrohlich wurde, wurde sie an eine Spezialklinik überwiesen, wo sie recht erfolgreich abnahm. Danach beging sie einen Suizidversuch und wurde in die Psychiatrie überwiesen. Was ihre eigene Bereitschaft zur Behandlung betraf, so war dies der am wenigsten geeignete Moment für eine Überweisung, jedoch war es der Moment des maximalen Versagens für den überweisenden Arzt, da die medizinische Abteilung befürchtete, dem Mädchen werde es nun gelingen, sich umzubringen, und man würde sie zur Verantwortung ziehen. Die psychiatrische Behandlung wurde als Allheilmittel gesehen und dem Mädchen gegenüber auch so dargestellt — als magische Lösung für alle ihre Probleme. Gleichzeitig lautete die Überweisung an die Kinderanalytikerin aber wie folgt: »Probebehandlung einmal wöchentlich für sechs Wochen mit der Spielfrau.«*

Die unbewusste negative therapeutische Motivation des überweisenden Kollegen bestätigt die negative therapeutische Motivation des Patienten, und viele vorzeitige Abbrüche, insbesondere in den frühen Phasen der Behandlung, können auf die unbewusste Intensivierung einer negativen therapeutischen Motivation durch den Überweisenden zurückgeführt werden. Dies kann selbst dann der Fall sein, wenn die Überweisung durch einen Psychoanalytiker geschieht, wie einer unserer eigenen Fälle zeigt.

*Als ich (J. N.) plante, England zu verlassen, überwies ich eine junge Frau zur Fortführung ihrer Analyse an einen Kollegen. Die Patientin und ich waren beide der Meinung, sie benötige eine weitere Behandlung, und sie bat mich, ihr jemanden zu nennen, zu dem sie gehen könne. Aus verschiedenen Gründen entschieden wir, sie solle den neuen Analytiker kennen lernen, solange sie sich noch bei mir in Behandlung befand. Nachdem sie bei ihm gewesen war, erklärte sie, nicht mit ihm arbeiten zu können. Der Versuch, eine weitere Behandlung zu arrangieren, schlug fehl. Sie gab sich selbst die Schuld und glaubte, sie habe nach all meinen Bemühungen, eine geeignete Person zu finden, versagt. Auch mein Kollege war der Ansicht, versagt zu haben. Zunächst ließ mich ihre Beschreibung des Interviews dies auch glauben. Natürlich war dies nur allzu bequem; mein eigener Anflug von Befriedigung, als Einziger und Bester betrachtet zu werden, machte mir schließlich die Kollusion bewusst. Die Patientin und ich hatten eine purifizierte Lust-Dyade geschaffen. Ich wurde geliebt, weil ich einen solch guten Ersatz für mich gefunden hatte, und doppelt geliebt, weil er nicht so gut war wie ich. All dies geschah, um die intensive Wut der Frau darüber zu vermeiden, dass ich sowohl als allmächtiges, idealisiertes Objekt wie auch als Analytiker versagt hatte, weil ich die Behandlung ganz real beendete, bevor sie dazu bereit war.*

Die Beendigung beinhaltet die Aufgabe der Übertragungsbeziehung, die sich mit positiven und negativen Anteilen aus allen Entwicklungsebenen herleitet. Eine vorzeitige Beendigung durch den Analytiker fügt der Übertragungsbeziehung weitere realistische Komplikationen hinzu, insbesondere das reale Unvermögen des Analytikers, die legitimen Bedürfnisse des Patienten zu befriedigen. Das defensive Bedürfnis von Mutter und Patient, Scheitern zu externalisieren und die Illusion einer purifizierten Lust-Dyade aufrechtzuerhalten, findet sein Gegenstück in der Situation einer erzwungenen Beendigung. Zusätzlich zu der üblichen notwendigen Arbeit müssen im Falle einer erzwungenen Beendigung sowohl Patient als auch Analytiker affektiv mit dem realen Versagen des Analytikers zurechtkommen. Dies ist extrem schwierig und schmerzhaft für beide. Der geschilderte Fall illustriert, dass eine Überweisung am Punkte der Beendigung, gemeinsam mit anderen Determinanten, eine negative therapeutische Motivation besitzen kann, bei der Patient und Analytiker unbewusst ein äußeres Versagen schaffen, um sich eine idealisierte Beziehung zu erhalten. In diesem besonderen Fall sowie in anderen Fällen mit einer erzwungen Beendigung erscheint es am besten, eine Überweisung zu vermeiden und die Verantwortung für diese Entscheidung allein beim Patienten zu belassen. Damit wird die Frage der weiteren Analyse und der Mittel und Wege zur Erlangung weiterer Hilfe zu analytischem Material – ähnlich wie andere wichtige Entscheidungen, etwa die Berufs- oder Partnerwahl.

*Im Falle der gescheiterten Überweisung erkannten die Patientin und ich die defensive Kollusion, unseren gemeinsamen unbewussten Wunsch, den anderen Analytiker scheitern zu lassen. So konnten wir beide meine reale Unzulänglichkeit – das reale gebrochene Versprechen — anerkennen und fühlen. Die intensive Wut, Enttäuschung und Verletzung mussten erlebt, überlebt und integriert werden. Am Ende entschied die Patientin, und ich pflichtete ihr hier bei, dass sie eine Zeit ohne Analyse brauche, um zu trauern und das Erreichte zu integrieren, auch wenn noch viel Arbeit getan werden musste. Sie schrieb mir etwa ein Jahr später, und es wurde deutlich, dass dies eine gute Entscheidung gewesen war. Sie erhielt die Errungenschaften der Analyse aufrecht und entwikkelte sich in vielen Bereichen weiter. Sie berichtete, gewisse Bereiche blieben unverändert und sie erwäge eine weitere Analyse, jedoch bat sie mich nicht um eine Überweisung. Ein weiteres Jahr später erhielt ich eine Neujahrskarte von ihr mit der Mitteilung, sie habe erneut eine Analyse begonnen, sich nach einer schwierigen Anfangszeit auch gut eingewöhnt und mache Fortschritte.*

## Das negative therapeutische Bündnis

Wir haben die negative therapeutische Motivation als eines von vielen Motiven des Patienten beschrieben, als etwas, das er mit der Mutter teilt, und gezeigt, dass dieser Wunsch, die Behandlung scheitern zu lassen, auch von überweisenden Kollegen geteilt und verstärkt werden kann. Gleichzeitig kann man von einem *negativen therapeutischen Bündnis* sprechen, einer unbewussten Kollusion zwischen Therapeut, Patient und anderen, ein Scheitern herbeizuführen. Dies liegt nicht an mangelnden Fähigkeiten oder mangelnder Ausbildung des Analytikers oder an den Gegenübertragungsreaktionen, die von bestimmten Patienten hervorgerufen werden. Ebenso wie die von uns beschriebenen Patienten trägt auch der Analytiker die Saat des Scheiterns mit in die Behandlungssituation hinein. Sein Bedürfnis, die therapeutische Unternehmung fehlschlagen zu lassen, hängt wie bei den Patienten mit Fragen der Allmacht, mit magischen Erwartungen, mit Versagen und mit der Externalisierung von Schuld zusammen. Das negative therapeutische Bündnis manifestiert sich häufig in einer Überbewertung oder einer Abwertung der eigenen Fähigkeiten des Analytikers, seiner Bedeutung als Objekt und seiner therapeutischen Wirksamkeit. Im Folgenden möchten wir einige Folgen solcher Haltungen erläutern.

Die Überbewertung bildet häufig Teil eines Allmachtsstrebens, das auf der Phantasie beruht, es gebe eine perfekte Mutter mit einer perfekten Technik, die allen Schmerz wegküssen könne und einen »Neubeginn« (Balint, 1968) schaffen oder das Selbst »wiederherstellen« (Kohut, 1977) könne. Anna Freud (1969) schrieb, der Sichtweise, dass der analytische Rahmen eine Regression zur ursprünglichen Mutter-Kind-Dyade sowie die Möglichkeit unterstütze, die ursprüngliche »Grundstörung« ungeschehen zu machen, sei nicht viel Glauben zu schenken. Dieser Ansatz aber beinhaltet häufig ein unmittelbares Aufeinanderprallen mit der äußeren oder internalisierten allmächtigen Mutter des Patienten, bei dem sich das Mutter-Kind-Duo als mächtiger erweist. Das Resultat ist häufig das Scheitern der Behandlung.

Eine weitere Auswirkung des omnipotenten Strebens nach Erfolg ist die Überbewertung der Technik. Die Omnipotenz ist eine menschliche Phantasie, jedoch nicht eine menschliche Eigenschaft. Nur nicht-menschliche Objekte wie etwa Maschinen können sich der allmächtigen Vollkommenheit annähern. Das Streben nach therapeutischer Allmacht führt häufig zu einer Überbetonung der Technik und macht den Analytiker womöglich zu einer unmenschlichen Deutungsmaschine. Wie bereits erwähnt, fungiert die negative therapeutische Motivation als Abwehr der positiven Übertragung, indem sie jegliche menschliche Eigenschaft des Analytikers verleugnet. Die behandlungstechnische Leidenschaft des Analytikers verstärkt somit unter Umständen den defensiven Aspekt der negativen therapeutischen Motivation und erschwert das Auftauchen einer Übertragungsbeziehung.

Abschließend möchten wir das Unvermögen des Analytikers betonen, die Qualität von Heuchelei und Täuschung in der negativen therapeutischen Motivation bestimmter Fälle wahrzunehmen. Diese Patienten überleben, indem sie zu dem werden, was andere von ihnen erwarten, und die Externalisierung der Mutter bestätigen. Sie sind Experten der Fälschung; sie sind zu dem geworden, was ein Patient als »eine leere Leinwand, die darauf wartet, dass Sie ein Bild malen«, beschrieb. Eine andere erwachsene Patientin beschrieb sich als Hologramm, das durch die sich überschneidenden Projektionen ihrer Eltern entstanden sei. Sie möge real aussehen und dreidimensional wirken, aber sie sei ebenso wie das Hologramm nichts weiter als die Überschneidung zweier projizierter Lichtstrahlen. Dies sind die Patienten, die alles tun können, was wir von ihnen wünschen. Sie bestätigen unsere Allmacht, sie können zum Erfolg für uns werden, sie können unsere Theorien bestätigen. Schnell nehmen sie unsere Erwartungen wahr und beherrschen uns auf diese Weise, nehmen uns in Anspruch und zerstören uns letztlich. Abraham (1919) und Riviere (1936) haben diesen Typus des unterwürfigen, kooperativen, angenehmen Patienten beschrieben, der von der Auflösung der Übertragung sprechen könne, noch bevor sich die Übertragung auch nur andeutet. Zusammenfassend lässt sich sagen: Durch die Überbewertung unserer Bedeutung, unserer Behandlungstechnik und unserer therapeutischen Effizienz kann es zu einem offenen Zusammenstoß mit der allmächtigen Mutter kommen, zur Kollusion mit dem Bedürfnis des Patienten, menschlichen Kontakt zu vermeiden, indem wir zur allmächtigen Deutungsmaschine werden, und zu unserem Umvermögen, die Heuchelei und Täuschung hinter der scheinbaren Kooperation und fortschreitenden Entwicklung gewisser Patienten zu sehen.

Die Beziehung zwischen negativem therapeutischen Bündnis und einer Abwertung der eigenen Fähigkeiten, Bedeutung und behandlungstechnischen Effizienz wird in dem Maße offenkundiger, in dem das Bedürfnis des Patienten, den Analytiker scheitern zu lassen, auf dessen Bereitschaft zu versagen stößt. Das Merkmal, das wir hier hervorheben wollen, ist das Ausmaß, in dem wir es anderen gestatten, die Bedingungen unserer Arbeit zu diktieren, und das Zögern, der Behandlung die Priorität einzuräumen, die sie verdient. Dies wird in der Arbeit mit Kindern und Jugendlichen deutlich, wo wir oft sehen, dass Therapeuten außerschulischen Aktivitäten und sogar Fernsehsendungen Priorität vor der Behandlung einräumen. Es ist nicht unüblich, dass Eltern dringend Hilfe suchen und dann mit dem Therapeuten über Frequenz oder Zeit der Sitzungen streiten, weil sie mit dem Schwimm- oder Musikunterricht des Kindes zusammenfallen. Wir haben erlebt, dass psychologisch durchaus gebildete Eltern uns für die Hilfe dankten, die wir ihnen und ihrem Kind zukommen ließen, und im gleichen Atemzug erklärten, dass sie eine Sitzung wegen eines Besuches bei der Oma ausfallen lassen müssten oder weil es der letzte Tag vor dem Urlaub sei und sie noch so viel zu erledigen hätten und es ja sowieso nichts ausmache. Manchmal sind solche Anfrage durchaus nachvollziehbar, aber unserer Erfahrung nach kann ein negatives therapeutisches Bündnis verstärkt werden, wenn man sie nicht rechtzeitig kommentiert.

Eltern setzen der Behandlung häufig auch eine zeitliche Begrenzung. Auch dies stellt üblicherweise eine Manifestation der negativen therapeutischen Motivation dar. Wir haben dies als »einseitigen Beendigungsplan« bezeichnet, der bereits vor Beginn der Behandlung existiert, die Bedingung für die Behandlung darstellt und gleichzeitig eine Möglichkeit, die Therapie zu vermeiden (Novick, 1976). Am Beispiel der Analyse eines Siebzehnjährigen, dessen einseitiger Plan zur Beendigung als Möglichkeit diente, die Übertragung zu vermeiden und die Bindung an die allmächtige Mutter zu verstärken, haben wir gezeigt, dass »der Patient irgendwann in der Behandlung mit der Ernsthaftigkeit seiner Störung und der Notwendigkeit konfrontiert werden muss, sich dem analytischen Prozess zu überlassen, indem er den Plan für die einseitige Beendigung aufgibt. Die Analyse kann nicht beendet werden, ehe sie vom Patienten nicht als unendlich erlebt wird« (S. 411). Dem ist aus heutiger Sicht hinzuzufügen, dass der einseitige Plan für die Beendigung eine Manifestation einer negativen therapeutischen Motivation darstellt. Es handelt sich um das Bedürfnis, den Analytiker scheitern zu lassen, und zugleich um die Abwehr einer Übertragungsbeziehung zum Analytiker. Als solcher wird der Beendigungsplan Teil des analytischen Prozesses und muss auf angemessene behandlungstechnische Art und Weise gehandhabt werden. Die Akzeptanz der Rationalisierung des Patienten aber, etwa die Zustimmung, dass die Universität wichtiger sei als die Behandlung, ist häufig eine Kollusion mit der negativen therapeutischen Motivation, mit der Bildung eines negativen therapeutischen Bündnisses und der Erzeugung eines missratenen Kindes – des therapeutischen Scheiterns.

## Der Nutzen des Scheiterns

Jenseits der klinischen Phänomene der negativen therapeutischen Motivation und des negativen therapeutischen Bündnisses stellt sich die generelle Frage nach der Rolle des Scheiterns und der Allmacht in der normalen und pathologischen Entwicklung. Für die meisten Patienten besteht die Alternative zur Allmacht in elendem Versagen und völliger Unzulänglichkeit. In ihrem Streben nach Allmacht und ihrer Intoleranz gegenüber dem Versagen sind die Mütter, die wir beschrieben haben, zu unmenschlichen Objekten geworden, die unmenschliche Kinder hervorbringen. Als Analytiker können wir diesen Patienten die Erfahrung der Akzeptanz menschlicher Grenzen und menschlichen Versagens vermitteln. Die Patienten können sehen, dass wir durch das Versagen nicht zerstört werden, sondern dass ein Scheitern häufig zu einem positiven Wachstum und zur Entwicklung führt. Die »hinreichend gute Mutter« weiß dies und verringert nach und nach ihre Verfügbarkeit für das Kind. Sie erhöht den Grad, in dem sie ihm Versagungen zumutet, und dies hilft dem Kind, sich von ihrem Körper weg zu bewegen in die größere Welt der anderen Objekte.

In der Geschichte der Psychoanalyse finden wir ein Modell für die adaptive Antwort auf das Versagen. Jede Veränderung der psychoanalytischen Theorie und Technik war eine Reaktion auf ein Scheitern. Es war das Unvermögen der Patienten, auf die Hypnose zu reagieren, das zu den Veränderungen der Behandlungstechnik führte, die in der freien Assoziation gipfelten und in der psychoanalytischen Untersuchungsmethode. Es war das Scheitern von Freuds Verführungstheorie, das zur Entdeckung des Ödipuskomplexes, der Triebe und ihrer Schicksale und ganz allgemein der intrapsychischen Welt der Triebabkömmlinge und Phantasien führte. Letztlich war es auch das Unvermögen von Patienten, auf die erwartete Art und Weise auf Ermutigung und Lob zu reagieren, die Freud dazu veranlasste, die negative therapeutische Reaktion zu beschreiben, dieses klinische Phänomen mit der Aktivität des Über-Ichs zu verbinden und auf dieser Basis die tiefgreifende theoretische Veränderung vom topischen hin zum Strukturmodell vorzunehmen. So ist es nur folgerichtig, wenn wir dieses Kapitel mit einem Kommentar Freuds zu seinem eigenen Scheitern beschließen. In einem Brief an Fließ schrieb Freud (1950a [1887–1902], S. 285f.) am 21. September 1897:

*Ich glaube an meine Neurotica nicht mehr. [Er führte die Gründe für seinen Verzicht auf die Verführungstheorie an und schrieb dann:] Ich könnte mich ja sehr unzufrieden fühlen. Die Erwartung des ewigen Nachruhms war so schön und des sicheren Reichtums, die volle Unabhängigkeit, das Reisen, die Erhebung der Kinder über die schweren Sorgen, die mich um meine Jugend gebracht haben. Das hing alles daran, ob die Hysterie aufgeht oder nicht. Nun kann ich wieder still und bescheiden bleiben, sorgen, sparen, und da fällt mir aus meiner Sammlung die kleine Geschichte ein: Rebekka, zieh das Kleid aus, Du bist keine Kalle mehr.*

13. Kapitel

# Entscheidung über die Beendigung: Die Bedeutung der analytischen Erfahrung mit Kindern und Jugendlichen für die Arbeit mit Erwachsenen

In den vergangenen Jahren wurde die zentrale Stellung einer entwicklungspsychologischen Sichtweise von Analytikern anerkannt. Viele Autoren betonen, dass die psychoanalytische Theorie vor allem eine Entwicklungspsychologie darstelle (Meissner, 1989; Pine, 1985). Psychoanalytiker haben die Entwicklung des Individuums vorwiegend durch Rekonstruktionen aus der Arbeit mit Erwachsenen und durch direkte Beobachtungen von Kindern erforscht. Die Rekonstruktion signifikanter Aspekte der Vergangenheit in der Erwachsenenanalyse nahm bereits eine zentrale Stellung bei der frühesten analytischen Arbeit ein, während die Beobachtung von Säuglingen und Kleinkindern von Freuds eigener Arbeit mit Kindern (Novick, 1989) bis hin zur gegenwärtigen explosionsartigen Ausweitung der Säuglingsforschung reicht (Lichtenberg, 1985; Tyson, 1989). Die Kinderanalyse stellt nunmehr eine dritte Quelle zur Gewinnung von Daten dar, die einen Beitrag zu unseren Vorstellungen über die Persönlichkeitsentwicklung leistet. Anna Freud (1970) beschrieb die ursprüngliche weit verbreitete Aufregung angesichts des Potentials der Kinderanalyse zur Bestätigung der Ergebnisse aus der Analyse von Erwachsenen und ihre anschließende Enttäuschung, dass dieses frühe Versprechen nicht zu einer intensiveren Zusammenarbeit und Überschneidung zwischen der Arbeit mit Kindern und der mit Erwachsenen geführt hatte. Die fast einhundertjährige psychoanalytische Arbeit mit Erwachsenen hat eine immense Ansammlung an klinischem Material und behandlungstechnischen Grundsätzen hervorgebracht, und die Analytiker waren stets bemüht, neue Daten aus der Beobachtung von Kleinkindern und älteren Kindern zu integrieren; aber unserem Eindruck nach ist die Psychoanalyse von Kindern und Heranwachsenden bis heute eine relativ ungenutzte Quelle von Einsichten in psychoanalytische Vorgänge und Techniken in jedem Stadium der Behandlung geblieben.

Klinisches Material aus der Analyse von Kindern und Heranwachsenden wurde von unserer Seite bereits zur Untersuchung einer Reihe von Themen einschließlich der Beendigung herangezogen (Novick, 1976, 1982a, 1982b, 1988, 1990a). Dieser Fokus führte zu einem theoretischen Beitrag über die

Anwendbarkeit von Erfahrungen mit der Beendigung von Kinderanalysen auf die Endphase in der Erwachsenenanalyse (Novick, 1990b). In jenem Beitrag stellten wir fest, dass in der Literatur zur Beendigung von Kinder- und Jugendlichenanalysen »drei Merkmale hervorstechen: 1) der hohe Prozentsatz an vorzeitigen Beendigungen, 2) die Beteiligung der Eltern an den Überlegungen zur Beendigung und 3) die Präsenz von Entwicklungsfaktoren, durch die das übergreifende Beendigungskriterium, nämlich die Wiederherstellung einer progressiven Entwicklung, in den Vordergrund rückt« (S. 433). In der Literatur wird anhand dieser drei Merkmale zwischen Kinderanalysen und Analysen von Erwachsenen differenziert, aber wir gelangten zu dem Ergebnis, dass sie gleichermaßen sinnvoll auf das Verständnis von Fragen der Beendigung in der Erwachsenenanalyse angewandt werden können. Besondere Aufmerksamkeit galt dem von Anna Freud (1965) vorgestellten Kriterium der Wiederherstellung einer progressiven Entwicklung. Wir vertraten die Meinung, dass dieses Konzept weiter ausgearbeitet und näher erläutert werden muss. »Vielleicht können wir mit der Differenzierung des Konzepts beginnen, indem wir sagen, dass in der Phase vor der Beendigung eine Einschätzung des Gleichgewichts zwischen progressiven und regressiven Kräften in ihren verschiedenen Dimensionen vorgenommen werden muss sowie eine Beurteilung, ob der Stress und die Belastung durch die Festsetzung eines Termins zu schweren Regressionen führen wird oder auf eine Art und Weise gemeistert werden kann, die einer progressiven Entwicklung förderlich ist« (Novick, 1990b, S. 430). Eine Reihe von intrapsychischen und interpersonalen Dimensionen, zum Beispiel progressive Veränderungen der Quellen der Selbstachtung, wurde vorgestellt. Im Folgenden soll klinisches Material aus der Analyse von Kindern, Heranwachsenden und Erwachsenen benutzt werden, um diese Entwicklungskriterium zu erläutern und seine Anwendbarkeit auf erwachsene Patienten zu demonstrieren.

## Das Vorschulkind in der Analyse

Zu den Zielen der Kinder-, Jugendlichen- und Erwachsenenanalyse gehörte immer die Auflösung des Ödipuskomplexes, der sich in der Übertragungsneurose entfaltet. Die meisten Erkenntnisse über den Verlauf des Ödipuskomplexes während der Analyse stammen aus der Arbeit mit Erwachsenen. Die Analyse von Kindern spielte bei der Bestätigung der Erkenntnisse seit dem »kleinen Hans« eine wichtige Rolle, jedoch hat sie, wie Anthony (1986) feststellte, keinen wesentlichen zusätzlichen Beitrag für das Verständnis dieser Phase und ihrer Überwindung leisten können. Die Analyse von Vorschulkindern schließt fast immer das Durchlaufen der ödipalen Phase und den Eintritt in die Latenz ein, so dass die Untersuchung der Beendigung dieser Analysen Aufschluss über die Kriterien zur Beurteilung der Auflösung des Ödipuskomplexes gewähren.

Selbst ohne die Beiträge späterer Phasen ist der Ödipuskomplex des Vorschulkindes keinesfalls einfach. Der normale Ödipuskomplex beinhaltet nicht nur die bekannte Konstellation von Triebimpulsen, Ängsten und Abwehrhaltungen, sondern birgt auch die unvermeidliche narzisstische Kränkung angesichts der realen körperlichen Unzulänglichkeit zur Erfüllung ödipaler Wünsche in sich. Diese Demütigung durch die realen Möglichkeiten des Selbst reaktiviert die Hilflosigkeit des Kindes aus früheren Phasen, in denen es das Objekt nicht dazu bringen konnte, seine Wünsche zu verstehen und zu befriedigen. In der hinreichend guten Mutter-Kind-Beziehung sorgen die angeborenen Fähigkeiten des Kindes, eine angemessene Reaktion hervorzurufen, für ein Erleben von Effektanz, das sich im Laufe der Entwicklung verstärkt und ein Gegengewicht zu den Hilflosigkeitsgefühlen bildet. Der normale Übergang in die Latenz profitiert von den Ressourcen dieser Kompetenzerfahrungen, um dem Kind anstelle der narzisstischen Zufuhr, die es in den Objektbeziehungen findet, Quellen der Selbstachtung in seinen Leistungen aufzuzeigen.

Der Ödipuskomplex wird traumatisch, wenn er als Fortführung einer gestörten Mutter-Kind-Beziehung erlebt wird, in der Gefühle der Hilflosigkeit nicht durch Erfahrungen von Kompetenz ausgeglichen wurden, sondern durch magische Phantasien der Allmacht abgewehrt wurden. Phantasien schließen die Lücke zwischen dem Realen und dem Idealen und beziehen sich beim normalen Kind üblicherweise auf die Selbstrepräsentanz. Daher kommen in der frühen Latenz die Tagträume von Ruhm und Ehre auf. Solche Träume können Aktivitäten der Latenz initiieren, so dass die Phantasie das Kind zurück zur Kompetenz als Quelle der Lust und der Selbstachtung führen kann. Bei anderen Kinder besteht die Lücke zwischen der realen und der idealen Mutter – hier wird die Phantasie nicht darauf gerichtet, die realen Fähigkeiten des Selbst zu steigern, sondern darauf, den Schmerz und die Unzulänglichkeit der Mutter-Kind-Beziehung zu leugnen und zu transformieren. Da es diesen Kindern nicht gelingt, durch ihre realen Fähigkeiten angemessene Reaktionen der Mutter hervorzurufen, fallen sie in eine magische Beherrschung des Objekts zur Erhaltung ihrer Selbstachtung zurück.

Die ödipalen und präödipalen Elemente in der Behandlung von Vorschulkindern unterscheiden sich als solche nicht von denen bei Patienten anderer Altersstufen, jedoch sticht eine Qualität besonders hervor. Die narzisstische Sensibilität erreicht einen Höhepunkt, und in der Analyse von Vorschulkindern ist am deutlichsten zu erkennen, welche Bedeutung der Beendigungsphase hinsichtlich der adaptiven Transformation der narzisstischen Ökonomie zukommt. Im Folgenden untersuchen wir Material aus der Beendigungsphase der Analyse eines kleinen Jungen, der seit dem Alter von drei Jahren fünfmal pro Woche zur Analyse kam.

*Als Robert sechs Jahre und drei Monate alt war, wurde sowohl von zu Hause als auch von der Schule seit einiger Zeit konstant Gutes berichtet. In der Analyse waren seine präödipalen und ödipalen Konflikte längere Zeit erfolgreich bearbeitet worden. Er sprach davon, nur noch wenige Probleme zu haben, und fragte sich, was geschehen würde, wenn sie alle weg wären. Jeder dachte daran, die Analyse zu beenden, und die Möglichkeit wurde von den Eltern angesprochen. Der Analytiker war der Meinung, Roberts Selbstachtung fuße in ausreichendem Maße auf realen Leistungen, um die Beendigungsphase einleiten zu können. Sein Leben als sechsjähriger Junge, der die zweite Klasse besuchte, zu genießen, hieß jedoch gleichzeitig, die allmächtige Vorstellung, der ödipale Partner seiner Mutter zu sein, aufzugeben. Roberts ehrlicher Stolz auf seine realen Leistungen wurde leicht von defensiven Gefühlen eines allmächtigen Triumphs verschlungen, wenn er sich in einen magischen narzisstischen Zustand zurückzog, in dem er sich vorstellte, er hielte die Mutter am Leben und hielte ihre Macht aufrecht, indem er ihr Dinge zu tun gebe. Zu diesem Zweck behielt er eine Marotte beim Essen bei, so dass er die Mittagszeit nicht in der Schule, sondern zu Hause verbrachte, wo die Mutter spezielle Gerichte für ihn zubereitete. Robert konnte seine realistische Einschätzung seiner Leistungen nur mühsam aufrechtzuerhalten und glitt leicht in die Phantasie eines grandiosen ödipalen Triumphs ab. Als Robert hoch aufschoss und kräftiger wurde, bezeichnete er den Analytiker als »platt gedrückt« und »fett«. Als ihm seine eigene Selbständigkeit bewusst wurde, bezeichnete er den Analytiker als nutzlos. Er hatte Maschineschreiben gelernt, überreichte dem Analytiker eine Visitenkarte mit Namen und Adresse und teilte ihm mit, er könne zu ihm nach Hause kommen oder ihn anrufen, wenn er die Arbeit fortsetzen wolle. Der Verbalisierung dieses Musters, bei dem seine Leistungen den Analytiker nutzlos werden ließen, folgte die Umkehrung, bei der Robert den Analytiker als allwissend bezeichnete und sich selbst als hilflos und voller Probleme. Das gleiche Muster spielte sich zu Hause mit seiner Mutter ab. Die wiederholte Deutung seiner geheimen ödipalen Phantasie, er allein halte sowohl die Macht des Analytikers als auch die der Mutter aufrecht und sorge dafür, dass sie am Leben blieben, indem er selbst ein Baby mit Problemen bleibe, führte schließlich zur Konfrontation mit der Mutter. Er sagte ihr, er sei mit allen seinen Problemen fertig, von einem einzigen abgesehen, und das sei sie. Er sagte ihr, dass ein kleiner Teil ihrer selbst wolle, dass er ein Baby bleibe. Die Mutter stimmte ihm darin zu, betonte jedoch, dass ein größer Teil wolle, dass er ein große Junge sei, und dass sie und der Vater sich über die Leistungen ihres großen Jungen freuten.*

*Robert reagierte mit Erleichterung und einem rasanten Entwicklungsschub. Jedoch konnte er diese realistische Sicht seiner selbst nicht aufrechterhalten und rief erneut magische Mittel auf den Plan, um die Realität seines Status als Kind – ausgeschlossen von der elterlichen sexuellen Beziehung – sowie seine Unfähigkeit, seine Mutter zu kontrollieren, zu leugnen. Seine magischen Allmachtsphantasien stammten aus verschiedenen Entwicklungsstufen. Er stellte sich vor, die ganze Welt zu verschlingen, alle anderen zum Narren zu halten und zu vergiften und seine eigenen Knochen zu kräftigen, während die des Analytikers aufweichten. Der Analytiker stellte Roberts infantile Gefühle der Hilflosigkeit seiner realistischen Macht durch seine wachsende Kompetenz gegenüber. Gemeinsam verstanden sie, warum Robert der Meinung gewesen war, die Magie sei der einzige Weg, der ihm offen stand, dass er sich nun aber auch auf andere Art und Weise gut fühlen könne. Robert reagierte mit frischem Selbstvertrauen und teilte dem Analytiker mit, er habe sein Gesicht beim Schwimmen unter Wasser tauchen können. Er spielte wiederholt auf seinen Wunsch an, die Frequenz der Sitzungen zu reduzieren, und der Analytiker stimmte zu, dass er dazu bereit sei, jedoch solle er selbst entscheiden, wann.*

*Robert arbeitete noch in der gleichen Sitzung daran, welchen Tag er ausfallen lassen wollte, bat jedoch den Analytiker, dies der Mutter mitzuteilen: »Sie wird sich zu Tode erschrecken, und Du weißt doch, was das heißt. Wie die Bahnen im Schwimmbad, sie hat so große Angst, dass sie nicht einmal eine Bahn schwimmen kann, aber ich schaffe mit dem Schwimmbrett eine ganze Bahn.« Im Wartezimmer verkündete Robert seiner Mutter stolz, er werde einen Analysetag ausfallen lassen. Die Mutter berichtete dem Analytiker später, sie sei sicher, dass es eine klare Verbindung zwischen der Verminderung der Frequenz und Roberts Schwimmenlernen gebe. An diesem Nachmittag schwamm er vier Bahnen und schlief mit einem Lächeln auf dem Gesicht ein. Bald darauf wurde in gegenseitigem Einvernehmen beschlossen, die Analyse in drei Monaten zu beenden.*

Die Beendigung stellt eine schwer zu leugnende Realität dar. Für Roberts kompetentes Selbst bedeutete sie eine Leistung, auf die er stolz sein konnte. Für sein hilfloses infantiles Selbst stellte sie einen von dem mächtigen Analytiker/der Mutter auferlegten Zwang dar, eine Herausforderung an seine omnipotente Abwehr, auf Kosten seiner realistischen Leistungen eine noch stärkere Magie zu erschaffen. Daher hatte Robert das Gefühl, er müsse mehr und mehr Probleme produzieren, die Freude an der Schule leugnen und sich vorstellen, so könne er den mächtigen Analytiker für alle Zeit seinem Befehl gehorchen lassen. In der Beendigungsphase ließ das Versagen der Magie Robert jedoch nicht zum Opfer hilfloser Angst werden, sondern es standen alternative Quellen der Selbstachtung zur Verfügung, die in der Realität wurzelten.

Zu erkennen ist anhand dieser Untersuchung der Beendigung der Analyse eines Vorschulkindes, dass es der Arbeit der Beendigungsphase bedarf, um die Arbeit der Analyse abzuschließen, dass die Auflösung des Ödipuskomplexes die Transformation der narzisstischen Ökonomie einschließt und dass der Beginn der Beendigungsphase nicht zeitgleich mit der Lösung der Konflikte erfolgt, sondern dann, wenn der Patient in ausreichendem Maße in realistischer Befriedigung verwurzelt ist, um den Kampf gegen den regressiven Sog von Phantasielösungen aufzunehmen. Die gleichen Probleme tauchen bei der Arbeit mit Erwachsenen auf, jedoch auf subtilere Weise aufgrund des Einflusses der bereits erfolgten entwicklungsbedingten Transformationen. Daher werden wir die omnipotente narzisstische Abwehr in der Beendigungsphase erwachsener Patienten erst erörtern, nachdem wir einige Fragen, die in Latenz und Adoleszenz auftreten, betrachtet haben.

## Analyse von Schulkindern

Anna Freud (1965) beschrieb die Rückführung des Kindes auf den Weg einer progressiven Entwicklung als Ziel der Analyse. Das Konzept löst ein Gefühl wieder gewonnenen Schwungs aus und impliziert eine angemessene Beendigung zu dem Zeitpunkt, an dem Kind und Familie den Wachstumsprozess unabhängig vom Analytiker fortsetzen können. Jedes Kind und jeder heranwachsende Patient beendet die Behandlung als ein nicht fertig gestelltes Produkt – es verbleibt noch ein beträchtlicher Entwicklungsweg. Das Gleiche gilt für erwachsene Patienten, auch wenn die Stadien der Entwicklung weniger eindeutig definiert sind und das Tempo der Veränderungen langsamer ist. Daher wissen Kinderanalytiker, dass die Beendigung mitten in einem dynamischen Wachstumsprozess erfolgen kann und sollte – ein Prozess, der durch die Arbeit der Behandlung wiederhergestellt wurde.

In jedem Alter zielt die Arbeit der Analyse auf die Lösung präödipaler Regressionen, um die Auflösung des Ödipuskomplexes zu ermöglichen. Ist der Patient einmal ausreichend auf der ödipalen Stufe etabliert, kann die Beendigungsphase beginnen, in der das Durcharbeiten, die Synthese und die Trauer stattfinden können. Dies ermöglicht eine Konsolidierung auf der jeweils altersangemessenen Stufe. Als eines der Kriterien für die Einleitung der Beendigung beim Vorschulkind wurde die Rolle der Transformation des narzisstischen Gleichgewichts von der magischen Allmachtsphantasie als Basis hin zum Streben nach realen Leistungen hervorgehoben.

Schulkinder, die zur Behandlung gebracht werden, sehen sich in der Analyse ähnlichen Aufgaben gegenüber, da die Symptombildung üblicherweise eine unvollständige oder unangemessene Lösung des Ödipuskomplexes voraussetzt.

*Erica kam mit acht Jahren in Analyse. Zu ihren Symptomen zählen neben Panikattacken Angst vor dem Tod der Eltern, Angst, fremde Toiletten aufzusuchen, Angst vor Monstern, Gute-Nacht-Rituale, Kopfschmerzen, Magenschmerzen, häufige Stürze und Unfälle, Einschlafschwierigkeiten, offene Masturbation, Babysprache und babyhaftes Verhalten, die Unfähigkeit, Freunde zu finden, extremes Unglücklichsein, Zorn, Unzufriedenheit und Wutanfälle, extreme Eifersucht, sprachliche und motorische Einschränkungen sowie eine Lernstörung. Die meisten dieser Symptome nahmen im ersten Jahr der Analyse ab oder verschwanden völlig. Dies war zum Teil auf eine strukturelle Veränderung zurückzuführen. Der größere Teil dieser Besserung war jedoch die Folge von Ericas Gebrauch der Analyse als phantasierte Befriedigung ihrer präödipalen und ödipalen Wünsche. Als der Analytiker dies deutete, wollte Erica die Behandlung beenden und setzte die Besserung der Symptome als rationale Erklärung ein, um ihre Eltern zu überzeugen. Das Arbeitsbündnis des Analytikers mit den Eltern erhielt die Behandlung aber auch angesichts des Widerstandes der kleinen Patientin aufrecht.*

*Zwei Jahre später – Erica war inzwischen elf Jahre alt – wurde die Möglichkeit der Beendigung für Erica, ihre Eltern und den Analytiker offenkundig. Es wurde ein Datum gewählt, und die Beendigungsphase begann. Ähnlich wie in Roberts Fall war eines der Kriterien für die Entscheidung für den Beginn der Beendigungsphase die Tatsache, dass die Hauptquelle für Ericas Lust sich in anerkennenswerter Weise in Richtung Kompetenz und Effektanz verlagert hatte. Seit einiger Zeit war deutlich geworden, dass Erica ihre sehr guten Noten in der Schule und den Kontakt mit ihren Freunden genoss. Eines Tages sprachen sie und der Analytiker über Wünsche. Sie sagte, jedes Mal, wenn sie nach Wünschen gefragt werde, schössen ihr »Babywünsche« in den Kopf, zum Beispiel der Wunsch nach einem Zauberstab. Dies seien aber eigentlich nicht mehr ihre Wünsche, weil sie nun wisse, dass sie sich nicht verwirklichen ließen. Sie sagte, sie würde dem Analytiker ihre »Erwachsenenwünsche« schildern und danach erst die »Babywünsche«. Die »Erwachsenenwünsche« waren der Besitz einer Jacht, die Fertigstellung von Haus und Garten; der »Traumwunsch« war, eine Ballerina zu sein, töpfern zu können, ein Instrument zu spielen und vier Affen und zwei Katzen zu haben. Der Analytiker fragte, ob sie den Wunsch habe, erwachsen zu sein, verheiratet zu sein und Babys zu haben. Erica sagte: »Das ist ein Babywunsch. Den habe ich gehabt, aber jetzt nicht mehr. Ich hatte ihn, als ich noch schlecht in der Schule war und die Schule hasste. Ich dachte dann bei mir, Erwachsene müssen nicht zur Schule gehen, also wollte ich ein Erwachsener sein. Meine Babywünsche waren der Wunsch, einen Zauberstab zu besitzen, Flügel zu haben und ein Erwachsener zu sein.«*

Die Arbeit mit Schulkindern wirft Licht auf die Frage der angemessenen Phase für die postödipale Konsolidierung. Für Erica war dies die Latenz, mit ihrer Betonung von Arbeit und Spiel. Die Bedeutung der Verlagerung der Lustquelle weg von der Allmachtsillusion hin zu Effektanzerfahrungen wurde bereits erläutert. Beim Schulkind ist ein zusätzlicher Faktor der Veränderung die Qualität der Lust und die Einschätzung ihrer Manifestationen.

Freude, Lust und Befriedigung sollten konstant deutlich werden, und deshalb hoffen wir auf entsprechende Berichte aus Elternhaus und Schule. Ericas Eltern erwogen die Beendigung, als ihnen auffiel, das ihre Tochter häufig übers ganze Gesicht strahlte, was ihrem Vater bewusst machte, dass sie bis dahin nie gelächelt hatte. Regelmäßige Berichte über eine durchdringende und anhaltende Lust sind ein wichtiger Faktor, jedoch kann die äußere Veränderung vielerlei Bedeutungen und Wurzeln haben – die psychoanalytische Beendigung muss auf der Basis von inneren Kriterien entschieden werden. Dies ist der Punkt, an dem das abstrakte Ziel der Wiederaufnahme einer progressiven Entwicklung (A. Freud, 1965) mit Leben gefüllt werden muss. Eine progressive Entwicklung impliziert Veränderungen auf allen metapsychologischen Dimensionen. Wir betrachten das funktionierende Arbeitsbündnis innerhalb der Behandlungsbeziehung als Barometer für diese Veränderungen. Das Arbeitsbündnis tritt in der Analyse von Latenzkindern besonders deutlich zutage, da ihre altersangemessenen Aufgaben die Entwicklung der Fähigkeit, Freude an der Arbeit zu empfinden, einschließen.

*In der Phase von Ericas Analyse, in der zu Hause und in der Schule jedem ihre wesentlich größere Zufriedenheit auffiel, erklärte sie selbst, dass sie nur noch wenige Probleme habe, und erwog die Möglichkeit, die Sitzungen auf vier pro Woche zu reduzieren. Nach Besprechung der Vor- und Nachteile formulierte Erica eine Reihe von Gedanken, die sowohl ein Durcharbeiten alter Probleme darstellten, die ausführlich behandelt worden waren, als auch Fragestellungen enthielten, die in der Analyse nur beiläufig zur Sprache gekommen, aber offenbar von ihr allein, selbständig, durchgearbeitet worden waren.*

*Zunächst sprach Erica darüber, immer Angst vor der Eifersucht ihrer Schwester Lou gehabt zu haben. Sie sagte, es mache ihr nichts mehr aus. »Ich finde, es ist wirklich Lous Angelegenheit, ob sie ihre Freundin Jill oder sonst jemanden nachahmen will. Es ist ihr Problem. Wenn sie auf mich eifersüchtig ist und auch eine Behandlung machen will, soll sie mit Mama sprechen. Es ist einfach albern, wenn ich mich mies fühle, bloß weil Lou eifersüchtig sei. Das hilft weder Lou noch mir selbst.« Zu Lous Versuch, wie Jill zu sein, bemerkte Erica, man solle nicht versuchen, wie jemand anderer zu sein — jeder solle er selbst sein. »Es gibt eben nur eine Erica, und Erica ist anders als alle anderen, und wenn ich versu-*

*che, wie jemand anderer zu sein, dann gibt es keine Erica.«* *Darauf folgte ein Kommentar darüber, dass sie stets das Gefühl gehabt habe, sie müsse wie ihre Mutter sein, sonst würde ihre Mutter sie nicht mögen. »Aber ich bin nicht wie Mama, ich sehe nicht aus wie Mama, ich fühle nicht wie Mama, ich bin ich selbst, ein völlig anderer Mensch, und ich will auch ich selbst sein. Ich finde es toll, ich selbst zu sein.«*

*Der Analytiker fragte, wie Mama sich fühle angesichts der Tatsache, dass Erica sie selbst sein wolle. Erica sprach darüber, wie ihre Sorgen um Mama gekreist seien, diese aber davon nichts wusste. Danach überlegte sie, wann ihre Probleme angefangen hatten, und meinte, es könne bei der Geburt ihrer Schwester Lou gewesen sein. Sie dachte, vielleicht wäre auch vorher schon etwas da gewesen: »Aber nur ein klitzekleines bisschen. Erst als Lou geboren wurde, habe ich wirklich das Gefühl gehabt, dass sie mit mir nicht zufrieden waren und deshalb ein anderes Kind bekommen haben. Von da an musste ich besser als jemand anderer sein, besser als Lou, und dann dachte ich auch, dass ich besser als Mama sein müsste.« Sie holte ihr Babyalbum heraus, das sie im Behandlungszimmer aufbewahrte, und fragte sich, ob es früh sei, mit zehn Monaten zu laufen. Als der Analytiker sagte, es sei ein wenig früh, erklärte Erica, dass es vielleicht doch nicht ganz richtig sei zu sagen, dass sie vor Lous Geburt nur ein »klitzekleines Problem« gehabt hätte: »Ich bin ja früh gelaufen, und vielleicht habe ich schon das Gefühl gehabt, dass ich besser als Mama sein müsste, um von Papa anerkannt zu werden.« Als der Analytiker sie fragte, wie es heute mit Papas Anerkennung stehe, antwortete Erica: »Ich weiß nicht genau, wie es sich verändert hat, aber es ist jetzt nicht mehr so wichtig wie andere Dinge.« Sie sagte, dass ihre Sorgen sehr wichtig gewesen seien, als sie da waren, jetzt aber seien sie verschwunden und wirklich nicht mehr wichtig.*

In diesem Material lassen sich Abkömmlinge triebhafter Wünsche und Abwehrmechanismen beobachten, die im Verlauf der Analyse wiederholt zutage traten, beispielsweise Ericas Rivalität mit Schwester und Mutter oder ihr Wunsch, dem Analytiker als dem ödipalen Vater in der Übertragung zu gefallen und die Notwendigkeit, anhaltende Schwierigkeiten zu leugnen. Das Material zeigt auch die wichtigen Veränderungen, die stattgefunden haben. Neben den nach wie vor vorhandenen Problemen und dem Fortschritt spiegelt aber die Ebene des Arbeitsbündnisses den Erwerb einer zuvor nicht gekannten Freude am Funktionieren des Ichs wider. Diese Freude ist keine Erleichterung oder moralische Befriedigung im Gehorsam gegenüber dem Über-Ich und auch kein allmächtiger sadistischer Triumph über beneidete andere Personen, sondern eine Befriedigung aufgrund funktionierender Ich-Fähigkeiten, die durch die analytische Arbeit gefördert wurden.

Im oben genannten Beispiel setzt Erica ihr Gedächtnis, ihre konzeptuellen Fähigkeiten, die Realitätsprüfung, das Zeitgefühl und ihre Fähigkeit, Ungewissheit zu tolerieren, auf effiziente Weise ein. All dies ermöglichte es, dass ihre kreativen Fähigkeiten aufblühten und sich zum Beispiel entfalteten, als sie selbständig zu Einsichten in ihre defensive Identifizierung mit ihrer Mutter gelangte. Bei Erica lässt sich nicht nur die Verlagerung der Lustquelle von der Omnipotenz hin zu Leistungen beobachten, sondern wir sehen auch – und das ist noch wichtiger –, dass ihre Lust und Freude zunehmend der Ausübung von Ich-Funktionen sowie den Leistungen an sich innewohnten. Damit wird die Arbeit selbst genauso zur Lustquelle wie das Arbeitsergebnis. Folglich können wir sagen, dass Ericas Konsolidierung in der Latenz im Arbeitsbündnis einsetzte. Dieses Kriterium für den Beginn der Beendigungsphase lässt sich auf Patienten aller Altersstufen anwenden. Die Freude des Ichs an der Analysearbeit sichert eine adaptive Reaktion auf die schmerzliche Arbeit, die noch getan werden muss. An anderer Stelle haben wir beschrieben, wie dieses Kriterium bei der Bestimmung des angemessenen Beginns der Beendigungsphase im Falle eines erwachsenen Patienten zum Tragen kam (Novick, 1988). Die Art und Weise, wie dieser erwachsene Patient an einem Traum arbeitete, stellte eine enge Parallele zur Lust des Ichs dar, wie sie im Falle Ericas beschrieben wurde.

## Der Jugendliche in Analyse

Dem Großteil der Jugendlichen fällt es schwer, ihre Eltern oder Therapeuten in gegenseitigem Respekt, der einen Zustand der inneren Bereitschaft und Akzeptanz eines Wachstumsprozesses widerspiegelt, zu verlassen. Häufig beenden sie die Analyse vorzeitig, entweder indem sie den Therapeuten provozieren, um ein Ende zu erzwingen, oder indem sie ihn mit einem einseitigen Plan zur Beendigung überraschen. Geschieht dies gegen Ende der Behandlung, findet unter Umständen eine Regression von einer differenzierten zu einer »externalisierenden« Übertragung statt, in deren Rahmen der Therapeut das hilflose, entwertete und abgelehnte Kind repräsentiert, das von dem nunmehr mächtigen Adoleszenten fallengelassen wird.

Im 6. Kapitel haben wir ausführlich einen Fünzehnjährigen beschrieben, der sich um eine einseitige vorzeitige Beendigung bemühte. Dieses und viele ähnliche Beispiele waren der Grund für die Hypothese, dass diese Form der vorzeitigen Beendigung, wie sie bei Heranwachsenden zu finden ist, auch in der Analyse Erwachsener vorkommen kann. Eine Voraussetzung für den Beginn einer angemessenen Beendigungsphase bei erwachsenen Patienten ist unter Umständen die vorherige Arbeit am Wiederauftauchen der adoleszenten Form des vorzeitigen Abschiednehmens (Novick, 1976, 1988; siehe auch 6. Kap.).

Geschieht die Beendigung nicht vorzeitig, kann die Analyse von Erwachsenen sich auch unnötig in die Länge ziehen. Auch hier können die Erfahrungen mit der Beendigung bei adoleszenten Patienten Anwendung finden, da sie einige Hindernisse für den rechtzeitigen Beginn einer Beendigungsphase beleuchten. Wir haben gesehen, dass die Wiederherstellung der normalen Entwicklung eine Festigung in der altersangemessenen Stufe impliziert. Dies ist einfacher in der Kindheit und im Erwachsenenalter zu definieren als in der Adoleszenz, die normalerweise durch fließende Veränderungen und Ungewissheit gekennzeichnet ist. Verstärkt werden kann die alterstypische Ungewissheit im Leben des Jugendlichen durch die angsterfüllte Gegenreaktion des Analytikers, der sich fragt, ob der Patient zu unabhängigem Funktionieren fähig sein wird. Übertriebene Beschützerimpulse des Analytikers können den Beginn der Beendigungsphase erheblich behindern; die Klärung dieses Gegenübertragungsaspekts im Rahmen der Entscheidung über die Einleitung der Beendigung bei heranwachsenden Patienten lenkt unsere Aufmerksamkeit auf eine ähnliche, wenngleich subtilere, Versuchung, erwachsene Patienten in dem vergeblichen Bemühen, sich mit jeder Unsicherheit und unbeendeten Entwicklungslinie auseinanderzusetzen, in der Behandlung zu halten.

## Analyse von Erwachsenen

Die Beendigung von Erwachsenenanalysen kann vorzeitig oder rechtzeitig erfolgen oder aber kein Ende finden. Vorgestellt werden sollen hier einige vorläufige Überlegungen zum Problem der unendlichen Analyse, ein Bereich, der bis heute wenig Aufmerksamkeit in der umfangreichen und ständig zunehmenden Literatur über die Beendigung der Analyse mit erwachsenen Patienten erfahren hat. Es überrascht, dass es so wenige Bezugnahmen auf die Frage der unendlichen Analyse gibt, da einer der ersten durch Freud berichteten Fälle, der des »Wolfsmannes«, als solch ein Fall betrachtet werden könnte und vielleicht zu dem Pessimismus beitrug, den Freud in »Die endliche und die unendliche Analyse« (1937c) zum Ausdruck brachte. Einige der Beiträge, die auf das Thema Bezug nehmen, betreffen unter Umständen Patienten, die trotz lang anhaltender und heroischer Versuche des Analytikers auf die analytische Behandlung nicht reagieren, sowie jene Patienten, die positiv reagieren, jedoch nicht in der Lage zu sein scheinen, die Analyse zu beenden (Anzieu, 1987; Burgner, 1988; Klauber, 1977). Das Problem wird häufig durch das Widerstreben der Analytiker maskiert, zuzugeben, dass sie Patienten haben, die seit über zehn Jahren zur Analyse kommen. Andere sind vielleicht besorgt, sie und die Methode könnten als förderlich für eine krankhafte Abhängigkeit gesehen werden, so dass sie gleich zu Anfang der Behandlung eine Grenze setzen oder die Beendigung bei unendlichen Analysen erzwingen, indem sie den Patienten sagen, die Analyse biete ihnen zu viel passive Befriedigung und müsse daher enden.

*Herr M. kam zu ersten Mal im Alter von fünfundzwanzig Jahren zur Behandlung. Er war als Ausbildungsfall abgelehnt worden, da er als zu gestört eingeschätzt wurde. Er wurde als Patient mit Borderline-Persönlichkeitsstörung diagnostiziert. In seiner ersten Sitzung begann er zu weinen, bearbeitete die Couch mit Armen und Beinen und flehte: »Ich halte es nicht aus. Bitte! Bringen wir es hinter uns. Bestrafen Sie mich – schlagen Sie mich!« Seit seinem Universitätsabschluss war er in einem Nebel ungerichteter Angst und Spannung umhergeirrt, schlug sich mit Gelegenheitsjobs als Anstreicher durch und fand vorläufige Linderung in einer Reihe von Beziehungen mit ebenso gestörten Frauen, denen er anfangs erlaubte, die Rolle einer beherrschenden Mutter zu spielen, bevor sie durch seine Passivität und seinen versteckten Sadismus in einen Zustand hilfloser Wut getrieben wurden. Die Anfangszeit der Analyse brachte den Hauch von Ordnung und Bedeutung in sein Leben, was zu einer sofortigen Erleichterung führte, da er dem Analytiker die Rolle der ersehnten guten Mutter, die auf seine Schmerzen reagieren und sie wegküssen konnte, zuschrieb. Er fühlte sich während der ersten Sommerferien so gut, dass er der Meinung war, er werde schon bald in der Lage sein, seine Analyse zu beenden. Die Gefühle des Stolzes, der Befriedigung und der Kompetenz währten jedoch nicht lange. Schon bald war er in einer Beziehung eingeschlossen, in der er den Analytiker als die mächtige Mutter sah, die für all seine psychischen und physischen Zustände des Schmerzes oder der Linderung verantwortlich war, während er sich als unschuldiges Opfer der Ereignisse fühlte. Auf verdeckte Art und Weise arbeitete er daran, alle therapeutischen Bemühungen zu vereiteln. Die intensive sadomasochistische Übertragung reflektierte eine »schreiende« Beziehung zu einer sehr depressiven, alkoholsüchtigen Mutter und unterstrich die masochistische Pathologie des Patienten und seine lebenslange Abhängigkeit vom Schmerz. Manifestationen dieser Phantasien und Funktionen traten in der Übertragung zutage. Die konstante Aufmerksamkeit für die vielen Determinanten und Funktionen seines aktiven, Schmerz suchenden Verhaltens führten zu langsamen, aber steten Fortschritten. Herr M. war seit über zehn Jahren fünfmal pro Woche zur Analyse gekommen. Gemäß allen äußeren und den meisten inneren Kriterien hätte die Beendigung eingeleitet werden können. Der Patient war glücklich verheiratet, wartete freudig auf die Geburt seines Kindes und war beruflich erfolgreich; und seit geraumer Zeit hatte er harte und fruchtbare Arbeit in der Analyse geleistet. Nun mussten nur noch ein Datum gewählt werden und das Durcharbeiten, die Trauer und die Konsolidierung der*

*Beendigungsphase bewältigt werden. Dies stellte sich jedoch als langwierige und scheinbar unmögliche Aufgabe heraus. Die Arbeit hätte natürlich beendet werden können, indem der Analytiker die Verantwortung für die Wahl eines Datums übernommen hätte. Herr M. versuchte auch jeden Tag, ihn dahingehend zu beeinflussen. Als dies fehlschlug, wurde er depressiv, und es stellte sich heraus, dass er nach einem elften Gebot lebte: »Du sollst Deine Eltern oder Deinen Analytiker nicht verlassen.« Wie konnte Herr M. sein lebenslanges Bedürfnis, nämlich zu beweisen, dass er zu Recht weiterhin wütend auf seine Eltern war, weil sie ihn verlassen hatten, rechtfertigen, wenn er nun »selbstsüchtig« plante, seinen Analytiker zu verlassen? Die gleiche Situation hatte sich in der Adoleszenz gestellt: Als er mit Freunden nach Beendigung der High-School durch Europa reiste, erlitt er einen Zusammenbruch und musste nach Hause zurückkehren.*

Mit dieser Verbindung zu Herrn M.s Adoleszenz kehren wir zu Mary zurück, deren Behandlung es dem Analytiker erleichterte, Herrn M.s Unfähigkeit, seine Analyse zu beenden, zu verstehen und zu bearbeiten.

Mary wurde nach einem Suizidmordversuch mit gravierenden medizinischen Folgen in Analyse überwiesen. Im 8. Kapitel haben wir mit Hilfe von Material aus ihrer Analyse die Ergebnisse einer Studie über sieben solcher Jugendlichen überprüft und erweitert. Es bestätigte sich, dass der Selbstmordversuch, im Gegensatz zur allgemeinen Annahme, keinen plötzlichen impulsiven Akt darstellt, sondern den Endpunkt einer pathologischen Regression, die in jedem Fall mit der Wahrnehmung der Unfähigkeit, sich von der Mutter zu trennen, begann.

Wie im 2., 3. und 8. Kapitel erläutert, war die Hauptsorge zu Beginn von Marys Analyse, sie könne unheilbar psychotisch werden oder sich umbringen. Acht Jahre später endete die Analyse in gegenseitigem Einvernehmen, mit einem gewissen Maß an Traurigkeit auf beiden Seiten, jedoch hauptsächlich mit Stolz über das Erreichte und in dem Vertrauen, dass sie auf dem Weg der progressiven Entwicklung war. Sie war eine attraktive, glückliche junge Frau geworden und erfuhr in den Bereichen Arbeit, Liebe und Spiel Erfüllung.

Der stete Hintergrund ihrer vielen verschiedenen Konflikte war Marys Illusion der Allmacht und ihr verzweifeltes Bedürfnis, an einem omnipotenten Selbstbild fest zu halten. Solche Phantasien stellten gleichermaßen Abwehr und Kompensation für Gefühle der Hilflosigkeit, des Neides, der Eifersucht und der Wut dar. Sie ermöglichten ihr das Gefühl, dass sie keinen dieser schmerzlichen Affekte erleben müsse, da sie über allem stehe, weder männlich noch weiblich sei, weder Kind noch Erwachsene, sondern ein Wesen, das über alle erhaben war, und dass sie ganz nach ihren Wünschen alles tun oder lassen konnte. Solche Phantasien können relativ ungehindert in der Latenz blühen, jedoch bringt die Adoleszenz innere wie äußere Anforderungen mit sich, die gestörte Kinder wie Mary zu noch verzweifelteren Maßnahmen und im Extremfall zum Selbstmord als Möglichkeit zwingen, die Illusion der Allmacht aufrecht zu erhalten.

Mary begann die Behandlung hilflos, abhängig und scheinbar unfähig, auch nur eine einzige altersangemessene Aktivität zu entfalten. Dennoch fühlte sie sich insgeheim bewusst allmächtig und allen anderen überlegen, da sie der Meinung war, sie könne, im Gegensatz zu den meisten anderen, einschließlich ihrer depressiven Mutter, sich wirklich umbringen. Wie die anderen Heranwachsenden, die vorher und nachher untersucht wurden (Laufer und Laufer, 1984; siehe auch 7. Kap.), war Mary der Meinung, ihr Selbstmordversuch stelle eine von Stärke und Mut zeugende Handlung dar, die zu wichtigen Veränderungen bei ihren Eltern und in ihrer Welt führen würde. Für sie stellte der Selbstmord eine mächtige magische Lösung für all ihre Konflikte dar sowie die Manifestation eines omnipotenten Selbstbildes. Mit fortschreitender Arbeit wurde deutlich, dass Marys ursprüngliche Erkrankung nicht die Depression, sondern eine darunter liegende schwere masochistische Störung war, die sowohl ihre Depression als auch ihr suizidales Verhalten umfasste. Die Ansicht, die wir über die Bildung masochistischer Phantasien in den ersten Schuljahren vertreten haben (siehe auch 1. und 2. Kap.), wurde durch Marys Fall bestätigt; er unterstrich die omnipotenten Anteile solcher Phantasien. Masochismus und Allmacht stellen zwei Seiten einer Medaille dar – die Illusion der Allmacht kann durch masochistisches, Schmerz suchendes Verhalten, zum Beispiel durch den Selbstmord, aufrechterhalten werden (siehe auch 3. Kap.). Während Mary die komplexen Schichten der Funktionen und Determinanten ihres Masochismus durcharbeitete, konnte sie Lust erleben und über längere Zeit auch außerhalb der Analyse aufrechterhalten. Die Konflikte rund um Lust und Freude konzentrierten sich fast vollständig auf die Analyse. Sie war glücklich und stolz auf eine Leistung, bis sie zur Tür hereinkam und bedrückt war und sich schlecht fühlte.

Es gab viele Parallelen zwischen Mary und Herrn M. Auch die Analyse von Herrn M. hatte das Spektrum positiver Affekte zugänglich gemacht, und auch in seinem Fall blieben diese außerhalb der Analyse. Noch gegen Ende der Therapie konnte er eine fröhliche, positive Haltung nicht länger als bis zur Schwelle des Behandlungszimmers aufrechterhalten. Wenn er auf der Couch lag, war er angespannt, verwirrt und depressiv. Wie Mary, so reagierte auch Herr M. auf das Ende seiner Analyse mit einer Reihe von Schmerz suchenden Phantasien und mit Handlungen, die gleichzeitig auf das Bleiben und Gehen, das Lieben und Hassen, die Zerstörung und die Sicherheit des Analytikers gerichtet waren. Wie bei Mary, konzentrierten sich die verschiedenen Determinanten und Funktionen seines Masochismus auf das bevorstehende tatsächliche Verlassen in der Beendigungsphase. Er hatte panische Angst davor, der Welt alleine gegenüberzustehen, und externalisierte noch einmal alle seine eigenen Funktionen der Kontrolle, Beherrschung und Entschlossenheit auf den Analytiker. Er idealisierte sowohl den Analytiker als auch die Beziehung, so dass der Abschied von Phantasien des unerträglichen Schmerzes und des unwiederbringlichen Verlusts durchdrungen war. In Marys Fall blieb nach dem Durcharbeiten der adaptiven, defensiven und triebhaften Determinanten des Masochismus als letztes Motiv für das Festhalten am Schmerz ihre fehlende Bereitschaft bestehen, sich von ihrem allmächtigen, magischen Selbst zu verabschieden. Es war diese Erfahrung mit Mary – die inzwischen um die Erfahrung mit vielen suizidalen oder auf andere Art masochistischen Jugendlichen erweitert wurde –, die auf die entscheidende Determinante für Herrn M.s unendliche Analyse hinwies. Es dauerte Jahre, seine Unfähigkeit zu gehen durchzuarbeiten. Schließlich konnte er akzeptieren, dass er die Behandlung ohne ein weiteres Trauma beenden konnte. Danach war deutlicher zu erkennen, dass die Beendigung letztendlich für ihn bedeutete, sein magisches, allmächtiges Selbst aufzugeben. Die Analyse zu verlassen, bedeutete, die allmächtige Phantasie aufzugeben, alles haben zu können, alles tun zu können und nie wählen zu müssen. Weil er sich in Analyse befand, stellte sich Herr M. vor, er könne ein aktives, verantwortungsvolles erwachsenes Leben außerhalb der Behandlung führen und zugleich ein passives, unverantwortliches, zorniges Kind bleiben. Er empfand immer noch Schmerz in der Sitzung und fühlte sich daher berechtigt, jenseits von sozialen Erwartungen und selbst von Beschränkungen durch die Realität zu leben. Er konnte lieben und es sich dennoch gestatten, sadistisch zu sein, er konnte ein erwachsener Mann und ein schmollendes Kind sein, er konnte männlich und weiblich sein – kurz, er konnte die Allmachtsillusion aufrechterhalten.

Für Herrn M. und für Mary stellten die Allmachtsphantasien die defensive Reaktion auf lebenslange Gefühle der Hilflosigkeit und insbesondere der Unmöglichkeit dar, angemessene Reaktionen der Fürsorge in der Mutter hervorzurufen. Für beide war das Gegenteil der Allmacht die vollständige Hilflosigkeit, die Finsternis und das Nichts. Tatsächlich ist das Gegenteil der Allmacht aber die Kompetenz. Die Kompetenz wurzelt in der kindlichen angeborenen Fähigkeit, die Reaktion der Fürsorge seitens der Mutter hervorrufen zu können: das kindliche Lächeln bringt andere zum Lächeln, der kindliche Schrei des Hungers regt die Milchbildung an und bringt die Mutter dazu, dem Kind die Brustwarze anzubieten. Dies ist keine Phantasie, keine Illusion der Allmacht, sondern die Wurzel der Kompetenz, der Effektanz und der Selbstachtung. Sowohl Mary als auch Herr M. empfingen mit Unterbrechungen Liebe und Fürsorge in einem Maße, das ausreichte, um sie an Menschen zu binden, jedoch nicht auf eine Art und Weise, dass sich ein Gefühl des Vertrauens in die Fähigkeit, die notwendige Reaktion seitens der Mutter hervorrufen zu können, sicher verankern konnte. Ihre Mütter lächelten nur, wenn sie aus einem depressiven Zustand auftauchten und ihnen nach Lächeln zumute war, jedoch nicht in Reaktion auf das kindliche Lächeln.

Mindestens ebenso wichtig wie die empathische Reaktion einer Mutter auf die Signale ihres Kindes ist die Fähigkeit des Mutter-Kind-Paares, unvermeidliche Brüche in der empathischen Bindung zu tolerieren und zu reparieren. Auf unvermeidliche Fehlabstimmungen reagiert das Kleinkind mit einer »aversiven Reaktion« (Lichtenberg, 1989), das ältere Kind mit einer wütenden Antwort. Normalerweise kann eine Mutter mit ihrer Liebe den Zorn in einer Dialektik des Wachstums absorbieren und transformieren. Sowohl bei Mary als auch bei Herrn M. führten diese aversiven, wütenden Reaktionen auf die fehlende Empathie der Mutter zu eskalierenden Spiralen der Wut, Schuld und Schuldzuweisung, so dass sich diese Kinder schließlich omnipotent verantwortlich für den mütterlichen Schmerz, ihre Hilflosigkeit und Unzulänglichkeit fühlten.

*Herr M. beschrieb ein – wie er es nannte – typisches Muster der Interaktion mit seiner Mutter. Er kam von der Schule und legte seine Bücher auf den Esszimmertisch. Sie rief aus, dass er sie mit seiner absichtlichen Unordentlichkeit noch verrückt mache. Jetzt habe sie solche rasenden Kopfschmerzen, dass sie sich ins Bett legen müsse. Es gebe daher nun Reste zu essen, und es sei alles seine Schuld. Er erwiderte, sie koche ohnehin so schlecht, dass er Reste vorziehe. Sie brach in Tränen aus, jammerte, dass sie unfähig sei und sich genauso gut umbringen könne. Mit panischer Angst und Schuldgefühlen versuchte er einzulenken. Er entschuldigte sich und nahm die Bücher mit in sein Zimmer. Sie lief ihm hinterher und redete sich dabei in Rage. So leicht käme er nicht davon, er solle warten, bis der Vater nach Hause komme. Daraufhin rezitierte sie eine Liste seiner Missetaten, die bis ins Kleinkindalter reichte, als er noch ein »quengeliger, fordernder Balg« war, wie sie es nannte. An diesem Punkte wurde der junge Herr M. nun wütend und fragte sie, warum sie nicht so fröhlich und zuverlässig wie die Mutter seines besten Freundes sein könne. Er wusste, dass diese Bemerkung niederschmetternd für die Mutter war. Aber an dieser Stelle, an die er sich erinnerte, hatte sie einen Weg gefunden, seine mächtigste Waffe zu schlagen. Sie erwiderte, er habe nicht nur ihr Leben zerstört und sie in die Depression, in den Selbstmord und ins Krankenhaus getrieben, sondern auch ihre Ehe ruiniert, und sie und sein*

*Vater redeten über die Scheidung. Von dieser Zeit an hatte er in der Tat das Gefühl, er könne ihre Scheidung erzwingen und würde dann nur noch öffentlich zu erklären haben, mit welchem Elternteil er leben wolle.*

Wir haben Kinder beschrieben, die ebenso wie Mary und Herr M. den Raum zwischen der realen und der idealen Mutter mit Allmachtsphantasien füllen. Ihre Phantasien sind nicht darauf gerichtet, die realen Fähigkeiten des Selbst zu verbessern, sondern sollen den Schmerz und die Unzulänglichkeit der Mutter-Kind-Beziehung leugnen und transformieren. Unfähig, durch ihr Lächeln ein Lächeln hervorzurufen, identifizierten sich Mary und Herr M. mit dem Schmerz der Mutter und stellten sich eine besondere, einzigartige Beziehung vor, die auf dem gemeinsamen Kummer begründet war. Nur sie konnten den Schmerz der Mutter verstehen, die ohne sie allein wäre, ohne Verbindung zu irgend jemandem. Diese Allmachtphantasie war der rote Faden, der durch das Labyrinth der Analyse führte und am deutlichsten gegen Ende der Behandlung zutage trat. Der Analytiker hatte von Mary gelernt, dass es nutzlos war, solche Phantasien direkt in Frage zu stellen. Herr M. illustrierte dies durch die Aussage, dass der Analytiker die einzigartige Natur der Beziehung vielleicht nicht erkenne, da er sich wahrscheinlich auf dem Gipfel seiner Gesundheit und seines Erfolges befinde. Eines Tages würde jedoch auch der Analytiker alt, krank und schwach werden und dann vielleicht erkennen, dass kein anderer Patient ihn so gut verstehen und seinen Schmerz so tief mitfühlen könne wie Herr M. Der Schmerz ist das »Sesam, öffne Dich« für diese magische Welt. Durch die Erfahrung des Schmerzes kann das allmächtige Selbst weiterleben, eine masochistische Phantasie, wie sie auch die großen Religionen repräsentieren.

Nicht allmächtig zu sein hieß in Herrn M.s Worten, ein »Stück Müll zu sein, das auf ewig in der unendlichen Finsternis des Alls umherschwebt«. Jede Handlung, jeder Austausch im Rahmen der Behandlung kann in eine Phantasie der Allmacht eingehen, um die Macht zu erhalten. Mary und auch Herr M. mussten in Analyse bleiben, um ihre Allmacht zu bestätigen. Als omnipotente Figuren trugen sie zudem die überwältigende Verantwortung für das Wohlergehen und Überleben des Analytikers. Für sie bestand der einzige Weg der Beendigung darin, sich zum Opfer eines sadistischen Angriffs des Analytikers zu machen. Eine erzwungene Beendigung würde ihre masochistischen Phantasien Wirklichkeit werden lassen, ihre Verantwortung und Schuld mindern und ihre Allmacht bestätigen – eine häufige Beobachtung bei adoleszenten Patienten, die ihre Therapeuten dazu verleiten, die Behandlung zu beenden (siehe auch 2. Kap.).

Wie aber können wir eine scheinbar unendliche Analyse auf eine entwicklungsfördernde Art und Weise beenden? Es wäre naiv, hier eine einfache

Lösung vorzuschlagen, insbesondere für eine Analyse, die sich bereits über mehr als zehn Jahre erstreckt. Nicht eine bestimmte Phase der Entwicklung oder eine Reihe zusammenhängender Konflikte birgt die Lösung. Vielmehr erscheint ein epigenetischer Ansatz, basierend auf multiplen Determinanten und Funktionen – ein diesbezüglicher Versuch wurde in unserer Entwicklungsstudie des Masochismus unternommen – empfehlenswert, um der Komplexität der Unendlichkeit gerecht zu werden. Aus der Sicht der Arbeit mit Adoleszenten erweist sich das Bedürfnis, sich verzweifelt an die Phantasie der Allmacht zu klammern, als wichtiger Faktor der unendlichen Analyse.

Unsere Erfahrung mit Adoleszenten wie Mary hat uns davon überzeugt, dass ein Hauptgrund für die Furcht vor der Beendigung darin liegt, dass diese jungen Menschen sich nicht nur der Aufgabe gegenüber sehen, infantile Beziehungen zu anderen Menschen hinter sich zu lassen, sondern sich auch von ihrem allmächtigen Selbst verabschieden müssen. Dies erscheint uns eine Hauptaufgabe der Adoleszenz; die regressive Vermeidung der Realität ist mit einer Unfähigkeit, das Allmachtsselbst aufzugeben und Lust und Bestätigung in kompetenten Interaktionen mit der Realität zu finden, verbunden.

Wie jeder Patient musste auch Mary am Ende der Analyse den Verlust des Analytikers als Objekt der Wünsche aus allen Entwicklungsphasen sowie als reale Person, die alle ihre neu gefundenen Errungenschaften repräsentierte, beklagen. Aber die zutiefst quälende und schwierige Aufgabe der Trauer stand in Verbindung zu dem Verlust ihres allmächtigen, grandiosen Selbst. Dies war das letzte Schlachtfeld ihrer Pathologie und eine letzte Determinante der Konflikte, die für sie mit Lust und Freude verbunden waren. Lust und reale Befriedigung bedrohten ihr magisches, allmächtiges Selbst. Lust zu verspüren bedeutete, magische Phantasien der Objektbeherrschung aufzugeben und auf reale Weise mit der realen Welt zu interagieren. Das Reale und das Magische, das kompetente und das allmächtige Selbst wurden zu konkurrierenden Systemen. Indem sich Mary Gefühle des Stolzes und der Lust zunehmend gestattete und Erleichterung und Trost darüber verspürte, in der realen Welt zu sein, verlor ihr allmächtiges Selbst an Bedeutung.

*Mary begann, abends Basketball zu spielen, was sie auch als Kind getan hatte. Als sie eines Tages von ihren beruflichen Plänen gesprochen hatte und von der Möglichkeit, sie mit ihrem Wunsch nach einer Ehe und nach Kindern zu vereinbaren, sagte sie, sie habe entschieden, dass sie Basketball nicht mehr brauche. Es stellte sich heraus, dass sie sich beim Basketball vorgestellt hatte, sie sei Magic Johnson und werfe beim Endspiel der NBA Championships gerade den entscheidenden Korb. In der darauf folgenden Nacht träumte sie davon, an einem Spiel der Championships teilzunehmen: »Sie sprang hoch, bekam jeden*

*Ball, schleuderte ihn von oben durch den Korb – aber sie war sehr klein, und jedes Mal, wenn sie den Ball durch den Ring drückte, schlüpfte ihr ganzer Körper hindurch«. Als sie diesen Traum schilderte, begann Mary zu weinen. »Die Kleine hatte Unrecht«, sagte sie, »sie hat mich über all die Jahre unglücklich gemacht, aber ich werde sie vermissen. Ich bin jetzt glücklicher, auch wenn sie Dinge tun konnte, die ich jetzt nicht mehr tun kann. Sie konnte die Championships gewinnen und sich die Pulsadern aufschneiden.«*

In der Analyse manifestiert sich die Unfähigkeit, omnipotente Phantasien der Beherrschung anderer Menschen aufzugeben, entweder in einer vorzeitigen Beendigung oder in einer unendlichen Analyse.

Mary und Herr M. waren nicht in der Lage gewesen, die Lustquelle von der Allmachtsphantasie der Beherrschung anderer hin zu realistischen Leistungen zu verlagern, wie es Robert im Zuge der Auflösung seines Ödipuskomplexes getan hatte, noch hatten sie eine Konsolidierung in der Latenz erreicht, wie sie sich in Ericas Fähigkeit, das Üben ihrer Ich-Funktionen im Rahmen des Arbeitsbündnisses zu genießen, gezeigt hatte. Ohne diese alternativen Quellen der Befriedigung und Selbstachtung reagierten Mary und Herr M. auf die Anforderungen der Realität in der Adoleszenz, indem sie sich erneut in Allmachtsphantasien flüchteten, die durch Schmerz ausgelöst wurden.

Die Tatsache, dass vor der Beendigung von Analysen erwachsener Patienten unter Umständen das adoleszente Muster des vorzeitigen Abschiednehmens durchgearbeitet werden muss, wurde bereits erwähnt. Vor dem Hintergrund von Marys Material lässt sich nun hinzufügen, dass die unendliche Analyse von Erwachsenen wie Herrn M. bedeutet, dass der Patient etwas tun muss, das in der Adoleszenz unterlassen wurde – er muss Abschied nehmen von seinem allmächtigen Selbst, auf die Phantasie verzichten, andere Menschen auf magische Weise zu beherrschen, und Lust daran finden, reale Fähigkeiten in einer realen Welt auszuüben. Allmachtsphantasien werden, wenn überhaupt, nicht ohne Widerstreben aufgegeben. Durch die Analyse kann jedoch ein konkurrierendes System der Lust und Selbstachtung neben dem allmächtigen System, das auf Schmerz, Vermeidung der Realität und Illusion basiert, zutage treten. Wie Herr M. gegen Ende seiner Analyse sagte: »Es ist mein Leben – ich habe nur ein Leben und muss mich entscheiden. Es ist schwer zuzugeben, dass ich mich geirrt habe, schwer zuzugeben, dass mir mein Schmerz nichts als Aspirin einbringt. Aber ich habe nie gewusst, dass ich eine Wahl hatte und entscheiden konnte, ein reales Leben mit realer Lust zu leben.«

## 14. Kapitel

# Die Beendigung: Ein Fallbericht über die Endphase einer »unendlichen« Analyse

Ralph Greenson, ein sehr kreativer und einflussreicher Autor von Werken zur psychoanalytischen Technik, hat nie über die Beendigung geschrieben. Dies überrascht nicht, da Literatur zu diesem Thema erst nach seinem Tode zu erscheinen begann. Trotz Freuds ausgesprochenem Interesse an der Beendigung (1913c) sind weder er noch seine frühen Anhänger ausführlicher auf die Beendigung als Behandlungsphase eingegangen. Die Sichtweise, dass eine Standardanalyse drei Phasen besitze, nämlich eine Anfangsphase, eine mittlere Phase und eine Beendigungsphase, wurde zunächst von Glover (1955) vertreten und fand erst in den späten siebziger Jahren breitere Akzeptanz. 1950 konnte Annie Reich nur zwei Aufsätze über die Beendigung finden, und 1966 wies Rangell auf die dürftige Literatur zu diesem Thema hin. In den letzten fünfzehn Jahren sind jedoch immens viele Beiträge verfasst und Empfehlungen für den Psychoanalytiker zur Einleitung, zum Durcharbeiten und zum Abschluss der Beendigungsphase formuliert worden. Unsere eigenen früheren Beiträge (Novick, 1982b, 1988, 1990b) sowie Arbeiten von Blum (1989), Firestein (1978, 1982) sowie Shane und Shane (1984) haben die meisten Fragestellungen behandelt. Die gegenwärtige Betonung der Beendigung als Gegenstand der Forschung und der klinischen Handhabung steht im krassen Gegensatz zu der Unbekümmertheit, die für die Beendigung von Analysen in den Vorkriegsjahren charakteristisch war.

Die Intensität der Konzentration auf dieses Thema hat vielleicht ihren Höhepunkt erreicht, und es gibt Anzeichen für eine Gegenreaktion auf die Unmenge von Artikeln, wobei einige Autoren die Ansicht vertreten, die Bedeutung der Phase werde vielleicht überschätzt (Blum, 1989), die Beendigung könne auch ohne das formale Festsetzen eines Datums erfolgen (Goldberg und Marcus, 1985), »Beendigung« sei ein irreführender Begriff und reflektiere nicht, was eigentlich geschehe (Pedder, 1988), und die Beendigung müsse als solche nicht speziell differenziert werden, da sie von Beginn an Thema sei (De Simone Gaburri, 1985).

Dennoch geht die Arbeit an dieser Phase der Behandlung weiter, wobei die Follow-up-Forschung interessante Fragen aufwirft hinsichtlich der Behandlungsziele und der Rolle der Selbstanalyse in der Post-Beendigungsphase

(Kantrowitz et al., 1990). Bisher haben wir das Augenmerk auf die zeitliche Abstimmung der Beendigung gerichtet sowie auf die Faktoren, die mit einer vorzeitigen oder verzögerten Beendigung zusammenhängen (Novick, 1982, 1988). Eine Ausweitung dieser Arbeit führte zur Konzentration auf das Problem der »unendlichen Analyse«.

Im 13. Kapitel haben wir das Problem der unendlichen Analyse erörtert und den Widerstand beschrieben, der vor der Beendigungsphase gegen die Wahl eines Datums und gegen die Einleitung der Beendigungsphase zutage tritt. Am Beispiel von Herrn M., eines fünfundzwanzigjährigen Single, der überwiesen wurde, weil er als zu gestört für einen Ausbildungsfall galt, haben wir unsere Formulierungen illustriert. Es folgt ein Bericht über die Beendigungsphase seiner »unendlichen« Analyse.

## Die Beendigungsphase

Herr M. befand sich im elften Analysejahr. Nach einjähriger Arbeit an seinen Widerständen gegen die Wahl eines Abschlussdatums entschied er sich schließlich – und ich (J. N.) stimmte zu – für einen Termin, der mitten in der Arbeitswoche lag und von dem uns noch vierzehn Wochen trennten.

Im Geist der »Postmoderne«, in der keine Theorie oder Schule prädominant ist – weder in der Kunst und Literatur noch in der Psychoanalyse – und in der ein Text auf viele verschiedene Arten gelesen werden kann, mit unendlich vielen, vom Leser abhängigen Bedeutungen, soll das Material folgendermaßen dargestellt werden: Die rechte Spalte gibt Herrn M. s Worte als Zitat oder Zusammenfassung sowie meine Interventionen in kursiver Schrift wieder. Die linke Spalte hingegen erhält meinen fortlaufenden Kommentar, der auf ein Minimum reduziert wurde, um dem Leser Raum für die eigene Reaktion zu geben.

Er kann die Ambivalenz erleben, anerkennen und aushalten – ein wesentlicher Fortschritt.
Anspannung war stets ein Signal für starre Abwehr oder Wut gewesen. Er hatte die Phantasie, das Leben solle ohne Anspannung sein. Er spricht jetzt davon, die Spannung als Anstoß zur Arbeit zu verwenden.

Nachdem er sich auf ein Enddatum festgelegt hatte, berichtete Herr M., alles laufe weiterhin gut in der beruflichen und familiären Welt außerhalb der Analyse. Aber hierher zu kommen erscheine nun wie eine Störung. »Ich hatte ernsthaft daran gedacht, das Datum für einen Monat eher zu wählen, um es hinter mich zu bringen«, sagte er. »Aber ich dachte, die Anspannung ist es wert, dass man mit ihr arbeitet.«

Die Idealisierung des Analytikers verbirgt kaum die Desillusionierung und die Wut.

»Mein erster Gedanke über die Beendigung ist, dass ich nicht Sie bin. Die Phantasie, wie Sie wissen, ist die, dass ich Sie sein könnte und in der Lage wäre, frei zu assoziieren und mit meinen tieferen Gefühlen in Verbindung zu kommen. Das fällt mir sehr schwer. Ich brauche eine Situation wie diese, um dazu fähig zu sein.« Er wurde sichtlich angespannt und ärgerlich und sagte: »Ich komme mit meiner Wut in Verbindung, aber es läuft nicht glatt, effizient, effektiv.« Er nuschelte etwas und gab sich weiter die Schuld und sagte dann: »Im Hinterkopf habe ich Gefühle der Schuldzuweisung. Ich bin blockiert. Ich merke es an der Art, wie ich rede – ich stammele und suche nach Wörtern.«
*Ich sagte, er sei wütend auf sich und auf mich, weil wir nicht die perfekte, magische Person aus ihm gemacht hätten, die ich seiner Meinung nach sei.*

Er hat weiterhin die Phantasie, ich könne ihm magische Kräfte verleihen.

»Nach all dieser Zeit«, meinte er, »sollte ich nicht wie der ›Bar-Mizwa-König‹ Abschied nehmen, von allen auf Schultern getragen? Ist es nicht wie ein Rauswurf, wenn es mir nicht gelingt?« Am nächsten Tag berichtete er einen Traum. »Ein großer, kräftiger Kerl stritt sich mit sechs anderen großen, kräftigen Kerlen. Ich schaute einfach zu. Plötzlich schnappte mich einer von ihnen, sagte, ich sei eine Geisel und: ›Dieser Kerl ist schwächer als ihr.‹ Mein erster Gedanke ist, dass ich schwach bin, ein Feigling, und dass ich die großen Kerle beneide.« Danach erzählte er einen weiteren Traum, in dem eine Fledermaus auf ihn zuflog. Er erschrak, geriet aber nicht in Panik. Er brachte den Traum damit in Verbindung, dass er vor nicht langer Zeit auf kompetente Weise mit einer Fledermaus im Haus fertig geworden war – anders als etliche Jahre zuvor, als er die Beherrschung verloren hatte und in Panik geraten war, weil eine Fledermaus durchs Haus flog. Er sagte, er sei nicht länger die Geisel seiner Ängste, könne sich jedoch immer noch in eine Panik hineinsteigern.

*Ich fragte, warum er das hier bei mir täte.*

»Um die Angst besser zu erforschen, aber auch, um zu sagen, dass ich keine Kontrolle habe. Sehen Sie zu, wie ich zusammenbreche, und dann retten Sie mich.«

Ich deute den Masochismus, suche jedoch auch das darunter liegende Trauma.

*Ich sagte, sein Traum von der Fledermaus reflektiere seinen kompetenten Umgang mit einer realistischen Gefahr, während der Traum von der Geisel seine Phantasie widerspiegele, er könne auf magische Weise mächtig werden und sich vor einer tiefen Angst schützen, indem er schwach und hilflos werde.*

Dies ist ein Hauptthema der Beendigungsphase. Durch seinen Masochismus, d. h. sein aktives Streben nach Schwäche und Viktimisierung, stellt er auf magische Weise das Objekt wieder her und gewährleistet so seine eigene Allmacht.

Er erwiderte: »Meine Mutter und ich. Wir können die anderen vier oder sechs großen Kerle besiegen – die anderen Mitglieder meiner Familie. Und hier gerät alles außer Kontrolle. Das ist meine Strategie. Ich stehe nur da, trinke etwas und werde dann zum entscheidenden Faktor. Mit mir kann dieser Kerl die anderen sechs abwehren. Ich bin das Zünglein an der Waage. Ich mache meine Mutter oder meinen Vater stark. Es ist alles magisch und gerät außer Kontrolle.«

## Woche 2

Er begann die Woche mit einem Gespräch über seinen Wunsch, dass ich während dieser letzten drei Monate einen letzten Trick parat haben möge, der seine magischen Wünsche erfüllen könnte. Der Wunsch war, wie ich zu sein, woraufhin er eine Reihe idealisierter Gedanken in Bezug auf meine Fähigkeit zur einfachen, glatten, mühe- und reibungslosen Selbstanalyse aufzählte.

Die Desillusionierung stellt einen notwendigen Teil des Beendigungsprozesses dar (Novick, 1982; Pedder, 1988).

*Ich sagte, er klammere sich an ein idealisiertes Bild, da er beginne, seiner Desillusionierung bezüglich meiner Person und der Analyse ins Auge zu sehen.*

Er schützt mich weiterhin, indem er die Sünde teilt.

Das Gefühl der Desillusionierung wird erlebt,

weggeschoben

und kehrt zurück.

Er sagte: »Da ist noch die andere Vorstellung. Sie arbeiten so hart, Sie haben keine Zeit für Ihre Kinder.« Zunächst schien es ein flüchtiger Gedanke zu sein, jedoch kehrte er zu dieser Vorstellung zurück und fügte hinzu: »In Frage zu stellen, was Sie tun, stellt in Frage, was ich tue. Wir beide lieben unsere Arbeit, wir treffen gerne Entscheidungen, wir gehen beide gerne ins Büro. Aber die Parallelen zeigen sich mit meinem Vater. Er kam spät abends nach Hause. Selbst jetzt ist es schwer, über die Grenzen, die Sie errichten, hinaus zu gelangen. Sie sind der dynamische Mann, der lehrt, schreibt, Dienste für die Gemeinschaft leistet – das ist super. Genauso dachte ich über meinen Vater. Er ist Präsident. Das ist super. Ich bin so stolz auf Sie. Aber das verdeckt mein Gefühl, außen vor und benachteiligt zu sein. Aber das fühle ich nicht! Ich bin stolz!« Er machte eine Pause und fuhr mit trauriger Stimme fort: »Ich wollte mehr mit einbezogen sein, ich wollte nicht einen großen, aufregenden Vater. Selbst jetzt, da ich die Geschichte erzähle, bin ich weit davon weg, meinen Vater zu kritisieren. Die Aura der Perfektion wirkt als Schutz. Noch immer habe ich ein Gefühl der Erregung, wenn ich bei meinem Vater bin. Aber meine Erinnerung ist die, dass ich nicht bei ihm war. Ich befürchte, es ist nicht nur, dass Sie nicht perfekt sind, sondern, dass Sie nicht für mich perfekt sind. Mein Bild von meinem Vater ist eine Karikatur. Ich kenne meinen Vater nicht wirklich. Mit meiner Mutter oder Großmutter oder dem Hausmädchen hatte ich eine enge emotionale Beziehung, mit meinem Vater war es eine Beziehung des Lächelns – wie mit Ihnen.« Diese Gedanken waren von einer tiefen Traurigkeit und von Zorn begleitet. Die Wut trat in der Übertragung zutage, als er darüber sprach, sich durch meine Ferien verletzt und ausgeschlossen zu fühlen.

*Ich sagte, er erhalte meine Perfektion, um mich vor seiner Wut zu schützen.*

*»Ja, ich habe Angst, durch meine Wut die glückliche Familie zu zerstören.«*

**Woche 3**

Die Abwehr arbeitet weiter, jedoch nicht mehr unbewusst. Gegenwart, analytische Vergangenheit und historische Vergangenheit verdichten sich in seinen Worten. Er weiß es, und er weiß, dass ich es weiß.

»Ich stelle mich den Dingen nicht – weder Ihren noch Vaters Unzulänglichkeiten. Ich sehe über Dinge hinweg, idealisiere sie, splittere auf, so dass die Kritik meiner Mutter zufließt. Als Kind musste ich das tun. Es war nötig, glückliche, gute Eltern zu haben. Jetzt ist es ein Schutz für mich. Es schützt mich vor meinem Zorn.«

Eine geteilte poetische Sprache der Anspielungen und der gemeinsamen Mythen als Teil der Beendigungsphase.

»Mein Ziel im Leben, meine Mission, ist es, eine glückliche Familie zu haben. In diesem Licht bereitet mein Zorn mir nichts als Ärger.«

Daraufhin sprach er mit einem tiefen Gefühl von seinen Erinnerungen daran, von der Mutter angeschrieen zu werden. »Ich schwor mir, niemals jemanden anzuschreien«, sagte er.

Das weitere Durcharbeiten des Traumas als notwendiger Teil der Beendigungsphase. Vgl. dazu die interessanten Arbeiten von Kinston und Cohen (1988) und Cohen und Kinston (1989) zur Gefahr für den Patienten, wenn das Trauma nicht durchgearbeitet wird.

*Ich sagte, der Zorn sei überwältigend, durch und durch niederschmetternd.*
Er antwortete: »Mein Zorn ist nicht ausgeschaltet, sondern macht mir Angst. Täglich wurde ich angeschrieen und schrie zurück. Ich weiß, wie es sich anfühlt, wenn man von jemandem gescholten und herabgesetzt wird. Und ich weiß, wie es ist, wenn der Zorn zum stärksten Gefühl wird – wenn er einen auffrisst, wenn man total die Beherrschung verliert.«
Er fügte hinzu, sein Vater sei nie wütend gewesen, er habe die Wut gefürchtet.
*Ich sagte, er habe seine Wut auf seinen Vater und auf mich aus Angst, er könne uns überwältigen, zurückgehalten.*
Er erwiderte: »Ich hoffe, Sie haben solche Kämpfe nie gehört. Wirklicher Hass, wirkliche Zerstörung – wir würden die Beziehung zerstören. Ich würde das weder Ihnen noch meinem Vater antun wollen. Ich bin ohne Frage fähig, mit einem Generalangriff zu reagieren. Richtig böse! Ich möchte nicht, dass Sie mich so sehen. Ich weiß nicht, ob Sie zusammenbrechen würden, aber Sie wären schrecklich enttäuscht.« Am nächsten Tag vergaß er den Scheck und erkannte, dass er zornig auf mich war. »Gestern sagte ich, ich würde mein eigenes Überleben riskieren, um Zorn auf Sie zu vermeiden. Heute sage ich, Sie sind so schlecht wie meine Mutter, genauso kontrollierend und unflexibel. Mein Zorn ist greifbar, so real, als ob Sie wirklich etwas getan hätten, was mir nicht gefiel.«

Er ist sehr zornig, kann jedoch zurücktreten, beobachten und mit Gefühlen arbeiten. In der Beendigungsphase besitzt das Arbeitsbündnis die maximale Effizienz.

Sehr emotional erläuterte er, dass er bekommen habe, wofür er bezahlt hatte, und nicht, worauf er gehofft hatte. Er hätte so viel aufgegeben, um mich zu idealisieren und vor seinem Zorn zu schützen, dass sich jetzt seine magischen Wünsche erfüllen sollten: »Jetzt bezahle ich Sie nicht, ich zahle es Ihnen heim – erbärmlich.«

**Woche 4**

Er begann die Woche mit dem Versuch, seine Wut und Enttäuschung zu beherrschen. Er sprach im Konditionalis, der jedoch bald zum Präsens wurde. Was er fühlen konnte, fühlte er, und er zitterte vor Wut, als er sein Kontroll- und Machtbedürfnis in Worte fasste. »Die Moral ist, dass ich für mich selbst sorgen kann, aber der Wunsch ist es, dass Sie es für mich tun sollen. Ich breche am Ende der Straße zusammen. Sie sehen mich, kommen und sagen mir die aufmunterndsten Worte, die ich jemals gehört habe. Die Rettung lässt all die Wut verschwinden. Sie sind nicht die depressive, inkompetente Mutter. Sie schauen, was Sie tun können, und tun es für mich.«

Elterliche Inkompetenz als Quelle des Traumas macht es extrem schwer, der Desillusionierung der Beendigungsphase ins Auge zu sehen.

*Ich sagte, sein Zorn und sein Wunsch, mich durch sein eigenes Versagen zu stärken, folgten seiner Desillusionierung.*

Wenn auch kritisch geäußert, so ist es eine subtile Form der Phantasie, ich könne ihm wirklich geben, was er brauche, und er könne mich durch

»Ich dachte gerade daran, wie sehr ich Feedback brauche.« Er fuhr fort mit einer Beschwerde über mangelndes Feedback, sagte, dass ich ihm

seine masochistische Selbstdarstellung dazu zwingen, es zu tun.

mehr geben könnte und dass der Analytiker, bei dem er sein erstes Erstgespräch gehabt hatte, ihm mehr Feedback gegeben hätte. Später kehrte er zu dem zurück, was er als meine Unzulänglichkeit wahrnahm. »Ihre Unzulänglichkeiten zu sehen, lässt mich entgleisen. Sie arbeiten zu hart. Ich schäme mich zutiefst. Ich habe Angst davor, Freunde einzuladen. Ich bin dafür verantwortlich, wie es Ihnen geht. Wir sind wieder bei meinen Gefühlen der Scham und Verantwortung angelangt. Warum kann ich Ihre Mängel nicht akzeptieren? Sie sind nicht Mickey Mantle oder Willie Mays – na und?«

*Ich sagte, er habe vielleicht Angst, meine Mängel könnten ihn so zornig machen, dass er die Arbeit von mehr als zehn Jahren ruinieren würde. Wie schwer es ihm falle, Mängel mit den guten Dingen zu verschmelzen.*

**Woche 5**

Er konzentrierte sich weiter auf seine Schwierigkeiten, meiner Inkompetenz ins Auge zu sehen. Er sagte: »Ich muss die Inkompetenz meiner Mutter nicht leugnen, aber ich muss Sie und meinen Vater schützen.« Er verbrachte einige Zeit damit, zu schildern, dass er seinem Vater versprochen hatte, für ihn eine Sendung aufzuzeichnen. Es machte ihn wütend, dass der Vater es nicht selbst tun konnte. Er wollte seine Enttäuschung und Wut leugnen oder selbst völlig inkompetent werden.

*Ich sagte, dies sei ein Kampf, den er nun bezüglich seiner Gefühle über mich austrage.*

Während der Beendigung treffen die Assoziationen des Analytikers mit größerer Wahrscheinlichkeit ins Schwarze und können leicht mitgeteilt werden.

*Ich erinnerte mich an eine Phantasie, die er vor etlichen Jahren berichtet hatte. Als er in den Ferien einmal an meiner Praxis vorbeikam, stellte er sich vor, er sähe mich auf dem Dach mit Elektrowerkzeug.*

*Ich berichtete ihm von meiner Assoziation und warf ein, die Trennung scheine sein Bedürfnis, mich zu schützen, zu intensivieren.*

Im Zuge der Beendigung werden alte Träume und Phantasien nochmals aufgerollt und neue Elemente hinzugefügt – zuweilen, wie in diesem Fall, Erinnerungen an reale Ereignisse.

Er erinnerte sich an die Phantasie und die Arbeit, die wir insbesondere hinsichtlich der sexuellen Assoziationen geleistet hatten und hinsichtlich seines Gefühls, von meinen »starken sexuellen Aktivitäten« ausgeschlossen zu sein. Jetzt aber hatte diese Phantasie einen konkreten Bezug zur Unzulänglichkeit des Vaters. Er sagte: »Das Bild erinnert mich daran, dass mir als Kind klar wurde, dass mein Vater keinen Nagel einschlagen, noch irgendein anderes Werkzeug benutzen konnte. Er konnte weder den Toaster noch die Kaffeemaschine bedienen. Die Inkompetenz der Mutter ließ den Vater gut aussehen. Das Gleiche mache ich auch. Ich stärke Sie und meinen Vater durch meine Inkompetenz.«

## Woche 6

Das Versagen der Mutter war in der gesamten Analyse Thema; das Versagen des Vaters wurde erst voll erlebbar, als sich die Arbeit der Beendi-

Er sprach weiterhin von der Inkompetenz des Vaters; noch nie hatte er sie so klar gesehen. Seit Jahren hatte er sich schon gefragt, warum sein Vater bei der

gungsphase auf die Desillusionierung hinsichtlich des Analytiker konzentrierte.

Mutter blieb, jetzt verstand er jedoch, dass sein Vater seine Mutter brauchte, um sich überlegen zu fühlen. Danach sprach er von einem scheinbar davon unabhängigen Ereignis. Als ein Freund den Namen eines Therapeuten benötigte, hatte er sich zu sehr geschämt, um ihm den meinen zu nennen.

*Ich bat ihn zu assoziieren, warum er Scham fühlte.*

Sein Masochismus wurde durchweg in dem Sinne verstanden, dass er Elemente der Identifizierung mit seiner »beschädigten und masochistischen Mutter« sowie eine rezeptiv-weibliche Sehnsucht nach seinem Vater mit einschloss. In der Übertragung der Endphase wird ihm emotional klar, dass sein »femininer Masochismus« Teil einer allmächtigen Phantasie der Verleugnung und Reparatur des väterlichen Versagens ist.

Sein erster Gedanke war der an die Scham, offen zu legen, dass er zu einem Therapeuten gehe. Danach meinte er, dass seine Phantasie, wir hätten die »perfekte, glückliche Beziehung«, offen gelegt und dann nachgewiesen würde, dass sie illusorisch sei. Das würde mich als »inkompetenten Betrüger« entlarven. Er fuhr fort: »Ich glaube also, dass ich Sie zerstören würde, wenn ich Sie sichtbar mache. Deshalb schütze ich Sie, indem ich inkompetent bin, indem ich herumtaste und herumwurstele. Ich werde schwach, ein Versager, eine Frau, ein Homosexueller, der den Hintern einzieht, damit Sie sich überlegen fühlen können.«

Wiederholungen eines zentralen Entwicklungstraumas ereignen sich wahrscheinlich im Laufe der gesamten Behandlung. Aber die Endphase räumt dem Analytiker die Möglichkeit ein, Übertragungs-Gegenübertragungswiederholungen eines möglichen Entwicklungstraumas schnell zu erkennen und zu verbalisieren.

*Dann kam es zu einer dieser sekundenschnellen Wiederholungen eines zentralen Übertragungs-Gegenübertragungs-Dramas. Zu Beginn der nächsten Sitzung gab ich ihm meinen jährlichen Ferienplan. Ich zögerte, als mir einfiel, dass er ihn nicht brauchte, und fragte, ob er ihn haben wolle. Er fragte: »Wie weit geht der Plan?« Ich sagte es ihm.*

Der Analytiker kann es nicht planen, es passiert einfach. Aber der Analytiker kann lernen, es zu erwarten und sogar als wichtiges Instrument für das Durcharbeiten der Endphase willkommen zu heißen. Vgl. dazu auch Sandlers (1976) Konzept der Rollenresponsivität.

Der Austausch dauerte ganze zehn Sekunden. Dennoch sah er sofort, dass ich mich geirrt hatte. Es war nicht nötig, ihm einen Ferienplan zu geben, weil er in sieben Wochen aufhören würde. Er sagte, ich hätte es entweder vergessen oder wollte nicht, dass er die Behandlung beendete. Aber innerhalb eines Sekundenbruchteils fragte er, wie weit der Ferienplan gehe. Nach zehnjähriger Analyse wusste er bereits, dass der Plan über das ganze Jahr reichte, und er wusste auch, dass die Frage irrelevant war, weil seine Behandlung aufhörte, ehe die Ferien üblicherweise begannen. Er verbrachte die nächsten beiden Sitzungen in einem Kampf mit Gefühlen intensiver sadistischer Erregung und Macht, denen sich ein ebenso starker Wunsch entgegenstellte, mich zu schützen, indem er sich selbst zur verwirrten Person machte, die von mir gerettet werden musste.

*Ich bemerkte, dass das, was er als Möglichkeit dargestellt hatte, nun etwas war, was er in der Beziehung erleben konnte. Er hatte meine Inkompetenz gesehen und konnte die Erregung fühlen sowie den Wunsch, mich zu schützen.*

Er erinnerte sich an die Zeit, in der er in der Universität zusammengebrochen war und nach Hause zurükkehren musste. Er sagte: »Der erregte Wunsch zu vernichten kann geheime Wege wählen. Ich brach zusammen, kam nach Hause, und meine Eltern mussten mich retten –

aber der Zusammenbruch war vernichtend für meine Eltern.«

*Ich sagte, sein Wunsch zusammenzubrechen sei auch ein Wunsch, mich zu vernichten.*

Er sagte: »Wenn ich so viel meines Lebens für Sie geopfert habe und Sie dennoch nicht perfekt sind, dann habe ich ein Recht darauf, zu schimpfen und Sie zu vernichten.«

**Woche 7**

Eine Woche, in der er in sämtlichen Bereichen rasant vorankam, eine Woche der Integration, in der er sich »richtig gut in Bezug auf mein Leben, auf alles: meine Arbeit, meine Frau, mein Kind« fühlte.

In den Sitzungen bearbeitete er weiterhin das Thema, mich zerstören zu können, indem er meine Inkompetenz offen legte, sowie seinen Wunsch, mich zu schützen, indem er zur beschädigten Frau wurde. Er arbeitete dies in dem Teil eines Traumes aus, in dem eine Frau ihn bittet, in einem Seminar einen Vortrag zu halten.

*Ich deutete, dass er sich mit der Frau zusammentat, um mich, seinen Vater, anzugreifen.*

Er sagte, seine Mutter könne seinen Vater aufbauen, jedoch nutze sie jede Gelegenheit, um ihn herunterzuziehen. »Wir sind nah dran«, sagte er. »Meine Mutter als verrückt zu betrachten, ist schlecht. Dass sie mich angreift, ist schrecklich; aber zu sehen, wie sie meinen Vater zerreißt,

Die traumatische Erfahrung, die Inkompetenz des Analytikers zu sehen, kann jetzt in Worte gefasst und durchgearbeitet werden. Sein Wort »Katastrophe« macht auf die Tatsache aufmerksam, dass die Beendigung oft zum Scheitern oder zu Schlimmerem führen kann (Novick,

1982). Cohen und Kinston haben über Katastrophe und Beendigung gearbeitet und die Auffassung vertreten, die Katastrophe bedeute üblicherweise, dass das Trauma aus dem Leben des Patienten wieder direkt durchlebt wird. Dies könne zu einem Wachstum führen oder aber zu einer persönlichen Katastrophe wie Krankheit, Unfall, Tod (Cohen und Kinston, 1989, S. 5).

Ein Beispiel für das, was Greenson als »Durcharbeiten« bezeichnete, etwas, das in der Beendigungsphase zu erwarten ist.

Zuweilen ist die Macht der positiven elterlichen Gefühle die einzige Kraft, die der selbstschützenden Illusion des Allmachtssystems gewachsen ist.

ist eine Katastrophe. Also mache ich mich selbst zum Ziel, um meine Familie zu erhalten, Sie zu erhalten.« Der Preis, den er für sein Klammern an seine allmächtige Phantasie zahlte, nahm in der Arbeit vor der Beendigung einen zentralen Platz ein und ermöglichte ihm den Eintritt in eine Endphase. In dieser Woche sah er deutlich, inwiefern dies seine Beziehung zu seinem kleinen Sohn beeinflussen könnte und tatsächlich beeinflusste. In einer Spielgruppe beschäftigte sich der Kleine mit etwas anderem als dem, was die Erzieherin wollte, und Herr M. war enttäuscht über ihn, wurde ärgerlich und zog sich zurück.

Er verband diese Abfolge plötzlich damit, wie er auf mich reagierte, wenn ich ihn enttäuschte, und erkannte, dass sein Zorn auf der Tatsache beruhte, dass er das Gefühl hatte, er könne seinen kleinen Sohn nicht auf magische Weise beherrschen, damit er das tat, was ihm geboten wurde.
Später in der Woche sprach er erneut über das Ende der Analyse und davon, was er seiner Meinung nach verlieren werde. Er sagte: »Ich werde die Magie verlieren, meine Phantasie, dass ich Ihr Leben kontrollieren kann und kontrollieren sollte. Genau wie damals, als ich in der Universität zusammenbrach und nach Hause zurückkehrte, so gibt es auch hier einen mächtigen Sog zurück in die Welt der Magie, in der ich König bin,

das Leben anderer kontrolliere. Es ist schnell, einfach und aufregend. Aber ich kann jetzt sehen, dass der Preis auch das Leben meines kleinen Sohnes einschließt, da auch er ein gefügiges Subjekt werden müsste.«

**Woche 8**

Seine Frau hatte beschlossen, wieder arbeiten zu gehen und das Baby in einen Kinderhort zu geben. Seine erste Reaktion war, sein Sohn würde Wut auf seine Eltern empfinden, wie er selbst sie noch immer fühlte, da sie etwas Wichtigeres gefunden hatten, als mit ihm zusammen zu sein. Er bezeichnete seine Reaktion als »neurotisch« und sagte, dies sei der Preis für sein Klammern an die Magie. Er fürchtete, sich der Realität nicht zu stellen und nicht das Richtige für alle zu tun.

Es wird deutlich, dass die analytische Methode Teil seiner masochistischen Perversion geworden ist. An diesem Punkte weiß ich es, werde jedoch durch meine eigene Gegenreaktion – mein Bedürfnis, das Baby zu retten – mit hineingezogen.

*Ich sagte, indem er seine Reaktionen als neurotisch bezeichne, bleibe er hilflos und müsse gerettet werden. Dann erinnerte ich ihn daran, dass er gesagt hatte, sie würden eine neue Beziehung in das Leben des Babys einbringen.*

»Habe ich das gesagt? Ich habe nicht daran gedacht, sondern nur an den Zorn meines Babys. Die Realität ist meine Eifersucht, mein Ausgeschlossensein. Ich ertrage die Trennung von Personen nicht. Das ist meine Neurose.«

*Ich sagte, er tue seine Gefühle wiederum als neurotisch ab und vermeide es, die Realität zu betrachten.*

Am nächsten Tag sagte er: »Ich sehe, dass ich eine Wahl habe. Diese »neurotische« Geschichte ist eine Abwehr dagegen, eine reale Person zu sein. Normalerweise habe ich das Gefühl, nichts tun zu können, aber gestern sah ich, dass ich eine Wahl habe. Sie sagten, wenn ich neurotisch handele, kann ich es als Signal benutzen, das mir zeigt, dass ich mich davon abhalte, die Dinge realistisch zu betrachten. Ich habe eine Wahl! Ich kann neurotisch sein – und das ist eine Wahl –, oder ich kann kompetent und realistisch sein. Aber ich befürchte, dass ich es nicht ohne Sie tun kann.«

*Ich sagte, in der letzten Woche habe er gesagt, er werde die Magie aufgeben; in dieser Woche zeige er, dass er es nicht tue. Neurotisch zu sein, sei seine Art, hilflos zu sein und mich dazu zu bewegen, ihn zu retten. Aber warum? Damit er weder mich noch seine Frau realistisch betrachten müsse. Warum habe ich ihm den Plan gegeben? Warum will seine Frau ihre Beziehung zum Baby ändern?*

»Solange ich die Dinge über mich verschwommen halte, muss ich Sie nicht von nahem betrachten«, sagte er. »Sie fragen nach dem Preis. Der Preis ist der gleiche wie die Methode. Ich stelle mich dumm und werde dumm. Ich gebe das gute Gefühl der klaren Einsicht auf.«

## Woche 9

In der ersten Wochenhälfte schien er von seinen Gefühlen überwältigt. Gleichzeitig konnte er seine Reaktionen beobachten und beschreiben. So sagte er etwa: »Es kommt mir abhanden. Ich bin ohne Grund böse. Ich bin zornig, benutze es jedoch nicht als Signal. Ich bin depressiv, zornig, fühle mich überwältigt. Ich möchte mich damit nicht beschäftigen, es ist zuviel. Ich bin nicht ehrlich zu mir selbst.«

*Ich konzentrierte mich erneut auf die Leugnung seiner Wahrnehmung.*

Er rief: »Warum will sie wieder arbeiten?« Am nächsten Tag konnte er ihr sagen, dass er zornig und enttäuscht war, übernahm jedoch schnell die Schuld, indem er von seiner Neurose sprach, von seinen hohen Erwartungen an die Mutterschaft.

*Ich erinnerte ihn daran, dass er gesagt hatte, ihre Entscheidung, wieder arbeiten zu gehen, habe keinen »vernünftigen Grund«.*

»Ich verwische die Dinge«, sagte er. »Der Punkt ist, dass ich es nicht sinnvoll finde, aber sie.« Er fiel wieder in eine hilflose Verzweiflung, konnte aber dann sagen: »Ich weiß, dass es etwas gibt, was ich vermeide.« Schließlich erzählte er mir, das Baby habe noch keinen Schlafrhythmus gefunden, und seine Frau stehe alle zwei bis drei Stunden auf, um es zu füttern. Es war klar, dass sie sich hilflos fühlte, seine Unterstützung vermisste und wütend auf ihn sowie das Baby war; sie wollte zur Arbeit zurückkehren, um vor ihrem eigenen Gefühl des Versagens zu fliehen. Dies lag so nah am Bild seiner inkompetenten Mutter, dass er panische Angst davor hatte, der Situation ins Auge zu sehen. Nachdem er es getan hatte, konnte er die Errungenschaften der letzten Jahre nutzen, um die Situation zu verstehen und sein Verständnis in die Tat umzusetzen.

Erneut war er vom Analytiker gerettet worden.

Er sprach mit seiner Frau, gemeinsam überlegten sie einen Plan, um dem Baby zu helfen. Innerhalb von zwei Nächten schlief das Baby durch, und die Krise war vorbei.

*Ich fragte, was er an mir verleugnete.*

»Fest steht, dass ich versucht habe, Sie davon zu überzeugen, es sich anders zu überlegen, zu erkennen, dass ich noch nicht soweit bin. Aber Tatsache ist, dass Sie mich gehen lassen werden. Meine Magie hilft da nicht.«

*»Soviel zu Ihnen«, sagte ich, »und was ist mit mir?«*

»Ich bin nicht sicher. Das große Problem für mich ist, mit Ihnen hinterher Kontakt zu halten. Ich bin unsicher wie ein kleiner Junge, dass Sie von mir nichts mehr hören wollen.«

*Ich fragte, was für ein Mensch ich wäre, wenn ich so etwas täte.*

Er sagte: »Ein schlechter Mensch, kalt und gleichgültig.«

## Woche 10

Das Baby schlief nachts weiterhin durch, und Herr M. und seine Frau fühlten sich wieder gut miteinander. Er war stolz auf sein Baby, aber auch stolz auf seine geleistete Arbeit. Er sagte: »Ich sah eine Seite an meiner Frau, die ich nicht sehen möchte, also gab ich auf und vergaß, dass ich sie jemals gesehen hatte. Auf diese Weise kann ich verleugnen, dass meine Mutter jemals gemein war oder meine Frau jemals gemein ist.«

Das hilflose Gefühl, ungeliebt zu sein, verdeckt durch die Abwehr der Allmachtsphantasie.

*Ich warf ein, ob er es vielleicht zugelassen hatte, dass sich die Krise herausbildete, damit er Verlassenheitsgefühle in der Analyse vermeiden konnte.*

»Ich werde Sie vermissen«, sagte er.

Die Verbindung zum Widerstand gegen die Trennung/Beendigung.

*»Ja, aber Sie haben Angst, dass ich Sie nicht vermissen werde«, antwortete ich.*

Er konzentriert sich nun auf den Kontakt nach der Beendigung. Es klingt vernünftig, aber es ist auch ein Rückfall, ein Sich-Klammern an die omnipotente Kontrollphantasie.

Er sagte: »Der Gedanke lässt mich frösteln. Am schmerzhaftesten ist die Vorstellung, dass Sie mich in all diesen Jahren nicht gemocht, sondern mich lediglich toleriert haben. Die Vorstellung scheint neu zu sein. Das Neue daran ist der Gedanke, dass meine Mutter sich auf den Moment freute, dass ich wegging. Stets habe ich betont, wie vernichtend es für Sie wäre, wenn ich Sie verließe. Aber es ist kein großer Sprung, die Umkehrung zu sehen, dass meine Mutter nicht nur keine Kinder wollte, nicht mit Kindern umgehen konnte — sie wollte mich unbedingt loswerden. Ich habe die Phantasie, dass ich Sie zu Ihrer Frau sagen höre, Sie seien froh, mich los zu sein. Warum will ich nicht gehen? Die Antwort liegt jetzt auf der Hand. Zu gehen ist der Moment der Wahrheit. Wenn ich Recht habe, dass Sie mich los werden wollen, wird es sich zeigen, wenn ich gehe. Aber ich möchte auch Kontakt halten. Sie sind eine wichtige Person für mich. Beruht das auf Gegenseitigkeit?«

Er begann die Woche mit der Bemerkung, dass alle drängenden Dinge beiseite geräumt worden seien und er sich jetzt auf seine Analyse konzentrieren könne. »Nur noch vier Wochen. Ich fühle mich taub.« Er fuhr fort, von seiner Traurigkeit und seinem Schmerz zu sprechen, und erwähnte noch einmal die Erkenntnis der letzten Woche, dass das Gehen der Moment der Wahrheit sei.

*Ich fragte, ob er es vermeide, sich damit auseinanderzusetzen, dass die Analyse seine Erwartungen nicht erfüllt habe.*

Er antwortete, er erwarte immer noch, ohne Konflikte gehen zu können. Er kam jedoch auf die »dringende« Frage zurück, nach der Therapie in Kontakt zu bleiben. »Ich frage mich, wie oft ich Sie anrufen kann und ob es etwas kostet? Ich denke schon, besonders wenn ich Sie regelmäßig anrufe. Etwa freitags abends um sechs Uhr.« Er erklärte, er habe schon immer Schwierigkeiten gehabt zu gehen und müsse nun versuchen, die alten Dinge mit dem Neuen zu verbinden. Wie konnte er zur Universität gehen und gleichzeitig den Kontakt zur Familie aufrechterhalten? »Ich brauche Regeln«, sagte er. »Ich brauche ein Modell für die Trennung. Noch nie hatte ich einen sauberen Bruch, der sich gut anfühlte.« Er merkte, dass er zornig und fordernd wurde, und sagte: »Ich muss aufpassen, dass ich dies nicht zu der Phantasie werden lasse, all die

Er ist sich noch nicht bewusst, dass er eine Phantasie zu agieren versucht. Der Freitagabend bezieht sich auf einen Traum, den er vor zwei Jahren hatte und in dem er mich trifft, als ich sein Heimatdorf besuche und er mich freitags zum Essen einlädt. Hinter der Gastfreundschaft stand die feindselige Phantasie, mein Leben zu kontrollieren.

freie Zeit und das Geld zur Verfügung zu haben und dennoch die Analyse zu behalten.«

*Ich fragte, was ihm zu »freitags abends sechs Uhr« einfalle.*

Er antwortete: »Sie zünden die Kerzen an. Es entspricht dem alten Traum – Sie in der Falle zu haben. Ja! Der Traum von meinem Heimatdorf – Sie dachten, Sie könnten mich loswerden. Nun, Sie sind mich nicht losgeworden. Ich werde es Ihnen zeigen. Ich werde Sie nach Hause zum Essen einladen. Ich werde zusammenbrechen, Sie freitags abends anrufen und Sie unter meiner Kontrolle halten, Sie von Ihrer Familie fernhalten und am Weggehen hindern.«

Der Gebrauch lebendiger Bilder und Metaphern stellt ein häufiges Merkmal der Beendigungsphase dar und zeigt die infolge der analytischen Arbeit gewachsene Kreativität. Zu Beginn der Analyse waren seine Gedanken fast konkretistisch und ohne Vorstellungskraft. Seine Worte klangen gestelzt und farblos.

Er machte eine Pause, seufzte und sagte: »Klar gehört mehr zur Trennung als Anrufe. Sie sind nur ein Punkt im ganzen Bild. Aber ich konzentriere mich so sehr darauf, dass dieser Punkt den ganzen Raum einnimmt. Was blende dabei ich aus?« Er sprach davon, dass innere Beschränkungen aufgehoben wurden, von der neuen Freiheit und den neuen Möglichkeiten. Bis jetzt fühle er noch keine Erregung – er frage sich warum. Er habe ein »unterwürfiges, demütigendes Gefühl. Die Möglichkeiten waren immer da. Die meisten Leute genießen die Freiheit. Wenn ich diesen Schritt wage, so will ich der erste sein! Es ist, als begäbe ich mich in ein anderes Land, in dem all meine Tricks nicht funktionieren. Ich muss der erste sein, der König, aber in diesem neuen Land scheint meine

Im 3. Kapitel wurden die vielen Widerstände gegen den Verzicht auf das Allmachtssystem und gegen das Leben in einer Welt der realistischen, kompetenten Interaktionen beschrieben. Herr M. beschreibt die Demütigung und Hilflosigkeit, die er nach einem solchen Schritt befürchtet.

Identität einfach ausradiert. Das gleiche Bild eines Farbpunktes auf der Leinwand. Ich fühle mich als eine sehr besondere Person. Wenn ich aber die Magie aufgebe, dann fürchte ich, zu diesem vanillefarbenen Kerl zu werden, der zwischen den Millionen Farbpunkten verschwindet. Das wird klar, wenn Sie mich mit meiner Schwester vergleichen. Nehmen Sie mich ohne meine Grandiosität, und sie wird mehr Aufmerksamkeit als ich erhalten. Was mich unterscheidet, ist, dass ich der König bin, ich bin das Opfer, und ich bin zornig. Ich bin weder fesselnd noch attraktiv. Ich habe Beziehungen aufgebaut durch Verzerrung, durch Schuldzuschreibung, Tricks und Manipulation. Ich gebe ein System auf. Wie ein großer Basketballspieler, der sich auf Fußball verlegt. Ich möchte Fußball spielen, aber bitte mit Basketballregeln.«

Die Deutung ist eine Art »Säuberungsaktion«. Man beschäftigt sich mit verbleibenden Widerstandsnestern, mit dem erneutem Durcharbeiten von Konflikten, wie sie für die Endphase der analytischen Arbeit typisch sind. Wenn die Erregung weiterhin ausschließlich zum magischen System gehört, dann hat die Vorstellung, in der glanzlosen Realität zu leben, wenig Verlockendes.

*Ich erläuterte seine Bemerkung, dass er sich angesichts des Endes oder der vorhandenen Möglichkeiten nicht erregt fühle. Vielleicht gehöre die Erregung für ihn zu dem magischen System, ein Zeichen, dass das magische System aktiv sei?*

»Ja«, sagte er. »Für mich hängt die Erregung noch immer damit zusammen, dass etwas vom Himmel fällt – etwas Unerwartetes, Dramatisches.«

*Ich sagte, sein Wunsch, mit mir in Kontakt zu bleiben, könne auch der Wunsch sein, die Hoffnung lebendig zu halten und die Erregung noch erleben zu können, dass alle Wünsche erfüllt würden.*

Sein Wunsch nach Nähe ist ein Abkömmling seines sadomasochistischen Wunsches, eine Frau zu sein, die mir ergeben ist und mich auf diese Weise kontrolliert und aller Macht beraubt. Als Schulkind hatte er den Tagtraum, auf einem Fahnenmast zu sitzen; Indianerprinzessinnen tanzten um ihn herum. Die Phantasie wurde aus allen Blickwinkeln untersucht und durchgearbeitet. Der Bezug auf sie verwies auf die komplexe masochistische Phantasie mit all ihren Determinanten und Funktionen.

»Daran habe ich nie gedacht«, sagte er. »Für mich ist es ein Gefühl der Nähe und Kameradschaft. Aber es ist etwas dran an dem, was Sie sagen. Es gibt das Gefühl, dass ich nach Abbruch des Kontakts da draußen für das arbeite, was ich will. Die Aura der Möglichkeiten ist verloren. Ohne Sie bleibe ich mit dem zurück, was ich bin.«

**Woche 12**

Er begann die Woche mit einem Gespräch über »Tauschgeschäfte« – was er nach seiner Vorstellung gewinne und was er in der Tat verliere, wenn er in seinem magischen System lebe. Er sagte: »Ich war immer der Meinung, es bedürfe einer enormen Mühe, nach der Realität zu leben. Aber ich habe jetzt erkannt, dass es viel leichter ist, in der Realität zu leben, zu sehen, was ich kontrollieren kann und was nicht, mein Leben nicht damit zu verschwenden, dass ich etwas zu kontrollieren versuche, was ich nicht kontrollieren kann.« Wieder sprach er von den »Tauschgeschäften« – von den Kosten.

In der Beendigungsphase wurde allmählich deutlich, dass seine sadomasochistische Haltung sich verlagert hatte – weg von der physischen Seite (Schmerz, Spannung, Herzan-

*Ich sagte, wir kämen nun nicht umhin zu sehen, dass die Hauptkosten darin lägen, was er seiner Psyche antue, um die Phantasie aufrechtzuerhalten, dass ich ihn mit meiner*

fall, Erblindung) und hin zur emotionalen Seite (Gefangensein in starker Wut, in Neid und Angst) und zu den Ich-Funktionen (Verständnis, Erinnerung, Differenzierung, Analyse). Die Rettungsphantasie wurde realisiert, wenn ich auf seine Verwirrung reagierte, indem ich als sein Gedächtnis agierte, indem ihn daran erinnerte, was er gesagt hatte oder was wir zuvor verstanden hatten. Es ist leicht und verführerisch, in der Endphase »brillant« zu sein. Der Schlüssel zu dieser Kollusion war die Lust, die ich bei diesen »brillanten Rettungen« empfand.

Die Deutung seiner Rettungsphantasien war für Patient und Analytiker gleichermaßen effizient.

*magischen Macht retten könne. Ich fügte hinzu, dass ich im Zusammenhang mit dem Schlafproblem des Babys vor kurzer Zeit lediglich das wiederholt hätte, was er selbst mir gesagt hatte; er aber hatte meine Wort als brillante Einsichten und wundersame Lösungen erlebt.*

Er sagte: »Das sind die Kosten. Ich gebe meine Fähigkeit zu denken und Dinge zu handhaben auf. Ich lass mich von Ihnen ficken und verspotten und mache mich selbst glauben, es sei erregend. Sie taten es. Sie sind vom Himmel gefallen und haben mein Problem gelöst. Was ich tue, verblasst im Vergleich dazu.«

Dies geschah in der Mitte der Woche. Von diesem Punkt an gab es eine Phase harter Arbeit in den Sitzungen und effektiver Handlungen außerhalb der Sitzungen. Ich hatte es vorher nicht geplant, jedoch schien es richtig, für den Rest der Woche und sogar bis zum Ende der Analyse, das noch drei Wochen entfernt war, still zu bleiben.

**Woche 13**

Er hatte an die Phantasie von der »Fahnenstange« gedacht und daran, dass hinter dem bewussten Tagtraum eine geheime Phantasie steckte, Geschlechtsverkehr zu haben, ohne erwachsen zu werden. »Was ist meine geheime Phantasie über Sie?«, fragte er sich. »Das Ziel der Analyse war es, Sie zu werden. Aber jetzt gibt es einen Schimmer des Gefühls, dass ich hier gehen kann und von Ihnen gelernt habe, aber trotzdem ›ich selbst‹ werde. Es besteht die Hoffnung, dass ich hier gehen kann und mich an Sie als menschlich erinnere und nicht als Mann von übermenschlicher Größe, dass ich nicht Sie werden will und dennoch nicht dass Gefühl habe, dass ich Sie ablehne. Ich brauche nicht Sie zu sein. Ich kann Dinge inkorporieren, aber ich bin nicht Sie. Ich möchte nicht Sie sein.« Er seufzte und sagte nach einigen Momenten des Schweigens traurig: »Aber dann muss ich dem Gehen ins Auge sehen, dem Ende.

Im allmächtigen magischen System verliert man andere Menschen nie und muss nie Trauer erleben.

Ich kann die Trauer bereits spüren, die sich breit macht. Ich kann mir das Ende vorstellen. Ich dachte gestern Abend daran und fühlte, dass ich Sie und das, was ich hier hatte, wirklich von Herzen vermissen werde.«

Ein Versuch, den Trauervorgang abzubrechen und sich zurück ins Allmachtssystem zu begeben. Schmerz, Entbehrung und gerechtfertigter Zorn öffnen die Türen in die Welt der phantasierten feindseligen Beherrschung anderer.

Eines der Zeichen für »einen Weg progressiver Entwicklung«. Der regressive Sog des allmächtigen Systems ist schwächer, der progressive Sog des realistischen Kompetenzsystems stärker geworden. Nach diesem Zeichen sucht man vor Erwägung der Beendigung (vgl. dazu 12. Kap.).

Darauf folgte der Versuch, uns beide davon zu überzeugen, dass er ohne mich nicht sein könne. »Was ich hier bekomme«, sagte er, »ist Bestätigung. Ich finde das so wichtig.« Er war drauf und dran, sich über das mangelnde »Feedback« meinerseits zu beschweren. Er sagte: »Sie haben schon über eine Woche nichts mehr gesagt. Es ist weniger schwer. Das wollte ich gar nicht sagen. Warum der Versprecher? Ich wollte sagen, es ist schwerer, wenn Sie nicht zusammenfassen, bestätigen. Aber ich übertreibe es und messe Ihren Kommentaren eine zu große Bedeutung bei.« Seine Miene hellte sich auf, und er sagte mit fester Stimme: »Es ist doch aufregend, zum Ende zu kommen, gefordert zu werden und sich der Situation gewachsen zu zeigen. Ich kann es fühlen. Es ist eine aufregende Vorstellung, ich sei es wert, mit den Problemen des Lebens umzugehen. Ich weiß jetzt, wenn sich etwas richtig anfühlt. Es wäre großartig, die Bestätigung in mir selbst zu finden.« Er sagte, er erkenne, dass ich es ihm nun ermöglichte, zu seinen eigenen Gefühlen über die Beendigung zu finden. »Ich bin es, der geht«, sagte er. »Es betrifft uns nicht gleichermaßen. Sie bleiben der Analytiker, ich werde jemand, der sich künftig selbst analysiert. Ich werde mir am letzten Tag frei nehmen, den Tag besonders gestalten. Deshalb brauchen Sie das nicht zu tun.« Stille. Dann sagte er in einem unterwürfigen Ton: »Aber ich möchte auf Sie warten. Ich möchte, dass Sie mit mir kommen. Wenn Sie es nicht tun, werde ich denken, mein Abschied sei nicht wichtig. Es erinnert mich an meinen ersten Traum. Ich mache das Rennen, bin weit, weit vorn. Ich halte an. Ich bin zu weit gelaufen. Ich muss auf die anderen warten, damit sie aufholen. Wir haben schon oft über diesen Traum gesprochen, aber ich muss diesen Wunsch anerkennen. Es ist ein künstlicher Wunsch. Ich brauche Sie nicht, damit Sie die Bedeutung des letzten Tages bestätigen. Ich fühle, ganz ehrlich, dass es da etwas in mir gibt, von früher, das von innen heraus weiß, was richtig ist. Ich kann mich an eine Episode aus der Kindergartenzeit erinnern, als wir etwas zeigen und erzählen sollten. Alle Kinder brachten Spielsachen und Puppen mit, die sie vorzeigten. Ich stellte mich nur hin und erklärte allen, was ich nach der Schule tun wollte. Ich hatte keine Angst, vor allen zu sprechen und zu sagen, was ich wollte. Irgendwie haben sich Ihre Gefühle, die Gefühle meiner Eltern, darüber gelegt. Meine Gefühle müssen verdeckt worden sein.

Auf der Basis seines Materials rekonstruiert und später bestätigt. Dies geschah jedoch im Alter von zwei Jahren. Er nimmt Bezug auf die von Freud (1918b) beschriebene »Nachträglichkeit« bzw. das Trauma der Latenz von Greenacre (1950).

Ein anderes Beispiel, über das wir geredet haben. Ein Kind wird tot geboren. Alle sind traurig, und ich bin glücklich. Ich bin es, der geht, es ist etwas Besonderes für mich.« Wieder geriet er ins Stottern, nuschelte vor sich hin und verlor den roten Faden. Dann sprach er darüber, dass er sich nicht länger völlig verausgaben [to beat up – zusammenschlagen] müsse, wie er es zuvor getan habe. Ich fühlte den Impuls zu sprechen und seine Hinweise zu bestätigen, dass das Schlagen die masochistische Phantasie darstelle und er durch Schmerz das Objekt behalten könne. Aber ich blieb still, und er rettete sich selbst. Er sagte: »Ich bekomme allmählich wieder ein gutes Gefühl«. Dann erinnerte er sich noch einmal an die Episode aus dem Kindergarten.

Die Beendigung ist normalerweise eine Zeit der Rückschau.

Später sprach er davon, dass dies das letzte Wochenende sei, und beschäftigte sich noch einmal mit der Bedeutung, die die Wochenenden und Ferien in der Analyse gehabt hatten.

Ich ermutige die Patienten dazu. Das erste von ihnen gewählte Datum ermöglicht es ihnen häufig, die Bedeutung des Endes zu leugnen. Zunächst hatte er einen Freitag gewählt, der zugleich der Geburtstag seiner Mutter war.

Es war die letzte Woche – eine kurze Woche, da er vor drei Monaten entschieden hatte, die Analyse an einem Mittwoch zu beenden, so dass das Ende für sich allein stand und nicht einfach wie ein normales Wochenende war.

Er begann die Woche mit einem Gespräch über ein Fernsehinterview mit der achtzigjährigen Mutter einer sechzigjährigen Berühmtheit aus dem Sportbereich. Die Mutter sagte, sie habe Angst, ihr Sohn werde sich erkälten. Er machte sich Gedanken über sich selbst und sein Kind, über seine Eltern und mich. Er sagte: »Wenn mein Baby vierzig ist, werde ich in der Lage sein, ihn gehen zu lassen; ich weiß, dass er für sich sorgen kann und dass ich für mich sorgen kann.

Der Gedanke an den Tod der Eltern löste bisher intensive Panik aus.

Ich werde traurig sein, wenn meine Eltern sterben, aber ich kann für mich selbst sorgen. Als Vater kann ich loslassen und habe einen Punkt erreicht, an dem ich mir selbst erlauben kann zu gehen. Also lasse ich Sie los, und Sie können mich loslassen.

Am Ende gibt man nicht nur das Objekt auf, sondern, wichtiger noch, die Vorstellung vom Selbst als dem allmächtigen Beherrscher der Objekte (siehe auch 12. Kap.).

Es ist ein Loslassen der Beziehung, aber auch ein Loslassen der Hoffnung, dass am Vorabend der letzten Sitzung etwas Magisches passieren wird. Ich weiß es – mache mir nicht vor, es gäbe Erregung und Freiheit. Aber etwas nagt noch an mir. Die Vorstellung des Respekts. Es ist respektvoller zu fühlen, dass es etwas Bedeutenderes gibt, als jeden Tag aufzuwachen und zu sagen ›das ist mein Tag‹; etwas Wichtigeres als meine Bedürfnisse. Man muss UNS betrachten, wir werden es zusammen tun – und das ist mein Fehler. Sie loszulassen, heißt auch die Phantasie loszulassen, dass ich nicht für mich verantwortlich bin, sondern für die Welt, wie ich sie betrachte: Sie, meine Schwester, meine Frau und mein Baby. Ich stehe kurz davor, ein Leben zu haben, das mein eigenes Leben ist. Ich weiß nicht, seit wie vielen Jahren ich es schon gesagt habe, aber ich weiß, ich kann darauf hinarbeiten, auch wenn ich noch nicht angelangt bin. Ich bin aufgeregt, aber ich möchte sagen: ›Verzeihen Sie mir, dass ich mich über all das Erreichte freue, verzeihen Sie mir, dass ich Ihnen gegenüber weniger aufmerksam bin, als ich es sein sollte.‹ Wieder die Vorstellung der letzten Woche – es ist meine Analyse, und auch die Beendigung ist die meine. Was immer Sie auch für Gefühle haben mögen – sie sind anders als meine Gefühle. Ich kann betrübt sein oder aufgeregt oder beides gleichzeitig. Diese Art der Erregung und der Freiheit taucht auf, wird jedoch von schwerfälligen, verzerrten, genuschelten Überlegungen verdeckt, dass es ein höheres Ziel gebe, nämlich etwas für UNS zu tun. Diese plumpen Argumente besitzen viel Kraft. Ich möchte, dass sie Kraft haben. All das Realitätszeug ist nicht das Richtige. Ich möchte den einfachen Weg, den Königsweg gehen, der mir neuen Ärger einbringt.« Danach teilte er mir mit, er habe über ein Geschenk für mich nachgedacht; er wolle mir dafür danken, dass sich so vieles in seinem Leben verändert habe, und mich wissen lassen, dass er Dankbarkeit für meine Geduld, für mein Vertrauen in ihn, als er selbst keines besaß, sowie für meine Unterstützung und mein Urteilsvermögen empfinde. Er versuchte es und war sich auch seiner wiederholten Versuche bewusst, zu empfinden, dass er durch den Verlust meiner Person etwas verliere, das er nie selbst tun könne und das niemals durch andere zu ersetzen sei, weil es geradezu etwas Magisches war. Er bleibe mit einem Verlust zurück, dem Verlust von mir als getrennter Person, die ihm sehr wichtig gewesen sei, aber der er jetzt entwachsen wäre. »Ich bin einfach traurig«, sagte er.

Als Teil der Behandlung werden wichtige menschliche Bedürfnisse der Kommunikation, des Teilens und Verstandenwerdens freigesetzt und mit dem Analytiker erlebt. Es ist wichtig, dass die Person im Rahmen der Beendigung erkennen kann, dass diese Bedürfnisse mit anderen befriedigt werden können und sollten (Bergmann 1988, Novick 1990b).

»Ich kann die Erinnerungen und Gefühle der Errungenschaften mitnehmen, aber ich bin traurig. Sie sind ein Freund, und Sie werden nicht für mich da sein. Ich fühle mich nah und ein Teil von diesem Gefühl ist der Wunsch, bei Ihnen zu sein. Das heißt natürlich nicht, dass ich das nicht zum Teil ersetzen kann.« Er brach in Tränen aus und ging.

Am letzten Tag brachte er ein Geschenk mit, einen wunderschönen Pullover, dazu eine Karte, auf der er mir dankte, dass ich ihm geholfen hatte, seinen eigenen Weg zu finden.

Phantasien darüber, ein Geschenk zur letzten Sitzung mitzubringen, sind verbreitet (Calef und Weinshel

Ich dankte ihm, sagte jedoch nichts zur Bedeutung des Geschenks. Er

1983). Es wird selten berichtet, dass jemand wirklich ein Geschenk mitbringt, obwohl es bei der Arbeit mit Kindern nicht unüblich ist. Von meinen erwachsenen Patienten war er bisher der einzige, der es getan hat. Er kann die Erregung erleben und die Ambivalenz aushalten.

Am letzten Tag einer Analyse von mehr als zehn Jahren liegt der Patient immer noch auf der Couch, bringt immer noch seine Träume mit und nutzt seine Fähigkeiten zur Selbstanalyse. Er setzt die Analyse wirklich bis zum Ende fort. Viele Analytiker verändern am Ende die Technik, aber das Material dieses Falles stützt die Vermutung, dass es ratsam ist, wirklich bis zum letzten Ende zu analysieren.

sagte: »Es geht mir alles unheimlich nahe. In den letzten Wochen habe ich versucht, Ihnen gegenüber meine Dankbarkeit zum Ausdruck zu bringen; ich wollte verhindern, dass meine Gefühle sich aufstauten.« Er fing an zu weinen und sprach von seiner Dankbarkeit seiner Frau und seinen Eltern gegenüber für ihre Unterstützung. »Ich bin traurig, und ich bin aufgeregt«, sagte er. »Es ist ein Anfang und ein Ende.« Wieder weinte er und sagte: »Die Traurigkeit scheint zur Zeit zu überwiegen.« Er fuhr fort: »Ich liege hier und erwarte, dass die Gefühle aus mir heraussprudeln, aber es war viel Arbeit, die mich auf diesen Tag vorbereitet hat.

Letzte Nacht habe ich davon geträumt, dass einer der wichtigen Leute auf meinem Gebiet von einer Bemerkung, die ich auf einer Konferenz aus dem Stegreif gemacht hatte, beeindruckt war. Es war ein gutes Gefühl. Meine Arbeit kam mir gut vor und wurde von anderen als gut beurteilt. Genauso fühle ich mich hier. Ich fühle mich gut angesichts des Erreichten und denke, Sie fühlen sich auch gut. Aber ich werde an dieser Stelle nicht aufhören, es gibt noch viel Arbeit. Ich kenne meinen Wunsch, mich an Illusionen und Phantasien zu hängen – aber ich kenne auch das gute Gefühl über das real Erreichte und darüber, daß ich wählen kann. Die Vorstellung, dass sich irgendwie eine großartige Erkenntnis einstellen muß, ist vorbei. Es ist eine dumme Idee. Wenn wirk-

Zurück zu blicken auf die gemeinsame analytische Geschichte, geschieht im Rahmen der Beendigungsphase häufig und stellt einen Teil des Trauerprozesses dar.

Das Geschenk kann und wird vielfältige Bedeutungen haben. Der Patient setzt seine Arbeit nach Beendigung der Analyse fort. Ebenso kann auch der Analytiker weiter fragen und lernen. Das Geschenk repräsentiert etwas, was Worte allein nicht umfassen können. Ich hatte das Gefühl, damit wurde sein tiefster Wunsch und seine tiefste Angst, ein enges Verhältnis zu haben und doch getrennt zu sein, agiert. Der Pullover hatte meine Größe, meine Farbe, meinen Stil – nicht den seinen.

Dies verweist wiederum auf die Bedeutung der Entidealisierung und Desillusionierung, bevor das Bündnis zu einer Funktion der Selbstanalyse transformiert werden kann.

lich eine große Einsicht käme, hieße das, ich wäre noch nicht bereit zu gehen.«

Er erinnerte sich daraufhin an unser erstes Treffen und an die vielen Ereignisse des Lebens, die er mit mir geteilt hatte. Wieder fragte er sich, ob man in Kontakt bleibe, insbesondere um mich von besonderen Ereignissen in der Zukunft in Kenntnis zu setzen.

Dann sprach er über das Geschenk, über die Tatsache, dass es nicht nötig war und eigentlich einen »Tropfen auf den heißen Stein« darstellte im Vergleich zu dem Geld, das er über all die Jahre bezahlt hatte. Er erkannte, dass es viele Beweggründe gab, einige davon auch magischer Art, aber: »Es hat Spaß gemacht, nach dem Pullover zu suchen. Sie wissen, ich hasse Einkaufen, aber ich wollte es wirklich tun, ich war mit ganzem Herzen dabei. Ich bin jetzt traurig, aber es ist eine warme Traurigkeit.« Wieder sprach er von der freudigen Erwartung der nächsten Phase seines Lebens und sagte dann: »Eines der Dinge, über die ich nachgedacht habe, ist, wie sehr ich mich damit gequält habe, dass ich die Analyse allein nicht so gut wie mit Ihnen zusammen machen kann.

Aber Analyse ist Arbeit! Es ist nicht leicht. Sie sind begabt und ausgebildet, so dass Sie die Veränderungen bewirken und die Stichworte geben konnten, die wichtig sind. Es war eine große Erleichterung zu erkennen, dass ich kein Versager war, weil ich Ihre Fähigkeiten brauchte. Nun sind dies Fähigkeiten, die ich mitnehmen kann.« Er richtete seine Gedanken dann auf die analytische Arbeit, die er allein nach Beendigung fortsetzen wollte.

Einige Dinge können nicht vor der Beendigungsphase durchgearbeitet werden. Viele Dinge können vielleicht aber auch erst durchgearbeitet werden, wenn die Analyse vorbei ist. Er kann die Realität und die Grenzen der Psychoanalyse jetzt akzeptieren.

»Ich denke, in den nächsten Tagen und Wochen werde ich besser verstehen, was es heißt zu gehen. Es wird mir sicher möglich sein, mein eigenes Leben im Griff zu haben, wenn ich weg von hier bin. Wenn ich hier bin, versuche ich immer Kompromisse zu machen. Von hier weg zu gehen, ist der Moment der Wahrheit. Man geht auf die Universität – nur bin ich diesmal vorbereitet und werde die Vorteile des Alleinseins nutzen. Ich werde Verantwortung übernehmen, etwas, was ich nicht tun kann, solange ich hier bin. Das ganze Reden und das Durcharbeiten der Dinge werden nicht helfen, wenn ich auf Wunder warte.«

Hier wieder die Bedeutung, jemand anderen zu finden, der die paraverbalen Aspekte der analytischen Situation, die Sicherheit, das Halten, das Containen, das Teilen, die Unterstützung, das Reflektieren zur Verfügung stellen kann.

Er sprach wieder darüber, seine tiefsten Momente geteilt zu haben, wie sehr er auf meine Gegenwart baute, und sagte dann: »Ich habe noch nicht über eine andere Quelle der Unterstützung für mich nachgedacht. Meine Frau ist die Person, mit der ich nun Dinge teilen kann. Aber ich war hier so eingebunden, dass ich die Dinge habe schleifen lassen. Ich möchte jemanden zum Anlehnen. Ich denke an Freunde, bei denen das

Potential für eine warme, bedeutungsvolle Beziehung vorhanden ist. Es wird viel Arbeit brauchen, jedoch wird sie es wert sein.«

»Ich habe eine Bitte«, sagte er. »Sie müssen nicht antworten. – Wenn Sie wegziehen, würde ich es gerne wissen. Ich wüsste gerne, wie ich mit Ihnen Verbindung aufnehmen kann. Es ist leichter, an dem hier Erreichten festzuhalten, wenn ich weiß, dass ich Sie kontaktieren könnte. Vielleicht werde ich an einen Punkt kommen, an dem ich das nicht mehr brauche, aber ich denke, ich brauche es jetzt.« Es war gegen Ende der Stunde, er seufzte und sagte: »Es ist, als ob man sich von einem sterbenden Großelternteil verabschiedet. Es ist wie ein Tod. Diese Beziehung wird es nicht mehr geben. Mir bleiben nur die Erinnerungen.«

Erna Furman (1982) zitiert Anna Freud mit den Worten »Die Aufgabe einer Mutter ist es, da zu sein, um verlassen zu werden«. In ihrem wunderbaren Aufsatz betrachtet Furman die Fähigkeit der Mutter, im gesamten Verlauf der Entwicklung verlassen zu werden. Herr M. richtet unsere Aufmerksamkeit auf die Möglichkeit, dass es auch die Aufgabe des Analytikers ist, da zu sein, um verlassen zu werden.

*Ich sagte: »Es ist Zeit, zum Ende zu kommen.«*
Er stand von der Couch auf, schüttelte meine Hand und drehte sich an der Tür noch einmal zu mir um. Er lächelte, die Tränen liefen ihm über das Gesicht, und er sagte: »Danke.« Auch ich war sehr ergriffen.

Es wird in Veröffentlichungen erwähnt, dass die Beendigung als Tod erlebt werden kann (Stern 1968, Laforgue 1934). Hier scheint sie eng mit der Akzeptanz der Realität, einschließlich unserer Hilflosigkeit im Zusammenhang mit dem Tod, in Verbindung zu stehen.

# Schlussfolgerungen

Zum Thema der unendlichen Analyse wurde bisher relativ wenig geschrieben, wenngleich Freuds Fall des Wolfsmannes (1918) in diese Kategorie gehören würde. Die Schwierigkeiten mit dem Wolfsmann waren wahrscheinlich einer der Beweggründe für Freuds eher pessimistische Abhandlung »Die endliche und die unendliche Analyse» (1937). Der Veröffentlichung des Aufsatzes vor fünfzig Jahren wurde im Rahmen des Internationalen Psychoanalytischen Kongresses in Montreal im Jahre 1987 gedacht. Zahlreiche Artikel erschienen (Anzieu 1987, Berenstein 1987, Blum 1987, Burgner 1988), die einige der diesbezüglichen Probleme und Fragen aufgriffen. Zunächst ist es wichtig zu erkennen, dass viele Analytiker nur zögernd zugeben, dass sie Fälle haben, bei denen die Analyse seit über zehn Jahren andauert. Vielleicht haben sie Angst vor der Beschuldigung, eine krankhafte Abhängigkeit zu fördern. In einer Zeit, in der in großem Maße Druck aus dem beruflichen Feld sowie von Seiten Dritter ausgeübt wird, die Therapie zu verkürzen, erscheint es einigen vielleicht einem beruflichen Selbstmord gleichzukommen, offen zuzugeben, dass eine Psychoanalyse mit vier bis fünf Sitzungen pro Woche über zehn Jahre dauern kann. Es wäre eine Bestätigung der schlimmsten Ängste der meisten Leute, die einen Therapeuten suchen – es würde den Versicherungen in die Hände spielen, die Zahlungen für Psychoanalyse verweigern möchten –, und es wäre eine Bestätigung für die anti-analytisch eingestellten Professionals, die eine breite Palette an schnellen, schmerzlosen Behandlungen anbieten. 1987 veröffentlichte das New York Magazine einen Artikel mit dem Titel »Gefangene der Psychotherapie«. Auf der Titelseite war das Foto einer Frau, die mit dicken Stricken auf einer Couch festgebunden war.

Wir haben den Eindruck, dass es viele langfristige psychoanalytische Fälle gibt (die über zehn Jahre andauern); vielleicht ermutigt dieser Bericht andere, ihr Material mitzuteilen. Patienten wie Herr M. führen häufig eine vorzeitige Beendigung herbei, als Teil der sadomasochistischen Übertragung und der begleitenden negativen therapeutischen Reaktion (Asch 1976) oder negativen therapeutischen Motivation (vgl. Kapitel 12). Berichte von langfristigen Fällen sind nötig, um zwischen den vielen Einflussfaktoren zu differenzieren.

Es gibt Patienten, die gut auf die Behandlung anzusprechen scheinen, jedoch kurz nach Beendigung einen Rückfall erleiden. Der Wolfsmann war ein solcher Fall (Freud 1937). Der von Greenson (1965) verwendete Fall zur Illustration der Schwierigkeiten beim Durcharbeiten ist ein weiteres Beispiel. Vielleicht wäre ein genaueres Augenmerk auf Probleme und Kriterien der Beendigung hilfreich. Einige davon werden in Greensons Abhandlung vorgestellt sowie in der Arbeit von Cohen und Kinston (1990) und Kinston und Cohen

(1989), deren Formulierungen insbesondere relevant für die Fälle sind, die nach der Behandlung zusammenbrechen oder rückfällig werden. Es gibt offensichtlich Patienten, die nie aufhören können, bei denen jede Form der Therapie über das ganze Leben hinweg benötigt wird. Gelänge es, diejenigen, die zu dieser Kategorie gehören akkurat zu bestimmen, so könnte man vielleicht die Methode der ›kurzzeitig unterbrochenen Analyse‹, wie sie von Mahler und anderen für die Arbeit mit Kindern empfohlen wird, einsetzen (Kramer und Byerly 1978). Diese Fälle könnten dann von kürzerer Dauer sein, in Erwartung, die Analyse werde in Zukunft wieder einsetzen und dann in Abständen über viele Jahre.

Daneben gibt es eine große Zahl von Patienten, bei denen ein Stillstand einsetzt, nachdem sie schon wesentliche Fortschritte gemacht haben. Der Stillstand kann auf einem starken Widerstand des Patienten beruhen bzw. auf Problemen der Gegenübertragung und behandlungstechnischen Grenzen seitens des Therapeuten. Herr M. könnte als ein solcher Fall eingestuft werden. Im achten Jahr war er nach den meisten Kriterien bereit, die Analyse zu beenden. Er war glücklich verheiratet, plante eine Familie und hatte Erfolg im Beruf. Es gibt viele Analytiker, die eine Beendigung an diesem Punkt vorgeschlagen und ein Datum gewählt hätten (Brenner 1976). Hätte ich dies getan, so wäre die Analyse zwei Jahre zuvor beendet gewesen. Vielleicht bezeichnen viele es als einen behandlungstechnischen Fehler meinerseits, dem Patienten die Entscheidung zu überlassen, als Fehler, der unnötig die Dauer der Behandlung verlängerte. In Kapitel 13 wurde der Versuch von Herrn M., den Analytiker zur Wahl eines Datums zu bewegen, beschrieben sowie seine nachfolgenden Reaktionen auf seinen fehlgeschlagenen Versuch. Als er die Verantwortung für die Wahl eines Datums übernahm, trat seine Phantasie der Allmacht klar hervor. Unserer Ansicht nach gehört Herr M. in die Kategorie der Patienten, die eine lange Zeit benötigen, um Konflikte und Traumata zu ändern und durchzuarbeiten, insbesondere solche, die Fragen der Unabhängigkeit, Veränderung, Trennung und Beendigung betreffen. Solche Patienten benötigen Zeit, und der Analytiker muss Geduld und Vertrauen besitzen. Als Freud sich zum ersten Mal dem Problem des Durcharbeitens widmete, sagte er, das Durcharbeiten der Widerstände könne eine beschwerliche Aufgabe für den Analysanden sein und eine Geduldsprobe für den Analytiker (vgl. 1914, S. 155). Seine Empfehlungen an den Analytiker treffen auch auf Menschen wie Herrn M. zu. Der Arzt könne nichts anderes tun als zu warten und den Dingen ihren Lauf lassen, ein Lauf, der weder umgangen, noch immer beschleunigt werden könne (vgl. S. 155).

Was kann in der Beendigungsphase nach über zehn Jahren der Analyse noch getan werden? Nachdem so vieles erreicht wurde und das notwendige Ende der Analyse schließlich akzeptiert worden ist – wäre nicht eine Vermeidung einer verlängerten Agonie und ein schnelles Ende zu bevorzugen, wie es einst die Praxis war – vielleicht zur großen Sommerpause, mit einem Händeschütteln und einem Funkeln in den Auge als Hinweis dafür, das alles vorbei ist (Gardiner 1983)? Nach unserer Auffassung zeigt das Material über Herrn M. die Bedeutung der Beendigungsphase, unabhängig von der vorher verbrachten Zeit. Wenn die zeitliche Abstimmung stimmt (Novick 1988) und die Phase nicht beginnt, wenn die Ziele der Analyse erreicht worden sind, sondern wenn die progressiven Kräfte im Aufsteigen begriffen sind (Kapitel 12), dann kann die Beendigungsphase eine sehr stimulierende und fruchtbare Zeit der Arbeit, sowohl für den Analytiker als auch für den Patienten, darstellen. Herrn M. s Material zeigt, dass die Realität eines Enddatums Konflikte und Ängste wiederbelebt und intensiviert. Gleichzeitig befindet sich das Arbeitsbündnis auf dem Gipfel der Effizienz. Sowohl dem Analytiker als auch dem Patienten steht viel mehr zur Lösung von Konflikten und zum Durcharbeiten potentiell traumatischer Ereignisse zur Verfügung. Die Beendigungsphase ist eine Zeit, in der die analytischen Errungenschaften gesehen und getestet werden können. Ein weites Spektrum von Affekten kann erlebt, anerkannt und als Richtschnur für weiteres Handeln eingesetzt werden. Affekte wie Enttäuschung, Desillusionierung und Traurigkeit sind in dieser Phase besonders ausgeprägt, und die detaillierte Arbeit an der Abwehr und das Durcharbeiten dieser Affekte gestatten es dem Patienten, die Erfahrung zu ertragen und an ihr zu wachsen. Insbesondere setzt ein Trauerprozess ein, im Rahmen dessen das Arbeitsbündnis als Funktion der Selbstanalyse internalisiert werden kann – als krönende Leistung der Analyse und Hauptergebnis der geleisteten Arbeit während der Beendigungsphase der Behandlung.

## 15. Kapitel

# Sadomasochismus und therapeutisches Bündnis: Implikationen für die klinische Technik[1]

In unserer Arbeit mit schwer gestörten Kindern, Adoleszenten und Erwachsenen sowie im Zusammenhang mit unseren Säuglings- und Kleinkindbeobachtungen haben wir den Sadomasochismus, die Schlagephantasie als seinen Kern und die Externalisierung als wesentlichen Mechanismus in seiner Entwicklung und seinem Funktionieren untersucht. In der Arbeit mit dem Sadomasochismus unserer Patienten stellten wir ebenso wie andere Autoren seit Freuds Zeiten fest, dass diese Analysen aufgrund des selbstzerstörerischen Charakters der Pathologie, ihrer Verwurzelung in sämtlichen Entwicklungsphasen und der starken Gegenübertragungsreaktionen langwierig und beschwerlich sind (vgl. Freud, 1909b, 1940a; Meyers, 1988). Dies veranlasste uns, den Widerstand eingehender zu untersuchen. In einer früheren Diskussion dieser Probleme haben wir darauf hingewiesen, dass wir bei sadomasochistischen Patienten zwar Abkömmlinge aus jeder Phase finden, der Allmachtswahn aber das vergangene und gegenwärtige Funktionieren wie ein roter Faden durchzieht und Knoten von Fixierungsstellen aus der oralen, analen und phallischen Phase miteinander verbindet (siehe auch 3. Kap.).

Bis zu diesem Zeitpunkt hatten wir die klassische Sichtweise der Entwicklung der Allmacht und ihrer Rolle in Normalität und Pathologie, wie sie von Freud (1911c, 1915c, 1916–17f) und Ferenczi (1913) dargelegt worden war, mehr oder weniger akzeptiert und in unserer Arbeit angewendet. Dieser Sichtweise zufolge wird das ein Kind mit dem Gefühl der Allmacht geboren und wendet sich erst allmählich und zögernd, unter dem Einfluss des Versagens des Allmachtssystems, der Realität zu, bis es sie schließlich anerkennt. Im Laufe unserer Arbeit über den Sadomasochismus sind wir zu der Ansicht gelangt, dass der traditionellen Formulierung Schwierigkeiten inhärent sind, so dass wir die Entwicklung der Omnipotenz anders beschreiben wollen.

Unser neues Verständnis der Entwicklung des Allmachtswahns geht von einer getrennten Linie der pathologischen Entwicklung aus, die sich von der Entwicklung der normalen Quelle der Selbstachtung, die auf einer Lustökonomie durch Kompetenzerwerb in jeder Phase beruht, unterscheidet. Wir haben zwei Quellen zur Regulierung des Selbstwertgefühls – das kompetente und das omni-

[1] Vorgetragen vor der New York Freudian Society, Washington, DC, 8. Oktober 1994

potente System – beschrieben. Unserer Ansicht nach gibt es Aspekte der unterschiedlichen Entwicklungswege, die sich lebenslang verfolgen lassen und uns helfen, die Überdeterminiertheit der Pathologie an jedem Punkt der Entwicklung zu verstehen.

Dies unterscheidet sich von der Formulierung, dass die Pathologie eine Konfliktlösung repräsentiere, die mit der Regression auf einen früheren normalen Zustand einhergehe. Traditionell wurde die Pathologie entweder als eine Übertreibung normaler Züge betrachtet oder als ein Fortbestehen oder Wiederauftauchen eines normalen infantilen Verhaltens in einer späteren Phase, in der es nicht länger angemessen ist. Viele der weithin akzeptierten Begriffe und Konzepte – symbiotische Phase, kindliche Allmacht, paranoide und depressive Position, analsadistische Stufe, normaler weiblicher Masochismus, Adoleszenz als normale Phase der Störung – sind Beispiele für dieses Verständnis der Pathologie. Die Verallgemeinerung von der Pathologie auf die Normalität kann als erkenntnistheoretischer Ansatz betrachtet werden, der sich als nützlich erwiesen hat, aber wie alle Ansätze hat auch er Nachteile. Wir haben vor nicht langer Zeit gezeigt, dass solche Verallgemeinerungen in unserer Arbeit eher zu einer Last als zu einer Hilfestellung werden können (de Vito, Novick und Novick, 1994).

In diesem Kapitel untersuchen wir die Möglichkeit, dass es zwei verschiedene Entwicklungslinien, zwei unterschiedliche Lösungen des Konflikts, gibt; und wir betrachten die Implikationen dieser Überlegung für die Arbeit mit der sadomasochistischen Pathologie. Wir gehen von der Annahme aus, dass Konflikt und Konfliktlösung universell sind, die Neurose jedoch nicht. Die Neurose ist eine der pathologischen Konfliktlösungen. Das bedeutet, dass die normale Bindung zwischen Mutter und Kind nicht symbiotisch ist, die anale Stufe nicht unbedingt sadistisch ist, die ödipale Phase nicht unbedingt als traumatisch erleben werden muss, die Latenz keine Zeit der unproduktiven Verdrängung darstellt, der Masochismus pervasiv sein kann, jedoch nicht normal ist, und die normale Adoleszenz keine Zeit des emotionalen Aufruhrs im Sinne einer schweren emotionalen Störung darstellen muss. Diese Formulierungen setzen eine Linie von »gesunden« bzw. »adaptiven« Konfliktlösungen voraus, die im Laufe des Lebens erreicht werden. Die Psychoanalyse ist eine Psychologie der Konfliktlösung, und wir müssen häufig beurteilen, ob eine bestimmte Konfliktlösung pathologisch ist oder nicht. Unser Hauptkriterium für dieses Urteil beruht auf der Kenntnis des normalen Entwicklungsspektrums und ist in dem von Anna Freud formulierten analytischen Ziel der Wiederaufnahme der progressiven Entwicklung enthalten (A. Freud, 1965). Wir vertreten die Ansicht, dass die Omnipotenz im Rahmen der normalen Entwicklung keine Rolle spielt. Vielmehr signalisiert omnipotentes Funktionieren eine pathologische Konfliktlösung.

Das omnipotente und das kompetente System der Selbstregulierung können nicht als Merkmale zur Unterscheidung von Individuen dienen, das heißt, es handelt sich nicht um diagnostische Kategorien. Vielmehr beschreiben sie die mögliche Wahl der Anpassung, *die das Individuum an jedem beliebigen Punkt der Entwicklung trifft*, und gestatten eine metapsychologische oder multidimensionale Beschreibung der Komponenten in der Beziehung des Individuums mit sich und anderen. Das als die Wiederaufnahme des progressiven Entwicklungswegs formulierte Behandlungsziel bezieht sich auf die Wiederaufnahme der Entwicklungslinien Kompetenz, Lust und Selbstwertgefühl auf der Basis der Realität (siehe auch 13. Kap.). Wir haben den Schluss gezogen, dass der Sadomasochismus keine distinkte diagnostische Kategorie darstellt, sondern einen integralen Teil jeder Pathologie bildet. Die Omnipotenz stellt eine feindselige Abwehrkomponente des Sadomasochismus dar. Noch einfacher formuliert: Jede Pathologie enthält den Sadomasochismus; jeder Sadomasochismus enthält eine Allmachtsphantasie. Wir können dies mit der russischen Matrjuschka vergleichen: Die größte Puppe stellt die Psychopathologie dar, die nächstkleinere den Sadomasochismus, die nächste die Omnipotenz als Reaktion auf Hilflosigkeit und als Konfliktlösung, und die kleinste Puppe im Innern ist ein hilfloses, traumatisiertes Kind.

Viele Theoretiker haben die Allmachtsphantasien als Teil der Borderline-Persönlichkeitsstörungen beschrieben. Patienten mit einer solchen Störung wurden zum ersten Male im Jahre 1884 in der Fachzeitschrift *Alienist and Neurologist* von Hughes und Russel beschrieben. Sie bezeichneten solche Patienten allerdings als »borderland patients«, Grenzland-Patienten, ein Begriff, der klinisch sehr zutreffend ist (Hughes, 1884; Russel, 1884). Auch wir ziehen eine topographische Bezeichnung der Etikettierung einer Person vor. Wird ein Patient als »Borderline-Patient« diagnostiziert, so impliziert dies eine Unterscheidung von uns, wobei eine Rangordnung angenommen wird, an deren Spitze das normale Individuum steht, darunter der Neurotiker, unter ihm der Borderliner und ganz unten schließlich der Psychotiker. Wenn ein Individuum jedoch im Grenzland operiert, so können wir uns ihm hinzugesellen und ihm die Hand reichen, sofern wir den Mut, die Fähigkeit und den Wunsch haben, dies zu tun. Wenn wir in unserer ursprünglichen Identität sicher ruhen, können wir auch gefahrlos reisen und explorieren und versuchen, den anderen Ort mit den Augen dieses Individuums zu sehen. Der sadomasochistische, von Omnipotenz durchdrungene Aspekt der Pathologie hat seinen Sitz im Grenzland. Erfahrungen der Hilflosigkeit, das heißt traumatische Erfahrungen, die das Ich überwältigen, können jeden Menschen dazu bewegen, sich ins Grenzland zurückzuziehen und eine omnipotente Lösung zu wählen, wenn es keine alternative Möglichkeit zu geben scheint. Unsere Entscheidung, einem Patienten in seinem magischen Grenzland die Hand zu reichen, ist nur dann eine sichere Wahl, wenn wir uns auf unsere zahlreichen Bindungen an die Realität, auf die Unterstützung von Kollegen und Einrichtungen, auf unsere Ausbildung und Erfahrung verlassen können (Panel, 1987). Auch unsere Theorien geben uns viele konzeptuelle Werkzeuge und Techniken an die Hand, damit wir weiterhin in der Realität verankert bleiben, während wir uns auf fremdes Gebiet begeben. Das klinische Feld lässt sich durch verschiedene Linsen betrachten; es handelt sich um das gleiche Feld, gleichgültig, ob es durch die Linse der Übertragung, der Abwehr, der Objektbeziehungen oder – wie wir es in diesem Kapitel tun wollen – durch die Linse des therapeutischen Bündnisses betrachtet wird.

Die Unverzichtbarkeit des therapeutischen Bündnisses für die erfolgreiche Durchführung der Analyse ist eine Annahme, die im Rahmen der behandlungstechnischen Diskussionen der sechziger und siebziger Jahren betont wurde. Der Terminus wurde von Zetzel im Jahre 1956 eingeführt. Greenson (1965) schlug in einem wichtigen Beitrag den Terminus »Arbeitsbündnis« vor. Das Konzept basiert auf Freuds Vorstellungen über die positive Übertragung und den analytischen »Vertrag« (1913c, 1916–17a, 1937c, 1940a), auf Fenichels (1941) Konzept der rationalen Übertragung und auf Sterbas (1934) Ansichten über die therapeutische Ich-Spaltung zwischen den beobachtenden und erlebenden Teilen des Ichs.

Greenson verwies auf die Beiträge von Stone (1961) und Loewald (1960) und arbeitete seine eigene Sichtweise in mehreren Artikeln weiter aus (Greenson und Wexler, 1969; Greenson, 1970, 1971), in denen er die Bedeutung der »realen Beziehung« zwischen Patient und Analytiker hervorhob. Das therapeutische Bündnis stellte ein Konzept dar, das einen neuen Blick auf die psychoanalytische Technik und insbesondere auf das analytische Setting, die Elemente von Übertragung und Nicht-Übertragung in der therapeutischen Beziehung sowie die Fragen im Zusammenhang mit der Beendigung zuließ. Es warf auch Licht auf den Unterschied zwischen der kleinianischen Analyse und der klassischen Analyse. Es herrschte generelle Einigkeit, dass das Arbeitsbündnis von der Übertragung unterschieden werden sollte und dass beide gleichermaßen wichtig für die analytische Arbeit sind. Die meisten Autoren schrieben, dass das Arbeitsbündnis auf dem bewussten und rationalen Wunsch basiere, vom Leiden befreit zu werden. Greenson (1971) schrieb, der Kern des Arbeitsbündnisses sei die »reale Beziehung« zwischen Analytiker und Patient.

Von einigen Autoren wurde diese Sichtweise in Frage gestellt, insbesondere von Friedman (1969), der schrieb, das Konzept des Bündnisses diene den Bedürfnissen des Therapeuten und nicht denen des Patienten, sowie von Loewenstein (1969), der die Ansicht vertrat, dass die Bereitschaft zur Arbeit und der Wunsch nach Heilung nicht unbedingt gleichermaßen ausgeprägt seien; es gebe Patienten, die zwar zur Arbeit, jedoch nicht zur Heilung bereit seien, und andere, die zwar geheilt werden möchten, jedoch nicht arbeiten wollten. Am Beispiel einer Kinderanalyse demonstrierte J. Novick (1970), dass das Bündnis nicht stabil war, nicht nur auf rationalen Motiven basierte und sich nicht von der Übertragung unterschied. Diese Einbeziehung irrationaler Beweggründe in das Bündnis gab Anlass zu einer weiteren Studie, in der wir noch einmal mit Hilfe des Materials von Kindern und Adoleszenten die Aktivität einer negativen therapeutischen Motivation und die Bildung eines negativen therapeutischen Bündnisses illustrierten (siehe auch 12. Kap.).

Dennoch bestand das Konzept des therapeutischen Bündnisses als rationaler, nicht auf der Übertragung beruhender Beweggrund für die Veränderung bis 1979 fort, als Brenner, Curtis und Kanzer den Begriff in ihren kritischen Beiträgen scheinbar mit Erfolg für obsolet erklärten. So argumentierte Brenner (1979, das Arbeitsbündnis könne von der Übertragung nicht unterschieden werden, und deshalb sei das Konzept wertlos. Die Unterscheidung zwischen Bündnis und Übertragung, so Brenner, »ist eine scheinbare, deren Konsequenzen für die analytische Praxis, allgemein formuliert, nicht wünschenswert sind« (S. 155). Diese Sichtweise wurde einige Jahre später auch von Weinshel (1984) vertreten. Er schrieb, das Konzept eines Arbeitsbündnisses könne eine potentiell schädliche und verwirrende Richtschnur sein. Die beinahe pauschale Disqualifizierung eines ehemals zentralen behandlungstechnischen Konzepts spiegelt sich in der gegenwärtigen offiziellen Verwendung wider. So wird das Konzept des Arbeitsbündnisses zweideutig und umstritten beschrieben (Moore und Fine, 1990, S. 195). In einer Ausgabe des *Psychoanalytic Quarterly* (1990), die dem psychoanalytischen Prozess gewidmet war, fand sich kein einziger Bezug auf das Konzept des therapeutischen Bündnisses oder des Arbeitsbündnisses.

Es ist ironisch, dass in einer Zeit, in der die Psychoanalytiker das Konzept des therapeutischen Bündnisses als zweideutig, unnötig oder gar schädlich verworfen haben, die Forschung in den angrenzenden Gebieten der Psychiatrie, der Beratung und der Psychotherapie zu der Erkenntnis gelangt, dass die Qualität des Arbeitsbündnisses einen entscheidenden Faktor für die Vorhersage des Ergebnisses darstelle (Frieswyk et al., 1986; Gelso und Carter, 1985).

Wenngleich viele Einwände gegen das Konzept ihre Gültigkeit behalten, sind wir der Meinung, dass eine gewisse Aufmerksamkeit für die Techniken, die notwendig sind, um ein Individuum zur Behandlung zu bewegen, um es in Behandlung zu halten, zur Arbeit zu motivieren und um ihm zu helfen, die Therapie zum angemessenen Zeitpunkt zu beenden, unverzichtbar ist. Daher halten wir das therapeutische Bündnis auch weiterhin für ein wichtiges Konzept für alle Altersgruppen. In einer Reihe von Vorträgen und Veröffentlichungen (K.K. Novick, 1991; J. Novick, 1992) richteten wir unsere Aufmerksamkeit auf eine revidierte Theorie des therapeutischen Bündnisses, die die Komplexität des Konzepts reflektiert und berücksichtigt, dass Greenson und andere auf die Realität reagierten, dass eine therapeutische Beziehung weder von Beginn an noch zu irgendeinem Zeitpunkt im Laufe der Behandlung vorausgesetzt werden kann. Was andere jedoch als Komponenten des therapeutischen Bündnisses betrachten, verstehen wir als langfristige Behandlungsziele, die zu Beginn der Analyse wahrscheinlich nur auf den Analytiker zutreffen. Patienten begeben sich in Behandlung, weil sie nicht in der Lage sind, ihre Fähigkeiten, mit anderen zusammen zu sein und zu arbeiten, zu nutzen. Je stärker ihre Fähigkeiten beeinträchtigt sind, desto wichtiger wird die Fokussierung des therapeutischen Bündnisses in dem von uns neu formulierten Sinn als dynamische, integrierte und fluktuierende Komponente des gesamten therapeutischen Prozesses.

In unserem Beitrag »The Therapeutic Alliance: A Concept Revisited« schrieben wir, das Bündnis sei nicht getrennt von der Übertragung zu sehen, sondern sei »ein Objektiv, das bestimmte Merkmale des therapeutischen Feldes beleuchtet [...] [das Bündnis] ist weder irrelevant noch nicht wünschenswert, sondern erleichtert es, zentrale therapeutische Aufgaben in jeder Behandlungsphase zu skizzieren« (J. Novick, 1992, S. 97). Ebenso wie Hanly (1994) betrachten wir das Bündnis als notwendiges, wenn auch nicht ausreichendes Agens der therapeutischen Veränderung. Unsere gegenwärtige Auffassung ist folgendermaßen zusammenzufassen:

1. Das therapeutische Bündnis ist nicht getrennt von anderen behandlungstechnischen Perspektiven wie Übertragung, Widerstand, Abwehranalyse usw. zu sehen.
2. Alle Patienten besitzen die *Fähigkeiten*, die für ein therapeutisches Bündnis notwendig sind. Individuelle Unterschiede liegen im Bereich der Motivation. Unsere Erfahrung mit schwer gestörten Patienten aller Altersstufen hat gezeigt, dass sie ein Bündnis aufbauen und aufrechterhalten können, wenn dies zu einem integralen Bestandteil der therapeutischen Arbeit gemacht wird.
3. Die verschiedenen Motive für das Bündnis können rational oder irrational sein, bewusst oder unbewusst.
4. Das therapeutische Bündnis ist nicht stabil, sondern verändert sich in den verschiedenen Behandlungsphasen und – mikroskopisch betrachtet – mit jedem Auftauchen eines Konflikts und seiner Objekt-, Trieb- und Affektkomponenten. Die Schwankungen des Bündnisses ermöglichen es dem Therapeuten, den Konflikt, die Abwehr, die Angst und die Übertragung zu sehen, zu teilen und zu deuten. Dies geschieht auf eine Art und Weise, die

der Patient – selbst wenn es sich um ein kleines Kind handelt – verstehen kann. Die Schwankungen des Bündnisses können als Barometer für Konflikt, Widerstand und Veränderung dienen.

5. Beim therapeutischen Bündnis handelt es sich um ein relationales Konzept, das als solches den Input aller Beteiligter voraussetzt. Dies sind normalerweise der Patient, der Therapeut und die Eltern oder signifikante Andere, die alle komplementäre, phasenangemessene Aufgaben im therapeutischen Bündnis wahrnehmen. Die Bündnisaufgaben einer jeden Behandlungsphase bleiben in allen nachfolgenden Phasen bestehen, aber die primäre Aufgabe, die in der jeweiligen Phase betont wird, bezieht sich auf den Fortschritt der therapeutischen Arbeit und dient als sein Maßstab.
6. Das Konzept des therapeutischen Bündnisses kann zur Überbrückung der Lücke zwischen dem Wissen des Therapeuten und dem Erleben des Patienten dienen, indem es eine verständliche gemeinsame Formulierung von Zielen sowie von Mitteln und Wegen ermöglicht, um den Fortschritt hin zu diesen Zielen zu messen.
7. Wir halten es für nützlich, zwischen zwei fundamentalen therapeutischen Modi zu unterscheiden, nämlich dem Modus der aktiven Intervention und dem Modus der Rezeptivität. Die Rezeptivität des Therapeuten bleibt über die Behandlung hinweg bestehen, um eine Verbindung zu den unbewussten Wünschen und Gefühlen des Patienten herzustellen. Dieses Wissen sollte in die Deutungen eingehen, wenn der Analytiker den Patienten aktiv in die mit dem therapeutischen Bündnis zusammenhängenden Fragen einbezogen hat.
8. Aus all dem folgt, dass die Initiative zur Herstellung eines therapeutischen Bündnisses vom Therapeuten und nicht vom Patienten ausgeht.

Die Konsequenz dieses Ansatzes besteht darin, die Probleme nicht außerhalb des Settings zu belassen, sondern sie hinein zu nehmen. Größer noch als die Gefahr einer vorzeitigen Beendigung ist unserer Ansicht nach die Gefahr, dass sich der Patient einem autoritären System unbegründeter Aussagen und Deutungen unterwirft, die das Gewicht einer irrationalen Autorität besitzen, statt auf geteiltem Evidenzerleben zu beruhen. Bei der Arbeit mit Patienten, deren Beziehungsmodus in dem Versuch besteht, den Analytiker in eine sadomasochistische Interaktion zu verwickeln, ist es besonders wichtig, die gemeinsame Aufmerksamkeit auf Verschiebungen einer Grundlinie der zuvor vereinbarten phasenspezifischen Aufgaben des therapeutischen Bündnisses zu richten, die als Barometer für dynamische Aspekte dienen. Die Fokussierung des therapeutischen Bündnisses gestattet es uns, einen Bereich zu schaffen, in dem stichhaltige Deutungen gegeben, gehört und genutzt werden können. Nachfolgend wollen wir klinisches Material durch die Linse des therapeutischen Bündnisses betrachten, um die Nützlichkeit dieses Ansatzes bei der Beleuchtung sadomasochistischer Elemente in der Interaktion einer jeden Behandlungsphase zu illustrieren. Die Berücksichtigung der für das therapeutische Bündnis spezifischen Aspekte in der Beziehung ermöglicht es dem Patienten und dem Analytiker, gemeinsam die sadomasochistische Pathologie zu bearbeiten, die häufig den mächtigsten Widerstand gegen den analytischen Fortschritt darstellt.

## Evaluation

Zweck einer Evaluation ist es einzuschätzen, ob ein Patient von einer Therapie profitieren kann. Diese Entscheidung wird de facto jedoch häufig von dem überweisenden Kollegen oder dem Patienten selbst vorgenommen, und der Erstkontakt geht ohne explizite diagnostische Einschätzung, ohne gemeinsame Entscheidung, ohne ein Arbeitsabkommen von Patient und Therapeut über Ziele und Methoden rasch in eine Therapie über. Spezifische Aufgabe des therapeutischen Bündnisses in der Evaluationsphase ist die Initiierung von mehreren *Transformationen*. Transformation ist eine Entwicklungsaufgabe, die sich an jedem Übergang stellt, sei es von einer Phase der Behandlung zur nächsten oder aber von einer Entwicklungsstufe zur nächsten. Transformationen sind in jeder Übergangssituation während der Analyse eine Aufgabe des Arbeitsbündnisses, aber in der Evaluationsphase werden Übergänge zwischen verschiedenen Seinsweisen unter Umständen besonders intensiv erlebt, so dass Hindernisse und Konflikte besonders sichtbar zutage treten.

Der Patient kommt in einem Zustand der Bedürftigkeit, auf der Suche nach einer Autoritätsfigur, die sein Leid lindert. Dem kann die Übertragung auf eine mächtige, allwissende Elternfigur zugrunde liegen. Dann entsteht ein Konflikt zwischen dem Wunsch nach und der Angst vor abhängiger Unterwerfung, und sofort existiert ein Ungleichgewicht in der Machtbeziehung, das zum Teil real und notwendig ist, zum Teil aber auch die Übertragung seitens des Patienten darstellt. Der Patient benötigt tatsächlich eine kompetente Person, die weiß, ihm geholfen werden kann; aber es ist möglich, dass sich beide Beteiligte über die Unterschiede zwischen autoritärer Kompetenz und autoritärer Dominanz nicht im Klaren sind. Der Analytiker kann eine Kollusion mit der Wunschphantasie des Patienten eingehen und intrusive Interventionen formulieren, denen eine gemeinsame Datenbasis fehlt. Dies erzeugt von Anfang an eine Situation der therapeutischen Unterwürfigkeit. Oder aber Sie tun ihr Bestes, um diese Gefahr zu vermeiden, und verhalten sich derart zögerlich und passiv, dass der Patient kein Gefühl der Sicherheit bekommt.

Die Evaluationsphase ist für Patient und Analytiker eine Zeit der Angst, und beide laufen Gefahr, eine omnipotente Abwehr zu aktivieren. Unserer Auffassung nach kann der konzeptuelle Rahmen der Aufgaben des therapeutischen Bündnisses in dieser Phase dazu beitragen, dem Druck der Übertragung zu widerstehen, die zu Beginn noch nicht vollständig bekannt ist und noch nicht verstanden wird, aber vom ersten Kontakt an zum Tragen kommt.

*Herr G., dessen Material auszugsweise im 4. Kapitel vorgestellt wurde, war ein verheirateter Mann mit zwei Kindern, der erfolgreich im Beruf war. Er rief an und fragte, ob die Analytikerin einen freien Platz habe. Die Analytikerin sagte, sie habe Zeit für eine Sitzung, um Herrn G.'s Situation zu besprechen, so dass sie zu einem vorläufigen gemeinsamen Verständnis über seine Probleme gelangen könnten sowie über die beste Abhilfe. Herr G. schien ein wenig verblüfft und sagte, er sei sicher, dass er eine Therapie benötige, wahrscheinlich zweimal wöchentlich. Er wollte jedoch kommen und die Fragen untersuchen. Er begann das Erstgespräch mit der Aussage, er habe eine Reihe von Namen erhalten und vergleiche nun. Er wollte die theoretische Orientierung der Analytikerin erfahren und etwas darüber, wie sie mit verpassten Sitzungen umging, da er häufig auf Reisen war.*

Eine solche Situation übt einen starken Druck auf den Analytiker aus, bei dem Therapeutenvergleich des Patienten am Besten abzuschneiden; so läuft er Gefahr, seinem üblichen Vorgehen oder Stil untreu zu werden. Möglich ist auch, dass er sich dem Behandlungsplan des Patienten entweder rasch fügt oder sofort versucht, ihm den eigenen aufzudrängen. Dies birgt jedoch weitere Gefahren. In diesem Falle orientierte sich die Analytikerin an den Transformationsaufgaben als realistischer Richtschnur und konnte sagen, dass sie erst dann beurteilen könne, ob sie in der Lage sei, dem Patienten sinnvolle Hilfe anzubieten, wenn sie seine Geschichte gehört habe.

*Herr G. begann, über seine Beziehung zu seiner Frau zu sprechen. Er wollte sich in Behandlung begeben, nachdem sie gedroht hatte, ihn zu verlassen, weil er mit Geschirr nach ihr geworfen hatte. Er präsentierte eine ganze Liste missbräuchlicher Verhaltensweisen, die er herausfordernd beschrieb und mit einer kaum verhohlenen Aufforderung an die Analytikerin, ihn dafür zu tadeln. Als diese sagte, dass Herr G., ungeachtet der Tatsache, wie schwer er es seiner Frau machte, die Beziehung sehr zu schätzen scheine, begann Herr G. zu weinen und sagte, er denke, dass er ohne seine Frau nicht leben könne und dass er die Behandlung brauche, um sie zu halten. Herr G. und die Analytikerin waren bei einer Beschreibung des inneren Konfliktes von Herrn G. angelangt – auf der einen Seite sein Wunsch, seine Frau zu beherrschen, auf der anderen seine Angst, sie zu verlieren. Als ihre gemeinsame Fähigkeit, ein äußeres Problem in ein inneres zu transformieren, deutlich wurde, sprachen sie noch einmal über eine mögliche Behandlung. Herr G. stritt mit der Analytikerin über alles, was diese vorschlug – Tage, Uhrzeiten, wer wo saß usw. Der Analytikerin fiel dies auf, und sie fragte: »Macht das Streiten ein großen Teil Ihres Lebens aus?« Herr G. legte die Streitigkeiten aus seinem Berufsleben dar, Auseinandersetzungen mit Freunden, ständiges Gezänk mit seiner Frau, Kämpfe mit seinen Kindern. Dann sagte er: »Ich denke, ich könnte mehr als zwei Wochenstunden gebrauchen.« Die Analytikerin stimmte zu, und sie begannen mit einer Analyse.*

## Die Anfangsphase

Verständlicherweise zögern Analytiker, ihre Patienten zu kategorisieren oder Behandlungsphasen zu schematisieren. Jeder Patient stellt eine einzigartige Beziehung zu seinem Analytiker her, der sich wiederum mit dem Patienten verändert und durch ihn verändert wird. Auch der Verlauf jeder Analyse ist einzigartig und unvorhersehbar und wird vielleicht durch die Chaostheorie besser erfasst als durch zweidimensionale lineare Regressionskoeffizienten. Gleichzeitig wurde seit Freuds (1895d) früher Unterscheidung zwischen passiven und aktiven Verführungen und seinen Ratschlägen zur Einleitung der Analyse der heuristische Wert der Kategorisierung akzeptiert. Freud erörterte die Anfangsphase der Analyse und beschrieb eine mittlere und eine Endphase, während Glover (1955) die Dreiteilung der Analyse in Anfangs-, Mittel- und Beendigungsphase explizit ausarbeitete. Wenn man im Auge behält, dass sich die Phasen der Behandlung weder gegenseitig ausschließen noch automatisch aufeinander folgende Kontrollpunkte darstellen, kann sich das Schema als nützlich zur Hervorhebung gewisser Aufgaben, Widerstände und Techniken erweisen.

Zu Beginn der Behandlung funktioniert jeder Patient auf individuelle Art und Weise; einige kämpfen mit dem Anfang, aus anderen sprudelt das Material nur so heraus. In jedem Fall aber besitzt der Analytiker eigentlich noch nicht genügend sichere Kenntnisse, um Deutungen vorzunehmen. Seine unzureichende Information stellt ein Hindernis dar, das im Laufe der Zeit beseitigt wird. Ein weiteres, bedeutsameres Hindernis liegt im Widerstand des Patienten, sich auf den Prozess einzulassen. Unserer Ansicht nach beleuchtet die Darstellung der jeweiligen Aufgabe des therapeutischen Bündnisses Widerstände, die wiederum eine Definition der Konfliktbedingungen erlauben. Sobald man einen bestimmten Konflikt wahrgenommen hat, können die in ihm wirksamen progressiven und regressiven Kräfte identifiziert werden. Damit entsteht eine Schleife bzw. ein Zyklus, innerhalb dessen die Konzentration auf das therapeutische Bündnis es ermöglicht, die analytische Arbeit auf die innere Welt Patienten und auf die Therapie zu fokussieren. Das Agieren, zum Beispiel durch Selbstverstümmelung, Selbstmordversuche, gefährliches Verhalten, Drogen- und Alkoholmissbrauch usw., kann in den Kontext der Behandlungsbeziehung eingebracht werden.

In der Anfangsphase der Behandlung besteht die Aufgabe des Patienten im therapeutischen Bündnis darin, mit dem Analytiker zusammen zu sein; der Analytiker wiederum versucht, sich in den Patienten einzufühlen. Er interveniert aktiv, wenn beim Patienten, im Umfeld und in ihm selbst Hindernisse gegen das Zusammensein auftauchen. Die Aufgaben des *Zusammenseins* und des *Mitempfindens* bleiben über die gesamte Behandlung hinweg bestehen, nehmen jedoch eine herausragende Stellung in der Anfangsphase ein. Das Modell für diese Abstimmung und ihre Schwankungen ist die Mutter-Kind-Beziehung im Säuglings- und Kleinkindalter. Unterbrechungen und Abweichungen im *Zusammensein* sind die ersten Indikatoren eines Widerstandes gegen das Sich-Einlassen auf den therapeutischen Prozess und lenken unsere Aufmerksamkeit auf die Bedingungen, unter denen der Patient mit dem Analytiker zusammen sein kann.

Noch bevor die gesamte Vorgeschichte oder Dynamik der pathologischen Beziehung bekannt ist, können wir den Patienten für seine Gefühle über das *Zusammensein* interessieren, für das, was er tut, um sich im Zusammensein wohl zu fühlen, und uns dann gemeinsam fragen, was er im Dienste des Erhalts einer sadomasochistischen Interaktion aufgibt.

*Der Fokus wurde zu Beginn der Analyse von Herrn G. auf seine lebenslängliche Neigung, Auseinandersetzungen zu provozieren, und auf sein Gefühl für den selbstzerstörerischen Charakter dieses Musters gerichtet. Er sprach zunächst über seine Kämpfe am Arbeitsplatz und über seinen Wunsch, mit der Analytikerin zu streiten, insbesondere über den Ferienplan. Er erinnerte sich an seine Herkunftsfamilie, in der die Männer »sadistische Tyrannen« waren, die die Frauen beherrschten und brutal behandelten. Während seine Geschichte sich entfaltete und in der Übertragung wieder erlebt wurde, sah er deutlich den Zusammenhang zwischen seinem Gefühl der hilflosen Angst und seiner Reaktion der Identifizierung mit seinem schreienden, verbal ausfallenden Vater. Wurde er zornig, so fühlte er eine Anwandlung von Erregung, ein Gefühl von Macht und Unzerstörbarkeit. Herr G. lieferte viele Beispiele für sein rücksichtsloses Handeln im Zustand der Wut und machte deutlich, dass er seine zahlreichen Leistungen allesamt auf die mangelnde Hemmung seines wütenden, tyrannisierenden Verhaltens zurückführte. Er war der Ansicht, seine Stimme sei überwältigend mächtig, und er könne alles, was er wolle, durch Schreien erreichen.*

*Die Analytikerin spürte die guten Gefühle von Herrn G. in den Sitzungen auf, merkte, dass es ihm Freude bereitete, zu kommen und seinen Geist anzustrengen, und dass er sich gut fühlte, wenn die Analytikerin die normalen Bedürfnisse seines Ichs nach Zuhören, Verständnis und Respekt befriedigte. Herrn G. fielen frühe Erinnerungen an seine Großmutter ein, die ihn geliebt und ihn als wertvolles Individuum behandelt hatte. Durch diese Übertragung fand er einen liebevollen, freudigen Aspekt seiner selbst wieder, der die andere Seite des Konflikts mit einem allmächtigen, magischen, zerstörerischen Selbst verkörperte. Die omnipotente Abwehr verlieh ihm das Gefühl von Sicherheit und Macht; seine Liebe machte ihn verwundbar und ließ besonders das Verlassenwerden als große Gefahr erscheinen. Die Konzentration auf das Gefühl des Zusammenseins mit der Analytikerin ermöglichte es, dass er seinen Konflikt zwischen zwei Arten des Funktionierens umfassend erleben konnte. In seinem äußeren Leben, insbesondere am Arbeitsplatz, wo seine organisatorischen Aufgaben und Forschungsaktivitäten erkennbar erfolgreich verliefen, kam es allmählich zu einer Ausweitung der Lust durch Kompetenz.*

*Die Allmachtsphantasien, die in der provokativen Streitlust von Herrn G. agiert worden waren, beschränkten sich mittlerweile auf feindselige Interaktionen mit seiner Frau sowie – auf subtilere Art und Weise – mit seinem älteren Kind. Er erwähnte diese Kämpfe mit seiner Frau nur flüchtig, stets von Selbstrechtfertigung begleitet, und befasste sich mit den damit zusammenhängenden Problemen erst Jahre später in seiner Analyse.*

## Mittlere Phase

Die Aufgaben des therapeutischen Bündnisses bestehen im Verlaufe der Behandlung nebeneinander: An den während der Vorgespräche begonnenen Transformationen wird bis zum Ende der Analyse und darüber hinaus gearbeitet; die Erfahrung des Zusammenseins und damit zusammenhängende Bedingungen und Störungen sind jeder Phase der Arbeit immanent. Jedoch besitzt jede Behandlungsphase eine eigene Aufgabe im therapeutischen Bündnis, die im Zuge der Entfaltung des Prozesses besondere Bedeutung erlangt. Für die mittlere Behandlungsphase heißt die Aufgabe des therapeutischen Bündnisses *Zusammenarbeit*. Vom ersten telefonischen Kontakt an präsentiert der Analytiker implizit oder explizit ein Modell der *Zusammenarbeit* mit dem Patienten. Beide arbeiten daran, die beginnenden Transformationen der Evaluationsphase einzuleiten und die Bedingungen des Zusammenseins bei Behandlungsbeginn zu erörtern. Zunehmend erlangt die Zusammenarbeit eine zentrale Bedeutung, und es können Fluktuationen in der Bereitschaft des Patienten, sich auf die Arbeit einzulassen, aufgespürt werden. Wie wir in den früheren Phasen gesehen haben, beleuchtet die Fokussierung der für das therapeutische

Bündnis relevanten Aufgabe den Widerstand. Dessen Quelle wird unter Umständen auf die Aktivität von Abwehrmechanismen zurückverfolgt; im Folgenden werden wir den Beitrag der omnipotenten Abwehr zum Widerstand gegen die Zusammenarbeit in der mittleren Analysephase untersuchen.

*Herr G. erlebte die Analytikerin in der Übertragung weiterhin wie eine unterstützende, bewundernde Großmutter und benutzte die Analyse, um seine Arbeit frei von destruktiven Machtkämpfen zu halten. Seine Kämpfe beschränkten sich jetzt auf die Wochenenden mit seiner Familie, an denen er seine Frau provozierte, sie als dumm bezeichnete und sie zwang, sich körperlich und sexuell seinen Forderungen zu unterwerfen. Diese Forderungen wurden von ihm folgendermaßen rationalisiert: »Wenn Du mich wirklich liebst, dann wirst Du gern alles tun, was ich will.« Er erwähnte eine perverse sexuelle Praxis, bei der seine Frau auf sein Geheiß hin während des Geschlechtsverkehrs eine Prothese tragen und vortäuschen musste, ein Krüppel zu sein. Dies war seine zentrale sadomasochistische Phantasie: Entweder er selbst oder die Frau musste ein Krüppel sein. Dieser Wunsch schien Herrn G. nicht weiter zu stören; er wollte offenbar weder an dieser Phantasie noch an deren Umsetzung etwas ändern, sondern tat sein Bestes, um sie aus der Analyse heraus zu halten.*

*Er weitete seine intellektuellen und sozialen Aktivitäten weiter aus und machte häufig zufriedene Bemerkungen über seine zunehmende Lust an seinem psychischen Funktionieren, insbesondere in Bezug auf sein Gedächtnis. Da sein Gedächtnis in seinem Beruf sehr wichtig war, hatte er stets ein weites Spektrum an Gedächtnisstützen verwandt. Jetzt begann er, voller Stolz von seinem »messerscharfen Verstand« zu sprechen. Als Herr G. im dritten Jahr seiner Analyse zur letzten Sitzung des Monats erschien, einen Tag vor Beginn der Analyseferien, wartete die Analytikerin einige Minuten ab, bevor sie darauf hinwies, dass Herr G. ihr keinen Scheck gegeben hatte, wie es sonst üblich war. Herr G. sagte, er habe vergessen, dass es die letzte Sitzung des Monats war, und fügte mit ausdrucksloser Stimme hinzu: »Ich denke, ich muss wütend auf Sie sein, weil Sie Urlaub machen.« Er berichtete weitere Details über aktuelle Ereignisse seines Lebens. Als die Analytikerin sagte, dass Herr G. die Frage des Schecks übergangen habe, zählte der Patient pflichtbewusst alle aufgedeckten Übertragungswünsche auf, insbesondere die der Verleugnung und Zerstörung des beneideten Vaters. Herrn G.s hilflos resignierter Ton und die Gefühle der Analytikerin selbst – die von Hilflosigkeit bis hin zu Streitlust reichten – machten die Analytikerin auf die Möglichkeit aufmerksam, dass Herr G. seinen inneren Konflikt auf die Behandlungsbeziehung externalisiert hatte.*

*Das Vergessen des Schecks, die Provokation eines sadomasochistischen Kampfes und die Anführung von Material über seinen Vater — all dies wehr-*

*te Herrn G.s Erfahrung der Hilflosigkeit in Bezug auf seine Unfähigkeit ab, Kontrolle darüber auszuüben, ob seine Analytikerin/Frau/Mutter ihn verlassen würde. Die Ferien der Analytikerin waren eine Herausforderung für Herrn G.s Allmachtsphantasie der vollständigen Beherrschung. Er stellte diese Phantasie wieder her, indem er den Spieß umdrehte und aus den geliebten Objekten diejenigen machte, die abgelehnt, verlassen und gezwungen wurden, sich hilflos oder überwältigt zu fühlen. Er stellte sich eine Analytikerin vor, die sich verzweifelt an ihn klammerte, um überleben zu können und Sicherheit und Liebe zu finden.*

*Diese Abwehr war noch aktiv, als die Analytikerin aus den Ferien zurükkkam. Sie hatte in den Sitzungen Momente einer plötzlichen Schläfrigkeit, einer stark geschwächten Aufmerksamkeit. Sie spürte dem nach und erkannte, dass diese Momente mit Material in Bezug auf Trennungen einhergingen. Es ist nicht nur nützlich, die Arbeit der Ich-Funktionen des Patienten genau zu verfolgen, sondern auch die Ich-Funktionen zu überwachen, die der Analytiker für die Zusammenarbeit einsetzt. Die Analytikerin erkannte, dass sie das Gefühl hatte, fallengelassen zu werden und plötzlich ganz allein zu sein. Sie sagte dem Patienten dann etwa: »Ich habe das Gefühl, Sie sind heute nicht hier.« Herr G. reagierte mit der definitiven Antwort: »Ja. Jetzt, wo Sie es sagen, fällt mir auf, dass ich mit Ihnen rede, aber ganz woanders bin.« Dies war der Beginn einer langen, schmerzlichen Phase des Stillstands in der Analyse, die schließlich zum Wiedererleben und zur Rekonstruktion der Reaktionen seiner Mutter auf jeden seiner Erfolge führte. Herrn G.s Mutter richtete ihre Aufmerksamkeit nur auf ihn, wenn sie fürchtete, er sei ein Krüppel; ein gesundes Kind brauchte sie nicht, und sie ließ ihn sofort fallen. Vor dem Hintergrund der Aufgaben des therapeutischen Bündnisses – Zusammensein und Zusammenarbeiten – trat die Abwehrbedeutung von Herrn G.s Allmachtsphantasie klar hervor, dass Verkrüppelung Bindung, Beherrschung, Sicherheit, besondere Macht und sexuelle Erregung sichern würde. In der mittleren Analysephase konnten die multipel determinierten Ebenen und Funktionen seines Sadomasochismus und seiner Allmachtsphantasie klarer beleuchtet werden, angefangen von seiner frühen Bindung an eine Mutter, die ständig besorgt war, dass er behindert und entstellt sei, bis zur Organisation einer perversen sexuellen Phantasie in der Adoleszenz, die seine Identifizierung mit einem verbal ausfälligen Vater einschloss.*

Wirkliche gemeinsame Arbeit, die nicht auf Ausbeutung ausgerichtet ist, bedroht die stabile sadomasochistische Charakterorganisation, die die Analyse zu einer nie endenden perversen Befriedigung zu machen versucht. Der Sadomasochismus hat Determinanten aus allen Phasen der Entwicklung, dient multiplen Funktionen und ist eine Pathologie, die äußerst schwer zu handhaben ist. Feindselige Allmachtsphantasien bilden eine triumphierende, selbstschützende Hülle bei sadomasochistischen Störungen, so dass die Patienten unter Umständen bis zum Äußersten, bis hin zum Selbstmord, gehen, um sie nicht aufgeben zu müssen. Das therapeutische Bündnis und seine Aufgaben bieten eine Alternative zu diesem omnipotenten Beziehungsmodus. Infolgedessen ist das Bündnis ein wichtiges Instrument, um Patienten, die mit Perversionen ringen, zu helfen. Zugleich stellt es eine gewaltige Bedrohung für das Omnipotenzsystem des psychischen Funktionierens dar. Aus diesem Grunde nehmen die Aufgaben des therapeutischen Bündnisses in jeder Phase der Behandlung eine so zentrale Stellung hinsichtlich des Konflikts ein.

## Phase vor der Beendigung

Diese Phase der Behandlung wird selten diskutiert oder dargestellt. Die intensive Beschäftigung mit der Beendigung hat in jüngster Zeit jedoch deutlich gemacht, dass es eine Reihe von klar umrissenen Aufgaben gibt, die anzusprechen sind, ehe eine Beendigungsphase eingeleitet werden kann. Für den Patienten handelt es sich um die Aufgaben, *den progressiven Schwung aufrechtzuerhalten, zunehmend Verantwortung für die gemeinsame Arbeit zu übernehmen und Einsichten in effektive Handlungen umzusetzen.* Jede dieser Aufgaben kann starken Widerstand hervorrufen, da sie unmittelbar mit den Merkmalen eines allmächtigen Systems der Abwehr und Selbstregulierung zusammenprallen.

Die Phase vor der Beendigung ist durch den klinischen Eindruck gekennzeichnet, dass die Beendigung zu einer wirklichen und nicht nur zu einer phantasierten Möglichkeit geworden ist. Die reale Möglichkeit zur Beendigung basiert auf der erneuten Etablierung eines progressiven Schwungs im Leben des Patienten innerhalb wie außerhalb der Behandlung (siehe auch 13. Kap.). Dies ist ein Ansporn, die Zeitlosigkeit der mittleren Phase aufzugeben und die Lebenstatsachen der Zeitlichkeit und Veränderung zu akzeptieren. Die Realität der Zeit stellt jedoch eine Herausforderung an die allmächtige Verleugnung von Veränderung, Wachstum, Generationsunterschieden und Sterblichkeit dar und beschwört Widerstände gegen eine Weiterentwicklung herauf. Die zunehmende Einbindung des Patienten in die Zusammenarbeit, der das Augenmerk in der mittleren Phase galt, hat zu einer Wiedererlangung der Fähigkeit geführt, Verantwortung zu übernehmen. Dies steht jedoch im Widerspruch zum alten Beziehungsmodus, in dem der Andere (in diesem Falle der Analytiker) allmächtig erscheint, während sich der Patient selbst als hilfloses, passives oder unterwürfiges Opfer darstellt. Eine solches sadomasochistisches Beziehungsmuster hat für den Patienten in bedeutendem Maße Erfahrungen organisiert, die auf andere Weise nicht integriert werden konnten, und quasi als Religion gedient, in der dem Analytiker die Rolle des allmächtigen Gottes zufiel, der Patient aber insgeheim die Kontrolle behielt und in der Lage war, Gott durch die Kraft des Gebetes genau das tun oder sein zu lassen, was er wollte.

Einsichten in Handlungen umzusetzen ist eine direkte Herausforderung an die omnipotente Überzeugung von der magischen Kraft der Gedanken. Der Patient, der brillante Einsichten erlangen kann, jedoch zu keiner Veränderung fähig ist, leugnet die Lust an Leistung und Realität, um die Illusion der Macht seiner Gedanken und Wünsche aufrecht zu erhalten. Er wird nie willens sein, den Schritt zu tun und ein Datum für die Beendigung festzulegen, weil jegliche Handlung die Akzeptanz der Unterscheidung zwischen Phantasie und Realität impliziert.

*Von Beginn seiner Analyse an hatte Herr G. einen Behandlungsplan, mit dem er auch die Kontrolle über die Beendigung sichern wollte. In jedem Jahr entschied er insgeheim, die Analyse an Weihnachten oder unmittelbar vor der Sommerpause zu beenden. Als er endlich von seinem Plan berichtete, konnte dieser als charakteristische Art der Abwehr gegen das Gefühl der Ablehnung und des Verlassenwerdens verstanden werden. Er plante, mit der plötzlichen Mitteilung von der Beendigung der Behandlung die Analytikerin zu überraschen und zu überwältigen. Teil seiner allmächtigen Phantasie war es, dass sich die Analytikerin wie ein hilfloses, verlassenes Kind fühlen sollte.*

Dies stellte den Typus der Externalisierung dar, der bereits an anderer Stelle (7. Kapitel) als Hauptmechanismus eines omnipotenten Systems der Selbstregulierung beschrieben wurde sowie als Beispiel des emotionalen Missbrauchs, der den konkreten Erfahrungen des sexuellen und körperlichen Missbrauchs zugrunde liegt. In Bezug auf die Beendigung haben wir bereits die Regression von einer differenzierten zu einer externalisierenden Übertragung beschrieben (Novick, 1988, 1990; siehe auch 6. Kapitel). Das Gefühl der Analytikerin, fallengelassen, abgelehnt oder verächtlich behandelt zu werden, signalisierte häufig, dass Herr G. eine einseitige Beendigung plante. Ein inneres Anzeichen für das Erreichen der Phase vor der Beendigung bestand darin, dass der geheime Plan nicht länger ein Merkmal von Herrn G. Denken darstellte.

*Die Dinge liefen für Herrn G. an allen Fronten gut – sogar zu Hause, wo er sich über längere Phasen wirklich freuen und Liebe für seine Frau und seine Kinder zeigen konnte. Sowohl Herr G. als auch die Analytikerin waren der Ansicht, es sei Zeit zu überlegen, welche Arbeit vor der Einleitung einer Beendigungsphase noch geleistet werden musste. Es folgte eine Zeit fruchtloser Stagnation mit dem ausgeprägten Gefühl, dass es keine Vorwärtsbewegung gebe. Beide bestätigten dies Phänomen, und Herr G. erkannte, dass er dagegen ankämpfte, die notwendige Arbeit zu tun, um den Prozess des Abschiednehmens einzuleiten. Er sagte, seine einzige Art, sich zu verabschieden, sei es, zornig zu sein, einen Angriff zu provozieren und dann mit berechtigter Feindseligkeit zu reagieren. Er sagte, er würde nie in der Lage sein zu gehen, wenn er ein Gefühl der Liebe hege: »Ich bin lieber wütend als traurig.« Lieber klammerte er sich an seine omnipotente Phantasie, als sich der Gefahr auszusetzen, von einer geliebten Person verlassen zu werden. Allmählich wurde ihm jedoch klar, dass seine Versuche der feindseligen Beherrschung anderer Menschen seine Liebe zu ihnen und seine Besorgnis um sie zerstörten. Er erkannte die Unvereinbarkeit an, die zwischen dem Omnipotenzsystem der feindseligen Beherrschung anderer und dem Kompetenzsystem mit seiner Liebe und seinem Respekt für eigenständige Individuen bestand.*

*In seinen Sitzungen wechselten die beiden Systeme ab. Montags und freitags war Herr G. stumpf und zurückgezogen, und auf seinen Lippen lag ein höhnisches Lächeln. Während der mittleren drei Tage war er engagiert und aktiv und genoss eindeutig die gemeinsame Arbeit und die Tiefe der Behandlungsbeziehung. Als die Analytikerin fragte, ob ihm der Unterschied in seinem Verhalten aufgefallen sei, sagte Herr G., er versuche zu beweisen, dass er beides haben könne, dass er keine Entscheidung treffen müsse, weil er sowohl der beherrschende, rachsüchtige Gott als auch ein liebevolles, respektvolles menschliches Wesen sein könne. Er hatte vor, ewig in Analyse zu bleiben, nie alt und nie krank zu werden und nie zu sterben. Da sein Einkommen sich im Laufe der Behandlungszeit bedeutend erhöht hatte, kam es ihm jetzt vor, als bezahle er sozusagen nichts.*

*Selbst seine Gedanken hinsichtlich des Kontakts nach der Beendigung waren omnipotenter Art. Er konnte sich nicht vorstellen, die Analytikerin jemals wieder zu sehen. Nachdem die Behandlung vorbei war, würde die Analytikerin in einem schwarzen Loch verschwinden. Als die zugrunde liegenden Gefühle einer traumatischen Hilflosigkeit zutage traten, versuchte er sich der Realität seiner Allmachtsphantasie zu vergewissern. Das am vehementesten verteidigte Element war sein Glaube, er besäße die Macht, andere dazu zu zwingen, ihn zu lieben; dies sei eine reale Macht und keine magische Illusion. Die Fixierung einer solchen Illusion wird durch Erziehungsmethoden verstärkt, die Liebesbekundungen einsetzen, um Verhalten zu formen, sowie durch ausbeuterische kulturelle Kräfte, die Methoden propagieren, durch die man die Liebe eines Menschen erringen kann, indem man zum Beispiel das richtige Auto fährt, ein bestimmtes Parfum trägt usw.*

*Herr G. unternahm einen Kreuzzug, um zu beweisen, dass er eine andere*

*Person dazu bringen konnte, auf eine bestimmte Art zu fühlen und zu sein. Er spürte die Ungeduld der Analytikerin, verlieh seiner Angst Ausdruck, sie könne ihn womöglich rauswerfen, und sagte dann, dass ihn dies völlig vernichten würde, zerstören, wie »Müll, der aufs Meer hinaus treibt«. Die Analytikerin warf ein, dass sie scheinbar nicht länger wie zwei Erwachsene funktionierten, die gemeinsam daran arbeiteten, ihn auf den nächsten Schritt vorzubereiten. Statt dessen sei es zu einer Verlagerung in ein magisches zerstörerisches System gekommen, in dem ihr die Macht über Leben und Tod des hilflosen Patienten gegeben war. Diese Bemerkung über das verlorene therapeutische Bündnis half Herrn G., seine zerstörerische Wut in der richtigen Perspektive zu sehen. Er sagte, sein Zorn habe ihn vergessen lassen, wie viel Zeit sie bereits zusammen verbracht hätten, was sie an Verständnis erreicht hätten und wie sehr er es inzwischen schätze, die Dinge zu durchdenken. Herr G. war der Ansicht, er benähme sich wie ein zweijähriges Kind, das plötzlich aus dem Elternhaus geholt worden war und bei Fremden leben musste, weil seine Mutter im Krankenhaus lag.*

*Durch all diese Arbeit gelangte Herr G. zur Basis seines Sadomasochismus und zum Kern seiner allmächtigen Phantasie: Er hatte sich an den magischen Glauben geklammert, sein Schmerz und seine Wut könnten seine Mutter zur hinreichend guten Mutter für seine Entwicklungsbedürfnisse werden lassen. »Da haben wir's«, sagte er, »ich muss die Vorstellung, dass mich meine Mutter auf eine Art und Weise hätte lieben können, wie ich es brauchte, ablegen und mich an all die guten Dinge halten, die ich jetzt habe. Oder ich kann alles, für das ich gearbeitet habe, zerstören und weiterhin glauben, dass ich etwas tun kann, um andere dazu zu zwingen, es mir Recht zu machen. Sie haben gesagt, der Abschied bedeute viel Arbeit. Ich kann das jetzt fühlen, aber ich denke, ich bin dazu bereit.«*

## Beendigung

Die Aufgaben des therapeutischen Bündnisses bleiben über die gesamte Behandlung hinweg bestehen – es kommt zur Überlappung und Interaktion. Die Aufgaben der vorangegangenen Phase führen in die Beendigungsphase hinein und prägen sie. Ebenso sind die Aufgaben des Patienten während der Beendigungsphase – *der Verzicht auf infantile Phantasien, die Trauer und die Verinnerlichung des Bündnisses* — nicht neu, sondern sind in der gesamten Behandlung Teil der Arbeit gewesen. Nun aber stehen sie im Vordergrund und besitzen einen neuen Charakter angesichts der Realität des Behandlungsendes. Im Rahmen des Prozesses der Wahl eines Datums in der Phase vor der Beendigung ist der Analytiker völlig flexibel; er verlangt lediglich, dass das Datum unabhängig von irgendwelchen Jahrestagen sein sollte und dass Patient und Analytiker sich Zeit für eine Erforschung der Konnotationen des vom Patienten vorgeschlagenen Datums nehmen. Wurde das Datum jedoch gemeinsam festgelegt, so hält der Analytiker im Folgenden konsequent daran fest. Das bedeutet, dass die Realität auf eine etwas neue Art und Weise in den Behandlungsprozess einbezogen wird. Die Reaktionen beider Personen beleuchten Konflikte im Zusammenhang mit der Integration der Realität und der Rolle der Ich-Funktion der Realitätsprüfung im gesamten Funktionieren der Persönlichkeit des Patienten. Es bietet sich die Möglichkeit, bislang verborgene Nischen des Funktionierens der Phantasie zu untersuchen und das therapeutische Bündnis in neue Richtungen zu testen. Spezifische Aspekte der Aktivität der Allmachtsphantasie prägen den Widerstand gegen die Bündnisaufgaben in dieser Phase.

*Herr G. hatte ein Datum gewählt, und die Beendigungsphase begann. Gegen Ende der ersten Woche unternahm er im großen Stil den Versuch, die Analytikerin zu bewegen, die Vereinbarung rückgängig zu machen, die Beendigung ganz aufzugeben oder sie zumindest um ein Jahr aufzuschieben. Es war eine eindrucksvolle Demonstration, die ein Wochenende mit Drogen- und Alkoholexzessen einschloss, den sexuellen Missbrauch seiner Frau und Drohungen, all seine Mitarbeiter zu entlassen. Herr G. beharrte darauf, dass diese Ereignisse zeigten, dass die Analytikerin sich geirrt hatte und dass er nicht bereit für die Beendigung war, ja, es vielleicht nie sein werde. Auch die Analytikerin fragte sich, ob sie sich vielleicht getäuscht hatte. Dann dachte sie aber laut über die Funktion des skandalösen Ausbruchs nach. War die Intensität des Impulses vielleicht ein Zeichen dafür, dass Herr G. erneut gegen die schmerzliche Aufgabe ankämpfte, die Phantasie aufzugeben, er könne seine Schwierigkeiten instrumentalisieren, damit die Analytikerin seinen Wünschen nachkomme? Herr G. seufzte und sagte, er habe Veränderungen stets gehasst. Als Kind habe er jede Routine in ein unabänderliches Ritual verwandelt. Jetzt habe er die Analyse zu seinem schützenden Ritual gemacht. Mit der Analyse würde er nie krank und alt werden und niemals sterben; in der Analyse konnte er sich vorstellen, er sei noch jung und schlank und besitze noch immer seine volle Haarpracht. Mit Hilfe dieses Verständnisses – dass das Enddatum eine Konfrontation seines omnipotenten Phantasiesystems mit der Realität darstellte – konnte Herr G. das Beendigungsdatum als wichtigen Bezugspunkt erleben.*

*In den folgenden Wochen versuchte er jedoch, die Analytikerin zu provozieren, aktiver zu werden. Er behauptete, er könne weder denken, assoziieren, beobachten noch sich erinnern – die Analytikerin wisse sowieso alles. Sie sagte, Herr G. gebe seine Allmachtsphantasie nicht wirklich auf, sondern reiche sie an die Analytikerin weiter, während er insgeheim die Phantasie aufrechterhalte, er könne die Analytikerin dazu zwingen, diese Macht zu gebrauchen. Dies war bereits bearbeitet werden, und Herr G. erinnerte sich an seine religiöse Phase, in der er als Kind daran geglaubt hatte, besondere Gebete zu besitzen, mit denen er Gott verschiedene Dinge tun lassen könne, zum Beispiel »meinen Feind Johnny schlagen, weil er mich einen Depp genannt hat«. Seine sexuelle Perversion, bei der Frauen vortäuschen mussten, verkrüppelt zu sein, und zu bestimmten Handlungen gezwungen wurden, war in jeder Phase der Behandlung in Verbindung mit Herrn G.s Versuch aufgetaucht, die Analytikerin zu einem Verbot dieser Praktiken zu veranlassen. Während der Beendigungsphase trieb Herr G. seine Provokationen auf die Spitze, nachdem es ihm nicht gelungen war, die Zustimmung der Analytikerin zu einer Änderung des Datums zu erhalten. Er begann, seinen jüngeren Sohn sehr brutal zu verspotten und zu demütigen. Die Analytikerin fragte, warum er zu einem Zeitpunkt, an dem er alle Fähigkeiten besitze, seine eigene Analyse zu lenken, die Analytikerin dazu zwingen wolle, aktiv in sein Leben einzugreifen, indem sie zum Beispiel das Jugendamt verständigte. Herr G. war schockiert. Ihm war nicht bewusst, wie weit er gegangen war. Er sagte: »Ich habe einen Wutausbruch. Ich will nicht arbeiten, keine Verantwortung tragen, nicht erwachsen sein. Es ist eine Art Phantasie, nein, es ist noch mehr, es ist ein Wahn, dass ich die Welt beherrschen kann, indem ich ein flegelhaftes, sadistisches, schreiendes Arschloch bin. Ich glaube daran, wenn ich es tue. Ich fühle mich dann stark und mächtig, aber schauen Sie, was ich fast getan habe.« Er begann zu weinen: »Ich liebe meinen Sohn, und trotzdem war ich bereit, ihn zu zerstören, nur um an dieser Wut festzuhalten.« Von diesem Punkte an begann Herr G., den bevorstehenden realen Verlust seiner Analyse und seiner Analytikerin zu betrauern.*

*Dies war jedoch noch nicht das Ende der Bearbeitung seiner Omnipotenz. Herr G. wurde träge und stumpf, und die Analytikerin fragte, ob er sich erneut von einer Realität abwende. Herr G. sagte: »Ich wende mich von meiner Enttäuschung ab. Ich habe mich sehr verändert – ich bin glücklich und kreativ. Aber ich kam nicht in Analyse, weil ich mich verändern wollte, sondern weil ich jemand anderer sein wollte, wie mein blonder, blauäugiger Bruder. Dann wollte ich wie Sie sein – aber jetzt stelle ich mir Fragen über Sie. Sie arbeiten zu hart. Sind Sie wie meine Eltern – immer beschäftigt, ohne Zeit für Ihre Kinder?« Er fand seine Enttäuschung unerträglich und schaltete für ein paar Tage wieder zur allmächtigen Funktionsweise zurück: Er war auf alle wütend und schrie, er habe so viel und über so viele Jahre hinweg gelitten. »Sollte ich jetzt nicht als König anerkannt werden, sollten nicht Sie und alle anderen allen meinen Launen und Befehlen gehorchen?« Sein Schwanken zwischen den Systemen der Allmacht und der Kompetenz zeigte sich zuweilen sogar innerhalb der gleichen Sitzung.*

*In seiner Wut verlor er alle analytischen Fähigkeiten. Als er jedoch seine Fähigkeit zur Selbstanalyse ohne oder mit nur wenigen Intervention seitens der Analytikerin wiedererlangte, konnte er die omnipotenten, auf seiner Wut basierenden Forderungen beiseite schieben. Nach seiner wütenden Kritik an der Analytikerin konnte er einen Schritt zurück treten und sich klar machen, dass er offenbar große Angst hatte, denn andernfalls hätte er auf eine mögliche Unzulänglichkeit der Analytikerin nicht derart stark reagiert. Es müsse ihn daran erinnert haben, wie es mit seinen Eltern gewesen war, wo die Dinge sich so schnell vom Schlechten zum Schlimmeren und schließlich zum Chaos gewandelt hatten. »Es war eine gute Analyse, Sie sind eine gute Analytikerin, ich kann anerkennen, dass Sie menschlich sind und Ihre Fehler haben. Ich muss nicht in Panik verfallen und mich schützen, indem ich zum Feuer speienden Drachen werde.«*

Die Internalisierung ist das Ergebnis eines adaptiven Prozesses der Trauer über den Verlust von geschätzten realen Beziehungen, Gefühlen oder Erfahrungen. Die Analyse ist mit einer einzigartigen Art der Zusammenarbeit verbunden, die für die von beiden Beteiligten geschaffene Beziehung spezifisch ist und ihre eigenen Befriedigungen beinhaltet. Ihre Beendigung ist ein realer Verlust, begleitet von Traurigkeit. Ein normaler Prozess der Trauer und anschließenden Internalisierung ermöglicht es dem Patienten, die positiven Aspekte des therapeutischen Bündnisses in seinem Innern zu bewahren, so dass er auf sie zurückgreifen kann, wenn er sie braucht.

In der ganzen Behandlung fand im Patienten ein Kampf statt zwischen dem Wunsch, an vergangenen infantilen Lösungen in der Hoffnung auf magische Befriedigung festzuhalten, und den progressiven Kräften, die die realistischen Beziehungen zu anderen und zur Welt repräsentieren, durch kompetentes Funktionieren vermittelt werden und wirkliche, vorhersehbare Lust und Freude einbringen. Der Verzicht auf infantile Wünsche aus allen Entwicklungsphasen, einschließlich magischer, omnipotenter Bilder des Selbst und Anderer, erscheint dem Patienten wie ein Furcht erregender und schmerzlicher Verlust. Aber die Arbeit der früheren Behandlungsphasen hat die Etablierung alternativer Systeme der Sicherheit und Selbstachtung, die auf realistischen Leistungen und Repräsentanzen beruhen, ermöglicht. Ein Großteil der Arbeit der Beendigungsphase schließt die genaue Unterscheidung zwischen dem illusorischen Verlust irrealer Phantasiegewinne und dem realen Verlust des analytischen Settings, des Analytikers und der spezifischen therapeutischen Beziehung ein. Dieser Unterschied wurde erstmals im Rahmen der früheren Exploration der phantasierten Ängste des Patienten aufgezeigt, dass das Ende der Therapie den vollständigen Verlust der Analytikerin bedeute und diese sterben oder in einem schwarzen Loch verschwinden werde. Die in diesen Ängsten enthaltenen feindseligen Wünsche sowie die Annahme der Omnipotenz des Denkens müssen in jeder Phase der Behandlung bearbeitet werden. Wir unterscheiden zwischen der Panik und den Verlassenheitsängsten, die Feindseligkeit einschließen, einerseits und der Traurigkeit und dem Gefühl, das etwas fehlt, andererseits. Die Intensität der Allmachtsphantasien wird in der Beendigungsphase offenbar, wenn der Patient die Gedanken aufrechterhält, der Analytiker werde nach Ende der Behandlung aufhören zu existieren oder der Patient und der Analytiker würden Freunde, Kollegen oder Liebende werden. Dies wiederum bringt Material zum Vorschein über das, was nach der Beendigung passieren wird oder sollte. Diese Gedanken müssen sehr detailliert erforscht werden, da sie häufig verborgene Reste defensiver Phantasien oder anderer zugrunde liegender Konflikte enthalten.

Die Realität des bevorstehenden Endes verleiht diesen Konflikten eine besondere Intensität. Die Verleugnung, gestärkt durch Phantasien der Allmacht, stellt eine häufige Reaktion auf die Erfahrung von Hilflosigkeit angesichts der Realität dar. Wenn der Patient in der Vergangenheit tatsächlich durch grausame und überwältigende Ereignisse traumatisiert wurde, so ist es noch wahrscheinlicher, dass alle Aspekte der Realität, zum Beispiel Zeitlichkeit, Veränderungen, Verlust und Tod, als feindselige, persönliche Angriffe erlebt werden, denen er den größtmöglichen psychischen Widerstand einschließlich wahnhafter Allmachtsphantasien entgegensetzen muss.

*Relikte seiner Allmachtsphantasie tauchten in den Gedanken von Herrn G. über den letzten Behandlungstag und die Zeit danach auf. Die Aufgaben der Phase nach der Beendigung wurden im Laufe der Beendigungsphase explizit erörtert. Als Herr G. ängstlich reagierte, nachdem er selbständig zu einer Einsicht gelangt war, die mit seiner Suche nach seinem verstorbenen Vater zusammenhing, erforschten er und die Analytikerin gemeinsam seine Angst davor, die Analytikerin zu übertreffen. Die Analytikerin wies darauf hin, dass die Arbeit der Behandlung auch nach dem Enddatum weitergehe und dass die gemeinsame Arbeit es Herrn G. nicht nur ermögliche, den Schwung selbst aufrechtzuerhalten, sondern auch über das bereits Getane hinauszugehen. Zunächst schien Herr G. erfreut, sagte dann aber, dass ihn die Vorstellung, die Arbeit gehe nach dem Enddatum weiter, ärgere. Er wünschte sich noch immer ein Leben ohne Konflikte, ohne Anstrengung oder Arbeit. Die Behandlung sollte das Leiden sein, das ihm »das Himmelstor zur passiven Glückseligkeit« öffnete. Er wollte wissen, ob er die Therapeutin später kontaktieren könne und ob sie eine bestimmte Zeit festlegen sollten, zum Beispiel jeden Sonntagmorgen. Herr G. lachte, nachdem er diesen Gedanken mit Material von vielen Jahren zuvor assoziierte, in dem »der frühe Sonntagmorgen« sich auf seinen feindseli-*

*gen Wunsch bezog, die sexuellen Aktivitäten seiner Eltern zu stören und zu kontrollieren. Nach diesem Verständnis der Übertragungswünsche untersuchte die Analytikerin gemeinsam mit ihm die Bedeutung der Integration seiner therapeutischen Errungenschaften in sein gegenwärtiges und künftiges Leben sowie die Frage, inwieweit es ihm helfe, sich die Analytikerin als therapeutischen Beistand zu bewahren, an den er sich erinnern oder den er bei Bedarf erneut kontaktieren konnte, statt sich seiner Allmachtsphantasie hinzugeben, aus der Analytikerin seine beste Freundin zu machen.*

*Als das Ende näher rückte, fragte die Analytikerin Herrn G. nach seinen Gedanken über den letzten Tag. Herr G. sagte, er habe vor, ihr ein Geschenk mitzubringen, über das er lieber nicht sprechen wolle, weil es eine angenehme Überraschung sein solle. Er sprach über die Lust, die er bei dem Gedanken daran empfand, weil er sicher war, dass die Analytikerin sich freuen würde. Sie erkannte die positiven Gefühle hinter dem Impuls an, sagte jedoch, in einer Therapie, in der beide übereingekommen seien, zu denken, zu assoziieren und zu sprechen statt zu handeln, sollte der Gedanke an eine Beendigung mit einer Handlung genauer untersucht werden. Zunächst protestierte Herr G., wurde wütend und beschuldigte die Analytikerin, eine strenge, orthodoxe Freudianerin zu sein. Dann jedoch begann er zu seiner Vorstellung, am letzten Tag ein Geschenk mitzubringen, zu assoziieren. Ja, es war ein Ausdruck seiner Liebe und Dankbarkeit – er hatte vor, der Analytikerin ein Buch, das er erwähnt hatte, zu schenken, ein Buch, von dem er wusste, dass es ihr gefallen würde. Aber es wäre eine Überraschung geworden, ein Schock, wie sein Selbstmordversuch als Teenager, der jeden unvorbereitet traf. Die Analytikerin wäre hilflos gewesen, hätte nicht gewusst, was sie sagen sollte, und das Gefühl bekommen, dass alles, was sie sagen oder tun könnte, falsch wäre. Herr G. stellte sich auch vor, dass die Analytikerin das Buch später las, dabei an Herrn G. dachte und ihn vermisste. Dies bezog sich auf seine tiefe, quälende Sorge, dass die Analytikerin ihn nicht möge und froh sei, ihn loszuwerden und ihn vergessen zu können, sobald er gegangen wäre. Das Buch würde sie zwingen, sich an ihn zu erinnern.*

Die Arbeit an den multiplen Bedeutungen der Idee von Herrn G., zur letzten Sitzung ein Geschenk mitzubringen, war Teil der Aufgabe, die die Analytikerin im therapeutischen Bündnis erfüllen musste, der Aufgabe nämlich, *die Analyse wirklich bis zum Ende fortzuführen.* Um diese Aufgabe zu erfüllen, muss der Analytiker dem eigenen Impuls widerstehen, den Verlust durch eine Veränderung der Beziehung zu lindern. Dies ist nur möglich, wenn der Analytiker es zulassen kann, seinen Verlust am Ende der Behandlung anzuerkennen und über die Beendigung einer einzigartigen Arbeitsbeziehung zu trauern. Dann kann er als potentieller therapeutischer Beistand weiterhin verfügbar bleiben.

Kinder, Adoleszente und Erwachsene beenden eine hinreichend gute Behandlung mit dem Potential, mit adaptiven Transformationen auf die Fährnisse des Lebens zu reagieren. Aus der Bündnisaufgabe des *Zusammenseins* erwächst das Vertrauen in die Fähigkeit, mit sich allein zu sein, sich selbst zu schätzen und in einer vertrauensvollen, wechselseitig bereichernden Beziehung mit anderen zusammenzuarbeiten. Die neue Ebene und das Spektrum der Ich-Funktionen, die bei der *Zusammenarbeit* im Bündnis mit dem Analytiker eingesetzt wurden, können zum Leben und zur Selbstanalyse abgerufen werden, wann immer dies nötig ist. Die Selbstanalyse als Ziel taucht in der Phase vor der Beendigung im Zusammenhang mit der Konzentration auf Themen auf, die mit der *selbständigen therapeutischen Arbeit* zusammenhängen; die Selbstanalyse kann daher als eines der Rüstzeuge zum Leben verstanden werden, die dem Patienten nach der Beendigung zur Verfügung stehen. Jede Aufgabe des therapeutischen Bündnisses, die erfüllt und internalisiert wurde, gibt dem Patienten ein spezifisches Rüstzeug an die Hand.

Die Internalisierung der Bündnisaufgaben des Zusammenseins, der Zusammenarbeit, des Verzichts auf magische Phantasien und der Fortführung adaptiver Transformationen im Leben nach der Analyse stärkt den an der Realität orientierten Modus der kompetenten Selbstregulierung und erzeugt im lebenslangen Kampf gegen entwicklungsbedingte und kulturell verstärkte feindselige, sadomasochistische, omnipotente Lösungen für die Schicksale des Lebens ein Gleichgewicht der Kräfte.

# Literaturverzeichnis


Abelin, E. C. (1975). Some further observations and comments on the earliest role of the father. International Journal of Psycho-Analysis 56: 293–302.

Abelin, E. C. (1980). Triangulation, the role of the father and the origins of the core gender identity during the rapprochement subphase. In: Rapprochement. Hg. von R. F. Lux, S. Bach und J. A. Burland. New York: Jason Aronson, S. 151–169.

Abraham, K. (1919). Über eine besondere Form des Widerstandes gegen die psychoanalytische Methodik. In: ders., Gesammelte Schriften. Bd. 1. Hg. von J. Cremerius. Frankfurt am Main: Fischer 1982, S. 276–283.

Abraham, K. (1924). Versuch einer Entwicklungsgeschichte der Libido auf Grund der Psychoanalyse seelischer Störungen. In: ders., Gesammelte Schriften. Bd. 1. Hg. von J. Cremerius. Frankfurt am Main: Fischer 1982, S. 32–135.

Alvarez, A. (1971). The Savage God. London: Weidenfield & Nicholson.

Anthony, E. J. (1986). The contributions of child psychoanalysis to psychoanalysis. Psychoanalytic Study of the Child 41: 61–87.

Anthony, E. J. (1987). Introduction. In: The Invulnerable Child. Hg. von E. J. Anthony und B. J. Cohler. New York: Guilford, S. 3–48.

Anzieu, D. (1987). Some alterations of the ego which make analyses interminable. International Journal of Psycho-Analysis 68: 9–20.

Arlow, J. A. (1991). Methodology and reconstruction. Psychoanalytic Quarterly 60: 539–563.

Asch, S. S. (1976). Varieties of negative therapeutic reaction and problems of technique. Journal of the American Psychoanalytic Association 24: 383–407.

Baechler, J. (1979). Suicides. New York: Basic Books.

Bak, R. C. (1946). Masochism in paranoia. Psychoanalytic Quarterly 15: 285–301.

Bak, R. C. (1968). The phallic woman. Psychoanalytic study of the Child 23: 37–46.

Balint, M. (1968). The Basic Fault. London: Tavistock. (1970) Regression. Therapeutische Aspekte und die Theorie der Grundstörung. Übers. von K. Hügel. Stuttgart: Klett.

Berenstein, I. (1987). Analysis terminable and interminable, fifty years on. International Journal of Psycho-Analysis 68: 21–35.

Bergler, E. (1948). Further studies on beating fantasies. Psychiatric Quarterly 22: 480–486.

Bergler, E. (1949). The Basic Neurosis, Oral Regression and Psychic Masochism. New York: Grune and Stratton.

Bergmann, M. S. (1988). On the fate of the intrapsychic image of the psychoanalyst after termination of the analysis. Psychoanalytic Study of the Child 43: 137–153.

Bergmann, M. S., and Hartman, F. R. (1976). The Evolution of Psychoanalytic Technique. New York: Basic Books.

Bergmann, M. S., and Jucovy, M. (Hg.) (1982). Generations of the Holocaust. New York: Basic Books. (1995) Kinder der Opfer – Kinder der Täter. Psychoanalyse und Holocaust. Übers. von E. Vorspohl. Frankfurt am Main: Fischer.

Bieber, I. (1966). Sadism and masochism. In: American Handbook of Psychiatry. Hg. von S. Arieti. New York: Basic Books, S. 256–270.

Bion, W. (1958). On hallucination. In: ders., Second Thoughts. New York: Jason Aronson, 1967, S. 65–85.

Blos, P. (1980). The life cycle as indicated by the nature of the transference in the psychoanalysis of adolescents. International Journal of Psychoanalysis 6: 145–151.

Blos, P., Jr. (1985). Intergenerational separation-individuation. Psychoanalytic study of the Child 40: 41–56.

Blos, P., Jr. (1991). Sadomasochism and the defense against recall of painful affect. Journal of the American Psychoanalytic Association 39: 417–430.

Blum, H. P. (1974). The borderline childhood of the Wolf-Man. Journal of the American Psychoanalytic Association 22: 721–742.

Blum, H. P. (1980a). Paranoia and beating fantasy: an inquiry into the psychoanalytic theory of paranoia. Journal of the American Psychoanalytic Association 28: 331–362.

Blum, H. P. (1980b). The value of reconstruction in adult psychoanalysis. International Journal of Psycho-Analysis 61: 39–52.

Blum, H. P. (1987). Analysis terminable and interminable: a half century retrospective. International Journal of Psycho-Analysis 68: 37–48.

Blum, H. P. (1989). The concept of termination and the evolution of psychoanalytic thought. Journal of the American Psychoanalytic Association 37: 275–295.

Bonaparte, M. (1953). Female Sexuality. New York: International Universities Press.

Bornstein, B. (1935). Phobia in a two-and-a-half-year-old. Psychoanalytic Quarterly 4: 93–119.

Bornstein, B. (1949). The analysis of a phobic child: some problems of theory and technique in child analysis. Psychoanalytic Study of the Child 3/4: 181–226.

Boswell, J. (1988). The Kindness of Strangers. The Abandonment of Children in Western Europe from Late Antiquity to the Renaissance. New York: Pantheon.

Brenman, M. (1952). On teasing and being teased: the problem of moral masochism. Psychoanalytic Study of the Child 7: 265–285.

Brenner, C. (1959). The masochistic character: genesis and treatment. Journal of the American Psychoanalytic Association 7: 197–226.

Brenner, C. (1976). Psychoanalytic Technique and Psychic Conflict. New York: International Universities Press.

Brenner, C. (1979). Working alliance, therapeutic alliance, and transference. Journal of the American Psychoanalytic Association 27: 137–157.

Brinich, P. M. (1984). Aggression in early childhood. Psychoanalytic Study of the Child 39: 493–508.

Brodey, W. M. (1965). On the dynamics of narcissism: I. externalization and early ego development. Psychoanalytic Study of the Child 20: 165–193.

Bruner, J. (1983). Child's Talk. New York: Norton. (1987) Wie das Kind sprechen lernt. Übers. von U. Aeschbacher. Bern: Huber.

Burgner, M. (1988). Analytic work with adolescents-terminable or interminable. International Journal of Psycho-Analysis 69: 179–187.

Busch, F. (1992). Recurring thoughts on unconscious ego resistances. Journal of the American Psychoanalytic Association 40: 1089–1115.

(1995). The Ego at the Center. Northvale, NJ: Jason Aronson.

Cain, A. C. (1961). The presuperego »turning inward of aggression.« Psychoanalytic Quarterly 30: 171–208.

Calef, V., and Weinshel, E. M. (1983). A note on consummation and termination. Journal of the American Psychoanalytic Association 24: 425–436.

Chasseguet-Smirgel, J. (1984). Creativity and Perversion. New York: Norton.

Chasseguet-Smirgel, J. (1975). L'Idéal du Moi. Paris: Tchou. (1981) Das Ichideal: psychoanalytischer Essay über die »Krankheit der Idealität«. Übers. von J. Friedeberg. Frankfurt am Main: Suhrkamp.

Cohen, J., and Kinston, W. (1989). Understanding failures and catastrophes in psychoanalysis. Vortrag auf dem 36. Internationalen Psychoanalytischen Kongress, Rom, Juli.

Cooper, A. M. (1984). The unusual painful analysis: a group of narcissistic masochistic characters. In: Psychoanalysis: The Vital Issues. Hg. von G. H. Pollock und J. E. Gedo. New York: International Universities Press, S. 45–67.

Cooper, A. M. (1986). Narcissism. In: Essentials Papers on Narcissism. Hg. von A. P. Morrison. New York: New York University Press, S. 112–143.

Cooper, A. M. (1988). The narcissistic-masochistic character. In: Masochism: Current Psychoanalytic Perspectives. Hg. von R. A. Glick und D. I. Meyers. Hillsdale, NJ: Analytic Press, S. 117–138.

Curtis, H. C. (1979). The concept of the therapeutic alliance: implications for the »widening scope«. Journal of the American Psychoanalytic Association 27: 159–192.

Curtis, H. C. (1983). Construction and reconstruction: an introduction. Psychoanalytic Inquiry 3: 183–188.

Daldin, H. (1988). A contribution to the understanding of self-mutilating behaviour in adolescence. Journal of Child Psychotherapy 17: 61–66.

deMause, L. (1974). The evolution of childhood. In: ders., The History of Childhood. New York: Psychohistory Press, S. 1–73. (1979) Über die Geschichte der Kindheit. Übers. von R. und R. Wiggershaus. Frankfurt am Main: Suhrkamp.

deMause, L. (1991). The universality of incest. Journal of Psychohistory 19: 123–164.

Demos, E. V. (1985). The elusive infant. Psychoanalytic Inquiry 5: 553–568.
De Simone Gaburri, G. (1985). On termination of the analysis. International Review of Psycho-Analysis 12: 461–468.
deVito, E., Novick, J., und Novick, K. K. (1994). Interferenze culturali nell'ascolto degli adolescenti [Cultural interferences with listening to adolescents]. Adolescenza 3: 1–14.
Docherty, J. P., und Fiester, S. J. (1985). The therapeutic alliance and compliance with psychopharmacology. Annual Review, American Psychiatric Association 4: 607–632.
Eidelberg, L. (1934). A contribution to the study of masochism. In Studies in Psychoanalysis. New York: International Universities Press, 1952, S. 31–40.
Eidelberg, L. (1958). Technical problems in the analysis of masochists. Journal of Hillside Hospital 7: 98–109.
Eidelberg, L. (1959). Humiliation in masochism. Journal of the American Psychoanalytic Association 7: 274–282.
Eidelberg, L. (1968). Encyclopedia of Psychoanalysis. New York: Free Press.
Escalona, S. K. (1968). The Roots of Individuality. London: Tavistock.
Feigelson, C. I. (1976). Reconstruction of adolescence (and early latency) in the analysis of an adult woman. Psychoanalytic Study of the Child 31: 225–236.
Feigenbaum, D. (1936). On projection. Psychoanalytic Quarterly 5: 303–319.
Fenichel, O. (1941). Problems of Psychoanalytic Technique. New York: Psychoanalytic Quarterly, Inc. Probleme der psychoanalytischen Technik. (2001) Probleme der psychoanalytischen Technik. Gießen: Psychosozial-Verlag.
Fenichel, O. (1945). The Psychoanalytic Theory of Neurosis. New York: Norton. (1973) Psychoanalytische Neurosentheorie. Wien: Scheyer.
Ferber, L. (1975). Beating fantasies. In: Masturbation from Infancy to Senescence. Hg. von I. M. Marcus und J. J. Francis, pp. 205–222. New York: International Universities Press.
Ferber, L., und Gray, P. (1966). Beating fantasies: clinical and theoretical considerations. Bulletin of the Philadelphia Association of Psychoanalysis 16: 186–206.
Ferenczi, S. (1913). Entwicklungsstufen des Wirklichkeitssinns. In: ders., Bausteine zur Psychoanalyse. Bd. 1. Bern: Huber, 1984, S. 101–105.
Firestein, S. K. (1978). Termination in Psychoanalysis. New York: International Universities Press.
Firestein, S. K. (1982). Termination of psychoanalysis: theoretical, clinical, and pedagogic considerations. Psychoanalytic Inquiry 2: 473–497.
Freud, A. (1936). Das Ich und die Abwehrmechanismen. In: Die Schriften der Anna Freud. Bd. 1. Frankfurt am Main: Fischer 1987.
Freud, A. (1958). Probleme der Pubertät. In: Die Schriften der Anna Freud. Bd. 6. Frankfurt am Main: Fischer 1987.

Freud, A. (1960). Die Kinderpsychiatrische Beratungsstelle als Zentrum der Vorbeugung und Aufklärung. In: Die Schriften der Anna Freud. Bd. 7. Frankfurt am Main: Fischer 1987.

Freud, A. (1962). Assessment of childhood disturbances. Psychoanalytic Study of the Child 17: 149–158. New York: International Universities Press. Auszüge in: Wege und Irrwege der Kinderentwicklung. In: Die Schriften der Anna Freud. Bd. 8. Frankfurt am Main: Fischer 1987.

Freud, A. (1965). Wege und Irrwege der Kinderentwicklung. Bern/Stuttgart: Huber/Klett 1968, und in: In: Die Schriften der Anna Freud. Bd. 8. Frankfurt am Main: Fischer 1987.

Freud, A. (1969). Schwierigkeiten der Psychoanalyse in Vergangenheit und Gegenwart. In: Die Schriften der Anna Freud. Bd. 9. Frankfurt am Main: Fischer 1987.

Freud, A. (1970a). Probleme der Beendigung in der Kinderanalyse. In: Die Schriften der Anna Freud. Bd. 7. Frankfurt am Main: Fischer 1987.

Freud, A. (1970b). Kinderanalyse als Spezialfach der Psychoanalyse. In: Die Schriften der Anna Freud. Bd. 9. Frankfurt am Main: Fischer 1987.

Freud, A. (1978). Die Bedeutung der Kinderanalyse. In: Die Schriften der Anna Freud. Bd. 10. Frankfurt am Main: Fischer 1987.

Freud, S. (1895d). Studien über Hysterie. G. W., Bd. 1, S. 75–312.

Freud, S. (1899a). Über Deckerinnerungen. G. W., Bd. 1, S. 531–554.

Freud, S. (1901b). Zur Psychopathologie des Alltagslebens. G. W., Bd. 4.

Freud, S. (1905d). Drei Abhandlungen zur Sexualtheorie. G. W., Bd. 5, S. 33–145.

Freud, S. (1908c). Über infantile Sexualtheorien. G. W., Bd. 7, S. 171–188.

Freud, S. (1909d). Bemerkungen über einen Fall von Zwangsneurose. G. W., Bd. 7, S. 379–463.

Freud, S. (1910k). Über »wilde« Psychoanalyse. G. W., Bd. 8, S. 118–125.

Freud, S. (1911b). Formulierungen über die zwei Prinzipien des psychischen Geschehens. G. W., Bd. 8, S. 230–238.

Freud, S. (1912–13a). Totem und Tabu. G. W., Bd. 9.

Freud, S. (1913c). Zur Einleitung der Behandlung. G. W., Bd. 8, S. 454–478.

Freud, S. (1913j). Die Disposition zur Zwangsneurose. G. W., Bd. 8, S. 442–452.

Freud, S. (1914c). Zur Einführung des Narzißmus. G. W., Bd. 10, S. 137–170.

Freud, S. (1914d). Zur Geschichte der psychoanalytischen Bewegung. G. W., Bd. 10, S. 43–113.

Freud, S. (1914g). Erinnern, Wiederholen und Durcharbeiten. G. W., Bd. 10, S. 126–136.

Freud, S. (1915c). Triebe und Triebschicksale. G. W., Bd. 10, S. 210–232.

Freud, S. (1915e). Das Unbewußte. G. W., Bd. 10, S. 264–303.

Freud, S. (1916–17a). Vorlesungen zur Einführung in die Psychoanalyse. G. W., Bd. 11.

Freud, S. (1918b). Aus der Geschichte einer infantilen Neurose. G. W., Bd. 12, S. 27–157.

Freud, S. (1919e). Ein Kind wird geschlagen. G. W., Bd. 12, S. 197–226.
Freud, S. (1920g). Jenseits des Lustprinzips. G. W., Bd. 13, S. 1–69.
Freud, S. (1922b). Über einige neurotische Mechanismen bei Eifersucht, Paranoia und Homosexualität. G. W., Bd. 13, S. 195–207.
Freud, S. (1923b). Das Ich und das Es. G. W., Bd. 13, S. 237–289.
Freud, S. (1924c). Das ökonomische Problem des Masochismus. G. W., Bd. 13, S. 371–383.
Freud, S. (1925d). Selbstdarstellung. G. W., Bd. 14, S. 31–96.
Freud, S. (1925h). Die Verneinung. G. W., Bd. 14, S. 11–15.
Freud, S. (1925j). Einige psychische Folgen des anatomischen Geschlechtsunterschieds. G. W., Bd. 14, S. 19–30.
Freud, S. (1927c). Die Zukunft einer Illusion. G. W., Bd. 14, S. 325–380.
Freud, S. (1930a). Das Unbehagen in der Kultur. G. W., Bd. 14, S. 419–506.
Freud, S. (1931b). Über die weibliche Sexualität. G. W., Bd. 14, S. 517–537.
Freud, S. (1933a). Neue Folge der Vorlesungen zur Einführung in die Psychoanalyse. G. W., Bd. 15.
Freud, S. (1936a). Brief an Romain Rolland: Eine Erinnerungsstörung auf der Akropolis. G. W., Bd. 16, S. 250–257.
Freud, S. (1937c). Die endliche und die unendliche Analyse. G. W., Bd. 16, S. 59–99.
Freud, S. (1940a). Abriß der Psychoanalyse. G. W., Bd. 17, S. 63–138.
Freud, S. (1941f). Ergebnisse, Ideen, Probleme. G. W., Bd. 17, S. 151f.
Freud, S. (1950a). Aus den Anfängen der Psychoanalyse. Frankfurt am Main 1975.
Freud, S. (1950c). Entwurf einer Psychologie. G. W., Nachtr., S. 387–477.
Freud, S. (1963). Briefe an Oskar Pfister. In: Freud / Pfister, Briefe 1909–1939. Hg. von E. L. Freud und H. Meng. Frankfurt am Main: Fischer.
Freud, S. (1974a). Briefe an Carl Gustav Jung. In: Freud /Jung, Briefwechsel. Hg. von W. McGuire und W. Sauerländer. Frankfurt am Main: Fischer.
Freud, S. (1985c). Briefe an Wilhelm Fließ. Hg. von J. M. Masson. Frankfurt am Main: Fischer.
Friedman, L. (1969). The therapeutic alliance. International Journal of Psycho-Analysis 50: 139–153.
Friedman, L. (1983). Reconstruction and the like. Psychoanalytic Inquiry 3: 189–222.
Friedman, M., Glasser, M., Laufer, E., et al. (1972). Attempted suicide and self-mutilation in adolescents: some observations from a psychoanalytic research project. International Journal of Psycho-Analysis 53: 179–183.
Frieswyk, S. H., Allen, J. G., Colson, D. B., et al. (1986). Therapeutic alliance: its place as a process and outcome variable in dynamic psychotherapy research. Journal of Consulting and Clinical Psychology 54: 32–38.
Furman, E. (1973). The impact of the Nazi concentration camps on the children of survivors. In: The Child in His Family. Hg. von J. Anthony und C. Kupernik. Bd. 2. New

York: Wiley, S. 379–384.
Furman, E. (1980). Transference and externalization in latency. Psychoanalytic Study of the Child 35: 267–284.
Furman, E. (1982). Mothers have to be there to be left. Psychoanalytic Study of the Child 37: 15–28.
Furman, E. (1984). Some difficulties in assessing depression and suicide in childhood. In: Suicide in the Young. Hg. von H. S. Sudak, A. B. Ford und N. B. Rushforth. Boston: John Wright, S. 245–258.
Furman, E. (1985). On fusion, integration, and feeling good. Psychoanalytic Study of the Child 40: 81–110.
Furman, R. (1986). The father-child relationship. In: What Nursery School Teachers Ask Us About. Hg. von E. Furman. New York: International Universities Press, S. 21–34.
Galenson, E. (1988). The precursors of masochism: protomasochism. In: Masochism: Current Psychoanalytic Perspectives. Hg. von R. A. Glick und D. I. Meyers. Hillsdale, NJ: Analytic Press, S. 189–204.
Gardiner, M. (1983). Code Name »Mary«. New Haven: Yale University Press.
Gelso, C. J., und Carter, J. (1985). The relationship in counseling psychotherapy. The Counseling Psychologist 13: 155–244.
Glenn, J. (1984). A note on loss, pain and masochism in children. Journal of the American Psychoanalytic Association 32: 63–73.
Glover, E. (1955). The Technique of Psychoanalysis. New York: International Universities Press.
Goldberg, A., und Marcus, D. (1985). »Natural termination«: some comments on ending analysis without setting a date. Psychoanalytic Quarterly 54: 46–65.
Goettsche, R. (1986). Reconstruction of adolescence in adult analysis. Psychoanalytic Study of the Child 41: 357–377.
Gray, P. (1982). »Developmental lag« in the evaluation of technique for psychoanalysis of neurotic conflict. Journal of the American Psychoanalytic Association 30: 621–655.
Greenacre, P. (1950). The prepuberty trauma in girls. In: dies., Trauma, Growth and Personality. New York: Norton, S. 204–223.
Greenson, R. (1965a). The working alliance and the transference neurosis. In: ders., Explorations in Psychoanalysis. New York: International Universities Press, 1978, S. 199–224. (1982) Das Arbeitsbündnis und die Übertragungsneurose. In: ders., Psychoanalytische Erkundungen. Übers. von H. Weller. Stuttgart: Klett-Cotta, S. 151–177.
Greenson, R. (1965b). The problem of working through. In: Drives, Affects, Behavior. Bd. 2. Hg. von M. Schur. New York: International Universities Press, S. 277–314.
Greenson, R. (1970). Discussion of »the nontransference relationship in the psycho-

analytic situation.« International Journal of Psycho-Analysis 51: 143–150.
Greenson, R. (1971). The »real« relationship between the patient and the psychoanalyst. In: ders., Explorations in Psychoanalysis. New York: International Universities Press, 1978, S. 425–440. (1982) Die »reale« Beziehung zwischen Patient und Analytiker. In: ders., Psychoanalytische Erkundungen. Übers. von H. Weller. Stuttgart: Klett-Cotta, S. 364–379.
Greenson, R., and Wexler, M. (1969). The nontransferencc relationship in the psychoanalytic situation. In: ders., Explorations in Psychoanalysis. New York: International Universities Press, 1978, S. 359–386. (1982) Die übertragungsfreie Beziehung in der psychoanalytischen Situation. In: ders., Psychoanalytische Erkundungen. Übers. von H. Weller. Stuttgart: Klett-Cotta, S. 308–335.
Greven, P. (1991). Spare the Child: The Religious Roots o{ Punishment and the Psychological Impact of Physical Abuse. New York: Alfred A. Knopf.
Grossman, W. I. (1986). Notes on masochism: a discussion of the history and development of a psychoanalytic concept. Psychoanalytic Quarterly 5: 379–413.
Grotstein, J. S. (1981). Splitting and Projective Identification. New York: Jason Aronson.
Haim, A. (1974). Adolescent Suicide. New York: International Universities Press.
Hanly, C. (1987). Review of »The Assault on Truth: Freud's Suppression of the Seduction Theory,« by J. Masson. International Journal of Psycho-Analysis 67: 517–521.
Hanly, C. (1994). Reflections on the place of the therapeutic alliance in psychoanalysis. International Journal of Psycho-Analysis 75: 457–467.
Hanly, M-A. F. (1993). Sado-masochism in Charlotte Bronte's Jane Eyre: a ridge of lighted heath. International Journal of Psycho-Analysis 74: 1049–1061.
Hartmann, H. (1939). Ego Psychology and the Problem of Adaptation. New York: International Universities Press, 1958. (1960) Ich-Psychologie und Anpassungsproblem. Stuttgart: Klett.
Heimann, P. (1952). Certain functions of introjection and projection in early infancy. In: Developments in Psycho-Analysis. Hg. von J. Riviere et al. London: Hogarth, S. 122–168.
Holt, R. R. (1981). The death and transfiguration of metapsychology. International Review of Psychoanalysis 8: 129–143
Hughes, C. H. (1884). Borderland psychiatric records: prodromal symptoms of psychical impairment. Alienist and Neurologist 5: 85–91.
Hurry, A. (1977). My ambition is to be dead: part I: A case study. Journal of Child Psychotherapy 4(3): 66–83.
Hurry, A. (1978). My ambition is to be dead: parts II and III: Past and current findings on suicide in adolescence. Journal of Child Psychotherapy 4(4): 69–85.
Hurry, A., Laufer, E., Novick, J., et al. (1976a). Attempted suicide in adolescents. Center for the Study of Adolescence, London, England.

Hurry, A., Novick, J., und Laufer, M. (1976b). A study of eighty-four adolescents who have attempted suicide. Report to the Department of Health and Social Security. Center for the Study of Adolescence, London, England.

Isay, R. A. (1975). The influence of the primal scene on the sexual behavior of an early adolescent. Journal of the American Psychoanalytic Association 23: 535–553.

Jacobs, T. J. (1987). Notes on the unknowable: analytic secrets and the transference neurosis. Psychoanalytic Inquiry 7: 485–510.

Jacobson, E. (1964). The Self and the Object World. New York: International Universities Press. (1973) Das Selbst und die Welt der Objekte. Übers. von K. Kennel. Frankfurt am Main: Suhrkamp.

Jaffe, D. S. (1968). The mechanism of projection. International Journal of Psycho-Analysis 49: 662–677.

Joseph, E. D. (Hg.) (1965). Beating Fantasies: Regressive Ego Phenomena in Psychoanalysis. New York: International Universities Press.

Kahr, B. (1991). The sexual molestation of children: historical perspectives. Journal of Psychohistory 19: 191–214.

Kantrowitz, J. I., Katz, A. L., and Paolitto, F. (1990). Follow-up of psychoanalysis five to ten years after termination: 1. Stability of change. Journal of the American Psychoanalytic Association 38: 471–496.

Kanzer, M. (1979). Book essay: developments in psychoanalytic technique. Journal of the American Psychoanalytic Association 27: 327–374.

Karon, B. P. (1989). The state of the art of psychoanalysis: science, hope, and kindness in psychoanalytic technique. Psychoanalysis and Psychotherapy 7: 99–115.

Katan, A. (1961). Some thoughts about the role of verbalization in early childhood. Psychoanalytic Study of the Child 16: 184–188.

Kernberg, O. F. (1987). Projection and projective identification. In Projection, Identification, Projective Identification. Hg. von J. Sandler. Madison, CT: International Universities Press, S. 93–115.

Kernberg, O. F. (1988). Clinical dimensions of masochism. Journal of the American Psychoanalytic Association 35: 1005–1029.

Kernberg, P. (1974). The analysis of a fifteen-and-a-half-year-old girl with suicidal tendencies. In: The Analyst and the Adolescent at Work. Hg. von M. Harley. New York: Quadrangle, S. 232–268.

Kestenberg, J. (1982). Survivor-parents and their children. In: Generations of the Holocaust. Hg. von M. Bergmann und M. Jucovy. New York: Basic Books, S. 137–158. (1995) Überlebende Eltern und ihre Kinder. In: Kinder der Opfer – Kinder der Täter. Psychoanalyse und Holocaust. Hg. von M. Bergmann und M. Jucovy. Übers. von E. Vorspohl. Frankfurt am Main: Fischer, S. 103–126.

Kinston, W., and Cohen, J. (1988). Primal repression and other states of mind. Scandinavian Psychoanalytic Review 11: 81–105.

Klein, G. (1976). Psychoanalytik Theory. New York: International Universities Press.
Klauber, J. (1977). Analyses that cannot be terminated. International Journal of Psycho-Analysis 58: 473–477.
Klein, M. (1932). Die Psychoanalyse des Kindes. In: Gesammelte Schriften. Bd. 2. Hg. von R. Cycon. Stuttgart/Bad Cannstatt: frommann-holzboog 1997.
Klein, M. (1946). Notes on some schizoid mechanisms. In Envy and Gratitude and Other Works 1946–1963. New York: Delacorte Press/Seymour Lawrence 1975, S. 1–24. (2000) Bemerkungen über einige schizoide Mechanismen. Übers. von E. Vorspohl. In: Gesammelte Schriften. Bd. 3. Hg. von R. Cycon. Stuttgart/Bad Cannstatt: frommann-holzboog, S. 1–42.
Klein, M. (1955). On identification. In: M. Klein, P. Heimann, and R. E. Money-Kyrle, New Directions in Psycho-Analysis. New York: Basic Books, S. 309–345. (2000) Über Identifizierung. Übers. von E. Vorspohl. In: Gesammelte Schriften. Bd. 3. Hg. von R. Cycon. Stuttgart/Bad Cannstatt: frommann-holzboog, S. 229–278.
Kohut, H. (1977). The Restoration of the Self New York: International Universities Press. (1979) Die Heilung des Selbst. Übers. von E. vom Scheidt. Frankfurt am Main: Suhrkamp.
Krafft-Ebing, R. von. (1886). Psychopathia sexualis. München: Matthes und Seitz 1984.
Kramer, S., und Byerly, L. J. (1978). Technique of psychoanalysis of the latency child. In: Child Analysis and Therapy. Hg. von J. Glenn. New York: Jason Aronson, S. 205–236.
Krystal, H. (1978). Trauma and affects. Psychoanalytic Study of the Child 33: 81–116.
Krystal, H. (1982). The activating aspects of emotions. Psychoanalysis and Contemporary Thought 5: 605–648.
Krystal, H. (1988). Integration and Self Healing. Hillsdale, NJ: Analytic Press.
Laforgue, R. (1934). Resistance at the conclusion of analytic treatment. International Journal of Psycho-Analysis 15: 419–434.
Lamb, M. E. (1976). The role of the father. In: ders., The Role of the Father in Child Development. New York: Wiley, S. 1–63.
Lampl-de Groot, J. (1937). Masochism and narcissism. In: dies., The Development of the Mind. New York: International Universities Press 1965, S. 82–92.
Laub, D., und Auerhahn, N. C. (1985). Prologue: Knowing and not knowing the holocaust. Psychoanalytic Inquiry 5: 1–8.
Laufer, M. (1965). Assessment of adolescent disturbances: the application of Anna Freud's diagnostic profile. Psychoanalytic Study of the Child 20: 99–123.
Laufer, M. (1976). The central masturbation fantasy, the final sexual organization, and adolescence. Psychoanalytic Study of the Child 31: 297–316.
Laufer, M., und Laufer, M. E. (1984). Adolescence and Developmental Breakdown. New Haven: Yale University Press.
Lerner, H. (1993). Self-representation in eating disorders: a psychodynamic perspective. In: The Self in Emotional Distress. Hg. von Z. V. Segal und S. J. Blatt. New York:

Guilford, S. 267–287.
Lerner, P., and Lerner, H. (1995). Dissociative disorders, omnipotence, and sadomasochism. Unveröffentl. Manuskript.
Lichtenberg, J. D. (1984). Continuities and transformations between infancy and adolescence. In: Late Adolescence. Hg. von D. D. Brockman. New York: International Universities Press, S. 7–27.
Lichtenberg, J. D. (1985). Psychoanalysis and Infant Research. Hillsdale, NJ: Analytic Press. (1991) Psychoanalyse und Säuglingsforschung. Übers. von M. Baumgart. Heidelberg: Springer.
Lichtenberg, J. D. (1989). Psychoanalysis and Motivation. Hillsdale, NJ: Analytic Press. (2000) Das Selbst und die motivationalen Systeme. Übers. von H. Fehlhaber. Frankfurt am Main: Brandes und Apsel.
Limentani, A. (1972). The assessment of analysability. International Journal of Psycho-Analysis 53: 351–361.
Litman, R. E. (1967). Sigmund Freud on suicide. In: Essays in Self-Destruction. Hg. von E. Shneidman. New York: Science House, S. 324–344.
Loewald, H. W. (1960). On the therapeutic action of psychoanalysis. International Journal of Psycho-Analysis 41: 16–33. (1986) Zur therapeutischen Wirkung der Psychoanalyse. In: ders., Psychoanalyse. Übers. von H. Weller. Stuttgart: Klett-Cotta, S. 209–247.
Loewenstein, R. M. (1957). A contribution to the psychoanalytic theory of masochism. Journal of the American Psychoanalytic Association 5: 197–234.
Loewenstein, R. M. (1969). Developments in the theory of transference in the last fifty years. International Journal of Psycho-Analysis 50: 583–588.
Lush, D. (1968). Progress of a child with atypical development. Journal of Child Psychotherapy 2: 64–73.
Mahler, M. S., Pine, F., und Bergmann, A. (1975). The Psychological Birth of the Human Infant. New York: Basic Books. (1980) Die psychische Geburt des Menschen. Symbiose und Individuation. Übers. von H. Weller. Frankfurt am Main: Fischer.
Mahon, E. l. (1991). The »dissolution« of the Oedipus complex: a neglected cognitive factor. Psychoanalytic Quarterly 60: 628–634.
Maleson, F. G. (1984). The multiple meanings of masochism in psychoanalytic discourse. Journal of the American Psychoanalytic Association 32: 325–356.
Malin, A., und Grotstein, J. S. (1966). Projective identification in the therapeutic process. International Journal of Psycho-Analysis 47: 26–31.
Markson, E. R. (1993). Depression and moral masochism. International Journal of Psycho-Analysis 74: 931–940.
Masson, J. (1984). The Assault On Truth: Freud's suppression of the Seduction Theory. New York: Farrar, Straus and Giroux.
McCall, R. B. (1979). The development of intellectual functioning in infancy and the

prediction of later IQ. In: Handbook of Infant Development. Hg. von J. D. Osofsky. New York: Wiley, S. 707–742.
McDougall, J. (1985). Theaters of the Mind: Illusion and Truth on the Psychoanalytic Stage. New York: Basic Books. (1988) Theater der Seele. München/Wien: Verlag Internationale Psychoanalyse.
Meissner, W. (1989). The viewpoint of the devil's advocate. In The Significance of Infant Observational Research for Clinical Work with Children, Adolescents, and Adults. Hg. von S. Dowling und A. Rothstein. Madison, CT: International Universities Press, S. 175–195.
Meltzer, D., Bremner, J., Hoxter, S., et al. (1975). Explorations in Autism. Perthshire, Scotland: Clinic Press.
Meyers, H. (1988). A consideration of treatment techniques in relation to the functions of masochism. In: Masochism: Current Psychoanalytic Perspectives. Hg. von R. A. Glick und D. I. Meyers. Hillsdale, NJ: Analytic Press, S. 175–189.
Miller, A. (1983). For Your Own Good: Hidden Cruelty in Child Rearing and the Roots of Violence. New York: Farrar, Straus and Giroux.
Modell, A. H. (1989). The psychoanalytic setting as a container of multiple levels of reality: a perspective on the theory of psychoanalytic treatment. Psychoanalytic Inquiry 9: 67–87.
Moore, B. E., und Fine, B. D. (1967). A Glossary of Psychoanalytic Terms and Concepts. New York: American Psychoanalytic Association.
Moore, B. E., und Fine, B. D. (1990). Psychoanalytic Terms and Concepts. New Haven: Yale University Press.
Mulisch, H. (1982). Das Attentat. Übers. von A. Habers. Reinbek: Rowohlt.
Nagel, J. J. (1994). The paradox of performance anxiety in musicians: the disillusionment of omnipotence. Vortrag auf dem I. S. Gilmore International Keyboard Festival, Kalamazoo, MI, Mai.
Nagel, J. J. (1995). Injury and pain in performing musicians: a psychoanalytic diagnosis. Vortrag in der International Arts and Medicine Association. Tel Aviv, Israel, Juni.
Namnun, A. (1968). The problems of analyzability and the autonomous ego. International Journal of Psycho-Analysis 49: 271–275.
Niederland, W. G (1958). Early auditory experiences, beating fantasies, and primal scene. Psychoanalytic Study of the Child 13: 471–504.
Novick, J. (1970). The vicissitudes of the working alliance in the analysis of a latency girl. Psychoanalytic Study of the Child 25: 231–256.
Novick, J. (1976). Termination of treatment in adolescence. Psychoanalytic Study of the Child 31: 389–414.
Novick, J. (1977). Walk-in clinics for adolescents. Journal of Child Psychotherapy 4: 84–89.
Novick, J. (1980). Negative therapeutic motivation and negative therapeutic alliance.

Psychoanalytic Study of the Child 35: 299–320.

Novick, J. (1982a). Varieties of transference in the analysis of an adolescent. International Journal of Psycho-Analysis 63: 139–148.

Novick, J. (1982b). Termination: themes and issues. Psychoanalytic Inquiry 2: 329–365.

Novick, J. (1984). Attempted suicide in adolescence. In Suicide in the Young. Hg. von H. S. Sudak, A. B. Ford und N. B. Rushforth. Boston: John Wright, S. 115–137.

Novick, J. (1988). Timing of termination. International Review of Psycho-Analysis 69: 307–318.

Novick, J. (1989). How does infant research affect our clinical work with adolescents? In: The Significance of Infant Observational Research for Clinical Work with Children, Adolescents, and Adults. Hg. von S. Dowling and A. Rothstein. Madison, CT: International Universities Press, S. 27–39.

Novick, J. (1990a). The significance of adolescent analysis for work with adults. In: The Significance of Child and Adolescent Analysis for Work with Adults. Hg. von S. Dowling und A. Rothstein. Madison, CT: International Universities Press, S. 81–94.

Novick, J. (1990b). Comments on termination in child, adolescent, and adult analysis. Psychoanalytic Study of the Child 45: 419–436.

Novick, J. (1992). The therapeutic alliance: a concept revisited. Child Analysis 3: 90–100.

Novick, J., und Holder, A. (1969). The simultaneous analysis of two brothers. (Unveröffentl. Manuskript)

Novick, J., und Hurry, A. (1969). Projection and externalization. Journal of Child Psychotherapy 2: 5–20.

Novick, J., und Novick, K. K. (1970). Projection and externalization. Psychoanalytic Study of the Child 25: 69–95.

Novick, J., und Novick, K. K. (1972). Beating fantasies in children. International Journal of Psycho-Analysis 53: 237–242.

Novick, J., und Novick, K. K. (1991). Some comments on masochism and the delusion of omnipotence from a developmental perspective. Journal of the American Psychoanalytic Association 39: 307–328.

Novick, J., und Novick, K. K. (1992). Deciding on termination: the relevance of child and adolescent analytic experience to work with adults. In: Saying Goodbye. Hg. von A. Schmukler. Hillsdale, NJ: Analytic Press, S. 285–304.

Novick, J., und Novick, K. K. (1994). Externalization as a pathological form of relating: the dynamic underpinnings of abuse. In: Victims of Abuse: The Emotional Impact of Child and Adult Traumas. Hg. von A. Sugarman. Madison, CT: International Universities Press, S. 45–68.

Novick, K. K. (1988). Childbearing and child rearing. Psychoanalytic Inquiry 8: 252–260.

Novick, K. K. (1991). The therapeutic alliance in work with parents. Vortrag auf der

Jahrestagung der American Psychological Association, San Francisco, August.
Novick, K. K., und Novick, J. (1987). The essence of masochism. Psychoanalytic Study of the Child 42: 353–384.
Novick, K. K., und Novick, J. (1994). Postoedipal transformations: latency, adolescence, and pathogenesis. Journal of the American Psychoanalytic Association 42: 143–170.
Ogden, T. (1979). On projective identification. International Journal of Psycho-Analysis 60: 357–373.
Olinick, S. L. (1964). The negative therapeutic reaction. International Journal of Psycho-Analysis 45: 540–548.
Olinick, S. L. (1970). Panelbeitrag: Negative therapeutic reaction. Journal of the American Psychoanalytic Association 18: 655–672.
Orgel, S. (1974). Fusion with the victim and suicide. International Journal of Psycho-Analysis 55: 532–538.
Otto, U. (1982). Suicidal behavior in childhood and adolescence. In: The Child in His Family. Bd. 7. Hg. von E. J. Anthony und C. Chiland. New York: Wiley, S. 163–169.
Panel (1956). The problem of masochism in the theory and technique of psychoanalysis. M. Stein, reporter. Journal of the American Psychoanalytic Association 4: 526–538.
Panel (1972). Indications and contraindications for the psychoanalysis of the adolescent. M. Sklansky, reporter. Journal of the American Psychoanalytic Association 20: 134–144.
Panel (1981). Masochism: current concepts. N. Fischer, reporter. Journal of the American Psychoanalytic Association 29: 673–688.
Panel (1983). Reanalysis of child analytic patients. A. L. Rosenbaum, reporter. Journal of the American Psychoanalytic Association 31: 677–688.
Panel (1984). The relation between masochism and depression. J. Caston, reporter, Journal of the American Psychoanalytic Association 32: 603–614.
Panel (1985). Sadomasochism in children. Vulnerable child discussion group. Midwinter meetings of the American Psychoanalytic Association. Dez. 1985. (Unveröffentl.)
Panel (1987). Issues in psychoanalytic treatment of a borderline/severely neurotic child. R. Galatzer-Levy, reporter. Journal of the American Psychoanalytic Association 35: 727–737.
Panel (1990). Sadism and masochism in neurosis and symptom formation. F. M. Levin, reporter. Journal of the American Psychoanalytic Association 38: 789–804.
Panel (1991a). Sadism and masochism in character disorder and resistance. M. H. Sacks, reporter. Journal of the American Psychoanalytic Association 39: 215–226.
Panel (1991b). Sadomasochism in the perversions. S. Akhtar, reporter. Journal of the American Psychoanalytic Association 39: 741–755.

Papousek, H., und Papousek, M. (1975). Cognitive aspects of preverbal social interaction between human infants and adults. In: dies., Parent-Infant Interactions. New York: Associated Scientific Publishers.

Pedder, J. R. (1988). Termination reconsidered. International Journal of Psycho-Analysis 69: 495–505.

Petzel, S. V., und Riddle, M. (1981). Adolescent suicide: psychosocial and cognitive aspects. In: Adolescent Psychiatry. Bd. 9. Hg. von S. Feinstein, J. Looney, A. Schwartzberg und J. Sorosky. Chicago: University of Chicago Press, S. 343–398.

Piaget, J. (1952). Das Erwachen der Intelligenz beim Kinde. Übers. von B. Seiler. Stuttgart: Klett-Cotta 2003.

Piaget, J. (1954). Der Aufbau der Wirklichkeit beim Kinde. Stuttgart: Klett 1974.

Pine, F. (1985). Developmental Theory and Clinical Process. New Haven: Yale University Press.

Plath, S. (1965). Lady Lazarus. In: dies., Ariel. London: Faber and Faber, S. 16–19. (1974) Ariel. Deutsch von E. Fried. Frankfurt am Main: Suhrkamp.

Pumpian-Mindlin, E. (1969). Vicissitudes of infantile omnipotence. Psychoanalytic Study of the Child 24: 213–226.

Rangell, L. (1966). An overview of the ending of an analysis. In: Psychoanalysis in the Americas. Hg. von R. E. Litman. New York: International Universities Press, S. 141–165.

Rangell, L. (1989). The significance of infant observations for psychoanalysis in later stages of life: a discussion. In: The Significance of Infant Observational Research for Clinical Work with Children, Adolescents, and Adults. Hg. von S. Dowling and A. Rothstein. Madison, CT: International Universities Press, S. 195–211.

Rapaport, D. (1944). The scientific methodology of psychoanalysis. In: The Collected Papers of David Rapaport. Hg. von M. M. Gill. New York: Basic Books 1967, S. 165–220.

Rapaport, D. (1950). The theoretical implications of diagnostic testing procedures. In: The Collected Papers of David Rapaport. Hg. von M. M. Gill. New York: Basic Books 1967, S. 334–356.

Rapaport, D. (1952). Projective techniques and the theory of thinking. In The Collected Papers of David Rapaport. Hg. von M. M. Gill. New York: Basic Books 1967, S. 461–469.

Rapaport, D. (1960). On the psychoanalytic theory of motivation. In: Nebraska symposium on Motivation. Hg. von M. R. Jones. S. 173–247.

Rapaport, D., und Gill, M. M. (1959). The points of view and assumptions of metapsychology. International Journal of Psycho-Analysis 40: 153–162.

Reed, G. (1990). A reconsideration of the concept of transference neurosis. International Journal of Psycho-Analysis 71: 205–217.

Reed, G. (1993). On the value of explicit reconstruction. Psychoanalytic Quarterly 62:

52–73.
Reich, A. (1950). On the termination of psychoanalysis. International Journal of Psycho-Analysis 31: 179–183.
Renik, O. (1990). The concept of a transference neurosis and psychoanalytic methodology. International Journal of Psycho-Analysis 71: 197–204.
Rinsley, D. B., und Hall, D. D. (1962). Psychiatric hospital treatment of adolescents. Archives of General Psychiatry 7: 78–86.
Ritvo, S. (1966). Correlation of a childhood and adult neurosis. International Journal of Psycho-Analysis 47: 130–150.
Riviere, J. (1936). A contribution to the analysis of the negative therapeutic reaction. International Journal of Psycho-Analysis 17: 304–320. (1996) Beitrag zur Analyse der negativen therapeutischen Reaktion. Übers. von E. Vorspohl. In: dies., Ausgewählte Schriften. Hg. von L. Gast. Tübingen: edition diskord, S. 138–158.
Rosenfeld, H. (1965). Psychotic States. New York: International Universities Press. (1981) Zur Psychoanalyse psychotischer Zustände. Übers. von C. Kahleyß-Neumann. Frankfurt am Main: Suhrkamp.
Rubinfine, D. L. (1965). On beating fantasies. International Journal of Psycho-Analysis 46: 315–322.
Russell, I. (1884). The borderlands of insanity. Alienist and Neurologist 5: 457–471.
Rycroft, C. (1968). A Critical Dictionary of Psycho-Analysis. London: Nelson.
Sandler, J. (1962). Research in psychoanalysis: the Hampstead Index as all instrument of psycho-analytic research. International Journal of Psycho-Analysis 43: 287–291.
Sandler, J. (1976). Countertransference and role responsiveness. International Review of Psycho-Analysis 3: 43–47.
Sandler, J. (1992). Reflections on developments in the theory of psychoanalytic technique. International Journal of Analysis-Analysis 73: 189–198.
Sandler, J., Holder, A., und Dare, C. (1973). The Patient and the Analyst. London: Allen & Unwin.
Sandler, J., und Rosenblatt, B. (1962). The concept of the representational world. Psychoanalytic Study of the Child 17: 128–145.
Sandler, J., und Sandler, A. M. (1984). The past unconscious, the present unconscious, and the interpretation of the transference. Psycho-analytic Inquiry 4: 367–399.
Schafer, R. (1968). Aspects of Internalization. New York: International Universities Press.
Schimek, J. (1987). Fact and fantasy in the seduction theory: a historical review. Journal of the American Psychoanalytic Association 35: 937–965.
Schmideberg, M. (1948). On fantasies of being beaten. Psychoanalytic Review 35: 303–308.
Shane, M., und Shane, E. (1984). The end phase of analysis: indicators, functions and tasks of termination. Journal of the American Psychoanalytic Association 32: 739–

772.
Shapiro, T. (1977). Oedipal distortions in severe pathologies: developmental and theoretical considerations. Psychoanalytic Quarterly 46: 559–579.
Shapiro, T. (1981). On the quest for the origin of conflict. Psychoanalytic Quarterly 50: 1–21.
Shapiro, T., und Perry, R. (1976). Latency revisited. Psychoanalytic Study of the Child 31: 79–105.
Shengold, L. (1989a). Further thoughts about »Nothing«. Psychoanalytic Quarterly 58: 227–235.
Shengold, L. (1989b). Soul Murder: The Effects of Childhood Abuse and Deprivation. New Haven: Yale University Press.
Shengold, L. (1991). A variety of narcissistic pathology stemming from parental weakness. Psychoanalytic Quarterly 60: 86–89.
Shirley, L. (1981). Teen suicide. Ann Arbor News, 7. Mai. Ann Arbor, MI.
Silver, D. (1985). Prologue. Psychoanalytic Inquiry 5: 501–507.
Simons, R. C. (1987). Psychoanalytic contributions to psychiatric nosology: forms of masochistic behavior. Journal of the American Psychoanalytic Association 35: 583–608.
Smith, S. (1977). The golden fantasy: a regressive reaction to separation anxiety. International Journal of Psycho-Analysis 58: 311–324.
Solnit, A. J. (1994). A psychoanalytic view of child abuse. In: Victim of Abuse. Hg. von A. Sugarman. Madison, CT: International Universities Press, S. 25–44.
Spence, D. (1982). Narrative Truth and Historical Truth. New York: Norton.
Sterba, R. (1934). The fate of the ego in analytic therapy. International Journal of Psycho-Analysis 15: 117–126.
Stern, D. W. (1985). The Interpersonal World of the Infant. New York: Basic Books. (1992) Die Lebenserfahrung des Säuglings. Stuttgart: Klett-Cotta.
Stern, M. (1968). Fear of death and neurosis. Journal of the American Psychoanalytic Association 16: 3–31.
Stone, L. (1961). The Psychoanalytic Situation. New York: International Universities Press. (1973) Die psychoanalytische Situation. Übers. von F. Herborth. Frankfurt am Main: Fischer.
Sugarman, A. (1991). Developmental antecedents of masochism: vignettes from the analysis of a 3-year-old girl. International Journal of Psycho-Analysis 72: 107–116.
Tartakoff, H. H. (1966). The normal personality in our culture and the Nobel Prize complex. In: Psychoanalysis-A General Psychology. Hg. von R. M. Loewenstein, L M. Newman, M. Schur und A. J. Solnit. New York: International Universities Press, S. 222–252.
Tronick, E. Z., and Gianino, A. (1986). Interactive mismatch and repair. Zero to Three 6: 1–6.

Tyson, P. (1989). Two approaches to infant research. Introduction: the significance of the data of infant observational research for clinical work with adolescents. In: The Significance of Infant Observational Research for Clinical Work with Children, Adolescents, and Adults. Hg. von S. Dowling und A. Rothstein. Madison, CT: International Universities Press, S. 27–39.

Tyson, P., and Tyson, R. L. (1990). Psychoanalytic Theories of Development. New Haven: Yale University Press.

Valenstein, A. F. (1973). On attachment to painful feelings and the negative therapeutic reaction. Psychoanalytic Study of the Child 28: 365–392.

Valenstein, A. F. (1989). Preoedipal reconstructions in psychoanalysis. International Journal of Psycho-Analysis 70: 433–442.

Waelder, R. (1951). The structure of paranoid ideas. International Journal of Psycho-Analysis 32: 167–177. (1980) Die Struktur paranoider Ideen. In: ders., Ansichten der Psychoanalyse. Eine Bestandsaufnahme. Stuttgart: Klett-Cotta, S. 175–201.

Weinshel, E. M. (1984). Some observations on the psychoanalytic process. Psychoanalytic Quarterly 53: 63–92.

Weiss, E. (1947). Projection, extrajection, and objectivation. Psychoanalytic Quarterly 16: 357–377.

Winnicott, D. W. (1960). The theory of the parent-infant relationship. In: ders., The Maturational Processes and the Facilitating Environment. New York: International Universities Press, S. 37–55. (1984) Die Theorie von der Beziehung zwischen Mutter und Kind. In: ders., Reifungsprozesse und fördernde Umwelt. Übers. von G. Theusner-Stampa. Frankfurt am Main: Fischer, S. 47–50.

Winnicott, D. W. (1965). The Maturational Processes and the Facilitating Environment. New York: International Universities Press. (1984) Reifungsprozesse und fördernde Umwelt. Übers. von G. Theusner-Stampa. Frankfurt am Main: Fischer.

Winnicott, D. W. (1969). Adolescent process and the need for personal confrontation. Pediatrics 44: 752–756.

Wurmser, L. (1990). The way from Ithaca to Golgotha – some observations about clinical masochism. Jahrbuch Psychoanalyse 26: 135–214.

Wurmser, L. (1993). Das Rätsel des Masochismus. Heidelberg: Springer Verlag.

Zetzel, E. R. (1956). Current concepts of transference. International Journal of Psycho-Analysis 37: 369–376. (1974) Das Konzept der Übertragung. In: dies., Die Fähigkeit zu emotionalem Wachstum. Übers. von G. Theusner-Stampa. Stuttgart: Klett-Cotta, S. 170–183.

*1999 · 164 Seiten · Broschur*
*EUR (D) 16,90 · SFr 30,00*
*ISBN 3-932133-82-X*

Narzissmus ist die Reaktion auf ein schweres Trauma und liegt, wie Symington nachweist, allen psychischen Störungen zugrunde. Narzisstische Symptome prägen das Verhalten von immer mehr Zeitgenossen, die unter Selbstisolierung leiden und ihr in oft verhängnisvollen Fehlhandlungen zu entkommen suchen.
Dass die weitverbreiteten narzisstischen Störungen, die so viele Partnerschaften belasten oder gar vereiteln, überwindbar sind, ist das bahnbrechend Neue an den Einsichten und Erfahrungen des Analytikers und Klinikers Symington.

*2003 · 332 Seiten · Broschur*
*EUR (D) 29,90 · SFr 52,20*
*ISBN 3-89806-254-6*

Wege zur Sicherheit ist von Fachleuten aus der Praxis für die Praxis geschrieben und beruht auf innovativen diagnostischen, beraterischen und therapeutischen Konzepten, die allesamt auf modernsten entwicklungspsychologischen Erkenntnissen gründen. Die Autoren und Autorinnen belegen in einer neuen Art und Weise die Relevanz praxisorientierter Grundlagenforschung für therapeutische und beratende Prozesse. Bei den Beiträgen wird die Verknüpfung zwischen einem Verständnis der Entstehung von Symptomen und Problemen aus einer Entwicklungsperspektive und den daraus abgeleiteten Interventionen deutlich und durch Fallbeispiele eindrucksvoll belegt.

Die Betonung der Praxis macht das Buch für alle Fachleute, die mit Kindern, Jugendlichen und deren Familien im Jugendhilfebereich oder Gesundheitswesen arbeiten, interessant. Die Autorinnen und Autoren verfügen über unterschiedliche therapeutische Ausbildungen und die Vielfalt der Ansätze unterstreicht die integrative Kraft der zugrunde gelegten Sichtweise.

---

*1998 · 290 Seiten · gebunden*
*Euro (D) 25,90 · SFr 45,30*
*ISBN 3-89806-078-0*

In diesem Buch setzt sich Stoller mit den psychischen Energien auseinander, die Männer und Frauen in sexuelle Erregung versetzen.

Die Dynamik einer »normalen« geschlechtlichen Entwicklung wird erst durch die von Stoller beschriebenen sexuellen Störungen voll verständlich. Er unterscheidet Perversion von anderen Formen der sexuellen Abweichung und stellt fest, dass der Hass das entscheidende Merkmal der Perversion ist. Dieser Hass, der sich durch den Wunsch definiert, anderen Personen Schaden zuzufügen, wird vom perversen Individuum als ein Akt der Rache empfunden. Er liegt allen perversen Handlungen zugrunde – ob sie nun Fantasie bleiben oder sich unmittelbar in der Realität entladen – und läuft stets auf die »Dehumanisierung« des Sexualobjekts hinaus.

An faszinierenden Beispielen und Fallstudien weist Stoller nach, dass Versagungen, Traumata und Konflikte, deren Wurzeln in der Kindheit liegen, sich durch ein prozesshaftes Geschehen, das sich der Fantasie bedient, in sexuelle Erregung verwandeln.

---

P▣V
**Psychosozial-Verlag**

www.ingramcontent.com/pod-product-compliance
Lightning Source LLC
Chambersburg PA
CBHW020334270326
41926CB00007B/172
*9783898062244*